皇道無間第二部

——歷史深處

（三）

第 六 門 著

文　學　叢　刊

文史哲出版社印行

皇道無間第二部——歷史深處

目錄

第三冊

第十四章　安史之亂　中唐藩鎮　無窮割圓機關

自從火藥術與機關術出現之後，『逸品』這種成分，已經開始被超個體注意，但這種成分讓其非常喜愛又忌憚，或稱又愛又怕。以至於想要將大年腳本往這邊發展，但仍頗多猜疑，甚至舉棋不定，超個體頭一次遇到這種心理障礙。

此時唐朝已經過了開元盛世，邊區節度使都用胡人，屢屢與外族交惡攻殺，來對皇帝李隆基請功。而中央則前後經過，奸相李林甫與楊國忠把持，日趨腐朽。尤其李林甫掌握權勢，讓李隆基以為天下太平，沉迷於女色淫亂與浮華聲樂，把權力都交給他，屢興大獄誅殺，排擠賢能入朝。乃至皇太子以下都對他非常恐懼。直到楊貴妃得寵，讓同族兄長楊國忠入相，逐漸取代李林甫的地位，最後李林甫病死，大權都讓楊國忠把持。

這壽王妃楊氏，原本是李隆基的兒子壽王李瑁之妻。壽王李瑁的母親是武惠妃，武則天的孫姪女。本來為李隆基所寵，但武惠妃病死之後，李隆基宮女近萬人都已經勾不起他欲望，竟然反而對兒子李瑁的妻子楊氏有了欲望。但這是亂倫，內心又有忌憚，於是藉口為母親竇太后祈福的名義，敕書壽王妃楊氏出家為女道士。道號「太真」。之後又命令還俗回宮，成為了楊貴妃。

唐朝李姓皇帝，明明身邊一堆女人絲毫不缺，卻一下子兒子李治找父親李世民的女人，一下父親李隆基找兒子李瑁的女人。太過離奇，在此做一次神鬼時空跳躍，探訪一下歷史人物心靈圖像。

李治正要摟抱剛還俗的武則天。

心訪使打斷說：李郎，等等等等。

李治暫放武則天，詭異地神情看心訪使。

心訪使問：李郎，這武女，她是你父親的女人，你會缺女人嗎？這樣亂倫可好？

李治說：喂！你很煩也，朕確實不缺女人。但她又不是我的母親，何來亂倫？況且她的能幹果決，能打動我內心依賴，這樣女性使自己安心又省心，你忘了我父親要我滅高句麗的壓力嗎？

心訪使說：喔……

李治白了心訪使一眼，繼續摟抱武則天。

接著再到李隆基摟抱剛還俗的楊太真這邊。

只見李隆基色瞇瞇，要摟抱兒媳婦。

心訪使打斷說：李郎，等等等等。

李隆基（粉紅眼眶）面有慍色，不耐煩看著心訪使。

心訪使問：李郎，你身邊宮女近萬人，又不缺女人。先前你祖父納父妾，你納兒媳，這樣亂倫可好？你忘了你祖母最後怎樣惡搞大唐江山嗎？

李隆基（粉紅眼眶）說：喂喂喂！你胡扯什麼？朕確實不缺女人，她確實也是朕兒媳。但大唐天下太平，國家富足。朕身邊那些女人，各種形形色色都膩了。她溫柔善體人意，能讓朕歡心不煩，是正面善良女性，怎麼能跟我祖母比？況且朕當太平天子，這點缺失又算什麼，誰又能亂我大唐？你忘了天下人都在我面前爭寵的煩心嗎？

心訪使說：喔……

李隆基（紫眼眶）白了心訪使一眼，繼續摟抱楊太真。

離開心訪。

心訪使：看來這兩個女子，是可以再造心靈圖像囉，太離奇。

罔兩鏡：這種心靈圖像，凝聚不出什麼意義。

心訪使：別只看眼前，後續的事實發展，會讓這種心靈圖像產生效果的。

罔兩鏡：造出來囉，必也千古傳唱。

對超個體鬼局而言，看不懂示警無所謂，那就讓變亂發生。關鍵是這個變亂，能讓下一個階段的大年腳本怎樣張開維持本質平衡，才是重點。

※※※※※　中軸線訊息　※※※※※

承前

∴本↑↓異　群（本）↓1　／／安史之亂後，四夷入侵，逐漸華夷之防　／／

當P群（本）=1，代↓-1，本↓0　當本=0　母=1／代（+本）　／／黃巢之亂到唐亡／／

※※※※※　※※※※※　※※※※※

此時范陽、平盧、河東三個節度使都在安祿山手上，平盧節度使轉讓他的拜把兄弟史思明擔任。手上雄兵二十萬。眾人都說他要造反，但李隆基堅持不信，甚至把告他造反的人都交給安祿山處置。

擁有西亞粟特人血統的安祿山，與楊國忠互相仇怨。

天寶十二年，十二月，驪山，華清池。

楊國忠與太子李亨，在溫泉休息室密商。

楊國忠（粉綠眼眶）說：「殿下，安祿山狡猾奸詐，卻在聖人面前，做出一副人畜無害的憨傻樣子。臣已經告知聖人，招他入朝必不肯入。」

李亨說：「安祿山要謀反，許多人都知道，但偏偏聖人不信。我向來不是很信宰相的推論，但唯獨這件事情，你我都有共識。一定要讓聖人知道安祿山企圖謀反，不然大事不妙。宰相可有刺探出他的動靜？」

楊國忠（粉綠眼眶）說：「他在范陽與平盧，共有胡漢鐵騎兵二十萬。另外隱藏八千招降的契丹與奚族勇士為私人部曲。另外還有同羅、室韋等漠北部族，三千餘驍勇善戰部曲為史思明編制。其孔目官，阿使那承慶、嚴莊、高尚等人，日夜在其大本營，沙盤推演兵入長安，但對外宣稱討伐契丹等部。」

提到這，李亨一肚子氣說：「安祿山討伐這些部族也不知道多少年了，不斷請功，這些部族還是不斷入寇，確實是養寇自重！還有呢？」

楊國忠（粉綠眼眶）說：「聽說他準備上請，番將三十二人，替代三鎮的漢將。若如此，這些將領將不再與朝廷通氣，全部實質是他的私人武力。這個問題，太子殿下一定要告知聖人。」

李亨說：「倘若安祿山真的造反，我們有多少兵馬可以對抗？」

楊國忠（粉綠眼眶）說：「這點太子殿下倒不必擔心，隴右節度使哥舒翰向來與安祿山不合，雖然手上兵馬只有十萬，但結合關隴募兵十三萬，以及潼關以東各道兵力三十餘萬。兵力遠遠在安祿山之上。」

李亨問：「你不是統管劍南的兵力？怎麼不算在這上頭？」

楊國忠（粉綠眼眶）苦笑地說：「臣慚愧，南詔動亂一直沒有平定，還是得穩著點。」

李亨冷冷一笑說：「好吧，劍南蜀地的所為，我身為太子也無職權追究。畢竟現在安祿山是我們共同大敵，得一起讓聖人盡快做判斷。」

李隆基與楊貴妃一同出浴。眾多宮女獻花，並替二人更衣。

李隆基（粉紅眼眶）說：「太子與楊國忠，都來驪山。朕猜他們兩人又是來說安祿山會造反。」

楊貴妃說：「陛下認為安祿山有異心？」

李隆基（粉紅眼眶）說：「妳的堂弟這麼認為，妳認為呢？」

楊貴妃說：「臣妾認為這只是弟與祿山之間，在陛下面前爭寵。陛下與胡人番將關係這麼好，既得榮祿，何必要冒險造反？」

李隆基（粉紅眼眶）說：「朕也這麼認為，算了，看看他跟太子想說什麼！」

於是兩人在簇擁之下招見太子李亨與楊國忠。

楊國忠（粉綠眼眶）說：「聖人大安，臣有本奏安祿山。」交給高力士，恭敬地給李隆基。

李隆基（粉紅眼眶）面露不耐，接過奏本，看完之後，低聲說：「找到證據了？」

楊國忠（粉綠眼眶）聽語意，得意地說：「是的，臣的密探，潛伏在安祿山京城宅第，刺探其子安慶宗。往返信件當中，有許招募私人武裝，胡兵番將等計畫。甚至文中有，若有變故，安慶宗當如何脫離長安回范陽的計畫。這些都是謀反的鐵證，請聖人尊鑑。」

李亨加碼說：「兒臣也有消息。東宮有一馬伕是突厥人，其弟在范陽養馬。日前來信告知他，安祿山在范陽的私兵，日夜騎射操演，作戰的目標都是針對步兵。而且還多造攻城器具。安祿山的任務是對付契丹與奚族侵擾，製造攻城器具與針對步兵作戰，這不是正常的行為。反狀已顯，父上明鑑。」

於是呈上書信。

李隆基（粉紅眼眶）看了這些書信證據，搖頭說：「這其實不能證明什麼！」

楊國忠與李亨相互對眼。

楊國忠（粉綠眼眶）說：「請聖人下詔命安祿山入朝，他必不會來。」

李隆基（粉紅眼眶）說：「那就招他入朝！」

於是下詔命招其入朝。

天寶十三年，正月，長安。安祿山入朝。

在李隆基面前哭訴自己被楊國忠猜疑，李隆基大喜，於是拒絕聽從安祿山會謀反的消息。其他官位較低，密報安祿山反狀者，一一被綁付交給安祿山。

長安西市。

一個八十老人，此人正是陳永。他母親與妻子于春雪都已經去世，于春雪與前夫生的兩個女兒都嫁人，而與陳永生的二兒二女，二女也已嫁人甚至當了祖母，兩個兒子去了其他州府為工匠。只有一個孫子跟隨陳永，一起做煙火的生意。

夜晚長安城煙火管制，但因為安祿山入朝，恰逢上元節，長安廣場都放鬆煙火管制。陳永與孫子陳寧一起在看煙花。

滿天煙花慶節，火藥術已經深入民間，但還沒有人想到用在軍事上。

陳永（黑眼眶）老態龍鍾地說：「煙花好啊。」

陳寧問：「爺，昨天你睡得不太好。」

陳永（黑眼眶）說：「你知道這是老毛病。五十年前為了救妳奶奶，過激殺了人，現在還常做惡夢。也不知道為何我還活這麼長壽，繼續做這惡夢？不知是不是詛咒？也許我是該一生都被這惡夢所擾。」

陳寧說：「爺，你是為了救人才殺人的，這不是罪惡。」

陳永（黑眼眶）搖頭說：「不提罷，反正我也活不了幾年。」

從西市轉看大明宮外廣場，那邊人聲嘈雜，似乎剛入夜仍在夜宴慶典。

陳永（黑眼眶）說：「上元節還有兩天，怎麼現在就如此熱鬧？」

陳寧說：「早上去買菜時，聽說是范陽節度使安祿山入朝，因為很多人都說他要謀反。既然已經入朝，代表謀反事情是假的。」

陳永（黑眼眶）搖搖頭說：「這可未必。狡猾的野獸會痲痺獵物，等待鬆懈才給一擊。他不是掌握三鎮精兵嗎？恐怕這就是個大問題。算了，那是他皇帝老兒的事，我們別管太多。我口述的那本《傳書》，整理完成？」

陳寧說：「完成了，就剩下裝訂收藏。但是要傳諸久遠，就不容易。」

陳永（黑眼眶）笑說：「這得看你們子孫囉。爺這一生喜歡四處浪蕩漂泊，無所成就，唯一自我認可之處，就是買了那本《機關要術》，並且學成之後，更進一步著作《傳書》。目的就是能把自然界真正的原理，傳諸後世。古人的智慧沿著我一路後傳，有趣啊！」

陳寧說：「爺，這我會盡力的，但您說這安祿山還是有可能造反的對吧？」

陳永（黑眼眶）說：「這就天知道囉。但是我敢說，假設這本《傳書》能夠讓皇帝老兒信任，那他根本就不必怕誰造反。因為火藥術與機關術，倘若因自然原理合而為一，皇帝善加利用，京城王師將潛藏無法估計的力量。但是難啊！」

陳寧說：「爺，那我們該把這本書獻給皇帝，這樣著作就必能傳揚後代。」

陳永（黑眼眶）說：「算了吧！把這本書送上去，自取其辱，或被人剽竊而已。最幸運也就被丟到皇家書庫中，無人去看。皇帝的鑑識，其實也不過普通人。寧，長安的生意我們賺夠囉，我們回睢陽老家去，誰知道安祿山最後會不會反？」

「現在朝廷上都是敗軍之將，安祿山之前被契丹與奚打敗，高仙芝被大食人打敗，楊國忠被南詔人打敗，總計損失數十萬精兵。大唐早就該停止戰爭，不停止還養著這些只會打敗仗的將軍。可這些失敗者，全部還高官厚祿，掌握大權。大唐真的是日薄西山囉。回家去吧！」

陳寧說：「爺，路途遙遠，車馬勞頓。」

陳永（黑眼眶）說：「爺我一生漂泊，現在還感覺身體健康，怕什麼？先走運河一段路，然後沿著官道一段段回去。這些錢藏好，你身手也不錯，不怕有什麼盜賊。況且依照《傳書》製作的黑火，帶上兩顆。」

祖孫二人於是回睢陽。

安祿山入朝，李隆基大為欣喜，於是不聽楊國忠與李亨的勸說，重賞安祿山。招待溫泉，並且賞賜萬金，同時安排宗女榮義郡主與安慶宗訂婚。安祿山要離開之時，還將自己的衣服披在安祿山身上。安祿山一出長安，快馬加鞭回範陽，中途不停歇。

回到範陽之後，還上奏李隆基，請以三十二個番將替代所屬軍隊中的漢人將領。而李隆基竟然答應。楊國忠與韋見素勸說李隆基，也無法勸動。

楊國忠於是命令京兆尹，帶兵包圍安慶宗的宅第，直接押走安祿山派來此的客使李超。直接打入禦史臺監獄，嚴刑拷打逼供，索取供詞之後殺掉。安慶宗即忙派人密報安祿山，謀反之事已經洩密，安祿山聽到之後大為驚恐。於是詐稱貢馬匹，但隨行六千人護送，河南尹懷疑有變，上書認為當中有問題，請以沿途官吏派人護送核對即可。

李隆基此時才開始懷疑安祿山，於是命令中使馮神威，帶詔書要求安祿山入朝，宣稱在驪山華清宮又鑿了一座新溫泉，要安祿山來泡湯。安祿山不拜聖旨，只說不貢馬便罷，十月就會去長安。周邊眾將領一付殺氣騰騰，於是不再見使者。嚇得馮神威回朝，向李隆基哭訴差點回不來。

※※※※※　　※※※※※　　※※※※※

陰陽一體，古怪相連。
陰古：前局的成果已經徹底消化，倘若要拉逸品出來，那盛世很快要收攤囉。
陽怪：才一百多年，幾代人，感覺有點可惜。
陰古：先前傳國玉璽與長城之局已經收效，除了更要凸顯。還必須快點開始第二次軍演，這次演練的科目不是長城局，而是這個！
陽怪：確實，第二次混沌開眼，情況有點不對。除了展開第二次軍演，還必須秘密且緩慢地探索海上。替第三次混沌開眼做準備，新方向也讓人期待。

※※※※※　　※※※※※　　※※※※※

到底第二次混沌開眼，超個體摸到了什麼？以至於又要展開類似漢末三國的大軍演？演練標的又是什麼？為何與長城無關？又為何要開始祕密且緩慢探索海路？這些全部後續慢慢揭曉。

話鋒回頭。終於，安祿山決定發動兵變。

薊城。這是范陽節度使的大本營，此城大多定居胡漢各族軍人與家眷。城外軍營集結了大部隊駐紮，宋文山，年約二十出頭的漢人，因為自幼讀書所以被任命為下級校佐，在嘈雜的軍營中與士兵們一起議論紛紛。

宋文山說：「怎麼自八月以來，總是犒賞加菜，秣馬厲兵而已，並沒有太多操練？」

「就安大元帥開心吧！」「有得吃不好嗎？平常還吃不到。」「也可能是豐收。」

宋文山見到在旁一個老兵，低聲喃喃，於是就問他：「阿多，你認為這是為何？」

這阿多是高句麗人後裔，早已經漢化，曾參加多次對契丹與奚的戰爭。

阿多說：「以前會這樣不斷加菜，而不操練，甚至可以自由去河邊洗澡。這代表是要打仗了，我不懂你們怎麼那麼開心？」

眾人一聽都發愣。

宋文山說：「沒聽說邊境有被入侵，打什麼仗？」

阿多愣指著加菜說：「那麼多牛豬肉，還一堆南方蔬菜，米糧隨意取用，不操練就可以自己隨意去洗澡，這不是要我們去打仗，才有鬼。至於打誰，天知道！」

宋文山說：「萬一真的開戰，那豈不命喪何時都不知？」

阿多說：「也只能走一步看一步，萬一情況不對，宋校佐，到時候再來商量個保命之道。看你年輕有為，隨便變成沙場枯骨那真不划算。」

宋文山微微點頭。

全域中軸方向有變，又得改變內部牌局。

空詔員：為難啊，這回打亂自身內部，變成我們的工作。

筆仙：依據陰陽古怪之主要求，把先前三國與五胡的分開流程，混在一個流程中。

空詔員：這以前不是讓我們去上場，他們自己管地！

筆仙：可能要求改變囉！這個合併流程，會更有效率。不用分兩個亂世，而是一次亂到底，獲得的功效比先前更大。最重要是防範吱吱釘子戶的故事重演。

空詔員：隋長城有用囉！設定新牌局，動用所有累積的心靈圖像，讓整個局日趨成熟！

筆仙：我也實在不喜這種內亂工作，得配合陰陽古怪之主所設中軸線，沒辦法啦！誰叫人性有那麼多劣根，想走善的流程，走不通啊！

天寶十四年，安祿山果然兵變，宣稱收到密詔討伐楊國忠，於是集合精兵十五萬人為前驅，其餘節度副使留守范陽兵鎮，大舉南下。河北各地許多代都沒見過戰爭，況且自認為在內地不會有外敵，一看到陣鼓戰陣，全部驚慌失措。

李隆基以安西節度使封常清募兵討賊，封常清說大話，自認為很快可以討平。於是李隆基以封常清替換安祿山官爵，為范陽、平盧節度使，到洛陽募兵。但所招募的都是市井之徒，沒經過訓練。而曾經在西域為將，在怛羅斯之役失敗的故高句麗人將領後代，高仙芝，也率軍隊來增援封常清。

李隆基此時下詔令，逮捕在長安的安祿山兒子安慶宗，斬殺於市。下嫁安慶宗沒多久的榮義郡主，被命令自盡。此時宗室大多為榮義郡主喊冤，本來嫁安慶宗就不是她所願，沒有連坐之理，但李隆基不聽，於是榮義郡主冤死。同時命各地節度使出兵討伐，京城招募十一萬人，但此時府兵早在武則天時期就崩潰，招募的都是商業市井之徒，沒有訓練也紀律不嚴。

安祿山聽聞安慶宗被殺，竟然殺降卒報復。然後縱兵大掠。

河北顏杲卿詐降安祿山，之後募兵反正。平原太守顏真卿，則早知道安祿山會反，早有準備，築城養兵堅守不出。

安祿山軍隊一路勢如破竹，大多數城池都沒有準備，士卒四散崩潰。安祿山渡過黃河直撲東都洛陽，封常清所屬部隊沒有經過訓練，連戰都大敗，從官道上潰退。從而高仙芝手下的部隊也狼狽撤走，退到潼關死守。

李隆基接到敗報，氣不打一處，竟下詔處死封常清與高仙芝。改派另外一個，先前就與安祿山不和的胡將哥舒翰鎮守潼關。

李隆基知道天下罪責將來，於是下詔罪己，命太子監國，準備傳位。但是楊國忠知道太子不滿意自己，帶著韓、虢、秦三夫人勸說楊貴妃，哭著請李隆基收回成命。李隆基受不了女人們的哭訴，只好收回成命。

東都洛陽。

一群兵將整隊衝入東都皇宮，此時裡面留守的人早就撤回長安，安祿山在前呼後擁之下進入東都皇宮，坐上了龍椅。

安祿山（橙眼眶）說：「今日能成大業，多虧各位相助。為了穩固人心，我就在東都立足，長安則還需勞煩各位操心。」

嚴莊（粉綠眼眶）說：「東都乃天下之中，數朝之都，元帥一路走來勢如破竹，唐朝無可抗衡。為了穩定人心，請盡早建國立都，登大位以定天下。」

狗頭軍師一開口，眾將領紛紛行揖軍禮稱：「請元帥早登大位。」

安祿山（橙眼眶）哈哈一笑說：「此事不急。如今河北名士顏真卿與顏杲卿兩兄弟復叛，應當討伐。唐朝昏君老頭與楊國忠還在，也要盡早出兵消滅。通知范陽、平盧兩地，繼續招募兵力。有了顏杲卿的事情，任何假意投降者，必將人質殺光！」

嚴莊（粉綠眼眶）說：「這點請元帥放心，先前顏家子弟扣在軍中的，都已經綁在宮外，等元帥命令執行。」

安祿山（橙眼眶）惡狠狠地說：「全部腰斬！然後把人頭送到顏家去。」

顏真卿與顏杲卿收到人頭，也非常氣憤，命令人在河北搜捕嚴莊宗族，與偕同安祿山造反者，也依律腰斬，再把人頭都送到東都城門外，丟給安祿山陣營。雙方已經拼上怒仇，準備動真格。

此時郭子儀也起兵，顏杲卿則連通河北各郡，紛紛反正回歸朝廷，總兵力已經有二十多萬。甚至留守范陽的副使賈循，也打算反正，歸順朝廷，但消息走漏，被安祿山派人滅族處死。

安祿山已經肥胖生病，不能等待，於是在東都洛陽自稱大燕皇帝。命史思明與蔡希德，率軍進攻顏杲卿於常山。留守太原的王承業竊奪顏杲卿的功勞，故意擁兵不救。於是常山城破被抓，送到洛陽。顏杲卿大罵安祿山叛賊，安祿山憤怒之下，命人用刀鋸死顏家一門三十多人。

郭子儀向朝廷推薦李光弼，李光弼率大軍收復常山，並在饒陽擊敗史思明。

此時黃河南北各地，一團混戰。

睢陽城門廣場，此時已經傍晚。

「快快快，把燒磚疊在前面，夯土壓後面！」「箭弩放在倉庫，在西側！」「馬牽到後面區，」「校場在南區，還有兩條大街！」

陳永與孫子陳寧在城門廣場旁的住家，看著守城官兵們忙碌著。

陳永（黑眼眶）說：「從今天早晨開始就這麼忙，這到底怎麼回事？」

陳寧說：「安祿山造反，這前段時間已經傳遍大江南北，您不是也聽說了嗎？」

陳永（黑眼眶）喘口氣說：「是喔，是有這件事。這麼快就來到睢陽？」

陳寧說：「太守正在招兵備戰，準備共同討伐安祿山。」

從昨天晚上又做惡夢，夢見當年當遊俠時，殺押解官婢商差的情境。醒來之後就一直喘不停，陳永感覺到一件事情快到。

陳永（黑眼眶）再喘了幾口氣，說：「不提朝廷的事情。孫啊，我有一件很重要的事情要交代。」

陳寧扶著陳永說：「爺，你今天怎麼了？」

陳永（黑眼眶）說：「我要走了，要離開這世界去找你祖母。」

陳寧驚愕。

陳永（黑眼眶）說：「人都有這一天，這有什麼好奇怪？我已經算高壽，我死之後不要棺材，在城外小山，我們常去的那棵大樹旁，挖個洞幫我埋了即可。莊子當年以天地為棺，日月星辰為陪。我差了一點，讓樹木陪我。」

喘了幾口氣，然後說：「對了，我要交代遺言，我那本《傳書》。裡面的機關術你要去做，在我床底下埋著甕罐，裡面有我母親留給我，還有我娶你祖母，之後還當遊俠，替人打工賺的錢，以及我們去長安一起賺的錢，現在全部你都拿去。夠你做出那個機關。既然要打仗了，那個機關若你做出來，肯定可以保命。若是善用，睢陽城不會被賊軍攻破。」

喘最後一口氣，然後說：「最重要的是，《傳書》要想辦法繼續傳下去，只要有人傳承就可以。我也是別人傳給我的，我相信那個源頭來自於很早之前的時代，也將要傳到很久以後的時代。不一定要自己的子孫，最重要的是傳承，你明白嗎？」

陳寧崩了淚，抱住陳永說：「爺，我明白了！」

「唱首老歌吧！離~開母親去浪蕩，繁華世間不算啥，雖~然生活四飄泊，我是遊俠沒有功過。看~那俗人苦功業，不明事理忙什麼？誰~又會去逍遙遊，看透事理堅持自己。少~年人唱歌大聲，風風雨雨不算啥，不~算浪蕩白白走，驚恐後悔無人知。唱~一條江湖老歌，浪蕩四處求生活。孤~單自處不會慌，前有古人後來者。很~老再唱這首歌，唱給那子孫聽。鼓~勵~少~年~人~當自我~當自我~當自我~」

陳寧哭著聽完歌。**【曲：青春戀歌，改詞：筆者】**

陳永喘息聲越來越大，越來越力不從心，露出笑容說：「好好好！除了那段惡夢，我這一生好快樂啊，還能子孫各自有家有生活。最重要的是，我有把前人的東西傳承下去。」

「而那個惡夢，已經變成了美夢，我也要體驗死亡，我母親說我是日出時出生的。最後再唸一首詩，替自己的人生做註解。日出誕生，日落死亡，我活盛世，未有災殃，江湖仗義，荒野為家，持劍浪蕩，俗人鄙踏，不事生產，笑臥野茫，三十尋妻，寡婦願嫁，故人已矣，來人可嘉，老有遠志，孫子傳揚，傳書後世，千古迴盪，我是遊俠。哈哈哈哈哈哈哈哈哈哈。」

笑完，開心地閉眼睡去，已經衰老而死。

陳寧依照陳永遺願，在城外山丘神木下挖個坑埋，但還是花了些錢請和尚一起誦經祭奠。

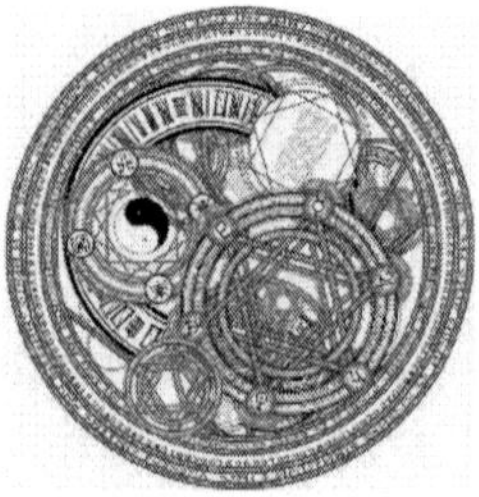

要一個文明傳承長久，關鍵在於最平凡人的思維必也傳承。

脈絡子：又繼續傳承囉，希望大家都能傳承。

殘影鍊：立辛／陰陽家↓仇盂／陰陽至易↓高人／ 陰陽真學↓王睦／太極劍↓楊鑑／三鬪仙器型圖／太初與太罡劍↓曹通、元子攸／太元劍↓祖世光、楊蘭芷／三元自然簡式 ↓陳益民、黑藍雲月／ 機關要術↓陳永／ 傳書

脈絡子：陰陽古怪之主轉方向做主軸，我們這局本來最不重要，怎麼開始被重視囉？該不會是先前碰到吱吱的經驗，逼得讓我們上場，呵呵呵，得告訴陰陽古怪之主，這可不是好現象啊！

殘影鍊：對啊，傳承脈絡才是重點，若是拿出來發揚光大，不是好現象。

脈絡子：也難怪，脈絡雖有千百，但很多都斷斷續續，甚至難接。

殘影錸：還是得告訴陰陽古怪之主，越多隱性傳承的脈絡結點，才有利於全域，不是顯性而已，繼續氤氳更多脈絡為重。

此時，郭子儀與李光弼合兵，在河北與史思明交戰，大破之。史思明奔逃，但很快安祿山的援軍又到，各部合兵又源源不絕，以至於郭李二人不得不再次死戰，再大破史思明，於是河北各郡又都歸降於朝廷。

洛陽宮廷。

安祿山（橙眼眶）大罵：「高尚、嚴莊！你們數年不斷叫我造反，說這必萬全。今天潼關打不下，河北諸軍集結，史思明敗走。我得到的只有河南數州而已，萬全何在？以後不要再來見我！」

高尚、嚴莊兩個小人，狼狽離開。

數日後

田乾真（綠眼眶）對安祿山說：「帝王經營大業皆有勝敗，豈能一戰而成？今天四方軍壘雖多，都新招募的烏合之眾，豈能敵我薊北勁旅？高尚、嚴莊家族都被夷滅，仍然忠於陛下。兩人皆是開國功臣，一旦絕之，眾將離心，臣竊為陛下危之。」

安祿山（橙眼眶）笑說：「還是阿浩能豁然我心。」於是又把高尚、嚴莊找來，設宴款待。然後討論放棄洛陽，回范陽固守。倘若如此，眾兵將會更快離心，那麼安祿山很快就會敗亡，但長安朝廷開始內鬨。眾人認為楊國忠對這次安祿山叛亂有責任，甚至慫恿哥舒翰上書殺楊國忠。楊國忠非常恐懼，擔心戰事拖延越久，越有人會要殺他，情急之下，請李隆基催促哥舒翰出潼關交戰。哥舒翰、郭子儀與李光弼都上奏，請不要出戰，應當正面堅守，然後攻擊范陽。安祿山必定內潰。

但是楊國忠拼死勸諫，李隆基遂下詔出擊。哥舒翰被迫出潼關，結果與安祿山所部一戰大敗，四散潰走，哥舒翰想要退回潼關，但部下火拔歸仁認為不能回去，否則會跟高仙芝與封常清一樣。於是火拔歸仁裹脅他投奔安祿山。

安祿山殺了火拔歸仁，哥舒翰被迫投降，說願意替他招降其他人。安祿山大喜，厚待他，但哥舒翰的書信被唐軍諸將鄙視，認為他不能死節。安祿山發現他沒有利用價值，於是圈禁。之後安慶緒兵敗就把哥舒翰也殺了。

潼關失守，長安大亂。所有官員都唯唯諾諾，拿不出策略應對。李隆基才發現自己養了一群酒囊飯袋，只好宣稱要禦駕親征，但眾人都不信。所有官員、卿貴、宮女、宦官乃至平民，瞬間大亂，紛紛往城外疏散。

李隆基只好帶著重臣、後宮妃子、宦官、宮女、皇子公主、禁衛軍等數萬人，往巴蜀逃亡。

走到馬嵬坡，禁衛軍將士們因為飢餓憤怒，於是兵變殺了楊國忠，逼李隆基把楊貴妃處死。之後太子李亨發現人心已變，於是被人擁護北行，打算另外招集部將平亂。李隆基知道大勢已去，派人把東宮子女都送去給李亨，並宣旨將帝位傳給太子。但李亨堅持不接受。

安祿山部將孫孝哲大舉攻入長安，抓捕百官、宮女、宦官都送往洛陽。並且大肆誅殺還沒逃走的唐朝宗親。而陳希烈與駙馬張均等人，失去恩寵的官員，成了失意官場政客，都投奔安祿山當官。

太子李亨終於在靈武繼位，並派使節入巴蜀稟告，李隆基聽聞之後立刻批准。孫孝哲在長安，受了安祿山之命，大肆殺戮，李唐公主、宗親、王妃、駙馬，全部被殘忍地挖心，去祭奠安慶宗。並大肆屠殺搶掠平民，血流滿街。同羅與突厥兩部，一部分兵將，厭惡安祿山賊黨對李唐如此以仇報恩，於是率軍北返溯方，最後投降朝廷官軍。

但是安祿山仍然繼續命人大掠長安，把所有舞女、樂工、百獸全部帶到洛陽，奏樂飲酒享樂。並在洛陽凝碧池，命令樂工奏樂，舞女起舞。

安祿山（橙眼眶）大喜說：「朕終於有當皇帝的規制，快樂啊！哈哈！」

高尚、嚴莊、陳希烈、張均等人，一起帶著百官與變節名士，敬酒：「萬歲，萬萬歲。」

安祿山此時視力模糊，肥胖過甚，但仍貪圖享樂，大喜過望。但樂工們看了賊人與號稱名士學子等降官，如此無恥，紛紛流淚，旁邊的賊兵露出兵刃威脅，但樂工雷海清大聲哭了出來，丟棄樂器向西痛哭。

安祿山（橙眼眶）大怒罵說：「立刻把這小人殺了！」

於是被綁了起來，活活支解。

接著安祿山帶著官員與賊將，強姦在場舞女與抓到的長安宮女，一陣混亂。

在此站崗的阿多，附耳對宋文山說：「看見了吧！沒想到我們當兵當到變成了賊黨！那些朝廷的書生名士，在這狀況下，也是禽獸而已。」

宋文山低聲說：「我有點看不下去，但現在不好發作，否則死的會是我們。阿多，你打算怎麼做？」

阿多說：「你是我上官，我聽你的。」

宋文山說：「現在我們還沒辦法，總之你緊跟著我，這場仗還沒完，之後會有機會的。」

李唐皇室放縱欲望享樂，司馬光在資治通鑑也在這段警告後代皇帝，小心盜賊就在身邊起貪念。其實後代的皇帝規制與享樂確實縮小很多，不能說這段勸諫無效。

安祿山又縱火焚燒洛陽與長安的書籍，打算讓自己奪取李唐的醜事無法傳於後世。但自起兵之後身體又逐漸患病，視力模糊，於是到處鞭打人，深居後宮不見諸將領。連宰相嚴莊都被鞭打，身邊的宦官李豬兒更是被打最多，深恨安祿山。而安祿山又打算以段氏所生的兒子，安慶恩來代替安慶緒當太子，安慶緒因而恐慌自己會被殺。

洛陽宮外。

「營州雜胡，若沒有我，你哪有今天？我宗族都被夷滅，你竟然如此待我！」嚴莊（綠眼眶）被打之後，惡狠狠地走出宮，邊走邊這麼說。

看到失意的安慶緒，想到一計。於是快步上前。

嚴莊（綠眼眶）低聲手指著一邊示意說：「殿下，等等可否到偏殿一談？」

安慶緒（灰眼眶）說：「兄長有何指教？」

嚴莊（綠眼眶）說：「殿下在那邊等我，我還要請另外一人相商大事。」

安慶緒知道嚴莊有謀，在如此不安狀況下，自然會應他所求，於是到偏殿等待。

嚴莊帶著安祿山的身邊宦官李豬兒來此。安慶緒看到他，猜中了幾分，然後緊閉房門。

嚴莊（綠眼眶）說：「殿下應該知道，陛下打算掃清安慶恩繼位的障礙，難道殿下想要坐以待斃？」

安慶緒（灰眼眶）說：「當然不能，但又能如何？兄長可有辦法？」

嚴莊（綠眼眶）說：「時至今日，天下人都把我們當反賊，倘若不能正名領軍，在這大燕集團都無法立足，我們就真的死無葬身之地。在下希望殿下繼位，讓陛下早點歸天。但這種事情，我身為人臣得殿下批准才能做。」

安慶緒（灰眼眶）說：「難道說？」

嚴莊（綠眼眶）說：「事情到了今天，我們三人都危在旦夕，有不得已，時不可失喔。」

安慶緒（灰眼眶）微笑說：「兄長要有所作為，敢不敬從？」

嚴莊（綠眼眶）微微點頭，對李豬兒說：「你前後被鞭打，算得出次數嗎？若不做大事，死無日囉。」

李豬兒說：「郎爺你說得沒錯，我每每努力侍奉他快樂，不被記功。少有不滿就如此打我半死，一切聽郎爺吩咐。」

於是嚴莊與安慶緒，帶兵來換班，宣稱守衛。李豬兒持刀進入，猛砍安祿山腹部。安祿山（橙眼眶）抓枕頭旁刀已不在，慘叫地喊：「有家賊。」但左右都非常懼怕，不敢動。安祿山最後慘死斷氣。

嚴莊（綠眼眶）推門進來喊說：「今日之事，你們在場都沒看見，否則誰都別想活。」

安祿山的左右紛紛點頭應命。

然後把安祿山屍體埋在牀下深數尺，對外宣稱安祿山重病，讓安慶緒當太子，之後繼皇帝位。尊安祿山為上皇。一切都處理完畢，最後宣佈死訊發喪，才把屍體又挖出來入棺，抬出郊外埋葬。而安慶緒比較愚笨，語無倫次，以兄長侍奉嚴莊，政事都交給他處理，他自己只在後宮享樂。

嚴莊於是以安慶緒名義，命尹子奇率領各族精兵十三萬，逼近睢陽城。宋文山與阿多也隨軍行動。此時城外的百姓紛紛躲入城中，守將許遠派人告急於張巡。之前張巡屢次率兵打敗賊將令狐潮，所以名聲很大，但手下兵馬也就只有三千人，但張巡忠肝義膽，立刻率三千人趕來城中增援，與許遠合兵於一處，不到七千人。

宋文山與阿多，藉口巡邏，騎上馬趁夜逃兵。本想要投奔睢陽城，但夜晚不明，而且語言與河南一帶的話語也不通，被守軍流箭嚇得遁回，經過一草廬。此草廬正是陳寧所住，他先前並不與百姓進城，夜晚在外升起火堆。兩人遠處望見，於是投奔。

忽然一輛木製怪車，外頭都釘滿鐵皮，被推了出來，樣貌奇形怪狀，上面乘坐一人。

大喊：「你們是誰？」

宋文山說：「原來你會說雅韻官話，我是燕軍校官，來投降官軍的。」

陳寧說：「你走錯，我只是個平民，不是官軍。這裡沒有財寶，快點離開！」

宋文山說：「這我知道，我們不是來當賊的。現在晚上，官軍守被甚嚴，我們怕被誤會，想要借宿一晚再去投降，只要天一亮我們馬上就走。」

陳寧手持一刀，走下木製怪車，然後說：「好，你們可以住我草廬一晚，但天一亮速速離去！」

剛開始互有戒心，但看了看互相都沒有賊意，於是慢慢就熟絡了起來。

阿多問：「先生，你這台馬車好大台好奇怪，到底是？」

陳寧說：「這是我的住所，火銃車。沒有我的解鎖，打不開的。」

宋文山低下頭摸了摸車輪，喃喃道：「這車輪與車軸，不太一樣。」

陳寧說：「沒錯，一般馬車，車軸轉久了就會斷，坐在車上也顛震不已。我的車軸與車輪都有機關，能夠減震，在當中安安穩穩。只是馬匹都被收入睢陽城，沒有辦法去買馬拉它。」

阿多說：「我們這就有兩匹馬。」

陳寧笑說：「這不好意思，我這台車雖大，暫不方便外人入住。」

宋文山說：「兄台放心，我們已經不是賊，你不方便我們不勉強。只是這台車讓我想到，有點像安祿山那個賊酋的鐵馬車。只是你的這台比他大很多，兩匹馬不知道是否拉得動？」

陳寧笑說：「強壯一點的馬，一匹就夠了。車輪我加上硬膠紙，與地面契合，馬拉不至於太費力氣，也不會那麼容易陷入坑中。至於車裡面，有火銃、弓弩以及黑火。其實這一台車，本是要給睢陽的將軍用。但他現在只能守城，我就作罷，打算有馬之後，帶去廣陵把車賣掉。」

阿多對宋文山說：「好啦！我們也不要總問這位兄台的車，連弓弩都說出來，可見防我們多甚。」

陳寧低頭致歉說：「向兩位致歉，沒辦法，現在是亂世。」

沉靜片刻。

宋文山問：「這位兄台怎麼不進睢陽城？現在兵荒馬亂的，賊多。」

陳寧說：「睢陽城力弱，雖然張巡與許遠太守能打仗，但遲早也會被攻破。我找過機會告訴過本州州官許遠，勸他應當多造奇器，軍隊分佈在山林河川之間，把這個大地當作城池，以奇術殺賊，但他不懂也不理，我無可奈何，只有自己離開睢陽城。他們那座城池，恐怕還沒有我這台馬車安全。要是入了城池，城破之日，那就是我死之時。所以我寧願自己在郊外。勸你們也別去睢陽投靠。」

宋文山掏出一錢袋，遞給陳寧說：「兄台我們做一筆交易，我們讓這兩匹馬拉這台車，你這台車帶我們走官道去廣陵，躲避戰亂。然後這筆錢就是你的。沿途買糧食找飲水，我們兩個操辦，只是藉車有住宿與安全而已，如何？」

陳寧接過了這錢袋，打開看裡面竟然是金銀，即便買下這整台車都可以，自己的積蓄已經因為造《傳書》中的這台車，花銷盡，能這樣也好。

於是點頭同意說：「好吧，我也正愁沒有路費與馬匹。但倘若二位改變主意，我隨時把錢奉還，可別因為這些錢，中途又跟我翻臉。我們的目的都是到廣陵，躲避戰亂不是嗎？」

阿多哈哈一笑說：「還怕我們是賊。我們身上錢比你多，要買你車都可以，你大可放心。」

陳寧才勉為其難接受，將兩匹馬安在車前，打開鐵皮馬車的鎖，宋文山與阿多一上車，大感吃驚。

車地板有圓圈網格，車頂也有。拉開之後就是網窗，用來奔跑時可以通風，關閉就可以防水避雨。車內除了糧食，還有小木櫥櫃，安置許多黑圓球。也有機床弓弩，以及一些圓筒管，車窗打開圓筒管對外。一聞氣味都是硝石硫磺。但也有很寬敞的地面可以躺著睡覺。

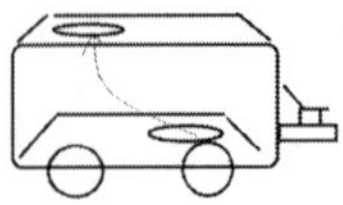

陳寧說：「等等，兩位兄台，不要用火照明。小心整台車都會爆炸。」
宋文山一愣，似乎聽不懂，疑問：「爆炸？什麼是爆炸？」
陳寧說：「沒見過節慶煙花嗎？可以在空中四散，如同打雷一樣迅猛！」
兩人搖頭，表示都沒見過。陳寧不管，把他們兩人火把往外扔。
陳寧拿出一個閃閃發亮的小燈籠，但沒有火，是在燈籠皮上塗抹了螢粉。雖然昏暗，但勉強可以照明。
宋文山笑說：「這位兄台還真多怪東西，竟然可以不用火照明。」
陳寧說：「這個螢粉塗抹上去，亮一個時辰就沒了，但在這不得不這麼做。否則這台車一爆炸，我們三個人外加那兩匹馬，都會沒命。」
於是馬車緩緩向前。夜晚走不遠，馬休息之後，等到日出後。三人繼續趕路。日出，怪車奔馳於官道上。
阿多看了開懷大笑說：「這馬車坐起來真穩啊！真的不會顛！」
宋文山笑說：「還有這通風口真涼爽，又可以寬敞睡覺。只有窗戶小了些。」
陳寧說：「因為這台車是作戰用的，不僅是交通之用。」
宋文山笑說：「這台車除了弓弩，還能怎麼作戰？」
陳寧說：「最好別碰到，安安穩穩到廣陵就好。」
於是拉開前方木窗臺，陳寧駕車快速向前。

繞過一個山丘。

阿多大喊：「走錯方向啦！」

陳寧說：「往廣陵官道是這個方向沒錯啊！」

宋文山驚慌說：「那邊是燕軍的陣地，官道已經被控制，我們兩個是叛逃的官兵，快回頭！否則我們會沒命！」

陳寧哈哈一笑說：「緊張什麼？賊軍們最好不要擋我道，否則讓他們知道我兵車的威力。」

於是快速駕車向前衝。

前方果然拉起柵欄，有士兵要阻擋去路。

陳寧二話不說，拉了一個鈴，放下弓弩就射擊。這弓弩竟然自動連發，前方士兵見狀四散。兩匹戰馬撞開脆弱的柵欄，車子繼續往前行。

賊軍一陣叫囂，一大批武裝鎧甲騎士從後追來。兩側弓弩射擊，但鐵皮車刀槍不入。

阿多大笑說：「原來這車如此生猛！」

宋文山從小窗戶往後看，驚恐說：「不好，那是鐵騎兵，也不怕弓弩！我們的車沒有他們快，很快他們會攔在我們的馬前，那我們就會被甕中捉鱉。」

陳寧喊說：「你們誰幫我駕車，我來擊退那些鐵騎兵。」

阿多急忙接手操作。陳寧立刻在後窗口，摩擦點燃火石，拋出許多黑圓球。計算得剛剛好，騎兵隊被炸得人仰馬翻。

宋文山吃驚得目瞪口呆，阿多回頭看到也恍神。

陳寧喊：「你駕好你的車！」阿多只好繼續駕車。

發現還有騎兵死追不捨，陳寧把圓筒安在臺上，又是點火，圓筒射出煙花，車後面如同著火一樣，電打雷劈，煙花四散，不斷有火箭射出。所剩騎兵的馬受驚嚇，火箭爆炸更是當場炸死數名騎兵，所有的馬不受控制，四散奔逃，而拉馬車的馬，聽到後面的爆炸聲，反而跑得更快。

宋文山大聲歡呼：「兄台，你的車太厲害啦！簡直就是幽靈馬車！」

陳寧說：「這些都是我祖父的設計，他是我心目中，天下最厲害的遊俠！到了廣陵，你們要的話可以多付點錢，這台車歸你們。我另外再造更厲害的。」

阿多笑說：「兄台，我們沒那麼多錢，但到廣陵之後我們可以靠造馬車賺錢，你總要幫手工人吧？我們兩個替你打工！」

於是三人邊走邊聊，到了廣陵，之後各自都在那邊成家安居不提。

睢陽城。

張巡趁夜率本部三百馬、三千兵去睢陽合兵後，和許遠的聯軍有六千八百人，準備以生命守衛睢陽。張巡先派將雷萬春、南霽雲等領兵與燕軍戰于寧陵西北，斬燕將二十人，殺萬餘人，將屍體投入汴水，水不流，楊朝宗趁夜離去。詔拜張巡主客郎中、副河南節度使。張巡向河南節度使嗣虢王李巨請功，李巨卻只授予折衝、果毅告身三十份，不賜物品。張巡以社稷危險，不可吝惜賞賜為由進諫，並寫信責難，李巨不聽也不回應。

張巡激勵士卒固守，晝夜苦戰，有時一日二十戰，擒將六十餘人，殺敵二萬餘人，士氣不衰。許遠自知才能不及張巡，對張巡自稱懦弱不知兵，稱張巡智勇雙全，請求做張巡的部下，讓張巡守城、作戰，自己僅向他稟報軍事。張巡不推辭。從此許遠專治軍糧和戰具，張巡成為實際上的守將，戰鬥籌畫都是他所作。

最初城內有數萬人，張巡一見他們就問姓名，後來都互相認識。此前許遠部將李滔投敵，大將田秀榮又和他暗自勾結。

一次田秀榮告訴許遠：「早晨出戰時，用綠帽子做標識。」結果戴綠帽子的部眾都被消滅了。田秀榮回來詐說：「我是在誘敵。」

請求派精銳騎兵前往，換上錦帽。許遠把情況告訴張巡，張巡召田秀榮上城，數其罪，斬下他的頭給叛軍看。於是出戰，打敗尹子奇，尹子奇夜間遁去。守軍繳獲的車馬牛羊，張巡都分給將士，一絲一毫也沒有拿進自己家。詔拜授張巡為兼禦史中丞，許遠為侍御史，姚訚為吏部郎中。張巡想乘勝進取陳留，尹子奇得知後，再率大軍回來圍城。

張巡殺牛給士卒，全軍出戰，燕軍見守軍少，大聲嘲笑。張巡與許遠親自擂鼓，張巡執軍旗率諸將奮力率軍衝殺，賊軍大潰，被斬將三十餘人、殺士卒三千餘人，被追逐數十里，軍旗也被拔。

賊軍整隊反殺到城下，張巡再次出戰，晝夜數十回合屢屢挫其鋒芒。雖然每天都被賊軍圍城，唐軍鬥志卻不鬆懈。戰事拖到了五月，張巡軍在夜間擂戰鼓，作夜襲狀。賊軍只得夜間值守，缺乏睡眠。後來賊軍造飛樓看城中，什麼也看不到，於是聽到戰鼓後也不穿上戰甲，繼續睡覺。賊軍防禦鬆懈後，張巡派南霽雲和郎將雷萬春等十餘將各率五十騎開門突擊敵營直至尹子奇麾下，賊營大亂，被斬將五十餘人、殺五千餘人。賊軍有個大首領披著甲，率領一千拓羯騎兵揮動旗幟登城招降張巡。張巡暗中縋下數十名勇士藏在城壕中，拿著鉤、陌刀、強弩。約定：聽到鼓聲就奮起。

首領仗著人多，不加防備，城上鼓聲響，伏兵出來捉住首領，強弩向外射箭，救兵不能上前。不久被縋下的勇士又起來登上城牆，賊軍都驚愕地看著，於是按兵不敢出擊。張巡一直希望給賊軍士氣以巨大打擊，最好的辦法是殺傷燕將尹子奇。

張巡並不知道尹子奇的相貌，更無法得知他在士兵中處於什麼位置。張巡轉而使用心理學。他命軍隊割蒿為箭射一些敵軍士兵。這些士兵中草箭後沒有身亡，發現是被蒿所射後大喜，趕緊跑向尹子奇報告唐軍的箭用完了。張巡注意到士兵們跑的方向，下令最好的弓箭手們向尹子奇射箭。南霽雲射瞎尹子奇左眼，賊軍亂，尹子奇幾乎被俘。賊軍士氣大挫，圍城終止。

賊軍已損失二萬人。尹子奇認為軍隊疲倦不能戰，下令暫退重整。兩月後，他增加新徵兵二萬，返回圍城。睢陽所在地商丘的位置起初，許遠為了備戰，在睢陽城內準備了足以應付一年的糧食六萬石。但李巨不顧許遠反對，堅令分出一半給濮陽、濟陰，導致睢陽的糧食比許遠預計的少很多，且濟陰太守高承義得到糧食後就叛變了。

唐朝官吏已經開始潛伏著不少賊人。

唐軍糧食奇缺，城內一斗米價格達八百。唐軍士兵每天只得到一勺米，只能尋求茶、紙及附近的動物、昆蟲、樹皮、樹根為食。而賊軍糧道通暢，即使兵敗也能重新徵兵。尹子奇注意到唐軍為饑荒所苦，下令更多軍隊包圍睢陽。他用雲梯攻城，但張巡預先在城牆上秘密鑿了三個洞，分別從中伸出大木頭，一個用末端鐵鉤將雲梯鉤住讓其不得後退，一個頂住雲梯讓其不得前進，一個末端用鐵籠盛火從中間燒斷雲梯，雲梯上的士兵都被燒死。尹子奇用鉤車攻城，毀壞城牆使之塌陷，張巡用大樹末端設置連鎖，連鎖末端設置大環，截斷其鉤頭。尹子奇又造木驢攻城，張巡熔金汁灌下去將其熔化。尹子奇又在城西北角用土袋和堆積的木柴墊底想登城，張巡每夜秘密將松明、幹蒿投入其中，共十多天，賊軍不察覺。張巡出兵大戰，派人順風持火炬焚燒之，燕軍不能救，火燒了二十多天才滅。張巡所為都是臨機決斷，燕軍為其智所服，不敢再攻，在城外設三重壕溝立下木柵欄。

張巡也在城內作壕溝拒敵。但儘管戰場取勝，張巡也知道只剩下大約一千六百人了，且多病餓，戰鬥很快要失敗了。八月，城中糧食短缺，睢陽城只有六百守軍，張巡守東北，許遠守西南。守軍最初吃茶葉和紙，張巡和許遠也和他們一起吃，不下城。茶葉和紙都吃完了，就吃馬，馬也被吃完了，就吃老鼠和麻雀。等這些都被吃完了，已經開始吃人及煮食鎧甲、弓弩。

剛開始吃敵人的屍體，之後敵人已經不攻城改長期圍困，吃不到敵人，連自己人也開始吃。老弱婦女兒童都已經在昏餓之中，被殺吃掉。城內已經變城恐怖煉獄，但是所有人都忠義恨賊，打算與賊軍同歸於盡，沒有人想要投降。

這時張巡還說降一些賊軍將領，賊將李懷忠本是被燕軍所擄的朝廷將領，效力賊軍兩年，路過城下，張巡問出他祖父和父親都是朝廷官員，說一旦亂平，他作為叛將，父母妻兒都要伏誅，於是李懷忠哭著離開了，不久就率數十人帶著糧食投降了。

張巡共說降賊軍攻城士兵二百多人。

張巡令南霽雲縋城而下，率三十精騎突圍向附近求援。

但附近守將如彭城的尚衡等都不願提供軍隊和糧食。南霽雲求助於守譙郡的河南都知兵馬許叔冀，許叔冀不出兵，只答應給幾千匹布。南霽雲怒罵而去，又求助於守臨淮的新任河南節度使兼御史大夫賀蘭進明。賀蘭進明平日嫉妒張巡才能，也想保有自己的軍隊，也怕握有精兵而不受節制的許叔冀襲擊自己，以睢陽存亡不知為由拒絕幫助張巡。

南霽雲（黃眼睚）說：「睢陽如果失陷了，我南霽雲請求以死向大夫謝罪。而且睢陽如果破了，下一個就是臨淮，如皮毛相依，為何不救！」

賀蘭進明欣賞南霽雲勇壯，強留，大宴，奏樂，意圖招攬他到自己麾下。

南霽雲（黃眼睚）答：「我南霽雲之所以冒賊鋒刃，晝伏夜出，匍匐來到這裡乞求援兵，是因為本地被強寇圍困半年，剛圍城時城裡還有幾萬口人，現在婦女老幼都被互相吃完了，張中丞殺了自己的愛妾給軍人吃，軍民已經一個多月沒有糧食可吃了，現在活人只有數千，城中的人引誘賊人是應該的。我知道他們面臨的處境，如何還能享用這樣的大餐？我即使想一個人吃，也咽不下去。我以為大夫您深念國家危亡，聽到我的話就會回應，為何自己享受大餐，沒有救恤之心？大夫坐擁強兵，卻坐看睢陽陷落，無救患之意，忠臣義士之所為怎該如此！我南霽雲如今不能完成主將的任務，請求切下一根手指，留給大夫，表示我已經來過了，回報本州。」

他拔出佩刀切下自己的一根手指，餓著沒有吃大餐，騎馬離開。滿座都大驚，為此哭泣。

南霽雲最後，得到李賁支援的馬百匹，以及寧陵城使廉坦步騎三千，遂與廉坦一同冒圍殺回睢陽。

賊軍勢大，交戰之下唐援軍損失很大，傷亡頗重，只有一千人殺入城中。當時起大霧，張巡聽聞交戰聲，就知道是南霽雲等人的聲音。南霽雲用繩子入城，告知城外援軍要入城。於是張巡開門，將士們相持而泣。總計一千六百人的饑餓唐軍得知外援不到，連日痛哭，陷入絕望。

賊軍知道守軍無援，攻城更急。眾人勸張巡尋路南逃。張巡與許遠商議。

許遠（黃眼眶）總結：「如睢陽陷落，賊軍將沿著運河攻佔江淮，整個國家的南方將陷入賊亂戰火，死的人會更多。還有，我們的士兵大多太疲倦且饑餓，是跑不到安全地帶的。我們僅剩的唯一選擇是盡可能守城，希望鄰近守將來幫助我們。」

「況且我們已經為了守城，連自己很多熟識的人都吃了，若苟且偷生，天下人會怎麼看我們？既然不顧一切替國家守城，唯有死戰而已。」

張巡（紅眼眶）激動地說：「是啊，若死則是忠臣有義，若苟活則成了食人魔賊。只有與賊拚到底。」

眾人餓死者越來越多，連投入增援的人給的糧食也耗光。

尹子奇再次擊鼓，賊軍總攻，守軍只剩下四百人，已經無力氣抵抗，城池於是陷落。

城陷前，張巡（紅眼眶）向西下拜說：「臣力竭了，不能保全城池了，我們活著不能報答陛下，死了要做厲鬼殺賊！」

張巡、南霽雲和許遠都被俘。

尹子奇問：「聽聞閣下每次作戰都睜裂眼角、咬碎牙齒，為什麼？」

張巡（紅眼眶）說：「我志在生吞你們逆賊，吃你們賊人的肉，喝你們血，但力不能耳！」

尹子奇用刀撬開張巡的嘴看，只剩三四顆牙，非常吃驚。

張巡（紅眼眶）最後大罵：「我為君父之義，國家之忠而死，你依附逆賊，是豬狗，如何能久！」

尹子奇感到羞慚，欣賞張巡的勇氣和統軍才能，但無論如何禮待、勸降，張巡、南霽雲和許遠都不肯加入燕軍，罵賊而已。尹子奇左右都說張巡守義不會被自己所用，又得士心，不可久留。最終，為防生變，尹子奇將張巡、南霽雲等二十多將領斬殺。許遠被送往洛陽，也不屈服被殺。

睢陽城雖然被燕軍攻陷，但是燕軍傷亡慘重已經無法南下，而且唐軍已經對兩京展開反攻，安慶緒急命尹子奇退兵。於是燕軍撤走，江南遂沒有陷入戰火。

唐軍引回紇兵與西域屯田之兵，近二十萬人，大舉反攻長安。前軍李嗣業、中繼郭子儀、後續王思禮。逐步投入戰鬥。安史賊軍也出城列陣迎戰，攻勢兇猛。

李嗣業脫去鎧甲，身先士卒，左右官兵奮力向前衝殺，但安史賊軍善戰，刀兵肉搏之下，仍然沒有勝機。忽然回紇兵從後殺入賊陣，與唐軍夾擊，從午時殺到酉時，安史賊軍大敗，被斬首六萬多人。其餘人逃回長安。

安史賊將知道大事不妙，拋棄長安往東遁逃。

先前皇帝李亨為了快速收回京師，竟然與回紇首領約定，可以縱兵掠奪女子與錢財，但土地與男人歸唐。回紇首領葉護如今要求履約，皇子廣平王李俶勸說葉護，說若如此則洛陽東京就收不回來。請收了洛陽再履約，葉護於是同意。

消息傳出，長安城百姓紛紛夾道歡迎廣平王李俶，皇帝李亨稱讚自己的兒子。

※※※※※　　※※※※※　　※※※※※

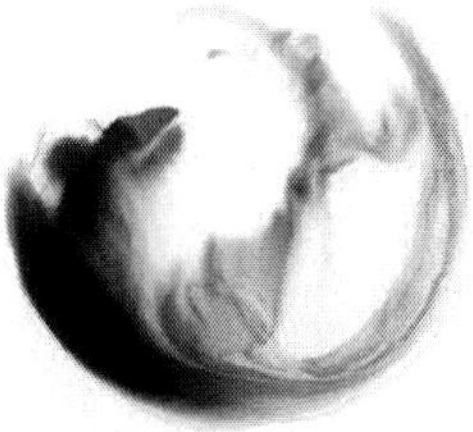

陰陽一體，古怪相連。

陰古：交易？定位我們的底去做交易？到底誰是主？
陽怪：呵呵呵呵。好好好，我們該謝恩囉。
陰古：立場不對，什麼都不必。
陽怪：看來之後要來點更猛的，我們要繼續謝恩。

※※※※※　※※※※※　※※※※※

確實，立場不對，什麼都不必。唐朝確實回而不來。

唐與回紇聯軍，繼續向東出擊，安慶緒集結所有部眾命嚴莊迎戰。郭子儀初戰不利，之後回紇兵一到，賊軍驚慌遁逃，最後崩潰。嚴莊入洛陽告知安慶緒兵敗，於是所有人整裝逃往河北鄴城，走時殺掉許遠與哥舒翰等數十人俘虜。

嚴莊知道安慶緒沒有什麼利用價值了，於是派妻子詐稱是李氏宗親，見李俶。表示自己願意投降，李俶與郭子儀商量之後同意給鐵券，於是嚴莊投奔回唐朝，回長安繼續當官。

進入洛陽，回紇首領又打算大掠女子錢財，廣平王李俶與父老們商量，帶著父老們拿羅錦萬匹給回紇首領，請約束軍紀不要縱掠。回紇首領葉護收到大量羅錦，也怕與唐軍起衝突，於是同意放棄前約，分配錢財，下軍令約束軍紀。總算忽悠過去，李俶還好搓掉了這場惡質的交易，否則唐朝立刻就會結束。

接著陳希烈這些小人，又跑來找李俶請罪，李俶同意求情，但最後李亨下旨意將這些投敵的兩百餘人收監到大理寺。經過審訊，陳希烈等十七人賜自盡，其他某些情節嚴重者被處斬。

清算臣子的立場沒錯，但陰陽古怪之主，沒這麼好忽悠。

因為皇帝本身的立場問題，也必須被嚴格檢驗。李隆基與李亨父子，立場也都有問題。

經緯臣：陰陽古怪之主，很不開心當前皇帝本身的『立場』問題。站的經緯位置都不對。我們的工作要加重囉！但很為難，要依據陰陽古怪之主設的中軸線繼續進行，又要處分立場問題，有點紊亂。要這樣來執行第二次大規模軍演。

煉足靴：是有點紊亂。我看看該怎麼辦，依照遊戲規則，現在這皇帝屬於舊玩家。前面三條都算過關。啊！違反第四條。看看處理的方式是，唐朝繼續鬧鬼，鬧到滅亡為止。這段時間，完成前面陰陽古怪之主設中軸線的要求，把漢末與晉末兩場亂局，融合成一場來玩。

經緯臣：我看看。第一，漢末的軍閥割據要在這重演。第二，漢末太平道民變也要重演。第三，晉末諸胡入侵的事件要重演。第四，晉末諸王相爭各地混戰要重演。第五，漢末強臣逼主晉末強臣弒主與廢主的事情也要重演。

煉足靴：融合一下吧，軍閥割據混戰，跟諸王混戰意思是一樣的，可以合併處理，只是時間會拖延比較久。那大致這樣安排，給陰陽古怪之主看看是否可行囉！

＝＝＝＝＝＝＝＝＝＝＝＝＝＝＝＝＝＝

此時史思明在范陽，兵力壯大超過八萬人。於是有人勸說史思明除掉安慶緒，投降唐中央。史思明同意。李亨收到史思明降表，派使節烏承恩到范陽給鐵券。

安慶緒知道史思明勢力強大，自己已經不斷兵敗，損兵折將，非常恐懼。或可承認他也稱帝，與唐朝並立三國。

范陽兵鎮，薊城。

烏承恩宣旨完畢。

烏承恩（棕眼眶）說：「恭喜大夫，天子已經頒發鐵券，叛亂罪責全都歸安祿山等人，請你可以安心繼續為唐臣。」

史思明（綠眼眶）說：「是，這是自然。請稟明天子，我永為唐臣。」

史思明（綠眼眶）轉而命人請來烏承恩的兒子，烏緒義，然後說：「你兒子剛好也在范陽為質，我這段時間待他甚好，你們剛好可以父子聚一聚。」

烏承恩父子相擁哭泣。

夜晚，薊城中別館。

父子吃完晚餐，烏承恩（棕眼眶）對烏緒義說：「先前我數次穿著女裝，到范陽的軍營秘密勸說了不少武將。看來回復是很不錯的。」

烏緒義問：「父親為何要如此？」

烏承恩（棕眼眶）說：「李光弼幾次與史思明交戰，知道史思明也是個兇賊。你我也都跟他熟識，史思明是你祖父的舊部，他這個雜胡的兇性不亞於安祿山。所以天子也不信他，命令我把鐵券只給阿史那承慶，共同把史思明制服除掉。那麼天子將授我當范陽節度副使，你則可以入朝當官，受天子恩寵。」

烏緒義大喜，然後說：「那太好了，父親要小心謹慎啊。」

忽然別館牀下翻出兩人，也大喊：「對啊！要小心謹慎啊！」

原來史思明早就從部將那邊得到消息，烏承恩在收買部曲，埋了眼線躲在牀下偷聽。

喊完，史思明也帶兵闖入別館，制住父子二人，並且翻出所有部將的名單，以及哪些人該殺，哪些人可以赦免。

史思明（綠眼眶）大罵：「這到底何意？」

烏承恩（棕眼眶）知道這下死定，於是說：「死罪啊！請大夫原諒！這完全是李光弼的計謀，我等也是迫不得已！」

史思明大怒，招集眾將，說所有人都將被朝廷誅殺。然後當場把烏承恩父子殺掉，接著連坐數百人都殺光。烏承恩弟弟烏承玼，在追捕時，快馬加鞭，逃出城外，奔太原告訴李光弼密謀失敗。

史思明上表抗告，要求懲處李光弼。但李亨派使節回復，說這完全是烏承恩的計謀，不是朝廷與李光弼的意思。李光弼也上表，請封烏承玼為昌化郡王，並要求對史思明嚴加防備。李亨兩邊都安撫而無可奈何。

此時安慶緒仍在鄴城觀望，但為人昏庸，只想盡快享樂，於是大臣們爭權，最後竟然把有作戰兵略的大將蔡希德殺了。所屬部將紛紛離心。原本在安祿山陣營時，史思明非常害怕蔡希德，知道自己兵法遠不如他，聽到蔡希德死，大為欣喜，遂秘密招降安慶緒各部。

而此時李亨也不想僵持下去，命令郭子儀與李光弼各自統帥兵力，同時增派七鎮節度使與平盧兵馬使來增援，共九鎮兵馬，超過六十萬。命令一定要把安慶緒消滅。

安慶緒親自率兵出戰，但被郭子儀打得大敗，退守鄴城。唐軍將鄴城團團包圍，甚至用漳水水攻，整個鄴城淹水，乃至於想投降的人都出不去。

安慶緒派使節請史思明來救，表示願意將皇位相讓。史思明於是發兵十三萬，逼近鄴城，但恐懼唐軍勢大，不敢前進。鄴城已經缺糧，但唐軍九鎮兵馬互相不統轄對方，以至於指揮混亂。史思明見狀大好，派兵截斷大運河與陸上的糧道，唐軍也開始缺糧，相互混亂。史思明派人與唐軍約定時間決戰。

史思明以精兵五萬衝殺，唐九鎮指揮官，互不統轄，指揮混亂。完全憑藉人多，但忽然風沙大起，天陰變暗，兩軍都士氣崩潰，史思明軍往北逃，唐軍往南逃。但史思明很快組織起來，唐軍崩潰，連郭子儀的兵馬都拋棄甲仗而竄，士卒趁亂到處搶掠，許久才鎮住秩序，但洛陽震動。各節度使只能各自回本鎮。

史思明則屯兵城外，安慶緒不得不帥群臣，出城外卑辭上表，要將皇位相讓。史思明忽然發怒，大罵他弒父之罪，並將安慶緒與高尚、孫孝哲、崔乾祐等賊帥全部斬首。看來還是嚴莊比較有遠見，把你們集團利用完之後，徹底拋棄回唐朝當官。

於是史思明回范陽稱帝，然後命殘暴的兒子史朝清守備范陽，自己再帶兵南下攻唐。李光弼率軍迎戰，但史思明分兵四擊，李光弼無法阻擋。史思明渡黃河再次進入洛陽，而此時洛陽已經百姓四散，逃往他處。

李亨嚴命李光弼統帥各部迎戰，雙方列陣在在邙山。但是唐軍內部仍然互相掣肘，最後李光弼大敗逃走。

史思明認為可以再次破長安，於是命令士卒築城屯軍糧。但史思明與最寵愛的兒子史朝清，都殘忍好殺，歹毒異常，部下難以自保。只有史朝義仁厚寬大，所以部將都依靠他。史思明認為這不類己，想要殺掉史朝義，改立史朝清為太子。史朝義非常恐懼。

恰逢史朝義向西進兵兵敗，史思明大怒，命令他去築城，一天內完成，結果當然破漏百出，當場斬殺史朝義的部下，並且說攻克陝州就要斬掉史朝義。

柳泉驛。

駱悅與蔡文景，都是史朝義的部下，來此勸說。

駱悅說：「大王啊，我們與你都死期將至。自古就有廢立之說，難道你打算坐以待斃？」

史朝義（青眼眶）說：「畢竟他是我父親啊！難道我要學安慶緒一樣？」

蔡文景說：「他好幾次想殺你，可有念及父子之情？大王你要想想，他與史朝清都非常殘忍，他們才是父子，掠奪良家女子為玩樂。我聽說燕京那邊，史朝清都用地痞欺壓人，他甚至喜歡斬殺美女人頭來欣賞，還將不服他的良家女子都丟到鍋鼎煮死，部將對他們的殘忍歹毒，非常厭惡，都仰慕大王你的寬厚仁德。倘若大王不行動，那麼我們怎麼辦？」

駱悅說：「是啊，大王你若不行動，我們就回歸李唐。那大王自己也不免被殺。」

史朝義（青眼眶）說：「好吧，我行動就是。那些歹毒的兄弟們，我自會派人處理掉，但你們不要驚動聖人。」

於是兩人帶兵去與史思明的護衛曹將軍商量，表示史朝義要行動。曹將軍知道眾人憤怒，不敢違逆，於是放他們帶兵進去抓史思明。史思明發現有變，騎馬要逃，被亂箭射中肩膀，墜馬被抓。

史思明（綠眼眶）問：「到底亂者是誰？」

駱悅說：「奉懷王之命。」

史思明（綠眼眶）說：「我知道自己說錯話，應該有此遭遇。但殺我太早，為何不等我攻破長安再動作，如今事不成！」

駱悅說：「這些都不重要，重要的是懷王與我們都要活命。」

於是押解史思明回軍營。史朝義率軍鎮住各部，但恐怕有不服，於是將史思明殺死，屍體駝回洛陽。

史朝義於是繼皇帝位。同時派兵回范陽，命令張通儒殺掉史朝清，詐稱大捷要迎接史朝清去洛陽，但最後史朝清發現有變，范陽內部黨羽混戰數個月。范陽守軍都偏向支持史朝義，紛紛支援張通儒，最後殺掉史朝清與他母親辛氏，與黨羽數十人，殘暴的地痞都死亡，人心大快。於是迎接史朝義的妻子與母親南下。

史朝義於是在洛陽發號施令，但是帶兵的將領都是以前安祿山的部下，與史思明地位相當。史思明在他們頭上發號施令，都已經內心不快，對於這個後生小輩當皇帝帶頭，雖不至於討厭，但也拒絕聽命，安史集團逐漸瓦解。

此時李隆基病死，宦官李輔國殺張皇后，李亨也受驚嚇而死。李俶在雙重國喪下繼位，殺掉李輔國，重新掌握政權。

李俶下詔命，集結所有兵力與回紇兵，全力消滅史朝義。史朝義兵敗山倒，往范陽逃竄，回紇兵大掠東都洛陽，唐軍也跟著四處搶掠。但將領們因戰爭長久，無法制住這些心懷憤怒又貪婪的亂兵，只好睜一隻眼閉一隻眼。最後河北各部紛紛投降唐軍，史朝義單人匹馬走投無路，最後在樹林中上吊自殺。妻子與母親被押解到長安。

安史之亂雖然平定，但是唐朝元氣大傷。

吐蕃趁機攻破隴右與安西諸地，並且派兵進攻長安，大舉劫掠。李俶與唐宗親往東逃到陝州，吐蕃因天熱與郭子儀帶著唐援軍逐漸集結，於是撤退。

李俶死後，被稱唐代宗。

李适繼位，準備中興唐朝，重用不少能人，首先改採兩稅法，改善財政。對外定下聯合回紇打擊吐蕃的策略。剛開始都頗有聲有色，但輪到對付藩鎮內亂，宣佈拒絕姑息藩鎮，強制除奪兵權，結果引發一系列兵變。討伐叛逆的軍隊，又因為賞賜不夠，最後附逆，爆發涇原兵變。亂軍攻入長安，朱泚趁機稱帝謀反，段秀實拿笏板擊朱泚而被殺。

朱泚於是派兵追殺皇帝李适，在奉天被包圍。李适不得不下罪己詔，讓天下兵馬救駕。終於有一部分兵將反正，與亂兵相互混戰，最後朱泚被殺，兵變的幾名禍首也被殺掉，但是新的藩鎮又繼承兵權。李适回到長安後，從此不信任大臣與將領，改任宦官掌握禁軍。

李适死後長子李誦繼位，史稱唐順宗，沒多久就被宦官逼宮退位讓給兒子李純，史稱唐憲宗。

李純一繼位，就決定動用禁軍對割據四方的藩鎮用兵，由於兩稅法的支持，終於有財政可以動兵討伐，且獲得一系列勝利。

唐，元和十三年。長安西市外道觀外。

一個年輕的女道士做法事，並且寫了一個符咒給人治病。

此時一個男子在旁一看，非常憤怒，大喊：「妖女道，別人生病就該看醫師，靠一支筆一張紙，鬼畫符就能夠治病嗎？」

在旁圍觀的人紛紛瞪大眼，都認為這個男人好大膽。

而這年輕的女道士，眉清目秀甚是可人，而且氣質不俗，一看便知大家閨秀出身。本來不該惡言反向，但被這年輕男子一喊，不知為何忽然生氣。

女道士（靛眼眶）說：「我做我的法事，與你何干！」

男子一手抓女道士手說：「你這是妖言迷信誤人，必須抓你報官！」

女道士（靛眼眶）反手一巴掌，打了這男子。眾人一陣驚呼。

「你敢放肆！」

這男子怒目反向，被治病的是一個老頭，他對男子說：「我就想喝這符水，你是誰？管這事情做什麼？」

男子說：「老丈，我是廣陵人，來這長安數月。見過很多不平之事，但這女道士讓我最是生氣，如此騙人恐怕會耽誤你看病，你應該去看醫師拿藥，依照病理來治，而不是信這個該死的女妖道。」

眾人一聽，又一陣驚呼，大家的臉色，讓這男子感覺自己好像惹到不該惹的人。

女道士（靛眼眶）說：「你叫什麼名字？竟然罵我是女妖道？」

男子說：「廣陵陳胤，來長安數月，上京趕考，考明經科。」

這陳胤，就是逃到廣陵，陳寧的孫子。

女道士（靛眼眶）說：「你原來是科舉考生，你讀你的書，去考你的官，管我這出家的女道士做什麼？」

陳胤（白眼眶）說：「大唐自天寶年後，天下之所以會亂，就是從最基本的是非不分開始！如今在這天子腳下，光天化日就有女妖道拿符水騙人，這讓我想到東漢朝末年，妖道張角也是以符水騙人，最後以黃巾造反的故事。所以我要你去見官，難道有錯？」

女道士（靛眼眶）聽了，瞪眼說：「還有呢？」

陳胤（白眼眶）說：「除了妳之外，我還要告妳身後這個道觀，正經修為不做，放任妳這個女妖道做這種事情。」

女道士（靛眼眶）雙手擺在前面，然後說：「好，那你抓我見官！」

旁邊一個婦女喝道：「你這個笨書生快滾，這個女道士你可惹不起啊！」

此話一出，在旁所有人都一陣叫喝。

「快滾！」「想活命就不要在這鬧事！」「你找死啊！」

陳胤（白眼眶）怒目說：「我就不信沒有王法。」

於是真的抓著女道士的衣袖，往西市的捕房官衙走去，女道士也順著他一起進官衙。眾人跟在後面，好像是要看熱鬧。

官衙門口，恰好站著長安尉與手下的幾個捕快頭目聊天。

沒想到這長安尉一看到這女道士被陳胤抓來，立刻衝上去把陳胤踢倒，幾個捕快也將他押在地上。

陳胤（白眼眶）大呼說：「這個女妖道在用符水騙人，我抓她來告官的，怎麼如此對我？我是來考明經科士人啊！」

長安尉立刻跪在女道士面前，磕頭說：「是否要將他抓捕？」

陳胤（白眼眶）大呼說：「你們抓錯人啦！」

一個捕快頭目，拉起陳胤，就給他一耳光，打得他耳鳴倒地。門外眾人一陣鼓掌。

捕快頭目說：「你這個該死的笨書生，想活命就給我住嘴。」

女道士（靛眼眶）說：「算了別跟他計較，我心情被他搞亂了，得回道觀去清修靜一靜。」

長安尉磕頭說：「是，是否立刻將他轟出長安城？」

女道士（靛眼眶）說：「算了啦，我沒心情。剛才你們也掌他一耳光，替我出氣也謝謝，放他去吧！」

長安尉磕頭說：「是的永嘉公主，請您先回道觀，這個賤民書生我們會把他帶到東市去，若敢再來就抓捕關押，以免讓你看了心煩。」

一聽到公主二字，陳胤嚇到，也立刻磕頭。原來這女道士是永嘉公主，就是當今皇帝的十八個親生女兒之一。

永嘉公主（靛眼眶）說：「沒事了，我先走，還得回去替我父皇祈福呢。」

於是返身要離開，眾人平伏磕頭不敢動。

忽然永嘉公主（靛眼眶）又回頭說：「那個叫做陳胤的，你在抓我之前，說的那句話也算有道理，有機會我會跟父皇說的。」

說罷離開。

之後長安尉真的把陳胤轟到城東，警告他若再敢來西市，就抓去關押。

陳胤躲到東市客棧，才後悔自己去管這閒事。他有聽祖父陳寧說過，陳寧的祖父陳永當遊俠的事蹟，可能自己有高祖父陳永的遺傳，喜歡打抱不平，嫉惡如仇。但這次真的踢到鐵板，糗大。

忽然才感覺那個年輕女道士，氣質脫俗，面目清秀，若非穿著女道士服裝，她就是個美女。沒想到是皇帝的女兒，內心忽然喜歡上她。但轉念一想，這可不是自己高攀得起的人。況且自己的明經科根本沒有考過關，就算考上，明經科也不是很重要的科別，只能當小吏，當不了大官。何況根本就落第沒考上！

過了一天，陳胤準備跟著大運河的商船，往東回家去。雖然有大運河，但出遠門對於平民來說也是很困難的，一輩子能來一趟京城，也是很難得。

「還是回家去，雖然落榜，總算還見了一回公主。我一個賤民，碰到美麗的公主手一回，三生有幸，不錯了！」

正要離去，那幾個捕快找到這客棧。

「原來你在這！」

陳胤（白眼眶）說：「你們要做甚麼？我要離開長安了。」

一個捕快說：「永嘉公主要找你，跟我們走一趟。」

陳胤（白眼眶）說：「我知道錯誤了，公主不是原諒我了嗎？」

一個捕快說：「少說廢話，快走！」

於是陳胤被捕快帶走，再次到了西市邊上的女道觀。把陳胤帶入道觀門內，捕快們就離開。

永嘉公主（靛眼眶）走出來說：「尊姓大名？」

陳胤（白眼眶）立刻下跪磕頭說：「草民陳胤。昨日冒犯公主，罪該萬死，草民才正想要離開長安回廣陵去，請公主萬萬別怪罪草民。」

永嘉公主（靛眼眶）說：「你昨日說的話，確實很震撼我。」

陳胤（白眼眶）再次磕頭說：「草民若讓公主感覺受傷，草民願意接受一切處罰，只要公主解心，開心，草民願意做任何事情。」

永嘉公主（靛眼眶）說：「怎麼發現我是公主，你的說法就改變了？不是說，天下之所以會亂，就是基本是非不分開始嗎？」

陳胤（白眼眶）說：「話是這麼說，但若是傷害了公主，那草民先做錯，沒資格談是非。昨天晚上草民反思自己，即使您不是公主，草民也不該這麼做。因為草民這樣是當眾傷害人。我應該學習收斂一下自己，三思而後行。」

永嘉公主（靛眼眶）說：「你這樣的說法矛盾，你若是不傷人，那不也是是非不分，最後讓天下亂？」

陳胤（白眼眶）結結巴巴說：「哦……草民愚蠢，公主說的是。但草民還是希望，公主不要感覺受傷，以後也不要在寫符咒治病，因為這樣真的是不對的。」

永嘉公主竊竊私笑。

永嘉公主（靛眼眶）遮著嘴說：「好啦，代表你還是有是非。你考明經科考上了嗎？」

陳胤（白眼眶）說：「落榜了。草民愚蠢無能。只能回廣陵去。」

永嘉公主（靛眼眶）說：「這樣吧，你除了義憤填膺之外，有沒有懂一些別人不懂得事情？假設有的話，代表你說話有所本，我就放過你，假設沒有，你得罪我這筆帳就要算，我讓我父皇斬了你。」

說罷繼續竊竊私笑。雖然沒有殺氣，但也不能說不會發生。

陳胤（白眼眶）繼續頭磕在公主腳下說：「有的，草民的高祖父，有寫了一本《傳書》裡面談了很多他人所不知的自然法則，甚至也寫了機關術。草民有謄抄了一本，隨身帶在身上，就在我的包袱中。若是公主有興趣，草民願意獻給公主。」

永嘉公主（靛眼眶）用輕輕腳踢了陳胤的臉，說：「不用跪了，本公主賜你站著。」

陳胤站起。

永嘉公主（靛眼眶）說：「走，帶著你的書，陪本公主遊漢長安城古蹟。讓本公主，一邊能聽你講解這本書，一邊能遊玩。」

陳胤瞪大眼吃驚，當朝公主，皇帝女兒，邀請自己這個條件差，又地位低下的人出遊？

永嘉公主（靛眼眶）說：「不要懷疑，本公主喜歡你。你願不願意自宮，當我的貼身宦官？」

陳胤（白眼眶）一聽抖著拼命搖頭說：「不不不，我想回廣陵娶妻生子，我不當宦官。」

永嘉公主（靛眼眶）說：「能侍奉我，這可是你三生有幸。我若真的要閹割你，你能反抗？」

陳胤（白眼眶）流淚低頭說：「公主真要，我只能聽命，能不能有不疼痛的方式？」

永嘉公主（靛眼眶）掩著嘴笑說：「哈哈，玩你呢，本公主已經出家當女道士，才不需要宦官。本公主沒有侍從，你陪我，要是遇到賊，你願不願意替本公主擋刀，死在前面，讓本公主逃命？」

陳胤（白眼眶）拼命點頭說：「這我願意，公主金枝玉葉，不可以受任何一丁點的委屈。」

永嘉公主笑著拉著他的手，於是出門。

兩人趁著春遊，跟著旅人一起看漢長安城故跡。元和中興，治安有大改善，城外也很多偵查治安的騎兵巡邏。

兩人連著好幾天一起旅遊，甚至太晚入城，因為宵禁管制，在城外一起住在破廟中。逐漸互相產生感情，但陳胤始終保持克制，知道自己的身分絕對配不上公主，況且她也已經出家當女道士。回到長安城，永嘉公主除了聽他談完這本書，也自己一口氣把陳胤的書親自都看一遍。

又是一個清晨，陳胤再次與永嘉公主約在西市見面。今天要陳胤去皇宮外的棋院，陪她下圍棋。今日她竟然不穿女道士服裝，改穿俗服，而且化妝，結了髮型與髮式，額頭貼紅花，只顯得美豔絕倫。陳胤雖然已經跟她很熟悉，但還是謹守上下分寸。下棋時，永嘉公主在上座，盤腿坐牀，陳胤跪在地下。

永嘉公主（靛眼眶）說：「我又看完一次，你的高祖父寫的書了，難以想像這是一個遊俠寫的。」

陳胤（白眼眶）說：「高祖父也有告訴我祖父，他也是從前人的書籍那邊學來，加上自己的領悟才有這麼有深度的著作。」

兩人一邊下棋，一邊聊天，但陳胤始終保持尊卑。

永嘉公主（靛眼眶）說：「你可真難得，我都曾跟你一起睡在郊外，你還這樣敬畏我。沒有想從我身上得到什麼？其實當時，你若要強奪本公主的清白，本公主也不能反抗，只會乖乖給你。」

陳胤（白眼眶）說：「回公主，您美麗又尊貴，我很想從您身上得到。但我不敢，也絕對不會這麼做，原因除了公主地位尊貴，另外一方面是，我不能讓您有一丁點的委屈。即便我死，也不能讓公主有丁點委屈。因為從沒有任何一個女子，會這樣信任我，即便我家鄉的鄉野婦女，也沒有這樣對我。萬萬沒想到是公主這樣對我。」

永嘉公主（靛眼眶）說：「雖然你其貌不揚，不是英氣俊美之男，但你才是我喜歡的那種。真想把你閹了，做我貼身閹奴，死了也要殺你，帶你入墳墓。」

陳胤（白眼眶）苦著臉說：「公主要殺我，陪公主入墳，這是我三生有幸，但能不能不要閹？」

永嘉公主（靛眼眶）遮著嘴笑說：「好，要我不閹你也可以，我想試探一下，你到底是不是有真才實學，夠資格當我的陪葬品。我出一個題目考你，這個題目給你三天時間回答，倘若回答不出來，我真的會稟告父皇，把你閹了賜給我做閹奴。」

陳胤（白眼眶）說：「請公主出題。」

兩人繼續下棋。

須臾，永嘉公主（靛眼眶）說：「題目就以這圍棋來說吧，因為千古無同局，棋局近乎無窮！既然你高祖父那本書，也是從前人不斷傳承而來，陰陽互變為一切機關之核心，又東晉朝祖沖之割圓術，求萬物極限一逼近一個真正的圓率。倘若機關之術，在未來也走到了割圓極限。出現了一個機關出現陰陽圓率，能通靈，能下圍棋，處處高你一招。你該如何用人，反過來打敗這個機關？」

題目一聽便懂，但是簡直強人所難。

陳胤（白眼眶）愣說：「公主，這題目是虛的，我如何回答？」

永嘉公主（靛眼眶）說：「題目虛，但有正確的思維推論，你的答案，也可以虛，有正確的思維推論即可。又沒說要真實測試，也許那是幾千年後的人去做的呢。」

兩人繼續下棋

須臾，陳胤（白眼眶）說：「公主，我想到一個方法可以。」

永嘉公主（靛眼眶）說：「先別急著回答，回驛館去好好寫出來給我。因為要有正確的思維推論，不是嗎？回答得不好，我真的會閹了你，然後先殺了你，先把你放在我們皇家墳墓中喔。」

陳胤知道公主只是說笑，這種違反禮制的事情也不可能去做。但他仍然不希望公主對自己失望，所以很認真地答應。

下完棋，當然要讓公主贏，然後回驛館開始寫自己的答案。

次日，兩人都準時在棋院見面。

陳胤拿出了一個方法。

甲、原則目的與組織分工：

一、原則與目的

以對抗『割圓機關』使用的圍棋計算方式。依照有無相生的原理，對人本身使用的智慧模式產生自我演繹。以求打破自身演繹規則。

二、具體組織規模

以五人至六人的組織規模，運用分工合作的方式執行之。過多則人性互斥，過少則人力不足。

三、組織分工

執棋者（軍）——不會下圍棋或棋力很低。選棋者（將）——除執棋者，段數最低。思棋者一（兵一）——段數最高。思棋者二（兵二）——段數次之。思棋者三（兵三）——段數第三。思棋者四（兵四）——段數第四。

四、分工功能

執棋者（軍）：負責執棋

依選棋者（將）提出之棋路，執棋落子

依組織團隊設定之否決權次數

訓練時負責敵我底層規則之蒐集

選棋者（將）：觀察棋局，選擇思棋者提出的具體棋路
　選擇但不自己決定棋路
　蒐集所有經驗與記錄檔案
　銜接法則與棋路，建立固定模式與團隊語言
　訓練時反饋模式給其他成員
思棋者一（兵一）：負責每一步子的下棋告知選棋者
思棋者二（兵二）：負責每一步子的下棋告知選棋者
思棋者三（兵三）：負責每一步子的下棋告知選棋者
　分析對手意圖並，分析時放棄該步落子
思棋者四（兵四）：負責每一步子的下棋告知選棋者
　分析敵我狀況，分析時放棄該步落子

乙、依據原理

法則（底層規則）優先於具體經驗歸納
撐開思考系統，以團體模式整合新思考模式與演繹方式
自我演繹的存在
針對『割圓機關』的創新組合計算法 — 記憶，搜索，片段組成，計算豁然
分佈

五、與『割圓機關』相沖之原理

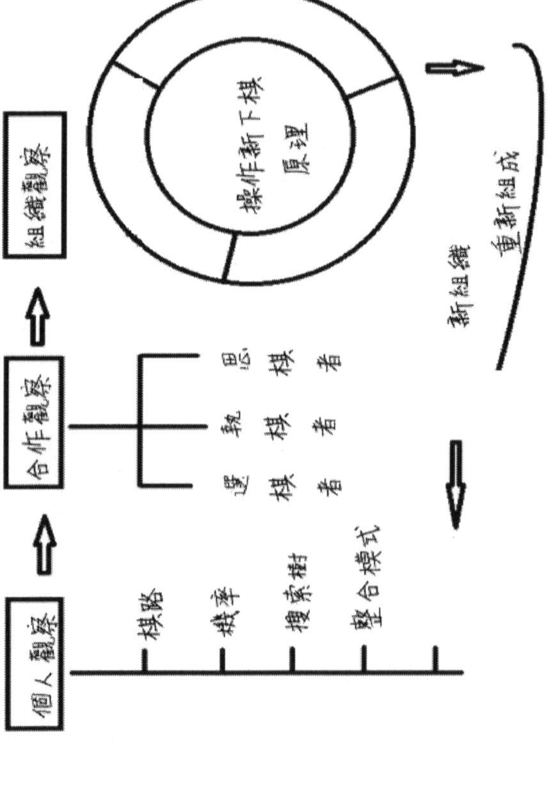

六、組織要件

執棋者（軍）

只需要理解圍棋規則，不需要有任何棋力。在組織訓練中，執行『割圓機關』法則之觀察，以及棋風等原則性的累積記錄。使組織能有效運用法則（規則）之經驗。在組織對弈中，僅依照組織設定之否決權執行棋風轉變，不干涉組織任何具體棋路。

選棋者（將）

棋力為執棋者之外，最弱者。在組織訓練中，執行法則（規則）與具體棋路之銜接。建立組織語言，擬定並操作快速的落棋規範。依**【分工功能】**行選棋者職責。在組織對弈中，不干涉組織其他人之棋路，自身並不具體落棋。選棋功能本身需建立自行的原則。

思棋者一（兵一）

棋力為組織中最強者。在組織訓練與對弈中，觀察棋局，僅提出每一落棋的具體意見，不干涉最後落棋的具體項目。

思棋者二（兵二）

棋力為組織中次之。在組織訓練與對弈中，觀察棋局，僅提出每一落棋的具體意見，不干涉最後落棋的具體項目。

思棋者三（兵三）

棋力為組織中第三。在組織訓練與對弈中，觀察棋局，僅提出每一落棋的具體意見，不干涉最後落棋的具體項目。在對弈中每一落棋，分析『割圓機關』或對手具體意圖，以組織語言告知選棋者，提出意圖時放棄該步落棋之意見。

思棋者四（兵四）

棋力為組織中第四。在組織訓練與對弈中，觀察棋局，僅提出每一落棋的具體意見，不干涉最後落棋的具體項目。在對弈中每一落棋，分析『割圓機關』或對手與自身的敵我狀況，以組織語言告知選棋者，提出狀況分析時，放棄該步落棋之意見。

看了許久。

永嘉公主（靛眼眶）問：「團隊合作，為何棋力分佈，最弱者在最高位，不會下棋的在最核心？」

陳胤（白眼眶）說：「萬物陰陽，往往當局者迷。無窮回返，往往強弱顛倒。既然有『割圓機關』那肯定超過人所想像。棋路強弱，在『割圓機關』機關看來，就像是五音七律，可以被其掌握。所以無招勝有招，心中無棋者卻又能與所有有棋者團隊合作，才能看清各棋路的強弱相參。古代的樂師伯牙、師曠，就是跳出五音七律之外，忘記曲目，而回頭看樂曲之律。但是機關仍然只是機關，即便是最厲害的機關無窮之術，也是人所設定，只能在一種階律之下運轉，那麼以人所設定者，就以人跳脫其階律，用新的規則與之對奕，在一次次的失敗磨練中，以此達到更高一層次的概念勝之。」

永嘉公主（靛眼眶）說：「所以你的設想是，這幾個人合作一段時間，互相默契配合，最後掌握陰陽有無的核心規則，自我進階更強之律再回返運轉，自然能與我假設的『割圓機關』相抗衡？」

陳胤（白眼眶）跪在地上磕頭說：「是的。人的組織與機關並進爭奪。」

永嘉公主徹底被打動。

永嘉公主（靛眼眶）用腳踩著陳胤的後腦，壓在地上說：「你願不願接受我下嫁給你？」

陳胤（白眼眶）抖著說：「公主，這。我只是個草民，而且公主不是已經出家當女道士？」

永嘉公主（靛眼眶）說：「我當女道士，為的就是求道探理。理在你這，我是不是真的女道士，已經不重要。我知道父皇肯定不同意，皇家女兒與平民通婚。但我無所謂，皇家簿籍沒有我們的婚配，我們在精神與身體上，都可以成為夫妻。」

陳胤（白眼眶）抖著說：「公主這樣看上我，我真的願意死，也陪公主入墳。但感情之事，只是一陣感覺而已，公主未來若再看上其他男子，我豈不成了障礙？不如這樣，我當公主的奴才，無論公主在哪裡我都跟到哪裡。如此我也能永遠這樣跪在地上，讓公主開心。永遠不會變成公主的障礙。」

永嘉公主（靛眼眶）很生氣，拉了陳胤起來，用力打一耳光，然後說：「你當我是什麼女人？」

陳胤（白眼眶）趕緊又跪下磕頭。

永嘉公主（靛眼眶）說：「我出家當女道士，告知父皇我終身不嫁。就是我對男女之間沒有欲望，只想陪伴大道與清燈。你竟然預設我是浪蕩女子？我不要你把我當公主，我跟你之間，就像是你第一次見到我，抓著我的手說是非一樣！我們可以有夫妻之實，而不需要夫妻之名，但真情真心是永遠纏繞一起。你可以就站起來，帶我回廣陵。你不行，我就拿刀閹了你，讓你做閹奴，死前我也會真的殺了你，讓你陪我！」

陳胤（白眼眶）緩緩站起，點頭說：「我知道了，願意永遠愛護公主。」

永嘉公主笑了出來，抱上去。終於成了一對。

之後永嘉公主仍然自稱自己是女道士，請父皇給一艘小官船，夫妻二人在官府保護之下，回到了廣陵老家。最後又定居在東都洛陽，雖無夫妻之名，卻有夫妻之實，夫妻幸福到老。

永嘉公主體悟了更深的道理，著作《天元陰陽》之書，把這虛擬的圍棋之戰，也著作在其中。

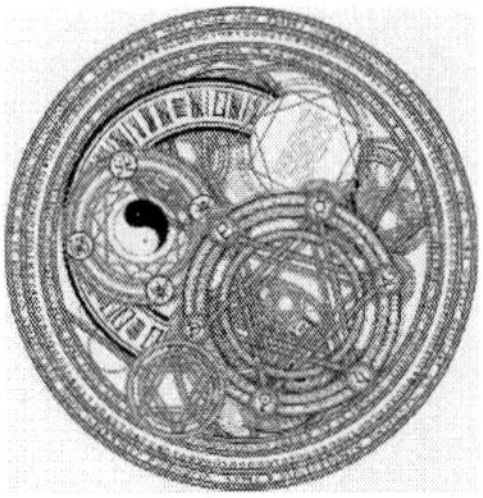

要一個文明傳承長久，關鍵在於最平凡人的思維必也傳承。

脈絡子：又繼續傳承囉，希望以此主軸傳承為基礎，各分支都能傳承順利。

殘影鍊：立辛／陰陽家↓仇盂／陰陽至易↓高人／陰陽真學↓王睦／太極劍↓楊鑑／三鬪仙器型圖／太初與太罡劍↓曹通、元子攸／太元劍↓祖世光、楊蘭芷／三元自然簡式 ↓陳益民、黑藍雲月／ 機關要術↓陳永／ 傳書 ↓永嘉公主、陳胤 ／天元陰陽書

第十五章　黃巢之亂　唐亡　後梁至後唐　長城再起動契丹

元和中興之後，唐朝又開始走下坡路。除了藩鎮割據與外敵入侵之外，還有宦官專政，繼而牛李黨爭。許多皇帝都服丹藥而短命暴崩，在位期間都很短暫，從而局面焦爛。

到了第二十一代皇帝史稱唐僖宗李儇繼位後，唐朝的混亂已經開始下行。連年天災與政局混亂，造成許多流民。當亂局從高層走向低層，那就無可挽回。

販鹽的小商王仙芝帶著數千流民起兵，另外一個私鹽商人考科舉落第的人黃巢，也跟著起事。王仙芝部克汝州，殺唐軍將領董漢勛、刑部侍郎劉承雍，俘刺史王鐐，直指東都洛陽，官民紛紛攜家出逃。

乾符三年十月聯軍南走，攻占郢、復二州。王仙芝對王鐐十分優待，王鐐力勸仙芝歸順，該年年底蘄州刺史裴偓誘降王仙芝，宰相王鐸又說服唐僖宗授王仙芝左神策軍押牙之職，王仙芝心態一度動搖。但此舉遭到黃巢堅決反對。黃巢（橙眼眶）大罵王仙芝「始吾與汝共立大誓，橫行天下。今汝獨取官而去，使此五千餘眾何所歸乎？」又擊傷仙芝的頭部，此事遂未果。

後黃巢北去，王仙芝仍轉戰南方。乾符四年二月，王仙芝一度攻破鄂州，王、黃又再度合兵攻宋州，不久又分兵，王仙芝轉攻郢州。唐朝招討副都監楊復光再次誘降，王仙芝遣尚君長、楚彥威等人洽降，中途為唐招討使宋威所劫持，宋威貪功，妄報戰勝，尚君長等人移送長安被殺，王仙芝大怒，降敵之事再次未遂。

乾符五年初，民變軍攻破荊南羅城，由於李福率沙陀兵援軍到達，焚掠江陵而去，混亂中屠殺了江陵城的近十萬戶平民，後轉至申州。乾符五年王仙芝在黃梅，被招討史曾元裕率軍攻破，王仙芝被斬首示眾。殘餘部隊，由尚讓率領北上，與黃巢會師於亳州。

黃巢率大軍圍攻當時開始通商海外的泉州，大肆劫掠殺戮商旅。同時沿著東南沿海攻打廣州，此地有許多乘海來的阿拉伯、波斯與猶太商人，黃巢率軍大開殺戒，將他們殺略一空。許多外國商人趕緊登船逃走，不敢再來中國。但此地炎熱疫病泛起，黃巢率軍北上，準備攻破兩京，徹底滅掉唐朝。沿著大運河北上，勢如破竹，進入洛陽之前，所有官民逃散一空。

消息傳來，這幾日君臣相互哭泣。

長安城，宣政殿。

李儇（粉紅眼眶）說：「爾等竊竊私語這麼久！黃巢賊子，已經逼近洛陽，到底該怎麼辦啊？」

群臣面面相覷，回答不出一句理性的話語。

宦官田令孜（棕眼眶）說：「陛下，別問這些人了，只是一些會辦小事的臣工。」

宰相盧攜手持笏板站出，不服氣說：「誰說我們只會辦小事？」

田令孜（棕眼眶）說：「那你說說該怎麼辦？先前你提出的扼守泗、汴之策失效，稱病不出。現在還來這夸夸其言？」

盧攜恭敬地對李儇說：「我大唐立朝兩百六十年，積弊甚重。安史之亂後藩鎮並未根除，繼而夷狄入侵，之後又有宦官專權，牛李黨爭。每一次的積弊，都只是治標不治本。終至於弊端下行至民間，造成民變。民變一起，我朝根基就徹底動搖。」

田令孜（棕眼眶）說：「你這意思是我們中官也有責任？」

盧攜拿著笏板指著田令孜大罵說：「閹奴閉嘴！現在是大臣與皇帝陛下議政！哪裡有中官可以插嘴的餘地？要是太宗、高宗皇帝在，你早就被斬數十次不止了！」

眾臣一陣點頭說好。田令孜滿面羞慚。

李儇（粉紅眼眶）說：「愛卿不要管他，繼續說怎麼辦？」

盧攜說：「啟奏陛下，張承範在昨日有向臣提策略。」

田令孜（棕眼眶）瞪眼說：「張承範是我推薦給你的，你竟然拿他來奪我言？」

眾臣一陣竊竊議論。

李儇（粉紅眼眶）說：「不管誰提出的，立刻讓張承範來！」

「宣左軍馬軍將軍張承範入朝議事！」在旁另外一宦官對外喊。

張承範穿著文官服，雙手敬持笏板進入，李儇立刻問策。

他謹慎說：「當所有弊端下行，釀成民變，所有朝廷政令都不可能挽回衰頹，這從漢朝黃巾之亂的殷鑑可知。眼下黃巢已經逼近京師，治本之策太緩已不濟事，朝廷政令更無可奈何。只能先以毒攻毒，以前弊端來治眼下弊端，待反民被剿滅，再恭請陛下治心、治本、安民。」

李儇（粉紅眼眶）說：「以毒攻毒？說具體一些。」

張承範說：「沙陀夷狄先前被吐蕃追殺，投奔我大唐，如今盤據在太原一帶實力強大。已經有魏晉時期南匈奴劉淵之勢。各地藩鎮節度使，如安史當初在范陽反前一般，有割據進而叛亂自立之心。此二股力量可以利用，用之討伐黃巢，黃巢滅後，此二股力量必繼續相互拼殺，以為可以趁此據中原而自立。陛下則需要先在偏鄙之處，蓄積王師之力，相互結盟合縱，最後只剩一股賊時，回頭討伐，自然一切都再歸朝廷。此『三據為假，一柱成真』之策。唯陛下必須與民同苦，放開天子之尊，結合底層民心民力，才有讓大唐再次中興的可能。」

李儇（粉紅眼眶）頻頻點頭說：「好好好，但另外兩股力量怎麼策動？先前已經好幾次下旨要各地藩鎮率兵拱衛京師，全部抗旨不來。沙陀人又反叛朝廷，如何招來？」

張承範說：「藩鎮鎮兵純心讓朝廷覆亡，以逞自己割據之志，如同漢末各州牧，坐視董卓控制漢帝一般，其心歹毒，不可先策動，否則只會重演第二個曹操故事。而先前沙陀人李克用雖曾經反叛朝廷，但是被官軍擊敗，從而北逃，一直想要重回太原，但當地人厭惡他，使他沒有機會。陛下可以下旨給李克用，倘若忠心於朝廷，助朝廷剿滅黃巢反賊，就授予名分大義，他必定傾全力相助。那麼第一股力量就被策動。其他藩鎮必擔心李克用先站中原，必定也紛紛投效剿賊。那麼前策就可啟動。」

李儇（粉紅眼眶）說：「你再議一下，怎麼樣守住潼關？」

田令孜（棕眼眶）說：「請陛下以神策軍精銳把守潼關。」

李儇（粉紅眼眶苦臉說：「朕雖然遠不如太宗皇帝，但也不是真的昏聵。神策軍都是長安市井子弟，久不習戰，如何能用？」

田令孜（棕眼眶）說：「昔天寶年間，安祿山構逆，玄宗皇帝入蜀避難而後可回來。」

此語一出，滿朝譁然，又要逃跑？自唐玄宗之後很多皇帝，多次逃跑，或逃外患，或逃內亂。皇威不斷下降，以至於再怎麼努力中興，也無法真正挽回。

「安祿山入洛陽時，兵才五萬，跟今天的黃巢不能比。」「哥舒翰十五萬大軍都守不住潼關，今天神策軍又怎麼守？」「若三川帥臣都給田令孜當心腹，確實比玄宗時期更有防備，必定可以再回！」

李儇聽了很不開心，好不容易止住眾臣發言。

張承範說：「讓臣與右軍步兵將軍王師會，左軍兵馬使趙珂一同守備潼關。但陛下必須盡快調動援軍，最好沙陀兵能來，那麼潼關就可以堅守。不然神策軍兩千多人而已，要面對黃巢六十萬大軍，肯定黃巢會比安祿山還要更容易攻破長安。」

李儇依計而行。

確實該以毒攻毒，但反過來看，黃巢從南到北到處肆虐，重點搶掠士族豪門，對門閥最後的勢力與唐朝最後根基做總攻，也是超個體以毒攻毒。之後長城局將正式展開。

張承範等人出發，田令孜於長安市井繼續徵兵數千人，陸陸續續增援，但全部都是沒有訓練過的人，一離開長安，全都跟家人哭成一團。許多人甚至用錢，讓貧困的人替代自己。結果全部都是烏合之眾來增援。到了潼關，而黃巢也已經進入東都，害怕潼關與長安會死守，所以此時約束軍紀。前鋒也已經抵達潼關。

但此時守軍絕糧，士氣非常低落，張承範只找到幾百個村民幫忙運水，搬石頭。潼關有好幾道關卡，齊克讓率一部分守軍最先迎戰。眼見黃巢賊軍滿山遍野，一望看不到邊際，齊克讓手下兵卒剛開始交戰，擊退數次攻城的黃巢軍，但最後兵卒飢餓又要拼命，自己譁變，燒營壘逃跑，齊克讓也放棄抵抗逃亡。黃巢軍遂攻破首道關卡，逃竄的唐軍跑入關卡旁邊的山谷，稱禁阬，平常禁止人通行以方便關卡徵稅，以致灌木叢生。如今敗軍往禁阬逃，竟然一下把禁阬踏平。

張承範知道狀況，散掉自己所有財產與軍對輜重補給給士卒，指揮死守關隘。並且緊急上書皇帝說：「臣離京六日，甲兵未增一人，饋餉未聞影響，到關之日巨賊已來。以兩千餘人抗六十萬之眾，外軍飢潰，踏開禁阬。臣之失守，鼎鑊甘心。然朝廷謀臣，愧顏何寄？或聞陛下已議西巡，苟鑾駕一動，上下土崩。臣敢以猶生之軀奮冒死之語。願陛下與宰臣商議，急徵兵救關防，則高祖、太宗之業猶可扶持。能使黃巢繼安祿山之亡，微臣勝哥舒翰之死！」

張承範上書時淚流滿面，然而此時已經孤臣無力可回天，李儇也不是不徵兵，而是真的沒有兵可以徵。沙陀李克用雖然已經開始動作，但從集結到整隊出發，趕到長安也還要一段時間。李儇只有把關中還能調得動的藩鎮救兵數千人，全部開拔增援。

黃巢大舉攻關，張承範憑藉險要率軍死戰，但寡不勝眾，一下兵潰。張承範只有邊戰邊走，往西退去。

博野、鳳翔兵鎮的援軍到來，這些藩鎮兵痞子看到朝廷新軍衣服新銳，鎧甲光優，紛紛大罵說：「這些人有什麼功勞？竟然穿得比我們好？讓我們這樣又餓又凍？」

於是當場兵變，投奔黃巢軍帶路，一路勢如破竹往長安奔來。

田令孜聽聞黃巢軍已經入關，恐怕扛罪責，於是把張承範的失守全部歸罪盧攜。盧攜知道這一切因果原由，不想多辯解，做最後上書請皇帝保重之後，服毒自殺。

李儇與田令孜帶著后妃宮女，與五百禁衛軍，往西離開長安往巴蜀逃去。而黃巢軍很快就攻佔長安城。

長安城中軸大街。

黃巢本人站在馬車上，後面整隊騎兵與步卒緩緩入城。

黃巢（橙眼眶）滿面春風，狂笑帶頭唸詩：「待到秋來九月八，我花開後百花殺；沖天香陣透長安，滿城盡帶黃金甲！」

後面數百名衛隊也跟著唸：「待到秋來九月八，我花開後百花殺；沖天香陣透長安，滿城盡帶黃金甲！」

聲音震動全城。

接著黃巢帶隊進入皇宮大內，但宮女都已經四散逃亡精光，只有把沒帶走的財寶全部蒐集搶光。為了登基稱帝，於是將財寶分配給城中百姓，到處張貼公告，宣稱：黃巢大王起兵，就是為了解救百姓，不像李唐皇帝不愛護爾等，只需安居樂業，不必恐慌。

於是黃巢即位於含元殿，改國號大齊，年號金統。原朝官員，四品以下留用，餘者罷之，以尚讓為太尉兼中書令，趙璋為侍中，孟楷、蓋洪為尚書左、右僕射，皮日休為翰林學士。

黃巢本人或許還有一點見識，知道不能大肆搶掠燒殺，否則最後也會跟安祿山與史思明一樣敗亡。所以還下令約束軍紀，但是六十餘萬大軍，都是大江南北匯聚而來的盜賊，他們可不是孝子賢孫。財寶分給百姓，京城又那麼多高官朱門的財物，這些人才不願意不搶。

尚讓奔跑入含元殿，只見黃巢與左右姬妾遊戲，還在滿足於自身的成就。

尚讓說：「陛下，陛下。」

黃巢（橙眼眶）不耐煩地問：「什麼事情這樣急切？」

尚讓急著說：「陛下，兵將們嫌自己賞賜太少，今日早上開始，成群結隊在長安城各處搶掠豪門。稍有抗拒就開殺，甚至強姦婦女，官員們都無法禁啊。」

黃巢（橙眼眶）瞪眼說：「朕已經下了軍令，讓他們禁止入城啊？」

尚讓說：「將軍們不聽，帶著部隊進城，還說搶完之後要來見陛下評理。陛下啊，萬一這樣搶下去，子民都會開始懷念唐朝，大齊朝就會像當年的安祿山的燕一樣，成不了氣候。」

黃巢（橙眼眶）喃喃低聲說：「那就讓他們進來，朕聽聽他們有什麼話？」

數十名將領，整隊來見黃巢，一見面就紛紛下跪哭訴，自己百戰效命，卻沒有足夠賞賜。底下數十萬人如何願意心甘情願？

黃巢只好作罷，放任他們去搶，並且同意分派官爵，令他們鎮守各地。回頭回宮。

一邊走，尚讓一邊低聲說：「陛下，這種事情絕對不能放任他們，一定要嚴厲約束，最好把帶頭的都斬首。不然江山反而會被他們敗掉。」

黃巢（橙眼眶）瞪眼大怒說：「住口！沒有他們哪來朕的江山？養老虎本來就該送鮮活之物當飼料，你再多言，朕就殺你！」

尚讓只好退下，搖頭低聲冷笑說：「看來都要一起死了，沒想到坐在賊船上，你黃巢這種見識還想當皇帝啊？我看我得思考一下，該不該回歸唐室，反手來殺你這賊！要殺就來殺到底。你養老虎要送鮮活？那我就先宰了你的虎，然後收拾你這個人。」

【尚讓出現綠眼眶】

於是長安城又是搶過來殺過去，所有宗親豪門全部崩解，四散逃竄與平民無異。此時黃巢兵實在太多，長安城的財貨已經滿足不了，於是命令全部的兵去盜挖歷代漢朝與唐朝皇帝的陵寢。

可是黃巢派兵挖，傳聞最富庶的唐高宗與武則天合葬的昭陵時，天下大雨，此時各地節度使已經開始反擊，只有放棄盜挖。

殺！鏗將！鏗將！殺！鏗將！鏗將！

唐軍開始反攻，雙方大戰於長安城外，城內不少人舉而協助官兵，內外夾攻黃巢賊軍。或拿石頭居高臨下丟賊，或撿弓箭，交給唐軍。將領程宗楚害怕其他唐軍將領分功勞，於是也縱兵搶掠，長安城內少年流氓都打著他旗號跟著搶掠。此時黃巢與眾將領都躲出城外，住在霸上。

霸上。

「陛下，唐軍將領也在搜刮城內財貨，相互之間沒有統御，一團混亂。」

黃巢（橙眼眶）露出笑容，揮鞭說：「原來他們也不過如此，如此我們當反攻長安城。」

尚讓（綠眼眶）說：「陛下，關內外還有其他唐軍，臣建議自領一隊，機動巡迴於潼關，以防山東唐軍入關增援。」

朱溫（橙眼眶）也說：「臣也請領軍進同州與鄧州，防範唐軍再增援，讓陛下沒有後顧之憂。」

這兩人已經想叛離，但確實需要人抵擋其他路的唐軍，所以只能批准。

黃巢（橙眼眶）說：「好，准。」

不過黃巢也並非沒有心眼，給他們兩人的兵力都不到五千人。但是重點不是人數，而是時機。趁著你黃巢還活著去投降，那就會被官軍重用，等你死了那豈不太晚？

於是兩人各自率軍離開。

黃巢於是再次率軍攻長安，長安城十三門全部被撞開，黃巢賊軍紛紛湧入。兩軍再次大戰於長安城內。此時百姓紛紛躲避，已經不想再幫助任何一方。而唐軍官兵將領來自各鎮，互相不統一，所以逐漸演變為各自為戰，引燃大火。

在火光中血戰一晝夜，唐軍被逐一擊破，各鎮兵將撤出長安。

黃巢（橙眼眶）坐在馬上，揮劍說：「殺殺殺，無論是誰都殺，給我洗城！」他憤怒百姓都幫助唐軍，於是更加燒殺屠略，稱為洗城。

此時李克用的五萬沙陀兵，宣稱奉詔討伐黃巢，竟然剽略晉陽城。晉陽城主向突厥與吐谷渾舊部落求救，兩部連軍出兵，大破沙陀，被迫退出晉陽。李克用也率軍反殺，官軍堅守晉陽城。

而朱溫到了同州之後與王重榮交戰中，投降唐軍，被任命為右金吾大將軍，賜名全忠。李克用也不斷上書，向朝廷承認之前反叛的錯誤，得到諒解之後，開始率軍助唐，率兵一萬餘人南下，黃巢賊軍大將趙璋大敗戰死。

黃巢聽到朱溫反叛與李克用的沙陀兵南下，大為恐懼，於是撤出長安，逃入商山，沿途拋棄黃金珠寶，唐軍爭寶竟不急追。

尚讓此時也率軍降唐，與李克用合兵，各鎮軍兵也來增援，共十五萬人。黃巢才知道上了朱溫與尚讓的大當。官軍分數路在梁田陂與黃巢賊軍大戰，賊軍大敗，黃巢只能東走。

後黃巢再孟楷為先鋒，攻逼蔡州，唐軍守將秦宗權戰敗投降，圍攻陳州，遭遇刺史趙犨頑強抵抗，大小數百戰，始終未能攻拔其城。先鋒將孟楷挺進河南途中，于項城中俘陣亡。黃巢聞知孟楷被殺，大怒，部隊屯於溵水，「掘塹五重，百道攻之」，誓為孟楷報仇。為了應付全軍糧食，黃巢以人肉為糧糗，數百巨錘，同時開工，成為供應軍糧的人肉作坊，無論男女老幼，悉數納入巨舂，稱之為"搗磨寨"。黃巢圍陳州幾三百日，啖食十萬人。唐軍在陳州附近的西華，大破黃思鄴，賊軍退軍故陽裡。陳州之圍遂解。

李儇於是率人返回長安，下詔各鎮追殺黃巢。黃巢引兵向汴州行進，尚讓以五千精銳直逼大梁，追擊黃巢，連破黃巢賊軍。

中和四年春天，李克用率兵五萬，自河中南渡，連破黃巢賊軍於太康、汴河、王滿渡。

黃巢只好轉戰山東，朱溫率領官軍追殺黃巢。黃巢的手下李讜、葛從周、楊能、霍存、張歸霸、張歸厚、張歸弁等全部投降朱溫。黃巢殘部向東北逃亡，又遇李克用於封丘，時遭大雨，黃巢集散兵近千人奔兗州。

此時的黃巢已經成了過街老鼠，人人追打。

武寧節度使時溥派李師悅率兵萬人，與尚讓緊追其後，絕對不放黃巢逃離。狼虎谷。

黃巢帥著殘餘賊軍躲在此處休息，剩下千人都怨聲四起。

黃巢（橙眼眶）怒罵說：「有什麼好怨的？朱溫、尚讓這些叛賊，朕遲早把他們千刀萬剮！」

部將林言已經忍不住他了，抽出佩刀跳出來大罵：「朕朕朕，去你的狗腳朕！你黃巢就只是一個賊，還是個會吃人的賊！把我們帶到今天這種山窮水盡，現在該拿你人頭請功的時候了！」

於是揮刀砍去，黃巢正要呼左右來支援，結果左右竟然也都揮刀砍向黃巢。

最後黃巢在亂刀齊下，左剁右劈之下慘死，比殺豬還慘痛得多。

林言割掉黃巢腦袋，高舉說：「賊首已死，弟兄們跟我去投降官軍，大家都有賞賜！」

眾人高舉武器，大聲歡呼。眾人把黃巢的人頭與其姬妾三十人，都交給武寧節度使時溥。

時溥則將她們並黃巢人頭都押解到長安。李儇大喜，總算可以一逞皇威。

下詔命要斬殺這三十個女子，還親自到刑場。

李儇（粉紅眼眶）大聲罵問：「你們都是勳貴女子，世代接受唐國恩，為甚麼跟隨黃巢這個奸賊呢？」

居首的女子回答：「狂賊兇猛叛逆，國家動兵百萬，卻宗廟失守，播遷巴蜀。現在陛下以『不能拒賊』來責怪我一個小女子，那滿朝的公卿昏庸、將帥無能又算甚麼呢？」

李儇被罵得臉紅耳赤，無言以對，左右有人勸說赦免這些女子，李儇堅持拒絕。還是下令把她們全部處死。臨刑前，監斬官可憐這些女子，讓她們喝醉後再行刑，她們邊哭邊喝，不久在醉臥中受死，獨居首的答言女子不飲亦不哭，從容就死。

「昏君啊。」「沒有同情心。」「自己打不過黃巢惡賊，就拿黃巢的女人出氣。」「人家也是被黃巢逼迫，這樣算什麼國法？」

此時大家都有一個想法：唐朝應該要滅亡了。

李儇在弱女子身上逞威沒多久，自己也崩亡。弟弟李曄繼位，

黃巢死後，原本唐軍降賊的秦宗權不但沒有重歸朝廷，還自行稱帝，一度軍勢很盛，但後來還是被賊軍降唐的朱溫所滅，並將秦宗權押往長安斬首示眾。

秦宗權部將孫儒後來爭奪淮南時也曾擁兵數萬，但也終被競爭對手楊行密所滅。孫儒部將劉建鋒、馬殷等率本部進軍湖南，奪取武安軍，後劉建鋒被殺，馬殷

接管武安軍，後來建立了馬楚。黃巢從子黃皓率殘部流竄，號「浪蕩軍」。唐昭宗李天復初年，進攻湖南時，為湘陰的土豪鄧進思所伏殺。至此唐末黃巢之亂徹底結束，殘黨也都死盡。

河東節度使李克用擊敗黃巢後回師河東，途經宣武節度使首府汴州，受節度使朱溫邀請入城。朱溫因李克用酒後言語中多有侮辱，趁李克用酒醉之際夜襲，李克用幾乎被殺，狼狽逃回太原，從此宣武朱氏與河東李氏兩家結下深仇。

李曄繼位後，也感覺到唐朝日薄西山，力圖振作。招募兵馬並且準備一個個除掉豪強，在得知『三據為假，一柱成真』的策略後。計算黃巢已滅，就該除掉外夷與藩鎮。結果竟然先把李克用當敵人，結果打不敗李克用，反而被藩鎮大舉進攻長安，出逃到山南。不得不再去與李克用和解。

此時所有藩鎮都意識到李曄要力挽狂瀾，紛紛與朝廷為敵。

內部力量增長到過剩，中軸線就會回返。

空詔員：為了中軸線的進行，設定內部牌局。看來陰陽古怪之主，要我們因時設定這段時間的內部遊戲。

筆仙：我觀察一下設定要點……喔……不是很容易。第一，遊戲結局預設要跳出一張鬼牌，並且心訪使那一局，可以因之設立新的心靈圖像。第二，為了慎重起見，頭張鬼牌若沒有發揮效果，要陰陽相生跳出第二張相反效果的鬼牌，依據人性與過去的心靈圖像成果，第二張鬼牌會去拉鈴申訴，就是去陰陽節那一局，以收拾萬一。第三，遊戲過程要逐步放大力度，最後豬羊變色，跳出鬼牌，這跟陰陽節的遊戲有點類似。第四，支援長城局，預設要啟動長城外動態。

空詔員：這確實有點為難啊！但既然是非做不可，可能遊戲性質會比較黑暗，得讓黃巢惡賊的餘黨壯大，持續互咬，這樣對當前的損失會很大。我怕陰陽古怪之主不願意。

筆仙：我去通通氣問問……

……

空詔員：如何？

筆仙：回復是，不管一切代價，核心走勢做出來最重要。把傳國玉璽主遊戲也置入增援。

空詔員：好，代表被批准了。公布遊戲規則：第一，是一個捅一個的爭奪遊戲，丟籌碼大，贍大者，桌面的贏面大。第二，後來者手中的牌增籌，能使用的牌更多，若後來者又贍大下注，則桌面加上手面都佔優勢，整個贏面就占絕對優勢。第三，緩緩持續加大力度，博弈的籌碼不斷上升，直到玩家負擔不起，面目全非。第四，遊戲過程中耗掉長城內的表面力量，而暗助長城外的表面力量。第五，當第一張鬼牌跳出來時，相反性質的人潛伏在他周圍，預設為第二張鬼牌。

李曄在位十六載間，一直是藩鎮手中傀儡。在極度困窘之中，昭宗求才若渴，且急於大用，有可用之人，則立即提拔。感覺無效果又立刻撤換，宰相更替頻繁，但這些人也不可能那麼快就扭轉多年的積弊。

而此時朱溫血戰中原，不斷吞併其他藩鎮，大敵李克用與其養子十三太保，逐漸落於下風。朱溫用兵殘忍，只要將領陣亡，該隊全部士兵都斬殺。雖然剛開始收效甚多，士兵都會保護將校，但敵人也因此與朱溫交戰，都只圍攻將校，以至於士兵一見到主將身亡，全部逃跑。

朱溫發現自己的擴張已經有限，其他節度使都已經抓到了他的弱點，開始要群起反擊。於是朱溫打算盡快滅掉唐朝自立為皇帝。

朱溫不顧大臣反對，遷都洛陽，令長安居民按戶籍遷居，房屋被拆後的木材扔在渭河當中，長安城哭聲一片。最後還一把火燒掉長安城，連同大明宮都成為廢墟。

李曄無奈，自陝州出發，至谷水，身邊已無禁軍。至洛陽時，何皇后哭著對朱溫說：「此後大家夫婦，委身全忠了。」

朱溫（橙眼眶）假惺惺：「臣一定會盡忠大家。」

太原軍李克用、鳳翔軍李茂貞、西川軍王建、淮南軍楊行密等各藩鎮起義，討伐朱溫。聲稱要出兵勤王救出萬歲。李曄在洛陽終日與皇后、內人「沉飲自寬」。

朱溫又借設宴為名將隨同唐昭宗東行的供奉內園小兒二百餘人縊死，選身形相似的宣武軍人穿上他們的衣服回去。從此宮中事無論大小，朱溫都能得知。朱溫心腹蔣玄暉被任為樞密使監視皇帝。

唐朝皇帝最後只有何皇后依然照顧他，不離開他身邊。朱溫依然堅持要處死李裕，李曄向蔣玄暉哭訴：「德王是朕愛子，為什麼全忠堅持要殺他？」朱溫得知後很不快。

正要用兵討伐李茂貞及其養子靜難軍節度使李繼徽，擔心李曄英傑不群，從後生變，決意弒君另立幼主。於是派左龍武統軍朱友恭、右龍武統軍氏叔琮、蔣玄暉弒殺李曄。

是夜朱友恭等率兵上百人闖入內門，玄暉每門留卒十人，至東都之椒殿院，斬殺河東夫人裴貞一，昭儀李漸榮在門外喊道：「院使莫傷官家，寧殺我輩。」

李曄聞訊，身著睡衣繞著殿內的柱子逃命，被龍武衙官史太追上，李漸榮以身體護天子，一起被殺，唯獨何皇后求饒得免死。

朱溫（橙眼眶）返回洛陽，得知李曄已死，故意假裝震驚，伏於棺材大哭說：「奴輩負我，令我受惡名於萬代！」

於是斬殺朱友恭等人，把事情做得乾淨。

之後立幼子李柷，接著學董卓，將皇帝胞兄長李裕在內的兄弟九人殺害於九曲池，再大量殺害朝臣，最後殺了何太后，逼李柷讓位。

朱溫於是自立為皇帝，改國號為梁。各地節度使紛紛遵從。只有河東世仇李克用，聽了非常憤怒，大罵朱溫賊人，拒絕臣服，堅持要恢復唐朝。

李克用死，李存勗繼位，宣佈整軍建武。此時已經識破朱溫後梁軍的殘暴用兵法，開始恢軍猛攻後梁。後梁軍大敗，朱溫不得不親自出征，但也追不到蹤影。

朱溫晚年竟然與兒媳淫亂，長子朱友裕已死；次子朱友文本名康勤，是朱溫的義子；三子即朱友珪，時為實際上的長子；四子朱友貞。朱溫自妻子張氏過世後，就開始縱情聲色，荒淫無度，甚至不顧倫理，經常召諸子之妻入宮陪侍。朱友珪之妻張氏貌美，亦被朱溫召去同寢。但後來義子朱友文之妻王氏也入宮和朱溫通姦，並特別得到朱溫寵愛，在王氏的煽動下，朱溫有了改以朱友文繼位的打算。

篡唐六年後，朱溫病重，命王氏召朱友文託付後事，張氏急忙把這件事告訴朱友珪。朱友珪夫婦害怕朱友文繼位，必定殺了自己，紛紛對泣。左右勸說改圖自立，千萬不要失去機會。於是遂率所部政變，帶兵闖入後宮，守衛知道這當中矛盾，怕被朱友珪殺，都加入合謀。

朱溫（橙眼眶）驚起，大喝：「誰造反？」

朱友珪（灰眼眶）狠狠地說：「不是他人！是我！不不不，是朕！」

朱溫（橙眼眶）大罵：「我就懷疑是你這小賊，恨不能早殺了逆子，敢悖逆如此，天地豈能容你？」

朱友珪（灰眼眶）狠狠反罵說：「老賊萬段！來人快殺了他！」

僕夫馮廷諤拿長刀衝上前，用力向朱溫腹部一捅，穿透出背。

朱友珪（灰眼眶）大笑：「老賊！朕很快就會讓朱友文下地獄陪你去！」

朱溫當場斃命。被埋在後宮，秘不發喪。然後朱友珪對外宣稱朱友文謀反，以朱溫名義，派人殺掉朱友文。才發佈朱溫已死的訊息。

接著自己登基稱帝。

且先按下朱溫老賊之死，話鋒回頭，有另外一個千古奇賊在當時也活動甚密。

先前朱溫包為李茂貞於鳳翔，溫韜在關中附近的耀州當節度使，此地為長安城的北山鎖鑰。當時投降李茂貞，之後朱溫領軍焚毀長安之後遷都洛陽，篡唐自立，溫韜又投降朱溫。繼續鎮守該地。

可這溫韜確實個盜墓賊，他盜墓的方式比任何人都來得猛，因為手上有兵，又鎮守唐朝皇帝帝陵群附近，於是帶兵開始挖唐朝所有皇帝的陵墓。已經挖了好幾座皇帝陵，現在他帶隊要去挖唐太宗李世民的昭陵。

官道上，溫韜騎著馬，旁邊一個地理師魯天向，也騎著馬與他並列而前。後面跟著一大群騎兵，再後面則有一大群花錢招來的平民，都編成隊伍跟隨。眾人浩浩蕩蕩走向昭陵，準備去拜訪李世民與長孫皇后。

溫韜（橙眼眶）詭異地笑說：「天向先生，這大唐皇帝關中十八陵，我們已經挖了十六座，就剩下昭陵與乾陵。這罵名是肯定釘在史冊上，我是無所謂，但天向先生學問好，恐怕委屈啊。」

魯天向（黑眼眶）說：「我只是個小人物，哪有資格上史冊？況且節度使大人您都不擔心，我個人名聲算什麼？俗人要怎麼罵隨他去，我等做好自己想做的事情便是。」

溫韜（橙眼眶）呵呵笑說：「天向先生這說得好！我們就繼續挖下去，挖完大唐，我們挖以前大漢的，聽說這西漢朝從漢高祖劉邦開始，也有十一座陵墓，那也是金銀財寶陪葬無數啊，挖得他全部底朝天，最後再來挑戰秦始皇，哈哈哈。」

魯天向（黑眼眶）聽了臉流了一條汗，苦笑說：「溫上官，恐怕大漢朝的我們挖不上。」

溫韜（橙眼眶）說：「為什麼？他們也在關中，你意思是想說，那不在我的統轄地界內嗎？告訴你說，只要在我周圍控制之下，都辦得到。大不了貢獻一些給鳳翔、京師還有附近幾個節度使，讓他們別眼紅，這種髒事情交給我來做。哈哈哈。」

魯天向（黑眼眶）搖頭苦笑說：「原因倒不是這個。而是，漢朝陵墓早就有人去挖過了，也是全部光顧。」

溫韜（橙眼眶）說：「你是說私盜？皇帝陵寢規制那麼大，私盜盜不了的，也搬不完的。」

魯天向（黑眼眶）繼續搖頭說：「不不，西漢朝可以說是賊盜。我沒冒犯上官您的意思，那個賊盜比我們現在還要更大規模，用的人更多。」

溫韜一聽，瞪大眼，下巴落下半寸。他以為自己厚顏無恥，動用這麼大的規模，光天化日去盜墓，是亙古未有的盜墓神將，是盜墓界力拔山河派的始祖，沒想到根本排不上。

愣了一會兒。人馬繼續緩緩前行。

溫韜（橙眼眶）問：「天向先生……這盜墓……我知道分成大、中、小三派。這小者三五人，中者十幾人到上百人團夥之賊。皇帝天子規制陵寢，沒有成千上萬是絕對做不到，大者難道我不是第一人？你可否說說還有誰，能頂在這大者流派？」

魯天向（黑眼眶）說：「上古盜墓都是中小流派。至於大流派，據我所知，新莽朝滅亡後，赤眉兵入關中滅綠林劉玄，接著赤眉兵大規模盜挖西漢十一陵，還把呂后屍身遺骸玉珮都扒光拖出外面。當時赤眉兵至少動員十餘萬之眾，分別去挖十一陵。所以這是大者流派最早出現的。」

「接著東漢末，董卓焚燒洛陽，董卓派呂布率軍數萬，大規模挖東漢皇帝陵寢。能在邙山被發現者都被挖過一次。所以董卓與呂布是大流派第二位。」

「接下來曹操也是大流派。他直接設『摸金校尉』，率數千人，倒沒有去挖天子的。但各地諸侯王與官員，甚至富家平民的墳，通通都挖。以至於十墓九空。所以曹操算大流派第三位。」

「再接著孫權，學曹操設『摸金校尉』，在江南直到嶺南，除漢朝諸侯王與南越王之外，春秋戰國，吳、越、楚王大墓與南方諸侯墓，都四處探查盜挖。所以孫權算大流派第四位。」

「西晉末，永嘉之禍。匈奴人劉曜率軍攻破洛陽，當時他們跟當地漢人合作，大規模挖掘邙山漢、晉兩朝天子陵墓，也是挖掘殆盡，以至十六國春秋帝王，已經沒甚麼可以挖了。所以劉曜算大流派第五位。」

「這第六位，您應該就知道的，那是黃巢。六十萬大軍打入長安後，出動四十萬之眾去盜墓，但太早去打乾陵的主意，乾陵特別難挖，所以失敗而歸。但許多皇子、公主與諸侯將相的墓，都被挖個精光。所以算是大流派第六位。」

「魏晉之後帝王都行薄葬，直到隋文帝規制稍大，但也不需要動到大流派。隋煬帝則在揚州死於非命，下葬時草草如平民，之後重新葬也沒有規制。現在唯一動得上大流派的，只剩下大唐皇帝與秦始皇帝的。所以溫上官，您算是大流派第七位。」

溫韜（橙眼眶）苦笑說：「喔，原來我只排第七位。那秦始皇帝陵不是很早就有嗎？前面六位前輩不乏有人活動在關中長安，怎麼不挖他的？」

魯天向（黑眼眶）說：「不是不挖，而是規制太大，挖不動！據記載，始皇陵規模非常巨大，地下地宮就隔著兩道地下水，當初動員七十萬人興建。也聽說有機關暗弩之類的防盜之器。我自己曾親自探查秦始皇的陵墓，地上建築都被項羽毀了，但確實地下太深入，肯定保存完整。普通的探鏟分析，就印證司馬遷在史記所言不虛。若是可以，希望溫上官能挑戰他，那麼就不會排第七順位。而是巨大流派的第一順位。」

溫韜（橙眼眶）笑說：「好好好，我們先把剩下的兩個唐朝皇陵挖掉，再去找他秦始皇玩玩。哈哈哈哈。」

說著說著，大隊人馬走上甬道，溫韜雙手舉高，一同往前揮動，後方隊伍蜂擁向前，於是登頂開始分隊探索，先行探查整個陵寢的入口在何處。由於昭陵靠山陵而建，所以不可能霸王移山，只能巧取。故探測的探測，挖土的挖土。

魯天向則分析說，唐皇帝墓葬，與前代不同，都因山而建，以石頭砌築，非常堅固。而若找墓道則必有石塊擋住，且會注鐵水以牢固。找天井則太難搬運財寶。魯天向以風水地理之學，準備抓出墓道與地宮之間的脆弱位置，然後計畫架上天梯繩索，方便大量人馬進出搬運。

溫韜雖然人多，但自己也沒閒著，與魯天向分頭率隊找尋蛛絲馬跡，他則採用盜墓的經驗之法，先準備安全進出搬運的各項木製器具，與盾牌防護。

「找到了，找到了。」一個挖陵士卒大喊。頓時溫韜與魯天向等所有人都走來。

魯天向（黑眼眶）說：「就是這裡！這裡是墓道，依方位有可能是阻石內部直通地宮，挖看看！立刻調所有人來鑿開大洞，然後下天梯！」

所有人快速動作。

溫韜（橙眼眶）哈哈一笑說：「我也算當過唐朝臣屬，沒想到有幸能目睹兩百多年前的太宗皇帝李世民！哈哈哈，臣來拜見囉！」

魯天向（黑眼眶）說：「上官別急，您知道挖開洞不能那麼快的。給通氣，隔個兩日再來才可。」

溫韜（橙眼眶）笑說：「這是當然，都挖了這麼多陵墓，怎麼會不知道？」

挖墓太急躁，除了墓內物品受地氣軟化變質，搬運容易碎裂之外，搬運者也容易因此中墓內氣毒而死。所以必須挖出一個洞之後，在大洞口架上防水茅草棚，等個兩日通氣之後，墓內物品也慢慢還原本質之後，才能來搬運。

挖開了李世民與長孫皇后的合葬陵，溫韜派兵日夜把守，兩日後親自與魯天向帶兵架天梯下去，在地宮各處點燃火把。發現地宮相當恢弘，帝后棺木都在石牀上。周邊諸多耳室等都有大量財寶。

為了防止氣體燃燒後氣悶窒息，洞口士兵持大扇，輪流往洞內搧風換氣。溫韜（橙眼眶）說：「開棺！把屍體拖出來，所有寶貝全部扒光帶走！」同樣雙手同步向前揮，所屬士卒開始動作。

李世民與長孫皇后的屍體，已經腐朽，但還保存可以看見輪廓之狀，身上的金玉與棺槨之間的財貨，乃至床上石函中為鐵匣，悉藏前世圖書，通通都放入天梯。天梯上頭垂繩上下，開始搬運。

依照慣例，士卒在往上搬運財寶時，溫韜與魯天向，都會命士卒把帝后屍骸放在一起，燒了一些符咒之後，兩人要啟奏一些事情。

「上官，我們要來做這個了。」「好的。」

溫韜（橙眼眶）看了一下李世民與長孫皇后兩人屍體，陰陽怪氣低聲說：「啟奏兩陛下，這些財寶你們也用不到，放在這黑暗的穴中永不見天日，何必呢？賞給當過唐臣的溫韜吧。」

魯天向（黑眼眶）陰陽怪氣說：「草民魯天向啟奏兩位陛下，溫韜上官說得沒錯，這些東西活人才有用，死了抱著這些，沒必要。請兩陛下見諒。」

溫韜（橙眼眶）陰陽怪氣又補說：「兩陛下不原諒也得原諒，我溫韜，已經把您父皇李淵還有您子孫所有大唐皇帝十七個陵寢都挖光了，只剩下你那個不肖兒子李治，還有那個篡過唐的女皇帝武則天合葬的陵寢沒去。」

魯天向（黑眼眶）陰陽怪氣說：「什麼？怎麼有女皇帝？武則天是誰？」

溫韜（橙眼眶）陰陽怪氣又補說：「那個女皇帝武則天，你也是趴過她身體，搞過她的，她就是武媚，之後變成你兒子的皇后，還篡唐十四年。等搬完您的陵寢，我就會去挖他們的陵寢，向他們啟奏。也不枉當過唐臣。」

魯天向（黑眼眶）陰陽怪氣地說：「是的，我們相信，皇帝皇后兩陛下若是聽得見。會很開心我們今天來這，因為我們要向兩位陛下啟奏，唐朝已經滅亡啦，長安城被朱溫放火燒掉，皇帝被強抓到洛陽去殺掉！唐享國兩百八十九年，很長的囉！您生前肯定疑惑天命，而今我們把天命告訴兩陛下，所以也不是白白拿兩陛下賞賜的。若有怨氣，請去找朱溫，不要找我們。」

溫韜（橙眼眶）陰陽怪氣又補說：「先前我向您父皇高祖李淵也啟奏過，從高祖的遺骸來看，他聽到唐已經滅亡，有了新天命，傳國兩百八十九年這消息，非常很開心，把所有陪葬品都賞給我溫韜囉。陛下則是一代明君，相信您也會很開心的，唐朝雖然比不上漢朝那麼長，但也夠久啦。這些錢財，就當臣啟奏天命之功，犬馬之勞之賞。」

魯天向（黑眼眶）陰陽怪氣地說：「若是要教訓您的不肖兒子李治，我等願代其勞。」

溫韜（橙眼眶）陰陽怪氣地說：「准奏。」

兩人相互哈哈大笑。

終於士卒都搬完，大夥紛紛從天梯爬上去，最後洞口也不去掩埋，反正裡面除了帝后屍骸，也沒其他值錢的東西，其他人要來參觀也自便。

財貨都搬回節度使倉庫後，溫韜再次與魯天向帶隊，大舉衝向昭陵。

數萬人在李治與武則天合葬墓外，拼命挖掘。但奇怪的是怎麼都找不到，且忽然傾盆大雨，溫韜不得不收兵回營。但是一收兵，天又放晴。連續三次如此。

溫韜（橙眼眶）說：「怪了！這難道撞鬼了不成？」

魯天向（黑眼眶）說：「上官，你我都不信怪力亂神的，但在昭陵這幾天真的是怪。先前黃巢聽聞昭陵最富，幾乎是唐宮一半的財寶皆入，於是動兵四十多萬挖昭陵，把山剷平一半，卻怎麼也沒找到。」

溫韜（橙眼眶）說：「不管！絕對要找到，只剩最後一個了！」

於是等到萬里無雲之日，再次發兵數萬一起挖，但還是怎麼都找不到。最後只有放棄。

回到耀州城。

溫韜（橙眼眶）失落地說：「沒把李治與武則天的陵寢財寶挖出來，實在不甘心。那可是所有皇帝陵寢當中，最富之一。我猜除了秦始皇之外，就屬他們這對夫妻的陵寢最多財寶。」

魯天向（黑眼眶）說：「上官，我們已經得到夠多。現在天下人都有耳聞，我們做了這事情。聽說梁帝他想找我們算賬。」

溫韜（橙眼眶）說：「那又如何？他朱溫自己也是賊！我實在很納悶，這些錢財明明就是活人才用得著，怎麼一定要埋在那邊說是死人的，然後活人用它就不應該？讓我說，這些古代皇帝應該通通把陵寢掀開，來見見後人，知道朝代興亡天命。這些死人想不開就罷了，活著的人也跟著一起想不開，真是怪啊！」

魯天向（黑眼眶）點頭說：「對啊，在下也是這麼認為。」

溫韜（橙眼眶）說：「朝廷要算是吧？好啊，我把賬算給天下人知道！明天我就把所有盜來的寶貝都建立清冊，出一本書，給天下人看看，到底死人帶這些東西到地下去爛掉，值不值得！」

魯天向頻頻點頭。溫韜還真的出書了！

後人皆稱溫韜無恥，但筆者我認為，溫韜其實沒錯，古代的所有帝王，應該都出來曬曬太陽，見見後人，躺在陰暗潮濕的地下死後算財寶？這樣叫做死得其所乎？活著的時候腦子沒通，死後還不通嗎？跟後代所有死的，活的人，大家一起大團圓，不才是統御天下，莫非王臣？

話鋒回頭。

說這朱友珪殺了賊父朱溫，自立為帝，雖不斷收買將領，但仍就不平。眾人根本看不起他的能力。過沒多久，朱溫之婿趙巖、朱溫之甥袁象先、朱溫另外一個兒子均王朱友貞、將領楊師厚等人密謀政變。袁象先首先發難，率禁軍數千人殺入宮中，朱友珪無法逃脫，遂命馮廷諤將他及張皇后都殺死。

於是朱友貞登基為帝，但這皇帝當得很困難。

此時在晉陽的李存勗，先率軍滅了自立為燕，又父子內鬨的劉仁恭與劉守光父子，一併斬殺於太廟祭奠李克用。然後接連對後梁發動攻擊，併吞黃河以北，然後渡河對朱友貞發動總攻擊，一路勢如破竹打入大梁。朱友貞最後只能命部將將自己殺掉。後梁滅亡。

李存勗於是改國號唐，自稱恢復唐朝正統，但李存勗是沙陀人，故使稱後唐。繼而收降了李茂貞建立的岐，並攻滅王建所建立的前蜀。李存勗被當時人稱為英雄在世，以為天下一統又要來臨。但實際上李存勗只是個鳥人，天下還沒一統，就自認為已經拚命一生，應該好好享樂，遂荒廢朝政。李存勗自幼喜歡看戲、演戲，常粉墨登場，並自號藝名「李天下」。伶人大受皇帝寵幸，以至於伶人景進干預朝政。士大夫皆氣憤，又不敢出氣。李存勗又派伶人、宦官搶民女入宮，強擄魏博士卒們妻女千餘人，怨聲四起。

魏博士兵皇甫暉在鄴城叛亂，李存勗命李紹榮前往討伐，久不能下，無奈命李克用的養子李嗣源攻鄴城，李嗣源命其女婿石敬瑭同征。兵進魏州時，李嗣源卻被叛軍擁戴，恭迎入城，李嗣源百口莫辯，石敬瑭表示就算不造反也無法免責，李嗣源因而擁兵自立，與魏博的叛軍合兵造反。李嗣源占據汴州，進軍洛邑，先鋒石敬瑭則帶兵逼進汜水關，李存勗決定親征反擊。這時擔任指揮使的伶人郭從謙不知李存乂已被莊宗殺死，欲奉李存乂之名作亂，火燒興教門。蕃漢馬步使朱守殷見危不救。李存勗當時僅有符彥卿及王全斌等少數將領效忠他。郭從謙率兵攻入皇城。李存勗被流箭射中。王全斌將其扶至絳霄殿。李存勗失血過多，渴懣求飲，經宦官奉進酪漿，喝完一杯，遽爾殞命。王全斌大慟而去。一名伶人揀丟棄的樂器放在李存勗屍體上，點火焚屍。史稱興教門之變。李嗣源入洛陽殺盡叛臣，葬李存勗屍骨於雍陵，進廟號莊宗，李嗣源在汴州稱帝。

李嗣源稱帝之後，就下旨把溫韜遷走，溫韜手下都是盜賊，所以根本沒力抵抗。最後賜死溫韜。

李嗣源知道自己不是天命之主，所以非常節儉自持，終於沒有死於非命。殂死後，李從厚繼位。

李從厚即帝位後，信任朱弘昭、馮贇等人，調動各重要節度使，準備削藩，鳳翔節度使潞王李從珂恐懼，遂反，攻入京師洛陽，李從厚出逃魏州，途經衛州，遇到河東節度使石敬瑭。石敬瑭無意救之。李從厚的親隨不滿石敬瑭，抽刀要殺石敬瑭，結果反被石敬瑭的侍衛殺死。石敬瑭的部將劉知遠盡殺李從厚親隨，把李從厚安置在衛州後離去。皇太后下令降李從厚為鄂王。不久李從厚為潞王李從珂派人所殺。

李從珂稱帝自立。

這五代十國時期，除中原地區之外的中國其他地區，都已經陷入割據政權控制。而即便中原地區，表面有一個相對穩定政權，實際上內部也是藩鎮割據，大家都想披黃袍當皇帝，但都沒有實力坐長久。朱溫的後梁滅亡後，來到這沙陀人建立的後唐朝，這後唐內部仍然動盪不安。只有長城以北的契丹蠻族，建立的契丹國，非常穩定且強大。

契丹國大汗耶律曉骨，也就是耶律德光，親征被封在東丹國的兄長耶律倍。耶律倍漢化頗深，遂南下投奔後唐。

契丹國大汗在耶律德光的父親，耶律阿保璣的時候，就被漢人韓延徽策動，登基自稱皇帝。但契丹國已經初略地實施，漢族與契丹族分開治理的『兩官制』，所以也被其他部族稱可汗。

幽州長城外的地界，聽到了馬蹄聲。聽力良好的刺探者，可以貼在地上就聽出，至少有上千匹馬。正是耶律德光追蹤耶律倍的蹤跡到了幽州邊界，他看到了萬里長城才停下來。

耶律德光身邊的契丹侍衛，用契丹語說：「大汗，再過去就是幽州地界，唐的領地。應當派其他人進去搜索，大汗不方便進去。」

耶律德光瞪大眼睛怒目說：「余有說要進去嗎？」侍衛低下頭不敢說話。

他非常不喜歡受拘束，因為耶律德光的母親述律太后，稱制聽政，是一個強勢者。而且最麻煩的還是，太后偏愛三兒子耶律李胡，甚至縱容他的橫暴。在耶律德光繼位之前，兄長耶律倍失寵，述律太后就不斷勸他父親耶律阿保璣，改立三兒子耶律李胡，好在他父皇耶律阿保璣英明果斷，認為只有耶律德光才能興盛契丹，改立耶律德光，母親述律太后才只好改口支持。

他放緩了馬匹速度，週邊的侍衛只好謹從，整個後面上千騎兵都緩了下來，拿著馬鞭指著萬里長城說：「余怎麼會不知，這道城牆過去就是漢人的地方？」

旁邊侍衛面面相覷，有些人甚至相互露出微笑，知道他的英雄癮又要發作了，最近耶律德光連述律太后的話都不願意聽，更何況只是侍衛？全都低頭不敢多言。

逐步靠近了長城腳邊。

又接著說：「余此趟來，只是做作樣子，讓朝內的兩族官員都閉嘴。若我真要抓兄長，他豈能離開國境？況且兄長是從遼東乘船南下，這眾所周知，我來此則是盡弟弟的義務，送兄長過了這道牆，他自然就安全了，難道我身為弟弟，真的要逼死兄長不成？」

這次真的只是做戲，他兄長耶律倍，是從遼東乘船南下逃亡到後唐境內，根本不是翻過這道長城進去的。他跑來這裡當然除了做戲，還另有深意，要表達給隨行的契丹將領們看。

週邊的侍衛紛紛點頭，剛才說話的那個侍衛，更是猛力點頭，因為耶律德光精明果斷，粗中有細，說話的時候，眼神餘光會不斷掃視聽者，甚至會記得，誰的顏色似乎對他說話不以為然。

忽然回頭說：「史官吳鈞何在？」

一個漢官策馬上前：「陛下，吳鈞在此。」

耶律德光說：「你知道眼前這道城牆，是什麼時候建的嗎？」

吳鈞說：「這一段長城奠基於秦朝時期，為秦始皇帝派人所建以防範匈奴，是為萬里長城。南北朝的北朝拓拔元魏時期，曾經對這一段長城稍作修築，並且在其他地方增築，以防範柔然。隋朝時也在并州地界大建長城，防範突厥。所以我們眼前看到的長城，是秦朝時期所建，北朝元魏時期所修。」

耶律德光笑著說：「往者已矣！阿契，把登索拿來！」

一個契丹侍者遞上了登牆索。

耶律德光拿起登牆索，下了馬，用力一拋掛上長城垛牆，獨自爬了上去。

見到他這麼做，所有人紛紛下馬，跟著拿出登牆索，但不知道耶律德光此舉何意。所以還不敢跟上去。

直到耶律德光在長城上面喊：「侍衛團，全部跟我上來！」於是百來號人，拋出登牆索，跟著爬了上長城。

忽然見到高空處盤旋一隻大雕，耶律德光喊：「阿契！拿弓來！」契丹侍者立刻遞上。

耶律德光彎弓搭箭，鳴鏑響箭咻地一聲，弓箭蒼勁有力直線飛去，高空的大雕被射落了。阿契才想要跳下牆去揀，耶律德光說：「不必揀了，以此壯聲勢而已。」

長城上下所有部眾，一陣歡呼，高喊可汗萬歲。

過不久，忽然站在長城垛牆上，往著長城南邊脫了褲子撒一泡尿，眾人又一陣驚愕。

撒完尿，耶律德光高喊：「南方的漢族小兒們，當年以為蓋了這道城牆，就能一勞永逸，抵擋北方的胡騎南下。而今怎樣？這道牆不過只是個脆弱的籬笆！能抵擋得住我們嗎？」

所有人哈哈大笑，然後高呼：「不能！不能！」

耶律德光揮鞭示意，眾人陷入安靜。

然後高喊：「余在這放一句話！來年率大軍南下，蕩平中原，橫掃中國，使之全部在我們大契丹國治下。讓南方的中國漢人，全部跪下喝我們的尿，讓中國女子都當你們的侍妾！」

眾人一陣歡呼。

耶律德光走到吳鈞旁邊，見到吳鈞神色詭異，笑著拍著他的肩膀說：「我剛才說的是南方中國漢人，你是契丹國內的漢人，我不會讓你喝尿！」

眾人又一陣哈哈大笑，吳鈞苦笑不止。

耶律德光勒馬長城，勒不禁他熱血沸騰，拋下了豪語。

為何耶律德光的兄長耶律倍，會乘船南逃？因為他原本才是契丹皇太子，因為母親述律太后非常討厭他漢化很深，強勢奪走他的繼承權，還被遣回封國東丹，派人監視。此時不知道為何，後唐內部的人探查出耶律倍尷尬的處境，也不斷派密使到東丹，勸他拋棄契丹轉投後唐。耶律倍非常高興，立刻帶著妻妾，搭船南下投奔後唐。

話說耶律德光的兄長耶律倍，南逃到後唐之後，受到非常大的禮遇。後唐用天子的禮儀和護衛隊歡迎耶律倍，耶律倍坐在水上的船型宮殿裡，眾官陪在他左右，一一向他敬酒。到了後唐的重鎮汴州，見到了後唐明宗。明宗把後唐莊宗李存勖的嬪妃夏氏嫁給他，又賜耶律倍姓東丹，名慕華，即仰慕中華之意，是為東丹慕華。明宗又改瑞州為懷化軍，拜這個東丹慕華，為懷化軍節度使，瑞、慎等州觀察使。後來又賜東丹慕華國姓李，改名贊華，即讚美中華之意，故從此又稱李贊華。

這耶律倍原本叫作耶律突欲，因漢化改叫耶律倍，之後叫東丹慕華，又加碼叫李贊華。但他後來自己感覺還不夠，需要繼續加碼下去，宣佈因為仰慕唐朝大詩人『白居易』，他筆名就叫『黃居難』。白居易字『樂天』，於是他就是，黃居難字『樂地』。在意境之中，要與白居易成為一對。

看似他棄胡人惡習努力漢化，學唐朝時期一大堆胡人的漢化戲碼，想要忘記過去在契丹的失落，但實際上性格急切凶悍的個性沒有改變，身邊妻妾奴婢稍微有錯，就火燙挖眼，用鞭抽打，用契丹惡俗懲罰，克制不住失去當契丹皇帝的失意之狀。

所以耶律倍的本質是不願意安份的，見到後唐明宗的養子李從珂兵變，殺了後唐明宗之子閔帝，自立為皇帝，便修書一封，給有宿怨的弟弟耶律德光，要他南下討伐，說要準備裡應外合。實際上也秘密送信給他在契丹國內的兒子，命兒子在契丹內部，秘密收買部眾，計劃最後再次裡應外合，除掉耶律德光，趁機連同中原與契丹的統治權，一舉奪取。

可事實沒他想得那麼簡單，修書給耶律德光南下的，還不是只有兄長耶律倍，割據在淮南江南等其他國家，也派船送金銀珠寶與美女北上，期待他南下共同進攻在中原的後唐皇帝李從珂。耶律德光被金銀美女迷惑，因而大喜，更加確認他勒馬長城的豪語，只要他努力去做，肯定能夠實踐。然而精明的耶律德光，畢竟知道南下中原不那麼容易，況且述律皇太后也不支持。

契丹都城，臨潢府。

趁著一次薩滿拜節結束，大臣們散宴，述律太后與耶律德光母子獨處，身邊只有宮庭內侍奉太后的契丹宮女。

述律太后問：「兒，南朝送來的金銀美女，你真的分送給大臣了嗎？」

耶律德光喝一口淡酒，說：「母后何必管這種事情。長城內的漢人們，從前唐末年開始，打打鬧鬧爭當皇帝一百多年了。現在我大契丹國崛起漠北橫跨遼東，他們派人送這些薄禮來，不過就是求個外援罷了。兒確實已經分送給親信大臣了。」

述律太后又問：「是賞給漢臣？還是賞給本族大臣？」

耶律德光聽出了這句話的弦外之音，賞玩著手上琉璃酒杯，冷冷說：「兩族大臣都有。」

述律太后說：「我說兒啊，你可別著那些漢人的道。他們送這些東西來，不會是白送的。你讀過不少漢人的歷史，應該知道這道理。」

耶律德光假意順從，說：「兒知道母后的意思，這些東西兒完全沒看在眼裡，母后的旨意，兒牢記在心。」

太后點點頭，旁邊的宮女，送上膏藥，敷在太后的斷掌傷口上。她的斷掌傷口早已經好了，但北方寒冷，平常仍然會隱隱作痛，連帶筋骨，乃至還有假想肢的感覺，常常會以為斷掌仍在。仍然需要熱性膏藥鎮住斷掌處，鎮住傷痛。

說到這斷掌，是因為耶律阿保璣死，她為了不讓大兒子繼位，要剷除政治異己，啟用契丹古老的惡俗人殉之制，以『想念太祖』為理由，逼政敵殉葬。逼問到一個漢族文臣時，被他反唇相譏問『太后難道不思念先帝？先帝肯定還在思念太后，太后若殉葬，臣便跟著殉葬。』。使得她愣然，當眾不得不說，我當然思念先帝，但我要照顧三個兒子，只能以此掌為殉，然後立刻揮刀砍斷一手手掌。最後放過了這個牙尖嘴利的漢臣。

這述律太后深深感覺這些漢人，絕對不能太親近。雖有韓延徽等善類，也有非善類的各種人物在其中。

敷了藥物，長舒一口氣，緩緩說：「能謹記我的話就好，契丹歸契丹，漢歸漢。用我們的牛馬物產，換他們送來的物品，才是最實在的。你父皇當年之所以能雄起漠北，少不了韓延徽這些漢人的幫助，但他始終沒有對長城以南有太大動作，就是知道漢人與契丹當有分際。」

耶律德光其實不喜歡述律太后稱制，每每把自己意見壓在頭上，只是自己的地位是母親幫忙搶來的，不然就必定得是耶律倍當契丹皇帝，故外表不得不做出孝順。還好他『射雕英雄』的氣概，讓契丹貴族都慴服，政權牢牢控制在自己手上，便也敢於陽奉陰違，甚至偶而倒打母親一耙。

這次他實在有點忍不住，連個金銀美女都被強迫分送，於是說：「當年父皇看到中原混亂，也有南下中原的雄心壯志，只是尚未完全平定漠北，只能交給我等來做。兒一定要壯大大契丹國，最後逼南朝中國的漢人，全部乖乖臣服。屆時母親也可以南下居住，南方的氣候比較溫暖舒適，這對母親的身體也比較好。」

述律太后乍然還沒聽出，這是耶律德光扛已死的父親來壓母親，還以為他真的孝順，喘口氣說：「母親還好，一切都能適應過去，剛才說的你還沒聽進去，兒不必費這個心思。本族興起於寒漠之地，借一些漢地做生意也就可以了。很多契丹族人，總想著利用南方漢人相互火拼爭當皇帝之際，南下中原圖略中國，母親我總不同意。因為要南下必定要屢興刀兵，沒有必要讓本族婦女失去兒子，妻子失去丈夫。兒要謹記啊！」

耶律德光放下琉璃杯，低頭說：「兒謹記。」

述律太后示意宮女扶他回後房休息，走的時候還忽然回頭說：「下次要是南朝各國的漢人，還送什麼金銀美女給你，你直接送到我這裡，我一定要先過目。只有有利於本族的東西，才可以接受，美艷妖色或奇技淫巧之物只會迷惑人，那些東西不是正經之物，都得全部退回去。」

「兒遵母后意。」目送她離去。

實際上耶律德光非常不以為然，出了門，皺眉頭吐怨氣，喃喃自語說：「為何要送妳過目？余契丹皇帝，收個好東西還要誰批准嗎？那當這個契丹皇帝有什麼意思？」

之後私下轉命契丹丞相，以後不管南方送什麼東西，一律先給皇帝過目，不准私自通報太后，否則嚴懲。

大臣們本來就不喜歡述律太后的專橫，看到當今主上又是雄才大略之主，有『射雕英雄』之氣，於是同意，所有金銀美女一律只報耶律德光。

金銀美女小事，耶律德光敢於陽奉陰違，不過對於集中主力大舉南下中原，總不可能瞞得過，所以只停留在紙上作業，仍然跟耶律阿保機一樣，沒有任何的真實舉動……

但有人要他有真實舉動。

河東節度使石敬瑭，率大軍屯駐忻州，朝廷派使節賞賜夏天服裝給所有軍士。正是千軍萬馬一時聚集，聲勢雄壯。原因是，契丹部族與遊牧盜賊，時常會寇邊搶略，所以北方幾個節度使為了抵抗，時常向後唐朝廷要求資源，但養肥了這些節度使，才是真正的危險。以并州河東節度使石敬瑭與幽州盧龍節度使趙德鈞，所得最多。

尤其這趙德鈞，除了盧龍節度使，還加封東北面招討使、檢校太師、中書令、北平王。但如此高位，他們仍然都不滿足。

軍營中，石敬瑭的幕僚段希堯（棕眼眶）道：「石公，事情已經準備好了，眾軍伍等待校閱。」

此時軍營外鼓聲、號角聲響起，馬匹斯鳴與軍士吶喊。

一人面朝銅鏡，忽然敞開披風，翻身對面，看似頗有大將氣概，腮鬍長鬚，然而狐眉狼眼，時又彎背乖猥，身著金標鎧甲，頭戴金冠，腰繫長劍，正是石敬瑭（橙眼眶）是也。他早已經知道，今天這是一場非常特殊的校閱，面露欣喜狀，胸中似有慾火，但強忍興奮之情。

詭異地笑問：「段郎，真的把事情都安排好了嗎？」

段希堯（棕眼眶）淡淡微笑：「石公之事，我輩豈敢怠慢，依照數日前夜宴之議，都安排好了。」說到此，還輕輕地閉上眼，長揖而起，頗是作做。

石敬瑭（橙眼眶）慨然說：「走！段郎與我一同迎接敕使，校閱三軍！」

說罷拉起了段希堯的手，一同走出軍營之外，走上軍台。朝廷敕使在軍台上宣讀李從珂的聖旨。石敬瑭（橙眼眶）佯裝跪拜，實際上非常不爽快，他自認為自己是唐明宗的女婿，你李從珂不過是唐明宗養子，造反兵變殺閔帝自立，自己還更有資格當皇帝。但目前還必須演戲，宣讀後他拿了聖旨，令段希堯收下。

然後對敕使說：「軍士們蒙聖上賞賜夏衣，異常興奮。吳侍中遠來，當與我一同到點將台，校閱三軍。」

敕使道：「恭敬不如從命。」

於是一同登上點將台，底下上百名將校揮舞將旗，鼓聲與號角再次同時響起，底下上萬名官兵一片鼓噪熱情，高舉旗幟與兵械，乃至高呼口號。

段希堯 用木製擴聲筒，傳話下去，朝廷賞賜夏衣。頓時上萬將士沉靜，鴉雀無聲。

敕使笑著說：「石郎治軍果然有獨特之處，朝廷不再憂慮北虜寇略矣，我大唐江山永固。」

石敬瑭（橙眼眶）慷慨激昂地笑說：「我等盡忠職守，誓死捍衛大唐江山。」

正當石敬瑭虛偽地表忠心之時，忽然底下一人跳出，此人是挾馬都將李暉（粉綠眼眶），由他帶頭，率領三十六號同等級的偏將鼓噪：「石公萬歲！我等擁護石公當天子！」

接著三十六號偏將之後，上萬官兵高呼：「石公萬歲，萬歲，萬萬歲。」

才剛慷慨激昂地說完，要誓死捍衛大唐江山，馬上就被其他人擁護，只有天子才可以有的萬歲，要踢掉後唐，改朝換代。在點將台上的眾人一陣震動，敕使吳侍中當場嘴歪腿軟，差點從點將台翻身墜落，好在石敬瑭與段希堯機警，共同拉回了敕使吳侍中，站穩台上。

「吳侍中小心，小心啊！」

敕使吳立（灰眼眶），官拜侍中，手抓點將台欄杆，上氣不接下氣，喘著努力舉起手，苦著臉指著底下說：「石郎，這怎麼回事啊？」

石敬瑭（橙眼眶）假裝不知，瞪眼看段希堯說：「此事我也不知啊！」

段希堯馬上作揖道：「軍帥，此等悍將大逆不道，請下軍令立斬軍前，以正視聽。」

石敬瑭（橙眼眶）立刻在點將台大喊：「都押衙劉知遠何在？」

底下一名大將立刻上前，身後帶著上百軍士列隊，上前報：「末將在！」

此將正是劉知遠（綠眼眶）。

石敬瑭（橙眼眶）說：「立刻將李暉等叛逆拿下，押往偏場斬首示眾，以正典刑！」

劉知遠（綠眼眶）行揖：「得令！」

於是指揮所屬軍士，當場把李暉等三十六號偏將帶走。

吳侍中其實不是驚訝，他早知道從唐末到現在這個時局，動不動就是有軍人黃袍加身，發動兵變要當皇帝，現在的皇帝李從珂原本也只是養子，自己也是兵變得位的。基層的官兵也樂於如此，可以得到更多的賞賜，在他們看來，只要形勢允許，不斷靠著兵變擁護混水摸魚，皇帝不斷更換，都是可以被接受的。

他之所以差點翻身掉落，是怕自己走不出這個軍營了。好在情況似乎還掌握得住，他趕緊要化被動為主動。

喘著氣急忙說：「只是幾個驕兵悍將胡言亂語，石郎大可不必動刑，某相信石郎盡忠報國之心，也絕不會將此事告知聖上。請石郎不要動怒，更不要懷疑。」

石敬瑭（橙眼眶）假惺惺地單膝跪地，段希堯也跟著下跪。他說：「不！大逆之人不可恕！我必斬此輩以示忠誠，請將此輩人頭帶回洛陽，上表聖上以表我等，赤誠之心。」

聽到自己可以回洛陽交差，吳侍中才安心，趕緊扶起石敬瑭說：「好好好，一切都聽石郎。」

軍門偏場。

李暉等三十六人，被軍士們反綁，押到此處，還都嘻皮笑臉。見到劉知遠招來持刀劊子手，還不以為意。

李暉（粉綠眼眶）回頭笑說：「劉軍衙，戲都演完了，該散場啦！等一會兒我們可有酒喝啊？」其他三十五偏將還一陣嘻笑。

劉知遠（綠眼眶）哈哈一笑說：「有……當然有酒，行刑的刀上當然要灑酒啊！」

另一被綁的偏將張彪說：「這戲還真難演，還得演到劊子手都上陣啊？」眾人又一陣嘻笑，甚至押解他們的軍士都跟著一起笑，劉知遠（綠眼眶）當然也跟著笑。

劉知遠（綠眼眶）喝令劊子手灑酒上刀，列隊跑來，一個盯著一個，甚至監刑的長矛兵，弓箭手都列隊上來。這三十六偏將才發現情勢不妙，大呼「這怎麼回事？」「劉軍衙別玩了！」「戲演夠了！」……

眾人開始騷動掙扎。

劉知遠（綠眼眶）說：「各位安靜！聽我一言！」

眾人靜了一下，聽他說話。

劉知遠（綠眼眶）說：「石公非常感謝各位的幫忙，這場戲真的是不好演，要讓朝廷的敕使迷惑，一定要借真實的人頭帶回洛陽，才能讓朝廷不會那麼快有反應。所以石公請各位再幫忙一次，把最後的戲碼演完！」

其中一個將被斬的偏將說：「石公不是說好了，把戲演像之後，會斬其他人的頭代替我們？劉軍衙可別搞錯啊！」

劉知遠（綠眼眶）語氣帶著幾分邪怪，瞪大眼睛看著書記官送來的文案，七分認真神情三分狐疑表態說：「這怎麼可以呢？如果人頭不是你們的，那戲就不像啦！」

眾人還要申辯。劉知遠（綠眼眶）鬼裡鬼氣揮手指示行刑隊動作。

眾人見到此，才知道自己上了大當，拼命掙扎，但每個人都被兩個強壯的軍士用木棍叉架，押上行刑石台，還有大批長槍兵弓箭兵在旁武裝監督，看來這三十六人是活不成了，紛紛大罵。「石敬瑭，你這王八蛋！」「劉知遠，你不得好死！」「操你娘的，石敬瑭，你才是逆賊！」「操你的，石敬瑭你這潑賊也想當皇帝！……」

刷刷刷……

三十六顆人頭落地，滿地鮮血。

劉知遠（綠眼眶）作做地嘆一口氣，苦笑說：「誒，全軍六百多個偏將校尉，就你們三十六個強要當『出頭鳥』。石公也沒命令你們這麼做，是你們自己投機取巧，怪得了誰？」

轉面問一個剛收刀的劊子手：「你同情他們嗎？」

劊子手急忙搖頭：「不不不，絕不同情。」

劉知遠（綠眼眶）苦臉笑，用力拍了他一下肩膀說：「對啦，他們也都是投機取巧的強盜頭子，收編當偏將的，當初當盜賊的時候，手上沾的血不比你們少，只是現在風水輪流轉，換他們變刀下鬼而已。」

然後指揮收隊。

劉知遠（綠眼眶）邊走邊笑，走在了隊伍最後，手指還一直轉，低聲喃喃自語：「呵，輪流轉，輪流轉，現在要轉到誰當皇帝……」結果手指頭竟然指到了自己，他露出了鬼臉急忙搖頭又呵呵一笑。

侍中吳立（灰眼眶）乘馬車離開石敬瑭軍營，後頭跟著的馬車，上面裝著三十六個盒子，裏面是被砍下的李暉等人的人頭。

他掀開車窗往後看，長噓一口氣，關上窗後回頭，喃喃自語：「拜託，這種差事，希望以後不要再碰到了，看來又要開戰了……還是馮道，馮大賢人他說得對，這種世道，隨便一個妖魔鬼怪搖身一變，就成了大神大聖，法象莊嚴，逼人對他來膜拜……」

攤著身靠在馬車裡，又自言自語說：「回去趕快找個理由上疏辭官，帶著家人逃離洛陽，隨你們去打得昏天暗地吧……」

在洛陽的李從珂聽到石敬瑭玩了這場把戲，知道他即將兵變，但各地方節度使兵權已經尾大不掉，根本無法褫奪其兵權，益發沒有安全感。此時趙德鈞也上疏，希望將另外一個州的兵權也歸他管轄，李從珂下嚴旨拒絕。

詔書上甚至批評趙德鈞，已經位極人臣，手握雄兵，不思為國立功，反而不斷求賞賜。趙德鈞見了詔書悻悻然，內心開始懷有異志。

面對石敬瑭，李從珂除了扣押他的妻子與兒子當作人質，沒有其他方法。

在千春節置酒會時，石敬瑭的妻子上壽敬酒，希望能回晉陽住地。李從珂酒醉罵：「為何不想留下？難道要回去跟石郎一同謀反？」

在場人一片驚愕。石敬瑭的妻子回去趕緊寫信，石敬瑭遂託言要收軍費，把所有能管轄的地區物資，全部集中。

洛陽皇宮。

李崧與呂琦在偏殿拜見了李從珂。

李從珂（銀眼眶）把密報至於案上，對眾人說：「石敬瑭反狀已現，企圖趁朕繼位不久，起兵謀反。你們有什麼對策？」

李崧啟奏說：「河東早有謀反之意，但其力量不夠，朝廷的兵力足以壓制住他。然而石逆也自知兵力不足，肯定會結外援，倘若能斷其外援，就能從容討伐之。」

李從珂（銀眼眶）不耐煩地說：「你們是說趙德鈞？他現在也秣馬勵兵，想要叛亂！怎麼斷？」

李崧說：「陛下勿慮趙德鈞，此人年老昏聵，愚不可教，竟然還被自己的養子趙延壽的花言巧語所挾持。河東與盧龍兩節度使，即便聯合也未必能成氣候，臣等擔心的是漠北的契丹。」

李從珂聽到契丹，雙手癱軟，倘若這三方真的結合，自己就真的未必能打得贏。

呂琦趁機奏：「倘若陛下的女兒能與之和親，仿唐太宗皇帝派文成公主和蕃故事，契丹的外援，不但不會被兩個叛逆所用，反而能被陛下所用。」

李從珂（銀眼眶）點頭說：「好！就這麼做！立刻準備和親之事！」

過兩日。準備和親的消息已經傳到宮外。

一宦官進宮門報：「樞密直學士薛文遇，請求面見陛下。」

李從珂此時正批閱奏章，立刻宣其入殿。

行禮過後，薛文遇（紅眼眶），面色嚴峻，直接切入主題問：「臣昨日聽聞一件事情，以至於夜不能眠，不得不進宮面聖求證此事。」

李從珂和悅地問：「愛卿是想求證何事？」

薛文遇（紅眼眶）嚴肅地問：「聽說陛下要將愛女嫁給契丹人，以求和親可有此事？」

李從珂（銀眼眶）說：「是有此事，如今國家板蕩，需要外援。」

沒想到薛文遇聽了，忽然變臉，緊閉雙眼，握緊雙拳，痛哭哀嚎。李從珂看到這表情也大為吃驚，怎麼變化如此之快。

薛文遇（紅眼眶）兩腿蹦跳疾呼：「陛下！怎可如此？陛下以天子之尊，豈能屈身侍奉夷狄？不亦辱乎？」

李從珂（銀眼眶）愣然一下，苦臉說：「可若不這麼做，以朝廷目前的兵力，無法一下對抗契丹與石、趙那兩個叛賊。」

薛文遇（紅眼眶）含淚大聲說：「陛下！今天以公主送給北邊夷狄以求平安，以後西邊的強虜，南邊的盜賊強大，是不是都會援例要求陛下下嫁公主？這樣天子之尊至於何地？」

李從珂還想解釋。

薛文遇（紅眼眶）苦著臉一手指天，大喊：「想那王昭君！被胡人糟蹋最讓人心痛啊！」

薛文遇忽然開始唱起『昭君詩』，尤其以『安危託婦人』一句，痛徹心扉，流下了眼淚。李從珂聽了整段詩句，長嘆一口氣，頻頻點頭，表示認同。

薛文遇（紅眼眶）義正辭嚴，單膝跪地，堅定地說：「大丈夫應該挺身保衛婦人安全，倘若反其道而行，我等羞為人矣。千古的恥辱，莫大於此啊！後代子孫如何看待我等？臣寧與賊虜死戰，同歸於盡，也絕不苟同此事。」

李從珂（銀眼眶）趕緊扶起他說：「愛卿不要激動，朕聽你的便是。」

真是一對有骨氣的君臣，值得敬佩，即便漢唐盛世的皇帝也不如。但是沒有實力與膽略，又無法除掉將造反的逆賊，以鎮壓亂世，這種骨氣也只能是讓後人感慨而已。

果然李從珂（銀眼眶）招來李崧與呂琦，大聲斥罵：「輔佐人主，應當提供謀略，是謀略啊！怎麼會拿出這種主意？把朕一個乳臭尚未乾的女兒，送到沙漠讓夷狄糟蹋，還把國家養士的錢財拿去當嫁妝送出去，到底是何居心？」

語氣非常嚴厲。

「臣有罪……」「臣愚蠢……」

李崧與呂琦兩人嚇得汗流浹背，拼命磕頭致歉，承認謀國不臧，願受處罰。李從珂才怒氣稍解，赦免無罪，但從此疏遠二人。群臣遂不再言和親之事。

過不久，石敬瑭上疏試探，表示願意解除兵權，改調派到其他鎮所。李從珂招來群臣商議，李崧與呂琦等群臣認為，這是試探之舉，倘若同意移鎮就會立刻謀反，請求下詔書安撫，拒絕他的解除兵權之請。

薛文遇（紅眼眶）再次跳出來寂呼：「群臣自為身謀，不肯盡言真相！臣對此堅決反對！應該立刻同意，並剝奪石敬瑭的兵權！」

李崧跳出來指著薛文遇說：「你也知道這是石敬瑭的試探，這樣不是加速激反他嗎？」

薛文遇（紅眼眶）大聲喝說：「河東移鎮要反，不移鎮也要反！在旦暮區別而已，應該事先圖之！讓他早反也好，以免他有更多陰謀得以準備，陛下應該聖心自斷！」

李從珂（銀眼眶）大喜，鼓起勇氣說：「薛文遇說得沒錯！讓他有更多時間，反而更多陰謀！立刻起草，同意他移鎮，同時剝奪兵權！他若要反，那就先見真章！發兵將他徹底剿滅！」

文武兩班群臣，面面相覷。

或許一般人會認為，薛文遇假忠誠，害李從珂提早死亡。但實際上，他並沒有錯，因為此時局勢已經明朗，皇帝這位置除了耶律德光之外，誰都坐不穩，坐上去就要被其他衣冠豺狼視為眼中釘，他們會從明從暗各方向，前仆後繼，不斷衝過來。李從珂無論聽誰的，都一樣會死。倒不如壯烈一拼，拿刀與豺狼火拼，還拼出個男子漢的死相，讓石敬瑭也遍體鱗傷、滿身腥臭，使其醜陋嘴臉也給天下人皆知，江山也不可能坐穩。李從珂選擇了正確選項，不要當窩囊廢被羞辱而死，更不讓敵人的癡心妄想能坐穩。

薛文遇的戲碼，雖沒有指出活路，但指出了正路！

果然石敬瑭立刻舉兵謀反，派人上疏：「陛下只是明宗養子，沒有資格當皇帝，應當還位明宗親生兒子，許王李從益。」

李從珂大怒，下詔罷奪石敬瑭一切官位與爵位，連虛銜都撤銷，改命其他人接替其位。並再下詔調兵遣將，全面向河東發兵。同時搜捕留在洛陽，石敬瑭兩個弟弟。石敬德下獄死、石敬威自殺。石敬瑭兩個兒子，石重殷、石重裔企圖潛逃，被抓補到，全部綁赴刑場，斬首示眾，將人頭懸掛在洛陽城門外告知眾人。並連同藏匿他們的人，全部以協助叛亂之名降罪誅殺。

雙方確實撕破臉，不是你死就是我亡！李從珂好歹也是靠自己實力，兵變當皇帝的梟雄，而今決心拿起武器當男子漢。先把石敬瑭的家人先抓來殺一儆百，以正國法。

但石敬瑭想當皇帝，卻不打算當男子漢，不純靠自己實力去決鬥，他只想百分之百獲勝，只要能獲勝，什麼事情都可以妥協。於是派了桑維翰上表，對契丹稱臣，請求以兒子對父親的禮儀，去侍奉耶律德光，並同意若契丹出兵幫他當皇帝，除了稱臣當兒，還要割讓盧龍一道，雁門關以北，長城以南，共十六州給契丹。

劉知遠知道了此事，急匆匆跑進石敬瑭府邸。這耶律德光才三十多歲，石敬瑭已經四十多歲，竟然要稱耶律德光為父親，無恥行徑讓當代小人們全都吃驚汗顏。

「劉郎何事必要私下會見？入座吧。」

劉知遠（綠眼眶）一入座，開門見山問：「石公是否真的要割十六州並以父禮侍奉契丹主？」

石敬瑭（橙眼眶）並不急著回答，命僕人上茶。待僕人都退下之後，低沉聲音說：「沒錯，確實打算這麼做。」

劉知遠（綠眼眶）有些瞪眼驚愕，思索了一下，進言：「稱臣就可以了，如同當年隋末大亂，唐高祖皇帝李淵也曾對突厥稱臣，若以兒子侍奉父親的禮儀，去侍奉契丹主，就太過了。且要請契丹兵協助，以金帛糧食賄賂，就可以招來契丹兵，不必給他們領土關隘。不然日後契丹將成為中國的大患，後悔莫及矣。」

石敬瑭（橙眼眶）堅定地說：「劉郎雖然所言在理，但是我思索再三，非得這麼做不可！不然大事不可成！」

劉知遠還想爭辯。石敬瑭（橙眼眶）止掌示意他先不要說話，然後拿出一幅地圖掛在屏風上，說：「劉郎是自己人，我就坦白說。現在朝廷動用大兵進逼河東，或許以我們一己之力，勉強可以抵擋。盧龍的趙德鈞暗地裡說要支持我們，但你認為是真的嗎？」

劉知遠（綠眼眶）支支吾吾。

石敬瑭（橙眼眶）說：「趙德鈞自認為爵位在我之上，他圖皇帝之位久矣。倘若他以盧龍為基，與朝廷共同把我們剿滅，然後邀功請賞請求統轄河東，李從珂一定會被迫答應。屆時就成了趙德鈞有實力兵變當皇帝了！」

劉知遠（綠眼眶）問：「石公想借契丹之手，一箭雙雕，讓李從珂與趙德鈞都……」

石敬瑭（橙眼眶）露出了微笑：「正是，先讓契丹去端掉趙德鈞的老巢！」

劉知遠（綠眼眶）說：「萬一事成之後契丹背盟……」

石敬瑭（橙眼眶）說：「所以才要以父禮事之，並割地稱臣！等大事已成，再想方設法與契丹周旋即可。不然今天無論誰披上黃袍，明天還會有別人來搶，皇位坐也坐不久。不如就借外力為基，這樣誰都無法來爭！」

劉知遠知道他心意已決，只能默然。從唐末藩鎮鬧到唐朝滅亡乃至於現在，大家打打鬧鬧搶當皇帝，拼死當上皇帝後又沒有安全感，又怕別人學自己這套，軍閥之間，已經打到不是你死就是我亡，當上皇帝也毫無根基。現在石敬瑭要用外族當根基，當『兒皇帝』，也真是千古獨創一絕！不過雖然空前，但肯定不會是絕後！鬼局預設的第一張鬼牌，終於跳出來了！

且不說後世，就光眼前，石敬瑭就實在是太低估趙德鈞了，要比對外邦磕頭的奴性，趙德鈞父子絕對不在石敬瑭之下，現在說靠契丹端掉誰，還為時尚早。這張鬼牌的位階，竟然也有競爭者。

盧龍節度使府邸。

趙德鈞的養子趙延壽，也同樣急匆匆跑進來，遣退左右，父子單獨密談。雖說這趙延壽只是個養子，但鬼主意特多，深得趙德鈞信任，尤其圖謀不軌之計，不斷催化，使得趙德鈞真將之為親兒子來看待。

「父王！石郎真的起兵了！朝廷命令我們出兵協助平亂！」

趙德鈞（灰眼眶）獐頭鼠目，案上擺著一幅地圖，微笑說：「起兵好啊！這李從珂得位不正，孤早已想取而代之，但苦無機會。石郎自己先跳出來，不正是替我們打前鋒？到時候孤正可以一箭雙雕。從王爵到皇帝位，不就一蹴可及了嗎？」

趙延壽（橙眼眶）賊眉鼠眼，皺眉頭說：「可兒聽說，石郎派使節向契丹人求援請兵，以父禮侍奉契丹主，甚至打算將我們盧龍之地，也割給契丹人當酬謝。」

趙德鈞（灰眼眶）瞪大眼，愣了片刻，才拍案說：「此事當真？」

趙延壽（橙眼眶）肯定地說：「我潛伏在河東的三個密探都這樣回報，此事肯定千真萬確。」

趙德鈞（灰眼眶）沉吟片刻，對著地圖怒目說：「石敬瑭！你這個漢人與沙陀的混雜劣種！你真會慷他人之慨！用孤的盧龍來交換你當皇帝，沒這麼容易！」

趙延壽（橙眼眶）問：「父王，可若契丹人真的答應他，我們如何是好？是否先下手出兵打河東？」

趙德鈞（灰眼眶）止掌示意，拿起地圖激動地說：「他會割孤的土地給外族，孤就不會割他的土地給外族嗎？求援請兵磕頭稱臣這件事情，難道只有他石敬瑭會做？」

趙延壽（橙眼眶）微笑說：「父王所言有理！就算犧牲黃河以北，只要能當皇帝，也不失為南朝之主。」

父子都流露出興奮之情。

趙德鈞（灰眼眶）說：「眼前我們還是得動兵，配合朝廷去剿滅那個雜種！但契丹人那邊，我兒可先派人去探路，只要契丹人確定起兵，我們就把更優渥的條件，往他們那邊送！讓契丹人中途換馬，孤幾乎可見，石敬瑭詫異失落的神情了！」

趙延壽（橙眼眶）點頭笑說：「父王高見。」

這事情也真鬼，石敬瑭的割地求援使者還沒到臨潢府，這耶律德光就先做了一個『神仙姐妹』的夢。

兩個漢人絕妙美女，是一對姐妹花，穿著神仙般的綾羅綢緞，比以往江南度海送來的所謂美女，還美不知道幾倍。說自己是石敬瑭的使者，要叩請契丹皇帝率兵南下中原，搶救石敬瑭。而這耶律德光，立刻愛上了這一對『神仙姐妹』，還征服了她們。最後她們在床上嘻笑說：「陛下，中原漢人美女比我美麗的還有，都可以等陛下來征服。等陛下掃平中國各地，可以建立一座像秦始皇一樣的阿房宮，天天都可以征服美女。」

夢到這裡，耶律德光忽然夢醒，大失所望。摸摸褲子，竟然夢遺了。算一算他已經快三個月，沒有寵幸他的契丹后妃。

而氣人的是，先前淮南與江南割據王國，派船渡海送來的美女，已經分送給契丹與漢族尚未結婚的大臣為妻，不可能再厚臉皮要回來。而自從他下定決心不給母親干預，再有漢族美女送來，就要私藏之後，竟然就沒有人再送美女來。偶有來使，也只是打躬作揖，絕口不談金銀美女之事。

耶律德光非常懊惱，因為他母親述律太后的陰影，他不喜歡契丹或奚族女人。

而且北方寒冷，契丹或奚族女人少洗澡，甚至喝酒吃肉口臭不除，性情如母親這般，敢揮刀斷掌，凶悍狠辣者不在少數，而自己的皇后與妃子，不僅都是契丹國的奚族之人，還全都是述律氏，跟母親同宗，血緣性情與母親太相似，當這個契丹皇帝若不南下征服中國漢人女子，實在沒有趣味。

至於住在遼東契丹治下的漢人女子，習慣跟契丹與奚族女子，沒有太大差別。但當初耶律阿保璣就已經定下契丹與奚的政治聯姻，后族一定要是述律氏族人，而阿保璣佩服漢高祖劉邦，自稱劉氏，而他也佩服蕭何，所以把述律氏也稱蕭氏。劉蕭二氏代代聯姻，這似乎已成了契丹皇族的鐵律。到了耶律德光母親，更是加碼，不只皇后只能是娘家人，連妃子都配上娘家人。

他實在是厭倦了！終於在內心的諸多獨白比較之下，他入套了。

耶律德光苦著臉起床，喝了一大口漢人送來的醒床茶，清理了口腔，才大打哈欠，感覺了自己口腔一鼓回甘香氣，才想到契丹與奚族女人起床的口臭。竟然又讓他思念夢中的『神仙姐妹』。

喃喃自語說：「阿房宮……還是南方的漢人女子好啊……遼東的漢人女子，太像兩族女人，沒有什麼不同，還是南方的漢人女子好啊……」

這幾天，他每天睡覺都想著，希望能再夢神仙姐妹，但一直都一覺到天亮，頗是失望。忽然貼身侍從阿契跑進來，遞上了丞相文書，說石敬瑭的使者已經到了臨潰府，要面奏耶律德光。

耶律德光一聽興奮地跳了起來，如同頑童問：「來使是男是女？」

阿契感覺這一問很突兀，呆滯了一下，結結巴巴說：「當然是……是男的……」

耶律德光知道剛才稍有失態，趕緊嚴肅起來，雖說是男的，但內心仍然掀起一股興奮之情，因為這畢竟是個索取金銀美女的機會。

轉而眼瞪大，逼問阿契說：「他有說來此目的？」

阿契答道：「好像是，納土稱臣，求援請款。」

耶律德光喜上眉梢，耳邊聽到了天外來音，飄飄欲仙，興奮地說：「哈哈，真有這麼好的事？真是天賜啊！」

【耶律德光出現橙眼眶】

興奮地快速更換禮服，穿著好契丹皇帝服裝，往前殿奔去。

坐在上座，壓抑笑容，強做鎮定，擺出儀態。

使者是一個會說契丹話的人，見到耶律德光，跨一大步向前，單膝跪地，雙手呈上帛書，此乃桑維翰代石敬瑭書寫的求援書信。使者高聲說道：「外臣乃河東節度使屬僚王寄雲，特送我家主河東節度使石敬瑭之書信前來，請大契丹國皇帝陛下御覽！」

依照禮儀，耶律德光是不可以先發聲音，得看完書信後才做表態，以示人主威嚴，但此時他已經按耐不住。

耶律德光（橙眼眶）強作威儀說：「嗯！知道了！」

阿契轉遞上來帛書，攤開在案上，耶律德光能識得漢字，看完全文，主旨非常清楚。只要他出兵協助石敬瑭推翻李從珂，讓石敬瑭當皇帝，那麼石敬瑭將稱臣並以兒子的禮儀侍奉他，同時割讓雁門關以北各州與盧龍一道共十六州之地，以後年年進貢，歲歲來朝。此即合為『燕雲十六州』。同時帛書後附加地圖文檔，標示十六州圖。

耶律德光看到這『兒皇帝加燕雲十六州』，胸中慾火開始燃燒，他彷彿可以聽到，無數的漢女神仙姐妹，在他旁邊酥麻呼喚。但外表他要強忍，裝成若無其事。冷冷地說：「來使辛苦了，可以先下去休息。阿契，立刻傳令下去，招待來使好的吃，好的住，好的用。」

王寄雲說：「外臣啟奏陛下，我主在河東形勢危急，用兵宜速，時不再來，望陛下早作聖斷。」

耶律德光正要趕緊起身正面回應，沒料到阿契插話說：「沒聽到陛下要你先下去休息嗎？」耶律德光與王寄雲都同時愣一會兒。

王寄雲只好叩拜說：「外臣告退。」

阿契這一說，反使耶律德光想到了事情沒這麼簡單，這得先稟明太后，並且招來契丹八部大人共同商議，才能成行。

臨潢府朝議。

雖然述律平皇太后稱制臨朝，但耶律德光是契丹人共認的一世雄主，八部大人也都支持他。所以述律太后除了開頭點醒，也就儘量少表示意見。

她說：「中國人的內鬥，我們不宜干預。所謂十六州土地，那是得要犧牲慘重，替石敬瑭當上皇帝，才能換來。哀家不贊成此事。」

耶律德光（橙眼眶）馬上站起來說：「母后，兒前些時候夢見石郎的使者前來，而今果然來了，這是天意啊！這件事情，阿契知道。」

述律太后說：「這件事情沒這麼簡單，我兒萬萬慎重。」

耶律德光（橙眼眶）說：「父皇當年不也曾想過掃平中國？兒有義務要實踐父皇的雄心壯志，求母后萬萬不可阻攔。」

述律太后發現他又拿已死的耶律阿保璣來壓，只好轉面看八部大人們的意思。

伏弗鬱部族代表，伏弗鬱賀領說：「我們的可汗英雄蓋世，必能實踐太祖的遺願，蕩平中國，使天下都臣服於我大契丹國。」

悉萬丹部代表，客親賀拉說：「我們支持可汗，南下蕩平中國，大契丹之名將遠傳萬萬里，各國將來朝叩拜。」

其餘各部也都一陣贊同。

述律太后說：「現在是討論是否援助石敬瑭，不是討論蕩平中國。」

眾人一片安靜。

耶律德光（橙眼眶）說：「眾人都是忠於大契丹國的強盛，此次兒必定會慎重行事，一定依照跟石敬瑭的約定行事，不會讓天下人詬病我契丹見利忘義，請母后安心。」

述律太后令左右宮女扶起自己，緩緩說：「你們既然都已經串聯一氣，那就去救石敬瑭吧。我兒才是契丹皇帝，一切我兒作主。但你們可得記著，萬一漢人們若群起抵抗，千萬不能使強，必須立刻撤回國內，不可讓國家受到更大傷害！」眾人低頭遵令。

太后才起身離開。

於是耶律德光立刻回信給石敬瑭，同意秋天馬肥的時候，大舉起兵南下增援。洛陽城內，已經有人傳出消息，契丹國將出兵援助石敬瑭。此時耶律倍，或稱東丹慕華，或叫李贊華……個人也得到了消息。內心掀起波瀾。

他再次修書派人寄到契丹國內，甚至通知了他兒子耶律阮，要他一定得趁機，隨著耶律德光一起南下中原消滅李從珂，藉此掌握兵權。在消滅李從珂之後，要與父親裡應外合，謀取除掉耶律德光的機會。

但此時他的行動，已經被李從珂的密探注意上了，李從珂聽到消息之後，親自帶了大隊人馬，來到他的住宅中見面。

耶律倍跪拜：「臣李贊華，叩見吾皇陛下，萬歲萬歲萬萬歲。」

李從珂（銀眼眶）說：「平身賜座。」

於是耶律倍入座。

耶律倍道：「不知道陛下何故光臨臣家？臣不慎，恐懼。」

李從珂（銀眼眶）面露詭異微笑，明著諷他說：「人若不做虧心事，就沒有什麼事情值得恐懼的，李贊華！不，耶律倍！朕說的沒錯吧？」

【耶律倍出現灰眼眶】

耶律倍（灰眼眶）聽出了他改口叫自己的本名，內心頓然疑慮，急忙說：「陛下所言甚是，臣平常在家脾氣不好，會打罵奴婢，以致於明宗賜婚的愛妻夏氏，都出家為尼，棄臣而去，奴婢們都恐懼想逃，不敢靠近臣。臣確實是問心有愧。」

說到此，面露凝重，低頭認錯。

李從珂（銀眼眶）斜眼冷言，不斷搖手說：「你別顧左右言他，朕說的不是這個！朕目前還沒有時間，去管理你亂七八糟的家務事。」

李從珂說到此，耶律倍似受委屈，低頭不敢回應，兩人一陣沉默。

須臾，李從珂（銀眼眶）低聲打破沉默說：「耶律倍！不，李贊華！」

耶律倍（灰眼眶）低頭答道：「臣在。」

李從珂（銀眼眶）斜眼厲色看著他說：「你來中國大唐這些年月，生活還算適應吧？」

耶律倍（灰眼眶）彎躬哈背說：「是，臣已經適應。」

李從珂（銀眼眶）冷笑了一下，然後問：「那我怎麼聽說，你寫信給令弟，請他支持石敬瑭弄什麼叛亂，而你要裡應外合，企圖顛覆朝廷，破壞這寧靜又美麗的國度？」

耶律倍（灰眼眶）瞪眼大喊：「這是謠言！」

耶律倍（灰眼眶）急忙離座跪拜，解釋說：「這是萬萬沒有的事！這絕對是謠言！陛下切勿相信！臣棄夷狄而慕中華，蒙先帝賜名李贊華，內心早已經沒有契丹，只有中華。陛下看臣家裡詩書字畫，慕華之意，贊華之心，便可知悉啊。」

李從珂（銀眼眶）看了一眼牆上字畫後說：「你的字畫是不錯啦，甚至比我們漢人都畫得好！但不知道內心是否也是如此？」

耶律倍（灰眼眶）聽李從珂說『我們漢人』，就一陣窩火，心思：你李從珂也只是沙陀人與漢人的混種，只是祖先早一些來中國『慕華』而已，現在竟然拿大漢意識來壓霸我？

但人在屋簷下，不得不低頭。

於是又叩首說：「臣李贊華絕無謀逆念頭，身在中國，受朝廷恩寵賜官，當盡忠報國，為中國外禦胡虜，內除叛逆，奮戰到底，死而無憾，請陛下相信臣身為中國子民，赤膽忠心。」

李從珂（銀眼眶）問：「喔？你真的把自己當中國子民？沒有再想回契丹國的念頭？」

耶律倍（灰眼眶）抬頭堅定神情說：「臣絕無此心。」

李從珂（銀眼眶）說：「那好！」於是轉面對旁邊的宦官說：「拿誓書來！交給他！」

於是宦官遞上誓書到耶律倍面前。

李從珂（銀眼眶）說：「既然你赤膽忠心，朕也不會為難你。朕不要求你替朕犧牲奉獻，只要求你跟朕同生共死，以表你沒有勾結令弟，圖謀中國的野心！要是耶律德光與石逆真的打到洛陽，你就得跟朕一起去死！倘若你不簽，代表就是你在背後，搓弄叛亂的！」

耶律倍看了誓書，真的是要他耶律倍與他李從珂同生共死。

竄火更旺，但無可奈何。簽下去也許以後才會死，若不簽下去，就會馬上死。

李從珂（銀眼眶）補充：「名字，是對自己負責！你的名字很多，朕都快記不住了，但在這誓書上面都一一列出，別想要利用這個逃避自己的責任！用漢文與契丹文，通通簽出來。」

仔細一看，果然為了防止他抵賴，誓書上面的名字，耶律突欲、耶律倍、東丹慕華、李贊華、黃居難、黃樂地。都依次列上，並強壓他連同漢文與契丹文名字，都要簽上去。

光這些名字，還並列契丹文與漢文，就讓耶律倍簽了好一會兒。

李從珂（銀眼眶）收了誓書，然後才起身離去，離開前拋出一句話：「若朕有任何不測，將會派人拿此誓書找你兌現，在叛亂平息之前，朕會派人輪流保護你的安全，你就不要離開洛陽了。」

耶律倍當場發軟，才發現自己被李從珂徹底綁架了，果然他住所門外，有不少士兵輪班看守，防止他想要逃跑。

於是大戰開始。

李從珂派出張敬達統兵，大舉進兵河東，石敬瑭親率大軍迎戰，雙方兵馬在石敬瑭河東領地內交戰，張敬達兵多，連續擊破石敬瑭軍，將晉陽城團團圍住，同時建築夯土長圍，切斷晉陽城與外界連繫。劉知遠看出張敬達除了包圍戰術，沒有其他的奇謀妙計，守城池很容易，於是建議石敬瑭派出間使，經略外事，來打破包圍。

其實劉知遠大錯特錯，被包圍守城其實非常困難，時間一到就只能城破人亡。

若說請外援，倘若李從珂設定了圍點打援的戰略，契丹兵無法來救，晉陽還是城破人亡。

當初李從珂兵變時被圍鳳翔，是利用敵方軍心不定，策動叛變打破包圍，最後反攻洛陽取勝。當時是出了一個大奇蹟。而今詭異的奇蹟，又要再次發生。

原本李從珂派出呂琦去河東犒賞三軍，穩定軍心，以防止石敬瑭學自己當年的策略。呂琦帶著軍事物資與賞賜一到，果然士氣振奮，看來石敬瑭要學當年李從珂自己的策略，是辦不到了。

但一個將領楊光遠，趁著三軍士氣振奮，告訴呂琦：「請轉告陛下，賊軍若沒有外援，很快就可以平定，倘若契丹北面來援，請引誘他們深入，利用人多優勢，一場大戰就可以擊破之。」

呂琦將此話轉達李從珂，又聽說晉陽城糧食不夠，使他甚為欣喜。但這下奠定了李從珂非敗不可之機。面對鐵騎兵為主的契丹軍，放他們長驅直入到平原，若一戰能勝那還好，倘若一戰大敗呢？倘若在晉陽城下被兩面夾攻呢？

然而此時李從珂不察，落了此道敗機。

耶律德光等不及契丹各部大隊人馬集結，自己先率領鐵騎兵五萬，平均一人帶三馬匹，共十五萬匹馬，先行大舉越過長城南下。契丹鐵騎兵馬聲勢浩大，旌旗不絕五十餘里……

前方傳令兵騎馬來報：「稟大汗，前方長城嶺，阻擋了前鋒鐵騎兵前進。」

耶律德光（橙眼眶）說：「這種事情也要來報！長城現在有守軍嗎？」

傳令兵說：「沒有。」

耶律德光（橙眼眶）說：「那就對啦！長城嶺東南方有小道通往聖佛谷！前鋒軍暫停，用中軍攻城工具搗毀一處，騎兵不就可以長驅直入了嗎？讓阿古達力去查我先前給他的地圖！」

於是傳令兵策馬回報前軍：「傳大汗軍令，前鋒軍暫停，中軍攻城工具搗毀長城直入！」

過不久，傳令兵又策馬來報：「稟大汗，搗毀的長城處的南方地形，不利於騎兵通行。」

耶律德光（橙眼眶）大罵：「笨蛋！長城本身就可以是道路，讓阿古達力再看清楚地圖，然後翻土填沙，先讓馬匹登乘上，大隊沿著長城走，找到適當的地形，再翻土填沙，登乘下！不就可以帶領前鋒，走出一條路了嗎？」傳令兵得令而去。

耶律德光（橙眼眶）招來吳鈞說：「長城這種脆弱的籬笆，在余看來，不但不會是南下中原的阻礙，反而是助力，可以指引我們南下的方向。即便萬里長城有守軍在，我們只要沿著長城，認出地形位置，隨便找到一處薄弱點，就可以長驅直入。更何況長城漫長，漢人怎麼可能長時間供應損耗，在上面沿著萬里山巒佈署軍隊？

用填沙斜塔堆在城牆旁，騎兵跨長城就太容易了，甚至長城本身就可以是我們行軍的道路！真不知道，你們漢人的老祖宗，在想什麼，用這種華而不實的東西，來阻擋鐵騎！」說罷哈哈大笑。

吳鈞拱手作揖奉承說：「陛下英名神武，洞察兵機，睿智超群，非凡人所能及也。中原不久，必將在陛下的統治之下。」

耶律德光（橙眼眶）又摸著鬍子，哈哈大笑：「說得好，余若將來能兼領中原皇帝，就冊封你當漢官丞相。」

吳鈞手擺胸前：「臣謝陛下賞賜。」

前鋒真的越過了長城，當耶律德光領著中軍，也要跟著前鋒軍過長城時，傳令兵又來報：「挖土填沙登城時，挖出了一塊古碑文，請大汗過目。」

耶律德光（橙眼眶）頓時好奇，轉對吳鈞說：「走！一起去看看！」

碑文展開一看，是秦小篆所寫。耶律德光以前認過小篆，但沒有學通，遂問吳鈞說：「這碑文說什麼？」

吳鈞讀了一會兒，說道：「陛下，這碑文題『古怪碑』。大意是說，萬里長城不是一道城牆，它是『古怪』所建立。古怪除了在大秦朝建立這一道長城，將來還會有很多道長城。闖入長城的人們啊，小心你已經掉入了古怪的嘴裏，一但跟古怪的嘴糾纏不清，它將讓你們消失在長城裏。說立碑時間是漢高帝五年的時候，立碑人王雲。」

耶律德光（橙眼眶）哈哈大笑說：「剛才我才說，搞不懂你們漢人老祖宗怎麼這麼笨，不知道在想什麼。古怪都搬出來了！難怪會犧牲這麼多人，建一座這種可笑的城牆！哈哈哈哈！」

說罷策馬踏上填土斜坡，登上長城。

吳鈞神情頗是怪異，高聲問：「陛下，如何處置這座碑？」

耶律德光（橙眼眶）說：「砸了它！無聊至極！」

吳鈞只好令左右，拿起攻城用的大鎚，把這古怪碑砸了。

※※※※※　**中軸線訊息**　※※※※※

承前

∵本↑↓異　∴代↑↓異　//假體後唐與異族對立的情節

異=Σ異1

代=Σ本1+Σ本甲，Σ本1↑↓Σ本甲

令旲【所屬單位總數】=Σ本甲，代↑↓旲　//兒皇帝新選項

旲+異↑↓代，代↓0

異=Σ異1+Σ本甲　旲=Σ本1

∵Σ本1↑↓Σ本甲　∴旲↑↓異

本甲=異1，本乙=異2　本丙≠異3　//出現意外，耶律北逃

母=1/代（+本）+異　但異=Σ異1≠Σ本甲

※※※※※　※※※※※　※※※※※

第十六章　新職業　漢兒　第二次軍演　長城詭局

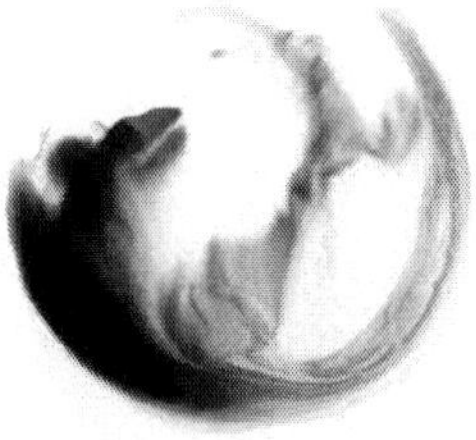

※※※※※※※※※※※※※※※※※※※※

陰陽一體，古怪相連。

陰古：搓鳥們不斷地互捅，終於敲出新局開始，將會有怪戲上場。

陽怪：這也是必須的，不然怎麼一管到底。長城局不能再有釘子戶，怎樣也要把契丹那隻搓鳥拉進來。保持暢通無阻，但在這之前可以來一場怪戲。第二次軍演即將進入高潮。

※※※※※※※※※※※※※※

話說耶律德光對長城，以嘻笑輕慢的態度，評論一番後，繼續大舉率兵南下支援石敬瑭，大軍抵達虎北口。

此時契丹軍與石敬瑭軍，雙方各自派人，相互通報戰情。

後唐軍將領高行周與符彥卿率軍，與契丹部隊交戰，石敬瑭立刻派劉知遠率兵出陣，與契丹部隊夾擊後唐軍。張敬達、楊光遠、安審琦率另外一支大隊，以步兵沖殺契丹輕騎兵。契丹兵詐敗而退，後唐軍追擊，忽然一陣號角，契丹伏兵四起，前鋒步兵大隊死傷慘重。契丹軍縱兵反沖，後唐軍再次大敗，騎兵隊見狀不妙，逃回晉安寨。

於是晉陽包圍被解除。

石敬瑭（橙眼眶）出北門，見到了契丹皇帝耶律德光，當場相擁而泣，下拜叩見耶律德光。

石敬瑭（橙眼眶）馬上秀出，學習已久的契丹話說：「皇帝遠來，士馬疲憊，應當休息。」

耶律德光（橙眼眶）說：「不可，我方一戰而勝，若不再進擊，待敵方整頓兵馬來救，曠日費時，勝負就不可知了。」

石敬瑭（橙眼眶）點頭遵命。

兩軍合一，趁勝反擊晉安寨，結果後唐軍反而被包圍。契丹軍參戰，初戰敗報傳到洛陽，李從珂大驚失色。

急忙下詔各地節度使率軍集結險要地，尤其嚴命東北面招討使兼北平王的趙德鈞，率領幽州兵，切斷契丹兵後背。然而趙德鈞收到詔書，心中已經起了賊心，表面奉旨，實際上已經派了使者到了契丹人那邊，準備談判。

李從珂知道趙德鈞肯定靠不住，下詔親征，調集河南諸軍進發。

但胸中無策，膽顫心驚，不知道該如何擊敗河東與契丹的聯軍。吏部侍郎龍敏建議，立刻把李贊華即耶律倍找來，立他當契丹皇帝，他必然大喜，另派一支勁旅護送他繞道回契丹國。一旦契丹因此爆發內亂，耶律德光必然大驚，引兵退去。李從珂同意。如此做來，就不是契丹人立漢人當兒皇帝，而是漢人立契丹人當兒皇帝了。龍敏真是釜底抽薪，真是一步高招，所有自認智謀者，都不可及。

但不知為何，李從珂對這一步高招，竟然猶豫不決，老想著那封誓書會不會因此失效，不捨得放耶律倍走，沒有真的落實。還整天喝酒悲歌，不肯北上出戰。只想把這皇帝癮，能過一日是一日。

既然李從珂不能封耶律倍當皇帝，那耶律德光就要封石敬瑭當皇帝了。

契丹軍大寨。

在桑維翰等人的搓弄之後，耶律德光與石敬瑭雙方互動，都有了默契。不像李從珂與耶律倍兩者之間，是誓書威脅與恐怖平衡。此時桑維翰竟成了扮演關鍵勝負的角色。於是上演了一齣皇帝冊封皇帝的荒謬絕倫丑戲。

遊戲玩到這樣，皇帝冊封皇帝，若非內有乾坤，實在誰也無法理解。

耶律德光（橙眼眶）假惺惺地看著石敬瑭的面貌，然後笑著說：「我觀察你的器貌，是真的中原之主，我希望能立你當天子。」

石敬瑭（橙眼眶）聽了內心大喜，面露驚訝，也假惺惺辭讓再三，部將們一同勸進，於是同意。耶律德光於是作冊書，命石敬瑭當大晉國皇帝。石敬瑭登台受封之後，立刻宣佈割讓燕雲十六州給契丹，並且每年進貢歲幣三十萬。

聽到石敬瑭已經被冊封為皇帝，趙德鈞急了，不斷遣書信先勒索李從珂，要求他把更多的土地封給自己的兒子趙延壽，否則將學石敬瑭一樣向契丹人靠攏，李從珂拒絕數次，他還派使節來索取。李從珂（銀眼眶）大怒回信罵說：「趙延壽若能擊敗胡虜，就算要替代朕的皇帝位都可以讓，何需要學石敬瑭乞求胡人力量立其為帝？。爾等忘記當年王浚企圖靠胡人擁護當皇帝，最後被石勒吞併的覆轍乎？倘若如此玩寇邀君，自作聰明，愚蠢至極，必定犬兔俱斃」

趙德鈞看了這回信，還是自作聰明冷冷一笑，趙延壽（灰眼眶）說：「父親，看來這李從珂是不見棺材不掉淚，死到臨頭還罵我們自作聰明？」

趙德鈞（灰眼眶）笑說：「隨他去哭喊，既然說我們自作聰明，我們就讓他見識一下，到底我們是自作聰明？還是真的聰明？」

遂決意投降契丹。

派趙延壽（橙眼眶）到契丹軍大營，見了耶律德光。

耶律德光認為，這趙家父子的地盤，已經被石敬瑭割讓出來，跟他們父子沒有什麼好談的，況且當前到底是敵是友都還不知，於是態度消極。

這趙延壽（橙眼眶）也學了契丹語，非常流利地進言。

「外臣趙延壽，叩見契丹皇帝陛下，萬歲萬歲萬萬歲。」

耶律德光在軍營帥座中，嘴巴嚼著肉，左顧右盼自己的食物，似乎不理不睬。

趙延壽（橙眼眶）再說：「外臣乃東北面招討使，北平王，趙德鈞之子趙延壽。」

耶律德光（橙眼眶邊嚼邊說：「余只記得，有封了一個大晉國皇帝，但沒記得，封過什麼北平王。哼！」說罷還喝了一口酒。

然後對在一旁的軍中廚師說：「再來一盤羊肉！」

廚師立刻將燒烤好的羊肉端上桌，耶律德光拿起小刀，割下進食。趙延壽（橙眼眶）不在意耶律德光的失禮，賊眉鼠眼地笑著，低三下四地語氣說：「聽聞石敬瑭以十六州土地割給貴國，以換取陛下立他當皇帝，是否有此事？」

耶律德光趙德鈞（橙眼眶）繼續左顧右盼，邊嚼邊說：「是又如何？」

趙延壽（橙眼眶）淡淡地露出奸笑，然後說：「我父親交代我一定要轉告陛下，倘若陛下能收回成命，改立我父親當天子，我們父子立刻掉轉矛頭，率大軍與貴軍南下直取洛陽，之後為兄弟之國。除了十六州土地之外，我們可以加碼將黃河以北土地割給貴國，而石敬瑭仍可鎮河東為節度使。他在河東的去留，完全由陛下您作主。倘若您也要河東土地，那就可以把他帶回契丹國，罷奪囚禁，我們也能承認河東歸貴國所有。」

他說著話時，耶律德光吞嚥羊肉，正面大喝一口酒，把他的話聽清楚之後，大為吃驚，驚訝到當場把嘴中的酒仰天狂噴了出來，趙延壽距離他十尺以上，顏面都感覺到耶律德光噴出的酒水。

耶律德光（橙眼眶）當場跳起來，喜上眉梢問：「北平王所言當真？」

趙延壽（橙眼眶）用衣袖擦臉，苦笑地說：「是的，書信為證，俱在這裡。」於是從袖子中抽出信件。

耶律德光（橙眼眶）開心地令左右：「快拿上來！」

看完趙德鈞寫的書信後，哈哈一笑，把信拍在桌案上說：「好！只要你們父子率幽州兵團倒戈一擊，余立刻封你父親為大燕國皇帝，而封你為大燕國皇太子！」

趙延壽（橙眼眶）立刻叩首：「謝大契丹國皇帝陛下恩典！」

須臾，趙延壽（橙眼眶）輕聲問：「那石敬瑭該如何放置？」

耶律德光（橙眼眶）呵呵一笑說：「事成之後，余把他帶回契丹國去，另外封賞，省得你們父子看到他就煩心。」

趙延壽（橙眼眶）繼續叩首謝恩。鬼局早就預設此遊戲，押注大者贏面大，即便是爭奪第一張鬼牌的位階，也是如此。耶律德光打算換馬仔的消息，很快就傳了出去。

桑維翰與段希堯急匆匆跑進石敬瑭主寨，兩人都急如熱鍋上的螞蟻，頗是狼狽。石敬瑭春光滿面，悠閒地走出住所，非常自得，因為他終於可以自稱『朕』了。沒想到這個皇帝夢，這麼快就做成，接下來只要帶著異族部隊打進洛陽，那這兒皇帝位置就穩如泰山。

看到他如此悠然，甚至臉上掛著笑容，桑維翰（粉紅眼眶）急得蹦蹦跳說：「陛下，您怎麼現在才出來見我們啊？」

石敬瑭（橙眼眶）愣然一笑，緩緩坐在軍用小板凳上，然後說：「而今大局已定，你們兩人何故如此？」

桑維翰（粉紅眼眶）說：「哪來的大局已定？陛下難道不知，昨天晚上趙德鈞的兒子趙延壽，去拜見了契丹皇帝，說同意割讓黃河以北為酬謝，希望他改立趙德鈞當皇帝。契丹皇帝聽了龍顏大喜，說要冊封趙德鈞當大燕國皇帝，派人建議我們跟他回契丹國，另作封賞。契丹皇帝已準備要收回他先前的冊書啦！」

石敬瑭（橙眼眶）聽了，嚇得從小板凳上跌下來，桑、段兩人一起把他扶起來。

石敬瑭（橙眼眶）抖著仰天大呼：「吾命休矣。」

段希堯（棕眼眶）說：「陛下何出此言？事情還沒到這一步。」

石敬瑭（橙眼眶）說：「沒有契丹兵的幫助，大晉如何成立？而今趙德鈞釜底抽薪，竟然開出比十六州還要更大的誘餌，如何能回天？我命休矣。」說罷當場苦臉流淚。

桑維翰（粉紅眼眶）說：「陛下勿憂，臣等正在想辦法。」

石敬瑭（橙眼眶）站起行揖說：「兩位先生快想辦法，一定要讓契丹皇帝回心轉意。不然我等死無葬身之地矣。」

過了片刻。

桑維翰（粉紅眼眶）忽然躍起說：「我有一個方法，但不知道陛下是否可以配合？」

石敬瑭（橙眼眶）軟趴趴，如患重病，毫無生氣，哀怨地說：「只要能解決問題，什麼都可以配合，先生快說吧！」

這兩位果然不愧狗頭軍師。如此如此，這般這般。

石敬瑭（橙眼眶）一聽轉憂為喜，眼睛瞇成一條線，嘴巴變成一小圓圈，似有所懂，如搗蒜一般拼命點頭。

首先桑維翰（粉紅眼眶）先跑來見耶律德光，義正詞嚴，大力疾呼：「大國舉義兵救孤危，一戰而破唐兵。趙北平父子不忠不信，懷僭越之心，叛國奸謀，按兵觀變，其荒誕之言豈可信乎？若晉得天下，將竭中國所有財力，磕頭稱臣並納款，侍奉大契丹國，大國豈可因小而棄大乎？」

耶律德光（橙眼眶）眼神飄忽，語氣游移地說：「你應該看過抓老鼠吧？倘若不防備，就會被咬傷，何況我們現在面對大敵？」

桑維翰（粉紅眼眶）痛心疾首地道：「大國現在已經扼住敵人的咽喉，豈能咬人？」

耶律德光（橙眼眶）繼續左右搖擺：「余並沒有違約，這只是兵家權謀而已。」

桑維翰（粉紅眼眶）大喊：「大國皇帝，以信義來救人，四海之人耳目皆在，豈可二三其命？若大義不終，改弦易轍，臣竊為大國皇帝不取啊！」

耶律德光（橙眼眶）此時想到了，先前答應母親那句話，此次還不是要蕩平中國，得先救石敬瑭，於是說：「你先退下，容余想想。」

桑維翰雖退下，卻不離開，跪在耶律德光帳前痛哭流涕。從白天哭到傍晚，耶律德光只倒頭睡覺，不理不睬。

忽然一人，散髮披面，雙腳赤足，身穿白衣，背綁著一把行刑大刀，哭天搶地而來，正是石敬瑭是也，後面也跟著段希堯等五個忠臣智囊，都身穿白衣。契丹士兵知道他是所謂的大晉國皇帝，不知道該如何阻攔。

他一到帳前立馬跪下，後面隨從忠臣也一同下跪，開始哭喊。契丹衛兵擋在帳前，怎麼勸也不起身。衛士不斷報告耶律德光，說大晉國皇帝親自來哭，鬧得耶律德光只好起來應付。

耶律德光（橙眼眶）一出帳，馬上奔來扶起石敬瑭用漢語說：「石郎何故如此？爾乃大晉國皇帝，若下跪豈不有失身份？」

石敬瑭（橙眼眶）用契丹話說：「先前愚者已經跟陛下約定，將以子禮侍奉陛下。愚者以子跪父，天經地義，無失任何身份。父親您若將棄兒子而改立他人，愚者背上就有一把刑刀，願先受父親之制裁。若不改舊命，將竭中國之力侍奉大契丹國，如兒子竭力孝敬父親！」

耶律德光從出生到現在，沒見過這種戲碼，沒想到一個四十多歲的人，跑來認他這三十多歲的人當父親，又送土又磕頭又下跪又痛哭，甚至願意受父親制裁，比任何他見過當兒子的人，都還要孝順。當初耶律阿保璣在世之時，自己也都只是陽奉陰違，根本做不到這般。

耶律德光仰天一嘆，顯然已經被此『孝道』感動。

又打算再下跪一次，耶律德光（橙眼眶）拉住他，解下他背後的刀說：「跟余來，我等父子之義，不是他人能夠離間。」於是拉他入帳，安撫其心，表示願意繼續履行先前約定，命人好酒伺候。

然後派人找來趙延壽，耶律德光（橙眼眶）神色堅定，在帳外指著石頭說：「我與石郎父子恩情之堅定，如同這顆石頭，此石爛，才可改矣。」

趙延壽（橙眼眶）當場下巴落下，吃驚萬分，沒想到石敬瑭這個沙陀與漢族的混種，已經把漢人『五子哭墓』的最高奧義，完全掌握，打動了耶律德光內心的情愫。趙延壽只懂得口說兄弟，不如他一跪認父！這漢兒的功力，讓他不得不知自嘆弗如，知難而退，回去反省。

的確，口稱兄弟，不如一跪認父。一旦認父那就是精神靈魂都押上，當然依照鬼局的遊戲規則，石敬瑭獲得勝利。趙延壽是該要反省，不知道自己在做什麼，不知道自己是什麼身分？還要什麼面子？還要什麼尊嚴？趙延壽見了石敬瑭的捨身演技，也確實有在反省當中。

後唐軍的晉安大寨，已經陷入困頓，糧食告盡。原本誤導李從珂放契丹軍深入的庸將楊光遠，此時竟然叛變，斬了統帥張敬達的首級，打開寨門投降契丹軍。寨中的後唐軍群龍無首，紛紛投降，耶律德光下令安撫，並且要他們效忠石敬瑭。

兩軍聲勢更加浩大。

消息傳開，後唐各州一團混亂，官員相互猜疑，有人投降有人堅守，有些人因意見分歧相互誅殺。李從珂此時已經不得不親自出陣，下詔命令各軍州率軍來援。

大軍逼近團柏，在兩軍對陣之中，趙德鈞父子的軍隊再次與契丹軍私通，陣前叛變離去，投奔契丹軍，後唐軍主力震動，被一衝擊就潰散。

李從珂率殘兵南下奔回洛陽。

趙德鈞（灰眼眶）與趙延壽（橙眼眶）父子，見了耶律德光，以為能受重用。沒想到耶律德光（橙眼眶）問：「你在幽州的時候，用金錢收買的契丹叛徒何在？」

趙德鈞只好指出他們，耶律德光將其收降三千人全部誅殺，並把趙氏父子，用快馬押解回契丹國。這對因利益結合的義父義子，二人相對哭泣，此時才懊悔自己太快投降契丹，以致落為階下囚，一無所有。一到契丹國，述律太后說要接見趙德鈞，因為她在北方嫁耶律阿保璣之時，就曾經聽說幽州漢人趙德鈞的名聲，而今倒想看看這個漢人到底是何人物。怎麼往昔英雄，成了今日的奴才？

趙德鈞（灰眼眶）為求活命，還沒見面，就請人轉告，自己要把所有金銀與田宅都獻上。

述律太后由幾個宮女扶出，坐在主座，趙德鈞拼命磕頭。

太后說：「好了，好歹你也曾經是個王，何必如此？坐下說話吧！」

趙德鈞於是坐下。

太后說：「你聽得懂。那會不會說契丹話？」

趙德鈞（灰眼眶）點頭：「見過不少契丹人，會說。」

太后用漢語說：「我看還是我說漢語得了。你近來為何率軍到太原去啊？」

回答說：「奉唐皇帝之命。」

太后說：「既然你還知道奉唐皇帝命令，那又為何派人找哀家的兒子，求當天子，說這種妄語鬼話呢？」

趙德鈞（灰眼眶）被述律太后，一句『妄語鬼話』，當頭棒喝，當場呆滯。耳內反覆不斷迴盪：『求當天子，妄語鬼話』……『求當天子，妄語鬼話』……甚至也才想到，李從珂在信上說的：自作聰明，玩寇邀君，犬兔俱斃……支支吾吾回答不出來。此時才似乎醒神，對啊自己先前就怎麼會跟著石敬瑭患失心瘋，不顧一切爭著對外族磕頭當奴才？【灰眼眶此時逐漸消失……】對啊！我又怎麼會信那個，根本不是親生兒子的，趙延壽的鬼話，在這條邪路上拼命走？

太后看著他呆愣，沒有回答，指著他胸口說：「此心不可欺也！」

太后又說：「我也是快六十的老太婆，但年輕的時候就聽說過你幽州趙德鈞的名聲。當哀家兒子將要率軍南行，哀家曾經告誡他，倘若趙大王引兵北向渝關，切斷我軍的後路，那我兒你一定要引軍回來，晉陽萬萬不可去救。你若想當天子，為何不先擊退我兒？然後以此威名遠播，再徐圖未晚，更不失為一個英雄！你為人臣，既背叛其主，不能擊敵，又趁亂邀利，做這種蠢事，落得一場空，還有什麼面目生存下去啊？」

耳畔又不斷迴盪『還有什麼面目生存下去啊？』……『還有什麼面目生存下去啊？』……

見到太后說話懇切且狠厲，他面紅耳赤慚愧低頭，流淚說：「太后教訓得是，趙某年老昏愚糊塗，聽信弄臣讒言，慚愧……慚愧……」

太后由宮女扶著他邊走邊看，看他獻上的器玩財寶，然後說：「你們漢人的東西真的很有巧思，你所說的珍貴器玩都在這裡。那麼說要獻出來的田宅呢？」

趙德鈞說：「在幽州。」

太后又問：「那麼幽州現在是誰的？」

趙德鈞說：「太后的。」

太后說：「既然都已經是哀家的，那請問你還有什麼東西可以獻給哀家？還能有什麼東西是你自己的？」

趙德鈞當場跪地，慚愧不已。太后搖頭嘆息，命人安排他們父子都在臨潢府任職。但趙德鈞被太后一席話，當頭棒喝，也自知幹了天大蠢事，但當初怎麼鬼迷心竅？他自己也不知道。

不斷反思：是啊！我怎麼會收趙延壽這種人當乾兒子？我又怎麼就信了他鬼話？我怎麼傻到把自己的所有送出去，求人封個屈辱的兒子皇帝，甚至還當不成！我怎麼會傻到這樣？先前我又怎麼會這樣自作聰明？

從此抑鬱煩悶，少吃少喝，後悔先前的所作所為，不斷搖頭嘆氣自己的錯誤。友人到訪，對人也不願多交談，送幾杯茶就請友人離開。自己生病也不願意服藥，不斷咒罵自己愚蠢不忠，落得如此下場，他已經決定放棄自己，無顏面生存下去，果然過了一年就病死了。

死前還不斷唸叨自己：「趙德鈞磕頭求當天子，妄語鬼話，還有什麼面目生存下去？若有來生，能否活得更聰明？可否更聰明啊？可否更聰明啊？」

話鋒回到洛陽城。

說李從珂兵敗逃回，帶著皇后皇子，還有傳說中的傳國玉璽，跑到玄武樓要自焚。本來連皇宮都要燒，但皇子勸諫說，要死則死矣，新皇帝來一定要建皇宮，何必增加子民的困難？這一句話倒讓他想起了一個人，那就是耶律倍。

這一切都是耶律德光害的，既然要死，也要拉你哥哥下水一起去死。

於是招來一個忠誠的宦官秦繼旻，找到那個『同生共死』的誓書，並帶著由宮庭護衛長李彥紳，率領十幾個忠心耿耿的宮庭護衛壯士，跑到耶律倍的宅邸。

宦官秦繼旻與李彥紳等人，帶著全副武裝的十幾個衛士破門而入後，原本就受不了耶律倍壞脾氣的奴婢們，知道情況不對，紛紛逃離，妾婢們也都躲在後房床下不敢出來。

耶律倍（灰眼眶）還正準備，南下投奔江南的南唐，忽然見到這些人闖來，急忙作揖說：「眾官人可有何事？」

宦官秦繼旻從衣袖拿出，當初他簽的同生共死誓書，陰陽怪氣地斜眼看他說：「李贊華，這個誓書你該不會不記得了吧？」

耶律倍正要拿來，秦繼旻緊急收回，陰陽怪氣地說：「陛下兵敗，你的弟弟帶著石敬瑭到了黃河北岸，就快要率軍渡河了。陛下打算以身殉國，不逃其他地方，你想逃哪裡去？現在是該你履行書上的義務，與陛下同生共死的時候了。陛下眷顧你，願意帶著你與你的妻妾一同自焚，識相呢，就跟我們走，不然我們可要來硬的了。」

耶律倍見狀不對，趕緊後退要跑。

秦繼旻看了李彥紳，手指示意。李彥紳說：「來人，快拿下他！」才準備逃到後院爬牆而走的耶律倍，就被幾個侍衛抓回來。

耶律倍（灰眼眶）自知大限已到，被拉回時用洛陽漢語大罵：「李從珂！你這個鳥人！倘若你先前聽從龍敏的建議，派軍送我回契丹當皇帝，今天要死的就是耶律德光還有石敬瑭，你何至於落得如此下場？」

拖回來後，四個壯士押他在桌案上。李彥紳拉出一張弓，準備要將他勒死。

耶律倍（灰眼眶）繼續罵：「李從珂！你這個假英雄，大鳥人！不聽龍敏建議，害人害己，現在竟然要拉我去死，李從珂你這隻搓鳥！」

秦繼旻皺眉頭，陰陽怪氣說：「李贊華，我知道你說的沒錯。但事已至此，說什麼都沒用啦！認命吧！如果要罵……」

秦繼旻低頭苦臉像是要哭，手指著地下，接著剛才的話繼續說：「去陰曹地府，碰到了陛下，再罵個過癮吧！」

李彥紳張弓弦勒住耶律倍脖子，反覆絞住，過不久，耶律倍氣絕身亡。

其他壯士押出了四個女人，是耶律倍的年輕妻妾，有契丹人也有漢人，問是否要殺。

秦繼旻說：「算啦！陛下這張誓書只有李贊華的簽名，跟她們無關，放她們走吧！」

四個女子磕頭謝過秦繼旻，逃跑離去，藏身其他善良人家中。

秦繼旻與李彥紳等人，把耶律倍屍體帶回，回報李從珂之後。李從珂滿意了，才慢慢走上樓，命他們在底下點火。與皇后愛妃及皇子公主，一同自焚而死。秦繼旻與李彥紳等人遂各奔東西，逃離皇宮。

耶律德光與石敬瑭聯軍打進洛陽後，部將發現耶律倍的屍體。石敬瑭宣佈替『伯父』披麻帶孝，追贈他為燕王，派人護送耶律倍屍體回國安葬。

全局中軸的內部雖然是最重要的基礎，但外部變數也無可忽略。但以內功為重者，若要啟動全局對外，那麼必定打亂內部的佈局。如此則必須要調節內部佈局的取捨，看是否改變每一個單位的組合，累加起來，出現巨大的能量。

空詔員：本局製作的內部遊戲競賽，是以心靈圖象契合而定。漢族為主，異族配合。雖說李從珂與石敬瑭有沙陀混種，但漢化許久，又都是漢人在身邊幫襯，整個行為視為本族。

筆仙：看來李從珂—耶律倍，這個組合，敗給了石敬瑭—耶律德光，這個組合。

空詔員：李從珂假英雄沒真見識，更重要的是，缺乏桑維翰這種人在兩者之間搓弄，使得李從珂與耶律倍的組合，心靈圖象是結合不起來發功的。敗給了耶律德光與石敬瑭這個組合。組合演技，還真需要中間人。

筆仙：回報陰陽古怪之主，遊戲勝負，接下來定局囉。

確實，組合演技，還真需要中間人。

但事情才準備進入關鍵處。

因為燕雲十六州，一些節度使守將不願意臣服契丹，遭到契丹軍隊圍攻，而石敬瑭遷都汴梁，下旨命令各州守軍『不抵抗』，撤出十六州範圍之外，該地軍民已知道，新朝廷控制的中央軍隊早已經跟契丹人勾結，不會來支援。自然各州守軍將領，自發性各自為戰，但沒有組織，畢竟無法久支，不少軍民紛紛放棄城池，退出燕雲，回到中原各地流散。

各地軍閥，因此一片混亂，不少節度使趁機舉兵叛變，張從賓率軍攻破洛陽，鎮守洛陽的皇子石重乂被殺，最後石敬瑭派軍剿滅之，在一場混戰中，張從賓戰死，河南勉強恢復安定。石敬瑭正式在中原稱帝。

汴梁皇城，各地節度使與鎮兵將領，依照對石敬瑭的親近度，或親自來朝或派使節來朝，眾官員新年朝會後，石敬瑭（橙眼眶）退回皇宮，悶悶不樂。

他命令宦官，找來桑維翰單獨密談。

「臣桑維翰叩見陛下，萬歲萬歲萬萬歲。」

石敬瑭（橙眼眶）皺眉苦臉，扶起他，賜座之後說：「現在是私下場合，不必拘禮。朕找卿前來是有心裡的話，跟卿商量。這些話，那怕是皇子皇孫、段希堯與劉知遠，朕都不會說的。」

桑維翰（粉紅眼眶）說：「陛下信任，臣勝感榮幸。」

石敬瑭（橙眼眶）搖頭說：「朕說了，不要拘禮。我大晉建國平定張從賓等人叛亂，卿有大功，是以朕獨信任。現在我們兩人不要見外，用最早在河東時相互稱謂，討論事情。朕稱你為卿，不，我稱你為卿，你稱我石公即可。我現在暫時也不自稱為朕，你懂我的意思了嗎？」

桑維翰（粉紅眼眶）忽然感覺石敬瑭，似乎悟出了某些事情，才會說這等話語。於是點頭說：「石公盡管說，某知無不言。」

石敬瑭（橙眼眶）說：「今天各地鎮兵招討使，節度使與藩鎮將領來朝會，場面氛圍卿可有注意？」

桑維翰（粉紅眼眶）微微點頭，輕聲說：「當然有。」

石敬瑭（橙眼眶）說：「從莊宗、明宗乃至李從珂，登基時候所招開的朝會，都沒有這麼詭異過！偏偏朕……不……偏偏輪到我，氣氛這麼詭異，真是氣煞我也。」

桑維翰繼續微微點頭，沒有說話。

石敬瑭（橙眼眶）說：「我攤明講吧，免得卿多有忌諱。朝會一開始，不止原朝廷降臣，各地招討使，節度使與藩鎮將領，全部緊繃臉沒有一絲笑容。即便後來我一一會見，噓寒問暖，他們的笑容都一般僵硬，所回答話語，皆應付而已，甚至潦草應付朝儀稱官應答。這些人有些我早就已經熟識，竟然如此冷漠對我！我石敬瑭又不是街邊小廝混混出身，會看不懂這是什麼意思嗎？但這麼大場面，又剛開國奠基，大家一同如此反應，我又不能當場發作，否則場面將會更難看，只能忍這口氣回後宮。」

接著嘆口氣說：「你說這到底為什麼？」

桑維翰（粉紅眼眶）點頭說：「原因很簡單，因為眾人羞恥稱臣於契丹，更羞恥於割地納款去侍奉胡虜，這也是我的過失，為石公繼承大統而作的下下策。」

石敬瑭（橙眼眶）說：「招契丹人來援之事，來龍去脈我很清楚，卿是在我授意之下進行，全然不怪卿。而今也只能問卿，該如何收拾這個場面，不會失控，以維護得來不易的大晉江山？」

「況且那些人一定會私下罵問，我為何會對契丹人如此奴顏堅定？你自己看看從黃巢之亂以後的皇帝，一個接一個被殺，唐昭宗被朱溫殺，朱溫被朱友珪殺，朱友珪被朱友貞殺，朱友貞被李存勗殺，李存勗號稱英雄善戰，結果興教門之變，被手下一起殺。李嗣源重病眼看著李從榮因為錯誤被殺，甚至目睹李從榮兒子在身邊被亂兵殺，悲痛而死。李從厚則被李從珂殺，最後李從珂被我們逼死。」

「這時代皇帝每個都自身難保，能在悲痛中死掉還算是幸運的。你說我們不找個外族當靠山，底下這些亂兵賊臣，誰肯服從？我們如何保住自身？」

石敬瑭畢竟不是街邊混混出身，尚肯承認是非曲直，還不至於不檢討自己，把所有罪責都推給別人。與一千年後，即筆者在《皇道無間第一部》所論的蔣介石相比，人格還是比較高一些。原來他堅定要當外族兒皇帝奴才，是想要安穩坐個皇帝。但是眼界也太低了！怪不得他，他能知道的見識能這樣也算可以。

所以鬼局才能啟動。

桑維翰（粉紅眼眶）點頭說：「石公，言之有理。但反過來老實說，攻城掠地容易，收拾人心困難。尤其對胡虜稱臣、割地、納款，事情明擺在那邊，不可能用詐欺的方式隱瞞過去。中國士子，最忌諱的就是這個。甚至江南巴蜀割據江山的各國，都會以此作為攻擊朝廷的口實，直接對我大晉各地招降納叛。如此大晉國土日蹙，人心日離，最終結果仍然難以收拾。」

石敬瑭（橙眼眶）急著說：「事已至此，約也簽了，地也割了，頭也磕了，能如何？」

桑維翰（粉紅眼眶）說：「如今之計，只有請石公禮賢下士，赦免叛逆，勸課農桑，獎勵生產。使中國士子稍稍對朝廷有些期盼，還能勉強維持朝廷威信。對契丹則以中國海內分裂為由，尚不能與契丹兵戎相見，必先安內而後攘外，繼續忍辱負重，稱臣納款，待海內一統，一雪前恥。雖說這有些自欺欺人，但還湊合說得過去。」

石敬瑭（橙眼眶）點頭說：「如今就只有這麼辦了。」

雖然他們真的這麼收拾人心，稍稍穩定了各地向心力，但中原各地軍閥，仍都擁兵觀望，文書虛應故事，不願真的聽從兒皇帝號令。

這種畸形的歷史現象，在中國歷史怪異地重複，整整一千年後，也有人如石敬瑭一樣，用同樣的方式自欺欺人，做幾乎相同的事情。唯一不同的是，他真的是街邊混混，死咬硬扯，詐欺到底，連石敬瑭與桑維翰的見識都沒有，《皇道無間》前著，也已經詳細描繪，而不重提。

臨潢府皇宮，耶律德光班師回朝後，下詔改國號，由大契丹改為大遼，並改年號會同，仿中國官制統領漢人。而趙德鈞已死，其子趙延壽被任命為樞密使尋兼政令，吳鈞被命為特命轉運使。耶律德光之所以任用小人，是因為有特殊任務要他會同吳鈞去辦。

耶律德光念念不忘夢中漢女，神仙姐妹，先命吳鈞陪趙延壽去剛佔領的土地，燕雲十六州。命趙延壽回故地重遊，熟門熟路搜羅美麗的漢女來貢。

兩人從燕州雲州到處尋覓，找到了十個美女來到臨潢府皇宮，見耶律德光。

趙延壽（橙眼眶）猥縮地笑，用契丹話說道：「陛下要的燕雲漢女，臣已經與吳轉運使，一同帶來。」

耶律德光遣退所有左右，走下台階仔細端倪這十位燕雲漢女，這十位美女低頭三分含羞，但在見耶律德光之前，已經學過禮儀，不敢胡亂動彈。

只見耶律德光走來看去，雖沒有不滿失態，卻也沒有開心的神情。趙延壽與吳鈞都仔細看著耶律德光的表情，怕他有所不滿。

咳了幾聲之後，耶律德光（橙眼眶）用輕慢眼神，看著趙延壽說：「趙延壽你先出去，這裡沒有你的事情了。」

趙延壽（橙眼眶）彎躬哈背，低頭說：「臣告退。」

他退出後，再看了幾眼，對所有美女說：「妳們也全部出去吧！」

但眾女聽不懂耶律德光的契丹話。吳鈞改用燕雲漢語說：「陛下說，妳們也都出去吧。」眾女子退出。

耶律德光此時才面露不滿，又時而出現狐疑神情。

吳鈞問：「陛下不喜歡她們？」

耶律德光（橙眼眶）醒神般，結結巴巴反問吳鈞：「不是！吳愛卿啊，這些漢女，怎麼跟朕先前想的不一樣呢？」

自從改國號為大遼，主推中國官制，在漢人面前他都開始自稱為朕了。

吳鈞問：「陛下想的漢女是怎樣呢？」

耶律德光眼神飄忽，想著夢中神仙姐妹的樣子，繼續結巴，還比手畫腳說：「應該是那樣才對……有點飄飄然……又有點高不可攀，但也不會拒絕朕。像是飛在天上的大雕……啊……又像水裡的鯉魚，四處神韻遊走，反正就那樣……」

吳鈞搖頭晃腦，迷惑地喃喃說：「大雕？鯉魚？」

耶律德光拍了一下他肩膀，恍然說：「對了！應該這麼說！先前淮南江南的唐吳兩國，都送來美女，當時朕迫於母后壓力，分送大臣。對啦！當時你孤身未婚，朕還送了一個給你當妻子！就是她們那種樣子，但又要比她們更美才行，像是天上的仙女！你懂了嗎？」

吳鈞使勁點頭，拉長聲音說：「喔！！臣明白了！陛下要的是阿娜多姿，細腰羽服，皮膚纖細，眼睛圓亮，身有奇香，能歌善舞，善體人意，沈魚落雁，貌如西施一般的江南美女是吧？」

耶律德光（橙眼眶）哈哈一笑，再拍他的肩膀說：「對！愛卿終於明白了！就是這種！」

然後走回座位說：「剛才那些燕雲漢女，跟遼東丹東的漢女一樣，都是丹鳳眼，粗腰糙皮。作做含羞，看了就可笑！只會讓朕想到契丹女人或奚族女人！朕不要這種！趙延壽到底是不是在敷衍朕啊？」

吳鈞行揖笑說：「趙郎其實也算盡心盡力了，只是燕雲一帶審美觀與淮南江南不同，同樣都是漢族女子，但長相略有差異。若陛下喜歡這江南之美，以臣所知，洛陽、汴梁一帶，有隋朝運河相通於江南，雖因江南割據而未全通，但商旅貿易仍然以某種形式往來。所以洛陽、汴梁也有不少這種美女，晉國皇帝既然是陛下所立，陛下是他的父皇帝，可責令他奉獻，便有所得。」

耶律德光（橙眼眶）欣喜異常，哈哈大笑說：「說的好！朕就命令你出使晉國，叫石敬瑭先送十個美女上來。」

吳鈞行揖笑說：「臣遵旨。」

停一會兒。吳鈞還用怪異神情瞪著耶律德光。

耶律德光說：「怎麼，還有何事？」

吳鈞說：「那燕雲美女該如何安置？」

耶律德光（橙眼眶）揮手笑說：「送你吳鈞當婢女吧，這種長相的女人，我大遼國多的是！」

吳鈞下跪拜說：「多謝陛下恩賞！」

耶律德光（橙眼眶）忽然想起一問：「對了吳鈞！你剛才說，北方漢女與江南漢女，相貌略有差異，審美也都不同！這北方漢女，朕看實在很像我們契丹女人。怎麼同樣是漢人，長相南北有差，而北方跟我們契丹長相較為相似？你博學多聞，應該知道原由吧？」

吳鈞笑說：「以臣猜測，這跟中國過去朝代變迭有關。魏晉末年，五胡大亂中原，中原漢族南遷繁衍，與江南土族相交融合。而中原五胡最終消逝，被迫與北方漢族融合，尤其以鮮卑大族為主，隋唐皇帝也帶有鮮卑血緣，但自稱漢人。從盛唐到大唐衰亡，西域與大漠北方，從更北方冰漠之地，遞補來各族男女老幼，有柔然、突厥、高句麗、奚、沙陀、等等十數餘族，在盛唐時，或被併吞或稱臣，在唐衰後，或進入中原割據，但又再次與中原漢人相交，最終又都消逝。而今我大契丹雄踞漠北與遼東，則是因為，前面各族南下或西遷後，空出了許多土地，同樣收編更北方冰漠之地來的各族，與當地殘留族裔，在其故地所融合而成，使陛下祖先迅速崛起大漠。是故臣想，可能因此南下中原而消逝的各族，與我大契丹各族，有較為相近的共同始祖，所以長相就比較接近了。而江南漢人血脈則較為孤立，所以長相稍稍有所差異。」

耶律德光（橙眼眶）聽了，似乎內心也稍稍有了一點點疑竇，問：「對，有道理，你的學問真好。那原先崛起於大漠而南下的各族，他們男女老幼都離開了嗎？」

吳鈞說：「是的，先是壯丁們都南下未返，有了其他族的逼迫，自然女人、老人、小孩也都會南下，求取更好的生活環境，與漢人合作生存。這也是人之常情吧。」

耶律德光（橙眼眶）疑竇尚未萌芽，只平心瞪眼看著窗外，微微點頭說：「喔……他們都南下消逝，使我大契丹能快速崛起，這歷史好像也聽先帝說過一些，朕理解了。」

此時耶律德光還沒有領悟到故事的真諦。那麼故事就要繼續加速發展下去。來索取美女與金銀財帛的契丹使者，來汴梁找石敬瑭，當然石敬瑭搜羅齊全乖乖奉獻。而後要歲幣的使者又來，要額外佳節茶米油鹽餽贈的使節也來，遼國皇帝、皇太后、太子生日要求額外歲幣的使節也來，甚至要大臣往返差旅攤派錢財的使節也來！

總之，契丹人要石敬瑭兌現，先前所說『竭中國之財貨以侍奉大國』的承諾。石敬瑭（橙眼眶）全部乖乖奉獻，也不斷繼續高喊『竭中國之財貨以侍奉大國』，並且對契丹大遼使者，彎躬哈背，跪受耶律德光詔書，往往增加禮儀，三跪九叩首，使得契丹使者在汴梁往往非常跋扈驕傲。群臣都感覺羞恥，但石敬瑭卻勤此不疲，努力工作，毫無羞恥與厭煩的表情。

最後，一鬼爐一鬼。中原各地節度使都因此心知肚明，所謂的大晉皇帝只是個契丹人的奴才而已，自己何必去當奴才的奴才？節度使自己的職位要傳給兒子，於是都不先來汴梁告知，都先派使節到臨潢府，請耶律德光批准。然後再讓耶律德光派使節來汴梁『佈達』，這樣石敬瑭就不得不乖乖遵命。各地藩鎮利用耶律德光干預中國的心態，也來當石敬瑭的父皇，過一把乾癮。

被這一爐，終於干預人事的使節也來了，來者正是吳鈞！而石敬瑭、石重貴都在場。一起三跪九叩詔書後，耶律德光的使者吳鈞，用命令的口吻宣佈：「……是故晉國義武節度使王處直所空職位，當由兒子王威繼承之，子承父業，如大遼國的法令！欽此！」

石敬瑭接受詔書後，非常恭敬地對使節說：「以中國之法，地方官吏不能世襲，臣請使者轉告大遼父皇帝，當使王威先由刺史、團練使、防禦使然後再到節度使，依階級遞進。」

吳鈞冷冷一笑，看到這漢人兒皇帝的奴才樣，實在可悲。倘若在一般漢人面前，不知又是如何囂張威風，自命天子。好在我吳鈞侍奉大遼皇帝，不狐假虎威一下，狠狠羞辱你石敬瑭，豈能甘心？然後傲慢地搖頭晃腦說：「這樣啊。可以啊，請中國兒皇帝，上表我大遼父皇帝，請求批准，讓我帶回去請示。」

石重貴終於忍不住了，喝叱說：「來者是誰？難道你不是我中國漢人嗎？」

石敬瑭（橙眼眶）喝令：「不得無禮，退下。」石重貴只好忍氣後退。

吳鈞冷冷一笑，拿出符節說：「我是漢人，但我更是大契丹大遼的敕令使！」

石敬瑭（橙眼眶）說：「是是，朕立刻上表父皇帝。」

吳鈞心思：朕？真是個狗腳朕！

於是帶回了上表，果然耶律德光大怒，命吳鈞再回一個敕令。主旨是責備石敬瑭抗命，關鍵處說：「爾當初在河東當節度使，直接受我大遼幫助，晉位為天子，也是有階級遞進的嗎？」

宣讀責備敕令時，吳鈞故意睜眉怒目，把耶律德光的忿怒重新表演一番，關鍵處狠指一旁的皇帝寶座，石敬瑭聽得汗流浹背，群臣也備感羞辱。石重貴知道沒有好果子，所以根本不願在場，早在這個『敕告使』來之前，就藉口有事情去外地。

吳鈞唸完詔書，淡淡白眼而後微笑：「大晉國兒皇帝接旨吧。」

「臣兒皇帝接旨！」

帶領群臣回到御書房後，連石敬瑭（橙眼眶）都已經忍不住大罵：「來使漢人是個仰仗蕃邦勢力的狗腿！狐假虎威！是個標準賣國漢兒！」

漢兒即是漢奸，漢奸一辭雖然最早出於清朝記載，但這種行為在中國變成專職特種行業，可以追溯到這個時期，漢奸的歷史功用，才正準備開始。

群臣低頭面面相覷，大家都不約而同心思：若非你石敬瑭自己先當賣國割地的漢兒，又怎麼會被其他漢兒羞辱？

石敬瑭（橙眼眶）氣得說：「若讓契丹人不斷干預國政，大晉將國不成國，又不能拒絕，你們說該怎麼辦？」

桑維翰（粉紅眼眶）說：「請陛下告知契丹皇帝，取一個折衷，以王處直的孫子來繼承位置，同樣遵守了契丹法律，也讓我大晉能夠有台階下。另外，私令各地節度使，沒有陛下批准，不得派使到遼國，若被發現，將要嚴懲。否則將來各地節度使，全部引援此例，派使去跟契丹私通，用契丹法律來抵抗中國之法，那真的會國不成國。」

石敬瑭（橙眼眶）嘆氣說：「只能這麼辦。」

於是如此上表，耶律德光勉強點頭同意。

同時各地節度使收到石敬瑭的警告詔書，內容大致是說，爾等都是大晉國的官吏，嚴禁僭越外交事宜，若再有私自出使遼國破壞法令，將要嚴懲。

各地節度使看了，有人哈哈一笑，有人不做聲色，有人接了旨就扔一邊，更有人只派文吏接旨，自己不願意接兒皇帝的聖旨。甚至有人直接駁斥來使說，既然契丹是主是父，兩國實質同為一國，大晉國何來外交？

既然你不給各節度使，自己派出使節去找契丹皇帝，他們就用另外一種方式去爐，同樣可以達到用契丹來壓霸你中央朝廷的目的。

成德節度使安重榮派人，屢屢截殺契丹使者，宣稱他非常羞恥於臣服契丹，又看到燕雲十六州故地，雁門關以北，原來投靠唐朝的吐浴渾舊部，非常厭惡契丹人佔領後的貪婪徵稅。思念回歸中國。於是安重榮派使節去引誘他們，吐浴渾舊部，遂率部族男女老幼南下中原，逃離契丹人統治。

耶律德光得到消息，氣得再派出『責讓使』，大罵石敬瑭竟然敢招納叛徒。從最早的『互通使』，玩到『歲幣使』，玩到『徵調使』，玩到『佈達使』，玩到『敕告使』，終於玩到了『責讓使』。

石敬瑭知道這背後，不是只有耶律德光，也不是只有契丹人的問題，更是一大堆各地藩鎮，利用他害怕契丹人的弱點，一同玩出來的把戲。當初他自己是藩鎮，整天想著整死中央朝廷，取而代之，現在輪到他自己被別人整而已。

石敬瑭（橙眼睚）跪受責讓詔書後，憂愁抑鬱，搖搖晃晃回到勤政殿，不慎摔落下御座。石重貴與群臣，趕緊扶他回後宮。石敬瑭（橙眼睚）被扶著還喃喃說：「快派張澄，率兵去并州代州，把吐浴渾殘部趕回去。」

石重貴說：「父皇既然已經為中國之主，兒臣不知為何要如此順從契丹？」

石敬瑭（橙眼睚）說：「說了你也不懂，快照朕的話去做！」

石重貴表面遵旨，也派了張澄去，但吐浴渾舊部怎麼驅趕也不願意回去，反反覆覆玩捉迷藏，張澄等官兵也不願太認真執行，以免激怒造反，自己還要擔責任，於是拖拖拉拉。

成德節度使安重榮見到時機來臨，上表要求中央朝廷與契丹決裂，同時直接代表朝廷，偽造文書，正式向遼國宣戰！他用盡心機把石敬瑭往死裡爐，如同當年石敬瑭把李從珂往死裡爐一樣。其他強悍的藩鎮，也紛紛上表要求對契丹開戰。

原來當奴才可以爐死中央，當英雄也可以爐死中央！

石敬瑭焦頭爛額，不得不招開朝廷會議，討論此事。

只有跟石敬瑭一起跪過耶律德光，也被封為泰寧節度使的桑維翰，堅決反對開戰。石敬瑭才藉口彈壓開戰的要求。

山南東道節度使安從進，知石敬瑭咬死不願意開戰，企圖率軍謀反，聯絡安重榮與其他各鎮節度使，準備一同反叛，但尚在策動當中。各鎮節度使知道後，再次紛紛上書要求立刻對契丹宣戰，否則很難再受皇帝詔命。後晉朝廷從而焦頭爛額。石敬瑭只能不斷下旨警告，並勸說各節度使聽命，當然無人理睬。

連曾經是最親近的戰友，鎮守河東舊鎮的劉知遠，也因此心懷不軌，在河東舊鎮，趁亂派部將郭威，去收編安重榮招來的吐浴渾舊部，訓練成骨幹戰力，充實自己手下兵馬實力，從而軍力大振。各鎮實力派軍閥都各有陰謀，思考著怎麼樣才能除掉朝廷，也除掉其他鎮的競爭者。

劉知遠與郭威，一同練兵備戰，左右觀察緊張局勢。這組合，與石敬瑭自己先前與劉知遠的組合，一模一樣。石敬瑭只能睜一眼閉一眼，默許劉知遠與郭威壯大自己實力。

終於又一場混戰爆發，安重榮與安從進宣布起兵討伐兒皇帝，反叛軍與後晉軍激烈交戰。劉知遠見其他人已經先挑頭，為了更加壯大自己，宣佈站在後晉軍這一邊，派郭威分兵出擊，最後終於消滅了反叛軍。安重榮與安從進各自戰死。

好不容易平定了安重榮與安從進之亂。把契丹最恨的安重榮人頭送上，以為耶律德光可以息怒。沒料到耶律德光可不那麼好唬弄過去，仍然死盯著吐浴渾舊部之事，繼續派『責讓使』。但石敬瑭知道他們已經被劉知遠和郭威一黨，消化為自己的部眾，無法遣回，更不能再逼出一次兵變造反。只好拖延不決，厚臉皮頂住『責讓使』的要求，終於在糾纏當中，憂慮成疾，倒在床上不起。

鄴都行宮。

一個六十歲之叟走進宮來。他頭髮與鬍子都黑白相雜，似乎在告訴眾人，他能橫跨黑白陰陽。身穿錦袍官服，仙風道骨，一副眾人皆醉我獨醒之態，走路悠閒自若，甚至有時候會蹬步交前，如上古的邯鄲步伐，使人遠處看之，不知是神是鬼。他應詔來拜見石敬瑭。

「中書令馮道晉見。」

「臣馮道，叩見吾皇陛下，萬歲萬歲萬萬歲。」

石敬瑭（橙眼眶）病奄奄起身，宦官扶他坐下，他喘著氣說：「別再喊萬歲了，面對一個連今歲都過不去的將死之人，還什麼萬歲？」

馮道（黑眼眶）苦笑了一下說：「陛下偶有小恙，不日必能痊癒，萬萬不能灰心懈志，不然病情難以好轉。」

「賜座吧。」「臣謝座。」

石敬瑭（橙眼眶）揮手，氣息奄奄說：「除了中書令，其他人都退到屏風後面去。」

所有身邊宦官都退至後面待命，留兩人密談。

石敬瑭（橙眼眶）說：「馮老，您是亂世之臣，左右逢源，悠然自處。朕自知已經過不了今夏，也就不要多說無謂。朕今天找你來，是托孤的。」

馮道（黑眼眶）趕緊下拜：「臣無德無能，豈能受陛下如此大任？」

石敬瑭（橙眼眶）皺眉苦道：「快起來入座，朕求你別拜了！」

馮道只好起身入座。

石敬瑭（橙眼眶）說：「而今中國海內分裂，即便大晉治下，也是藩鎮林立不聽朝廷調遣，時不時還起兵叛變，聲討中央朝廷。朕思前想後，朕歸天之後，繼大位的人，必須要繼續承接，侍奉契丹大遼的政策，才能讓大晉維繫長久。你認為誰能承擔此任？」

馮道（黑眼眶）說：「齊王重貴，仁孝英武，可擔亂世之君。」

石敬瑭（橙眼眶）搖頭說：「不能是他啊！他非常不樂於屈身侍奉胡虜，必須能忍之君才能保國。」

馮道（黑眼眶）低頭說：「請陛下明示，臣一律遵旨輔政。」

石敬瑭（橙眼眶）往後一呼喊，一個宦官抱出一個不足兩歲幼兒，是他的幼子石重睿，然後交給馮道來抱。忽然馮道手上感覺一濕，原來石重睿當場哭尿了出來。

石敬瑭（橙眼眶）指著石重睿說：「立他，你沒意見吧？」

馮道（黑眼眶）說：「臣遵旨。」然後慎重地交給宦官抱走。

石敬瑭（橙眼眶）喃喃自語說：「被殺了兩個弟弟，三個兒子，才勉強當皇帝，還得對契丹請安問好，挨罵受氣，最後時時還得被藩鎮明槍暗箭困擾，朕實在受不了。也許就讓不懂事的兒，才能繼續，不知道屈辱的小孩，才能忍辱負重。最多大難來臨之時，可投奔契丹讓他當孫子，至少也能受到庇護而躲禍，沒錯吧？」

馮道（黑眼眶）說：「陛下說的沒錯，不知辱方能忍辱⋯⋯」

石敬瑭（橙眼眶）揮手說：「那就一切拜託馮老⋯⋯朕得休息了。」

馮道正要低頭退出，聽見石敬瑭（橙眼眶）喃喃自語：「朕知道世人罵朕當兒皇帝，是厚顏無恥。但他們誤會朕了，朕若真的無恥，就不會這樣憂慮成疾矣。要真的像街邊潑痞無賴一樣，當兒皇帝還能理直氣壯，死咬硬扯，打壓臣民，逼人歌功頌德，高喊萬歲，使小人汗顏，君子驚悚，那才叫真的無恥啊！前人沒人做到，朕也做不到，交給後人去挑戰矣！」

聽完之後，馮道緩緩退出。

石敬瑭說的沒錯，他還不能，這種功力他還早，但整整一千年後，就有人終於辦到。

馮道（黑眼眶）慢慢退出皇宮後，無精打睬，頗似累了一天，邊走也邊喃喃自語，苦著臉哀怨說：「從黃巢之亂到現在，這麼多年來，打打鬧鬧爭當皇帝的小丑多了，頭一次遇到你石郎這種荒絕的角色，你石郎自己強逼大家去當胡虜的龜兒子也就罷了，死了之後還立個兩歲孩兒，帶著眾人去當胡虜的龜孫子？誒……拜託你石郎的黃袍鬧劇，拖棚演到今天，也該轉折了……不管接下來又要換什麼戲碼，那怕是脫衣猥褻的屎尿鬧劇，也都趕快換上場……就當我等這些在苦熬當中，聽戲觀伶的觀眾，求你們這群小丑了……真的是求你們了……」

正哀嘆地走出行宮，到轉角大街，見侍衛馬步都虞侯景延廣，乘坐皇帝賞賜的車駕，驕傲地命車夫駕駛，逛宮外大街炫耀，大街的男女見了，紛紛靠在道旁側目。

馮道見了，微微一笑。此時眼神變化。

趕緊走上前，伸手高呼：「都虞侯！景郎！」

景延廣車駕繼續行駛，過了馮道，他在車內也還沒注意。

馮道（黑眼眶）並不死心，竟然在後面徒步追趕：「景郎啊！等等我，景郎！等一下啊！景郎！」

車內景延廣此時聽到聲音，命車駕停下來。

「哇！原來是中書令馮公！」

景延廣趕緊跳下車，還後行揖說：「竟然是馮公，在下失禮，請馮公見諒。」

馮道（黑眼眶）氣喘喘握住景延廣的手，景延廣受寵若驚說：「馮公貴為宰相，怎麼會徒步追下官的車？下官失禮了。」

馮道（黑眼眶）看出景延廣其實是應付禮儀，並不是真心道歉，這種人得了小志，便容易氣壓上官，實際上景延廣內心，說不定還嫌自己追車，是在找麻煩。只是礙於馮道官大，不得不然而已。但無所謂，這種人只要真的演出推心置腹的好戲，便能真切衝鋒陷陣，做出對一般人怎麼搓，也搓不動的事情。

馮道（黑眼眶）遂笑著說：「景郎不要道歉，在下真的是有要事與景郎推心置腹相商，倘若派人約見，反倒沒有誠意了。」

景延廣說：「馮公吩咐，某洗耳恭聽。」

馮道（黑眼眶）笑說：「國家大事，豈能在這裡相商？載老朽我到貴府密談吧。」

景延廣頓然懷疑，這馮道從後唐初期到現在，左右逢源於官場，從來不給皇帝忠言直諫，甚至朝廷瓦解都可以置身事外，這種人是最讓他景延廣看不起的，怎麼今天忽然追車呼喚，又要密室相商國家大事？但不同意也太失禮，只好點頭。

兩人一同車駕到景府。

馮道（黑眼眶）被景府好幾個僕役共同扶下車，他趕緊說：「老朽我才六十，是有點視茫髮蒼，還可以走得下，年輕人別忙，我自己來，自己來。」於是自己跳下車台階。

連對自己府上的僕役都這麼客氣，景延廣感覺有異常。

進了書房，僕人上茶後，兩人席地跪坐密談。

【詭曲：九化意之馮道謀】

景延廣首先皺眉頭疑問說：「馮公，您今天怎麼忽然如此關照下官？」

馮道（黑眼眶）笑說：「景郎，你是國家重臣。當國家出現大事，又不方便告知眾人，老朽我只好拿出最高誠意，單獨來找你。請你替我，甚至替陛下解憂。」

景延廣愕然：「陛下有旨意？」

馮道（黑眼眶）然收回笑容，唉聲嘆氣，似有難言之隱。

景延廣問：「馮公為何嘆氣？真有難言之隱？」

馮道（黑眼眶）微點頭說：「難言也得言啊，不然今日來你景郎府上為何？」

景延廣露出急色道：「馮公快講啊，在下等著急呢。」

馮道（黑眼眶）　心中大喜，果然沒看錯人，快上道了。

於是馮道（黑眼眶）說：「陛下身體有恙，一大早招老朽進去，就是對老朽說托孤之事，然後又退回後殿休息。你說這一大早還沒到中午，陛下就又要休息，病至如此，這事情能不是難言之隱嗎？」
景延廣瞪大眼愣然說：「托孤？」
馮道（黑眼眶）閉眼點頭示意。但他已經瞄到景延廣從托孤二字，聽到了升官發財與權色名利之機。
景延廣靠近且小聲：「馮公，陛下托孤那一位皇子？馮公又要吩咐在下做什麼事情呢？」
馮道（黑眼眶）說：「吩咐不敢當，老朽也不拐彎抹角，就是想拉景郎你與我一起當托孤大臣，就像當年蜀漢諸葛亮，擁護新君而已。」
景延廣欣喜異常，趕緊要離座下拜，馮道（黑眼眶）趕緊伸手止住：「不要這樣景郎！回座！回座！我們是自己人！」
景延廣（灰眼眶）趕緊歸位。【眼眶泛起灰色】
馮道（黑眼眶）嘆口氣說：「陛下授意了幼子石重睿。你以為如何？」
景延廣（灰眼眶）認真地說：「有旨意，臣等自然聽命，但不知道馮公您的意思呢？」
馮道（黑眼眶）露出呆滯之色，下巴下滑一寸，右手伸出兩根手指，滑稽地苦臉說：「他不到兩歲，抱在我手上，還差點尿了我一身，你說可以嗎？」
景延廣（灰眼眶）喃喃輕聲說：「這樣啊，那真有點為難人了。現在海內分裂，藩鎮林立，還有契丹咄咄逼人。若如此，就將藩鎮起兵，又要改朝換代了。」

馮道（黑眼眶）繼續瞪眼張嘴，呆呆地點頭。

景延廣（灰眼眶）問：「馮公是否諫陛下改變心意？」

馮道（黑眼眶）苦臉笑說：「諫了，但陛下說，為了讓朝廷繼續率中國，對契丹稱臣納款，必須是不知道什麼叫羞辱的小孩，才能接受羞辱。所以非他不可。」

景延廣（灰眼眶）非常不滿，高聲地說：「除了羞辱。陛下沒考慮到，幼子當朝，藩鎮會趁機起兵嗎？」

馮道（黑眼眶）呆呆地說：「陛下也是藩鎮起兵奪位的，當然有考慮過，但他說既然磕頭當了孫子，要是大難來臨，幼子可以帶著大家去契丹當孫子，契丹皇帝一定會好好照顧的。」

景延廣（灰眼眶）臉甩一邊，露出不悅，頗不以為然，不屑地喝笑：「哈！請恕我說個直言，陛下這麼做，是只顧他石家人自己的富貴，枉顧千萬臣民的安定，更不顧中國士民的尊嚴。如此又不知道要繼續打打鬧鬧，死多少人？天下子民何辜？」

馮道（黑眼眶）點頭瞪眼說：「這是大實話！所以老朽才追車呼喚景郎，求你幫忙。不然老朽怎麼會找上你呢？」

景延廣（灰眼眶）說：「絕不能立幼子，應當立其他皇子，在下赴湯蹈火，聽從馮公差遣。」

馮道（黑眼眶）說：「老朽可以贊同，這樣藩鎮叛逆的問題少了一半，但跟契丹人的關係怎麼辦？不知道景郎於此有何對策？還是換湯不換藥，繼續磕頭納款？」

景延廣（灰眼眶）說意氣昂揚說：「當然不可以！中國乃文明古國，天朝上國。雖然目前海內分裂，遲早也會天下歸一。我等寧願當大漢斷頭之鬼，也不當胡虜之奴！」

馮道（黑眼眶）喜道：「好！那景郎認為那一個皇子，最有這種氣魄？」

景延廣（灰眼眶）還真以為自己跳到了重臣行列，雙手交叉於胸前，擺出姿態，閉上眼睛，若有所思，因為那一個皇子當皇帝將由他來選，這可是天大的權力，沒料到竟然落到自己手上，非得做出個深思熟慮的樣子不可。

馮道（黑眼眶）見了心中暗暗竊笑，前題都已經確定，還能選哪位？但外表嚴肅地等他把姿態擺完。

景延廣（灰眼眶）嚴肅地說：「齊王石重貴，今年已經二十八歲，有雄心壯志，先前對契丹使者的囂張跋扈，索求無度，非常氣憤。對藩鎮禍國，海內分裂，也頗有意見。若我等努力輔佐，或可收拾這焦爛的國勢。」

馮道（黑眼眶）說：「好！那老朽就要拿出難得的堅持，在陛下歸天之後，與景郎一同聯名，改立齊王繼位。但事後的輔政具體大事執行，老朽就不能多言，更不會爭權，只能持重，只會旁觀，得靠景郎一柱擎天。不知道這個責任，景郎可否願意堅持？能的話，老朽才能把這重責大任交給你。」

這又打中景延廣（灰眼眶），想要獨掌權力的心態，他行揖說：「景某粉身碎骨，以報國家。」

如此，計議已定。

【詭曲結束】

第一張鬼牌雖然跳出來，但還沒發揮正式效果，石重貴接的還是石敬瑭的局，所以第一張鬼牌本身還含著正反兩性，等待發揮效果。他還在第一張鬼牌的影響範圍中，沒有跳出去。

果然石敬瑭死後，在朝議中大家偏向遵遺詔立幼子，然馮道與景延廣兩人合作，力排眾議，認為國家多難，不可以立幼子，於是堅持擁立齊王石重貴繼位。

石重貴收到消息，大喜過望，宣佈大赦天下，先替石敬瑭舉辦喪禮，然後在鄴都繼承皇帝大位，汴梁留守的群臣，全部車馬到鄴都行宮集合，馮道繼續擔任中書令，加景延廣同平章事，兼侍衛馬步都指揮使。

馮道真是稱職，把這齣兒皇帝的拖棚醜戲，這麼輕輕一轉，將底牌換掉，扭出石重貴與景延廣二人組，終於可以開鑼上演後半段。

鄴都，保昌殿會議。

李崧帶頭聯名主要群臣上奏，司儀唱名准奏：「臣李崧等奏，國家以契丹之援而立，先帝亦率中國對契丹稱臣納款，以父禮侍之，陛下初登大寶，當奉表稱臣，告哀於契丹，叩請契丹大遼皇帝冊封陛下為皇帝。」

石重貴身穿帶孝白服，坐於寶座之上，沉默不言。

其他人跟進複議：「若無契丹相助，國家必不能滅偽唐潞王而立，今又國力未充，陛下當奉表告哀，率中國稱臣納款，叩求契丹冊封，以解契丹猜疑之慮，杜臣民投機之心。」—

「臣贊同李崧所言。」—「當率中國對契丹稱臣入貢，請求冊立為皇帝。」—

在群臣嘈雜，皇帝沉默之中，忽然景延廣（灰眼眶）大喝一聲：「夠了！」

眾人一陣驚愕，除李崧之外，複議者紛紛退入回列。

景延廣（灰眼眶）拿著笏版走出來，意氣昂揚起奏：「臣景延廣有本要奏！」

石重貴令司儀唱名准奏。

「臣景延廣奏！中國者，炎黃所創，堯、舜、禹、湯、文、武、周公、孔孟一脈傳承，乃衣裳文明之古國也！秦漢與隋唐之世，更是收服蠻夷，開疆闢土，四方稱臣來貢。正是普天之下莫非王土！更云：惠此中國以綏四方。所以皇帝者，天子也！除了跪天跪地跪父母，不跪任何人！不臣任何外邦！而今陛下所登者，中國皇帝，中原之正統大位也！而陛下剛登基，群臣便要陛下率中國稱臣納款，跪於夷狄戎蠻！告哀求封，納款朝貢，送子送女。試問古往今來，那一個中原皇帝有對蠻夷稱臣納款者？屈身如此，臣竊為不取也！」

石重貴也確實受夠了契丹人的鳥氣，於是握拳頭大喊：「說的好！朕是中國的天子，不能臣於蠻夷！」

李崧已經站出來，便可不唱名爭議，問：「陛下聖心，臣等能夠體察，然而當今之世，海內分裂，中原藩鎮林立，不受朝廷調遣。中國之力未逮，無可抵擋契丹之強。」然後用笏版指景延廣說：「你說中原皇帝從未有人向夷狄稱臣，當年唐高祖李淵、太宗李世民在大亂平定中國之前，也曾稱臣於突厥，最後不也開創大唐盛世，這話你怎麼說？」

景延廣（灰眼眶）白了李崧一眼說：「哼！唐高祖、唐太宗所謂稱臣，乃兵謀權宜之計，緩突厥之兵南下，從來不曾跪受詔書，也不曾納款求和，也不曾割地求援，更不曾告哀求封。他們的皇帝都是中國之民所擁立者！不是夷狄冊封的！請問爾等所奏，是如此嗎？先帝稱兒皇帝，勉強受之，是因大亂之世，立朝困難，不得已之處，豈可以繼續陷陛下屈身侍奉夷狄？如此不亦辱乎？」

景延廣真有薛文遇的影子，果然一對赤膽忠臣。

李崧爭論說：「屈身為社稷，何恥之有？」瞄一下石重貴，發現他對自己，非常不以為然。

李崧轉面對馮道（黑眼眶）說：「馮公德高望重，您說句話。」

群臣也都看著馮道（黑眼眶），馮道擁有司儀不唱名的特權，走出來緩緩說：「李公與景公所云，都有道理。海內未能一統，中國力有未逮，與契丹爭則可能兩傷，引來戰火。然不爭，則中國子民內心不附，藩鎮不願聽命，如此延續舊唐內戰故事，國家不可能一統強盛。望陛下拿捏兩者當中的分寸。」

又是左右逢源，不得罪一方，大家都心知肚明馮道的檯面功夫。

景延廣（灰眼眶）說：「或許礙於先帝曾對契丹稱兒皇帝之現實，陛下可以家人家書之禮，稱孫即可，但朝廷書文絕不上表，也絕不稱臣，更不可納款求封。而國書中，陛下登基為皇帝，為中國之人所立，更不需要他來冊封！只以中國正統，告知鄰國即可！」

石重貴點頭說：「朕認同景卿之言。」

李崧苦臉說：「陛下如此，他日必定躬鐶甲冑，與契丹作戰，悔之無及矣。」

景延廣（灰眼眶）怒目大喝說：「要戰即戰，何懼之有？即使契丹不戰，中原自黃巢之亂至今，混戰六十餘年，以致海內分崩。中國之勢日蹙，終至受胡虜夷狄侵犯。與其漢人之間自相混戰，奈何不敢拿起刀兵對付胡虜？李崧！在前朝時候，你就曾建議李從珂和親納款，對夷狄磕頭！奴顏婢躬如此，爾等始終執賣國漢兒之言，出賣中國，這到底是何居心？」

又一次被罵是何居心，李崧怒火中燒，才正要反口大罵，便被身旁群臣勸阻。

馮道（黑眼眶）冷面不做任何反應，但看到李崧被劈頭罵得這樣狼狽像，內心非常開心。

石重貴說：「爾等不要再爭！事情已定！景卿所言在理！國受辱即民受辱，民受辱則國不成國，朕既然為中國天子，寧可死社稷，也不可使中國受辱。否則天下百姓誰願意承認朕是天子？無怪乎藩鎮都不肯聽從中央命令，私下與契丹相通！再這樣下去，真的是國不成國，為後世子孫恥笑！因先帝故，所以勉為其難對契丹以家書稱孫，朝廷不當稱臣上表，反而該以中原正統告知蠻夷，並且從此停止對遼國的一切歲幣納款！」

眾臣只好行禮：「臣等謹遵聖意。」

只稱孫的家書，終於送到了耶律德光眼前。

耶律德光大怒，立刻再派吳鈞擔任『責讓使』，訓斥石重貴，竟不以朝廷稱臣國書來往。

吳鈞再次擔任此要職到鄴都行宮，此時石重貴只在偏殿接見，並且高居其位不起身，景延廣（灰眼眶）在旁，冷冷怒目說：「遼國來使，見我大晉國皇帝為何不依我中國之禮下拜？」

吳鈞愣了一下，心思：呦！你父皇石敬瑭見到我，都彎躬哈背，跪受我帶來的大遼皇帝詔書，怎麼你這小子才剛登基，就敢如此這般？

於是正色說：「我乃大遼皇帝專使，宣讀大遼皇帝的詔書。晉國皇帝稱臣於我大遼，當先下拜受詔書者為晉國皇帝，而後我才能以外臣之禮回拜。」

石重貴哼了一聲，不以為然。景延廣（灰眼眶）怒目說：「來使可是漢人吳鈞。」吳鈞抬頭挺胸道：「我乃大遼子民！不稱漢人！」

景延廣（灰眼眶）罵道：「爾漢人！竟然失身夷狄，狐假虎威，羞辱中國，理應該殺！但念你為遼國使節，大晉國不斷來使，先拖出去打二十大板，賞十個耳光，再以遼國使節身份，用中國之禮叩拜晉見！」

左右擁上好幾人，把吳鈞抬了起來，吳鈞大喝：「晉國皇帝，如此打我，知道會有什麼後果嗎？」

石重貴開口喝道：「莫急，後果你也看得到！」

於是拖出去，啪！啪！啪……棍棒之後就是耳光。

吳鈞屁股疼痛，臉部也紅腫，嘴角瘀青，帶著詔書被推了進來。

景延廣（灰眼眶）再喝：「遼國來使，見我大晉國皇帝為何不依我中國之禮下拜？」

吳鈞此時有些害怕，但又不願意馬上下拜，只說：「外臣代表遼國皇帝，陛下與吾皇是祖孫之誼，不便叩拜……」此時不敢說是君臣了。

景延廣（灰眼眶）喝道：「爾漢人！竟然屈身侍奉夷狄！拖出去再打這個漢兒二十大板，十個耳光，再以遼國使節晉見。」

吳鈞又被拖出去，再打一陣。

啪！啪！啪……棍棒之後又是耳光。

屁股開花流血，雙臉腫脹，嘴角流血，推了進來。

景延廣（灰眼眶）再喝：「遼國來使，見我大晉國皇帝，為何不依我中國之禮下拜？」

吳鈞抖著說：「外臣非不願意下拜，而是兩國先前有約禮儀，應當依照約定行禮……」現在是連祖孫二字也不敢說了。

景延廣（灰眼眶）喝道：「爾漢人，竟然替夷狄凌辱中國，無恥賤種，萬世羞恥，今日要替萬民出這惡氣，拖出去再打這個漢兒二十大板，十個耳光，再以遼國使節晉見。」

吳鈞又被拖出去，再打一陣。

啪！啪！啪……棍棒之後又是耳光。慘叫聲震天。

終於屁股焦爛，雙臉瘀黑變青已經不是原樣，嘴巴噴血還掉了一顆牙，被迫爬著進來，勉強站起上前。

吳鈞心思：你娘的！這到底怎麼了？石氏奴才竟然變性了……不能再這樣打下去了……好漢不吃眼前虧……

【此時出現灰眼眶】

景延廣（灰眼眶）再喝：「遼國來使，見我大晉國皇帝為何不依我中國之禮下拜？」

吳鈞（灰眼眶）頓然下跪叩拜，嗚著嘴血道：「外臣遼國使節吳鈞，拜見中國大晉皇帝陛下駕前，萬歲萬歲萬萬歲。」

石重貴點頭微笑：「失身夷狄的賤種，終於知道我中國禮儀了。」

吳鈞（灰眼眶）心思：你娘的！我祖宗才是正宗中國人，你石氏小兒祖上只是沙陀與漢人雜種，竟然拿此壓我。

心罵，但嘴不敢跟，苦道：「外臣有遼國國書，呈上陛下閱覽。」

石重貴說：「朕不想看，你唸吧！」

吳鈞（灰眼眶）爬了起來，唸道：「大遼皇帝制喻………為何不先承稟朕批准，自行登基？此有違臣屬之道，望爾好自為之……」洋洋灑灑唸出責讓詔書內容。

石重貴喝：「住口！」

吳鈞（灰眼眶）低頭不敢唸下去，表現非常恭順。

景延廣（灰眼眶）拿出一封信，走下台階交給吳鈞（灰眼眶）說：「我大晉國皇帝乃中國皇帝，授命於天，不臣服於任何人，豈會侍奉爾等北狄蕃邦？該下跪稱臣的不是大晉國皇帝！而是你的蠻夷之主耶律德光！」

交到他手上後，又說：「回去告爾契丹之主耶律德光，讓他自己翻翻歷史，中國乃萬邦之主，皇帝者，三皇五帝之結合，惟中國之主可以稱之，他有什麼資格叫『皇帝』？還敢下什麼制喻？不過就是北漠豪酋的鳴鏑令箭而已！下次國書，請他注意修辭，我大晉如今英主登基，不會再受爾等羞辱！」

轉面對侍衛說：「送客！」

吳鈞忍著疼痛拐出了皇宮，心思：算你們狠！石氏小兒，真的變性，跟他當奴才的老子，天差地別，算你厲害。好啊！那就走著瞧！【灰眼眶逐漸消失】

臨潢府。耶律德光見到吳鈞被打成這樣，並轉告景延廣的不遜且羞辱之語，火冒三丈。

耶律德光（橙眼眶）咬牙切齒地說：「把石家小兒的國書唸出來。」

吳鈞展開國書唸：「……爾蠻狄之酋，僭中國制度而妄圖臣中國，朕念及爾助先帝開國有功，不予計較前嫌，故前者可以家書稱孫，然爾竟以為中國可欺，三番四次索要財貨，頤指氣使，妄自尊大。爾後國書交往，兄弟相稱，晉兄遼弟。至於歲幣納款，理應停止，先前種種只當中國賞賜……春秋大義，先中國而後蠻夷，契丹乃蠻夷之邦……」

耶律德光（橙眼睚）打斷所唸，奪下國書，大喝：「石家小兒！你找死！」

趙延壽（橙眼睚）一聽大好，樂在心中，當初自己養父想磕頭稱臣當皇帝當不成，被更加奴性的石敬瑭給排擠掉。而今父輩都死，沒想到這石姓小兒竟然如此生猛有力，當真天下奇人！一句中國與蠻夷就把耶律德光氣得火冒三丈！如此機會就換成我姓趙的了。

趙延壽（橙眼睚）趕緊奏：「陛下，石重貴叛盟，有不臣之心。請陛下出兵討伐，另立恭順者統御中原臣服契丹。」

耶律德光（橙眼睚）點頭說：「朕正有此意！」

於是招來契丹八部大人與少數漢臣商議，調集兵馬，準備南下對晉國開戰。

聽聞耶律德光要開戰，石重貴下令朝廷返回東京汴梁，同時召集諸鎮兵馬，針鋒相對，準備北上開戰。敕令開戰的文書傳到各藩鎮節度使，所有節度使都大感意外，沒想到奴才父親能出英雄兒子，紛紛上書稱好，聲稱願意服從朝廷領導。

但是大多節度使還是懷有私心，並沒有把主力派來援助，只派蕃部三五百，一兩千人到汴京報到編入中央軍。連實力已經非常壯大的劉知遠，都在河東藉口公務繁忙，無法親自前來，對於要與契丹動兵，雖然也高聲支持，大聲叫好，但只派三千兵馬來汴京增援。只上表聲稱，在開戰之時，他劉知遠必會出兵相助。

石重貴才發現，各藩鎮對自己這齣戲碼，雖然全都高聲叫好，卻不叫座，集結的兵力遠遠不如預期，又不能下詔責備，此時才稍微有些害怕。

改派使節到契丹，改口說些好話，稱先前詔書只是一時氣憤，因為貴國有扶立先帝之故，建議以後可祖孫相稱，歲幣可以重新談過，但是絕不可以稱臣納款。耶律德光忿怒不消，一口拒絕。

於是開戰，已經覆水難收。

耶律德光，先前帶著貪念，現在夾著窩火，整頓兵馬，準備第二次率大軍南下進入中原。

第十七章　圖窮匕現　心驚慌

第二鬼牌出現

話說遼晉準備開戰，石重貴並不傻瓜，當發現各地藩鎮響應出兵者數量不多，開始有些後悔先前把話說絕。

便命景延廣，要稍稍善語對待遼使，不可再言語過激。

原本被囚禁的趙延壽部下為契丹回圖使，漢人喬榮。本應該跟著其他被抓的契丹間諜一起被殺，但大臣都反對殺他，石重貴便命景延廣善待喬榮，送他回遼國。

監獄外。

喬榮穿回遼國使臣服裝，準備要上馬車。忽然又被人拉下來。

「遼使等等！」

喬榮以為又要把他抓回去，嚇得當場癱軟，被獄卒架住。

景延廣（灰眼眶）傲慢地走到他面前來，冷笑了一下說：「原來又是一個失身夷狄的漢兒，還真懶得說你的名字了，哼。」然後白了他一眼。喬榮內心非常憤怒，但無可奈何，只能面無表情以待。

景延廣（灰眼眶）說：「放心，你這個對蠻夷磕頭的孬種小人，不必這樣嚇到腿軟，陛下給了恩典，會放你回去的，呵呵。」

冷笑不止。

景延廣（灰眼眶）微笑地說：「回去後告訴你的主子耶律德光，先帝是你們遼國所立，所以才奉表稱臣。但今上乃中國所立，中國者央央天朝也，中國人所立之主，不臣於任何外邦，之所以還稱孫於北朝，是因為今上還不敢忘記先帝盟約。所以為鄰暫時稱孫，足矣，無稱臣之理。爾遼國之主，不要輕信趙延壽誑語，從而輕慢中國。中國之士馬你也有目睹，遼國豈能跟中國相比？更何況想要羞辱凌駕於中國？呵呵……愚蠢至極！」

冷笑之後又說：「若翁怒則來戰，孫有十萬橫磨劍，足以相待。他日若爺翁被孫子打敗，哭娘救命，貽笑大方，天下嗤然，後悔莫及，連當北漠之酋皆不可得矣。今日之語你當牢記轉告，別屆時說我中國士人沒有事先告知。」

喬榮【此時出現綠眼眶】也冷笑：「某一定轉告！一定轉告！一定！但是景公您所言甚多，怕有遺忘，可否命書吏一字一句寫下帶回？」

景延廣（灰眼眶）繼續冷笑說：「有何不可？你這小人當我會害怕嗎？」

於是命人寫下剛才所言，為了怕有錯，還自己仔細看過，簽上自己的姓名，交給喬榮。

然後手背在後面冷冷白眼笑說：「拿去吧！我連姓名都簽上去，讓你主子看清楚，中國之士民根本不怕他！他只是個蠻夷之主，你等是可恥下流，對蠻夷磕頭的漢兒孬種！更正，是賤種！」

說罷，手指地下，更是白眼。

喬榮（綠眼眶）心思：走著瞧，到時候看誰死！

兩人各自都自信滿滿，都冷笑離開。

當喬榮送上書信，耶律德光（橙眼眶）看到景延廣語言記錄，七竅生煙，窩火更甚，對天大罵：「好啊！那就來大戰你的十萬橫磨劍！」

於是動員契丹最精銳部隊，決心全力南下開戰。並告知趙延壽，與他約為父子，讓他去盧龍故地招漢兵會合，答應事成之後，就改立他為兒皇帝。趙延壽（橙眼眶）聞之大喜，奴才之心終於有所回報，決定全力以赴。

首先大軍打到貝州，守將拼死作戰，趙延壽部隊打不下，反而傷亡慘重，耶律德光親自率軍督戰。聽聞契丹主親自來戰，於是內有守將叛變開城門，遂變成巷戰，傷亡萬人貝州淪陷。

除了貝州，雁門關以南各州，都回報有大批契丹部隊南下，小城池兵民皆逃散，大多無法抵擋。於是石重貴不斷詔令兵力最強的藩鎮劉知遠，立刻出兵迎戰。

太原劉知遠，才上疏說一定會支援，此時當然不能在天下人面前食言。遂率軍會合吐浴渾舊部，擊退首批契丹部隊的進攻，斬首三千，迫使契丹軍繞道離開。但劉知遠的作戰都以自保，並不服從朝廷統一指揮。石重貴發現，劉知遠在當初石敬瑭的晉陽故地，擁兵自重，並不出全力，才感覺到當初李從珂站在河南，眼看晉陽不服號令的苦痛之處。

而景延廣大話說盡，威壓群臣，但臨危又拿不出主動出擊的方案，也調不動各鎮驕兵悍將，只能眼看契丹軍節節逼近。石重貴對景延廣大為失望，此時才打算改口，派人致書耶律德光，希望重新修好，一切條件重新談過。耶律德光當然拒絕。

石重貴只好親率大軍出動，景延廣雖然隨行，但胡亂調動守軍將領，使得守軍幾乎快慘敗，景延廣才緩緩請求救援，石重貴親率部隊增援，一場廝殺，終於擊退契丹前鋒。

說中國子民都不肯盡忠，也不盡然。既然石重貴表現了無懼精神，肯御駕親自作戰，依據中國傳統遊戲規則，便有一些將領願意一同出力。李守貞首先率軍在馬家渡迎擊契丹軍，一場混戰，大破之，契丹陣亡數千人，被俘又數千人。另外還有定難節度使李彝殷率軍四萬，渡濟河北上反入侵契丹境內，大肆劫掠糧草，帶不走的就縱火焚燒，並把契丹的畝耕地全部焚毀，契丹國內整個震動。

耶律德光萬萬沒想到，石重貴御駕親征，中原各地藩鎮還是有一些人願意出力，契丹部隊開始節節敗退。

耶律德光聽到幾次契丹軍的敗報與傷亡數字，以及國內反而被晉軍攻入，戰局完全不如他設想，對此非常生氣！為了洩憤，所俘虜的中原晉民，都下令一律殺光。於是各地軍民更為忿怒，自組民團軍隊，與契丹作戰。從而契丹的分遣部隊不斷潰敗，傷亡更重，耶律德光氣得親自率主力全軍出戰，直撲後晉的汴梁。

雙方主力在澶州相遇。後晉軍前鋒高行周與契丹前鋒部隊，先行交鋒，殺聲震天，互有勝負。耶律德光親率騎兵主力十萬逼近，石重貴也出動步兵主力近十萬而來。

耶律德光見了，起了疑竇，原本以為中原漢人都只會內戰，對他這個外夷就只會磕頭稱臣，認為他們根本不是北方鐵騎兵的對手，但幾戰下來，契丹軍竟然連吃敗仗，傷亡慘重，情況好像不是全如他所想。

但他仍堅持，只要他認真，漢人絕對不是對手。於是出動左右兩翼精銳騎射騎兵出擊略陣，後晉軍剛開始不動，忽然萬弩齊發，飛矢蔽地，契丹鐵騎兵雖然有護甲在身，但多數被密集的強弩洞穿，傷亡慘重，紛紛後退。於是又重新集結後備重裝兵，能抵擋箭雨衝殺，全力進攻後晉軍偏角，企圖衝散後晉軍陣型，兩軍開始肉搏苦戰，雙方都傷亡慘重，契丹軍首先不能支撐，終於大敗潰退，經過耶律德光不斷強勢指揮，勉強穩住陣腳。

耶律德光愈想愈怒，心中開始疑慮，自己難不成真的會被孫子打敗？但又無可奈何。況且也有後晉軍打進遼國境內，大掠糧草以及契丹人，國內不斷有人請求退兵援助，只好分兵兩路，撤退回國救援。

耶律德光手下的校尉，趁機偷竊他的馬來投降，建議後晉軍快速追擊，必定能大破契丹軍。景延廣怕有詐，不敢相信，阻止各軍不能追擊。

耶律德光（橙眼眶）大敗後，非常氣憤，契丹軍撤退途中燒殺搶掠，所過都放火燃燒。還一邊大聲叫嚷：「大契丹軍沒有戰敗，只是暫且饒過南朝的中國小兒一命。」

後晉朝廷暫時解除警報，但因為石家兒皇帝名聲太響亮，所以能直轄管理的地方不多，經過此場大戰，損傷有些承擔不起，國庫空虛，徵發民間物資，引起不少騷動。主和的桑維翰彈劾景延廣，稱其為臣不遜，行為乖張，言語浮誇，不尊君上，且作戰不力，胡亂指揮，以致士卒損傷慘重。

石重貴也不滿意他的跋扈囂張，於是剝奪其兵權，改派為西京留守。

此時桑維翰也終於看出來，馮道才是真正造成開戰的主謀，但他檯面上模稜兩可的態度，使他沒有把柄可抓。但不彈劾，這馮道肯定還會繼續搓出更多景延廣，最後極可能會因此又改朝換代。於是策動群臣，改彈劾馮道，說他依違兩可，無所操決。太平之時或可為官，艱難之際如命禪僧搏擊耳。

石重貴於是下詔解除馮道中書令職務，改命為匡國節度使出鎮同州，兼任侍中。頓時，後晉朝廷又從主戰派，變成主和派來主事，且連曖昧模糊的馮道，都被暫時驅逐出去。

汴梁城外，馮道的馬車與隨從，一大早就離開到郊外一條官道上的涼亭休息。忽然另外一個官馬車趕了上來，左右扶著下車來了一個七十多歲的老頭，但沒有鬍子，身穿宮庭內官服飾，乃一個老宦官。

馮道（黑眼眶）緩緩走出來，兩人開懷笑，相互打招呼。

馮道（黑眼眶）老沉行揖，緩緩笑說：「哎呀，原來是劉公啊。」

老宦官也開懷笑，聲音老邁一字一句說：「馮老，你還跟老奴客氣什麼啊……我是個刑餘之人，還什麼公呢。就用老稱呼，劉三！」

馮道（黑眼眶）說：「那就恕我冒昧，叫劉三爺啦。」

劉三笑說：「還是馮老您處世周全，您這一叫，老奴我不當爺都不成了。」

兩個老者哈哈大笑。兩人邊走邊談，兩邊隨從在後面跟著。

劉三說：「奉陛下的旨意，派老奴來這裡送你，陛下說朝廷壓力大，才把您轉調同州，希望您馮老不要責怪陛下，託我來向您道歉呢。」

馮道（黑眼眶）肩膀抖了一下，但不知道這動作是真情還是假意，嚴肅地雙手搖晃說：「這馮道萬萬不敢當，陛下乃天子，哪有天子向臣子道歉的道理？況且群臣批評我的話也沒錯，馮道真的是依違兩可，無所操決，對朝廷沒有任何正面的幫助，也該是要放逐出去讓讓賢。」

劉三淡淡一笑，回頭對隨從們說：「我倆老頭子要走走路，私下談一談，你們通通到涼亭那邊等！」

於是支開兩邊的隨從。

見人都遠離，聽不見，劉三笑說：「從後唐朝同光二年到現在，我們熟識二十餘年，一起看這亂世朝廷一個起一個落，以您的地位與見識，哪有可能真的是無所操決之人啊？」

馮道（黑眼眶）苦臉說：「還什麼見識呢？我只是後唐朝才進中央朝廷的，您可是前唐朝僖宗皇帝時期，就入宮了。看的宦海沉浮，改朝換代比我還多，哪有什麼事情逃得過您的法眼？要論處世周到，馮某人遠不及劉三爺啊。」

兩人邊走邊笑。過了片刻，劉三忽然停止笑容，然後嚴肅地止步說：「你我老朋友了，客套話可到此為止。您應該還記得後唐朝，那個喜好伶人的後唐朝莊宗皇帝吧？」

馮道（黑眼眶）也止步，瞪著眼，頻頻點頭：「一個半熟英雄，最後成了笑話，當然還記得。」

劉三說：「說半熟確實。但他倒是有一句話，說得有道理。說人生就像一場戲，我們都是粉墨登場的伶人，每天都演戲給別人看，有時候自己也不自知演了什麼。這你有聽他說過？」

馮道（黑眼眶）點頭示意。

劉三問：「別人或許看不出來，眼前您唱的是那一齣戲，但老奴我還真如您馮老所言，用了那麼一丁點法眼，看出個一二。但還是有些戲份看不明白，所以趁這機會要問，您為何要引契丹人來跟朝廷開戰？」說到最後一句，聲音特別低沉。

馮道（黑眼眶）似乎不意外，老宦官劉三看出端倪，於是真露出個苦臉：「若您劉三爺問我為何要讓朝廷跟契丹人開戰，那代表您還沒看出個一二，可您問我為何要引契丹人跟朝廷開戰，那代表馮道還真沒逃出您的法眼。」說到此頻頻點頭。

劉三說：「您放心，老奴還是那個老奴，這種天機之事，嘴巴就像南山的石頭，怎麼敲也敲不開，就算是天子來敲也沒用。只是想知道，接下來會有什麼戲上場，好落個扎實的餘生而已。」

馮道（黑眼眶）嘆口氣，無精打采說：「來吧，邊走邊說這齣戲。」

兩人接著緩緩走，他還是繼續嘆氣，顯得無力。

「這戲說好解釋也對，難解釋也對。往淺得說幾句話你很好懂，但往深得說，就算罄竹也難書啊……我簡單說吧，劉三爺您也看過不少人，披上黃袍粉墨登場，就在那個位置上，打打鬧鬧上演醜陋戲碼。有盜賊、有豪酋、有紈褲子弟、有半熟英雄、有倒把流氓、有愚魯武夫、有潑刁土寇等等人物，乃至到石敬瑭這個……哎呀。」

劉三接口說：「這個無恥的奴才對吧？」

馮道（黑眼眶）苦著臉點頭。

然後接回話說：「本來這些妖魔鬼怪，牛鬼蛇神，要怎麼跳出來披黃袍，演鬧劇就算了，要強逼不想看的觀眾，也一定要在場觀看那也罷了。還逼人一起粉墨登場，開心笑臉地陪他上演醜劇，那也就都忍忍吧，但最後還拿著刀，威逼利誘，要人陪他上演喝尿潑糞的戲曲大結局。」

說到此，轉面瞪大眼看著劉三，又接著說：「好吧，反正已經演到這裡，是個大結局，就把它喝下去吧，是大結局矣。但這個粉墨主角要下場之前，又忽然預告，明天換另外一個角色來接替他，請你們得繼續幫忙接著這個大鬧劇，開演新的戲，開始要學勾踐，把糞也吃下去。」

說到這，瞪大眼睛再看一次劉三，劉三哈哈大笑說：「大家吃吧！哈哈。」

馮道（黑眼眶）緩緩回頭，也愣笑一下，慢慢地說：「是啊，不吃不行啊！但我自己得再找一個人來，增加一齣新的戲碼了，那就是邊吃邊點火，把這舞台也燒了，燒得乾乾淨淨，從新開始，至少原本的妖魔鬼怪，得退場換人了。」

劉三再次哈哈大笑。點頭說：「我能理解，沒想到我劉三陪這些渾人演戲，演了這麼多年啊！」

走到了一大樹下，兩人一同坐在大石頭上，劉三說：「可馮老您有沒有想過，這樣一來，胡虜南下，有可能生靈塗炭呢？」

馮道（黑眼眶）說：「從黃巢以來，胡虜不南下的時候，就沒有生靈塗炭嗎？」

劉三眼看樹頂，喃喃說：「是啊，馮老說的對。也許這樣各藩鎮，會顯得團結一氣，之間別爭別打，共同抵抗外邦胡虜。」

馮道（黑眼眶）說：「看得懂就好。」

劉三若有所思又說：「可接下來我又不懂了，契丹國力強大，倘若真的征服中國，我等豈不是，得真的如石敬瑭一樣，去當胡人的奴才？」

馮道（黑眼眶）轉面在劉三耳旁說：「劉三爺祖上，一定都是漢人嗎？」

劉三忽然醒神，說：「喔，這倒不見得。前盛唐的皇帝，統一海內，強盛中國，但自己都有鮮卑人的血緣，更別說其他人是否有混雜他族胡人。」

馮道（黑眼眶）說：「那就對了，說現在是大晉天下。可就在六百五十多年前，不也有一個大晉天下嗎？前面那個大晉，不就被五胡入侵，流浪江南最後滅亡嗎？可我等中國臣民有怎樣？那五胡現在又在哪裡？」

劉三愣了一下，哈哈一笑，然後說：「馮道啊，你字可道！所以又叫馮可道！

你這道理，真如老子道德經，道可道，非常道。」

說罷站起來，然後回頭走：「好啦，該回去，人老了走不遠啦！剛才你這是往淺的說對吧？往深的說，你能講講嗎？」

馮道（黑眼眶）也起身回走，顯得沒那麼無精打采了，慢慢說：「往深的說，還真的罄竹難書囉，甚至我自己，也弄不明白很多事情。」

劉三說：「連你長樂老馮道都不明白，我怎麼辦？」

馮道（黑眼眶）說：「我可以講講自己看到的，但深層次者，劉三爺回去與我各自去參透，禪悟禪悟吧。」

劉三說：「馮老請說。」

馮道（黑眼眶）說：「古代懂帝王術的皇帝，不是很喜歡，不時傳閱賞賜一樣東西給臣子們看，讓底下臣子們去猜一猜，自己的上意嗎？」劉三頻頻點頭。

「倘若你把剛才我們說的，那些披黃袍的妖魔鬼怪，牛鬼蛇神，不要當作是皇帝本身來看。而當作是被賞賜給天下臣民，傳閱的東西。那不就可以讓臣民們知道，自己該做什麼事情了嗎？」

劉三聽了，愣一愣，似有所思。

接著說：「唐莊宗本身，喜歡自己粉墨登場當伶人演戲，演到最後大位短暫告終，死於非命。你可以當他是個戲曲服裝，這後唐朝就只是個短暫舞台而已，眾人不要把這朝廷看太認真。唐明宗、還有潞王，兩個養子先後奪位，你可以當他們是鳩佔鵲巢的鳥窩，這等於說明後唐朝就該被眷養的強鵲取代，被眷養的女婿石敬瑭取而代之，也是理所當然。輪石敬瑭當兒皇帝對胡虜磕頭稱臣，國號大晉，又跟那個被五胡侵佔中原的大晉國號一樣，不就暗示，該讓胡虜來重演一趟，過去大晉的故事嗎？」

劉三問：「你是說把這些披上黃袍的人，賞給眾人看。那誰是後面真正的皇帝呢？是上天？」

馮道（黑眼眶）搖頭笑說：「這些披上黃袍的人，也是人生父母養。上天不會說話，也不會指示他們去做事，不然直接指示契丹人和平地來中原登大位，指示我等開心地迎接就好了。所以我也沒想透，才說當中道理，罄竹難書。」

兩人走回到涼亭，隨從們準備車馬。

馮道（黑眼眶）行揖：「好了，謝主隆恩，謝劉三爺。劉三爺年紀也已過七十，雖為內官，也可以向陛下乞求告老還鄉囉。」

劉三微微點頭，知道他的暗示：「那老奴先回去覆命。家鄉在淮南，也是該回去看看囉。」

話說耶律德光南下吃了一敗，但他不認為自己是敗仗，於是再次動員契丹主力，發兵南下。

後晉軍統帥杜威，收到趙延壽部下投降後晉者告知，契丹主力約八萬鐵騎逼近，應早做準備。杜威竟然膽顫心驚，急忙撤軍後退，在白團衛村，被契丹騎兵切斷糧道，且團團包圍，軍士飢餓且缺飲水。手下將領請求全軍出戰，杜威被迫同意。後晉軍拔除鹿角防禦工事，全軍衝殺出去，殺聲震天，契丹軍隊大敗潰走，耶律德光本人，本乘坐奚車督戰，因大敗險些被追兵包圍。抓到一個運水的駱駝，快速北逃而去。退到幽州，收攏散兵才勉強氣定。杜威率軍撤退到定州整補。

耶律德光對再次戰敗，非常生氣，近乎暴跳如雷，下令所有部酋將領全部都軍仗數百，只有要再扶立為兒皇的趙延壽，免受軍仗。

直接交戰不行，只好改變戰術，分成散兵集群，不斷南下剽掠搔擾。

統帥杜威自視皇親國戚，是當今皇帝的姑丈，貪婪膽怯，時常劫掠金銀美女，卻不肯出兵救援被契丹軍剽掠的小城，部眾怨恨，對他多有出言不遜。他自知上次獲勝純屬僥倖，且是部眾用命才獲勝，如今部眾怨恨必然不可能再贏，於是不斷上書放棄兵權，回朝擔任閒官，但石重貴要他帶兵。

桑維翰認為，他無才能，應該解職廢之。但石重貴堅持信任自己親屬帶兵，不願意信任其他人，以免重蹈覆轍。

別怪石重貴只信親屬，長久以來藩鎮擁兵抗命，甚至叛亂造反，他石家也是這樣當皇帝的，遠的不說，眼前劉知遠就不願意聽命調遣，擔當抗擊主力，現在是吃不吃都得死了。

臨潢府。

耶律德光連兩敗，傷亡慘重，回到此後惱羞成怒，下詔調集全國部隊，要舉全國之兵南下，勢必要滅後晉。述律太后收到契丹八部長老的訴苦，請求不要再南下用兵。不止中國疲於奔命，居民傷亡，契丹各部也人馬多死，人力被大量徵調，整個畜牧與農作物都欠收，財貨耗損嚴重。

述律太后緊急跟著耶律德光上朝。

「兒拜見母后。」「臣等叩見太后。」

起身之後，述律太后劈頭就對耶律德光說：「假設使漢人來佔領契丹，統治我們契丹的土地，可以嗎？」

耶律德光（橙眼眶）正色說：「當然不可以！」

太后問：「那你又為何要去佔領漢人的土地呢？」

耶律德光（橙眼眶）皺眉氣憤地說：「石氏辜負我們的恩情，絕對不能容忍！」

太后說：「我們不也得到了十六州土地了嗎？為何還要多所苛求別人呢？」

耶律德光繃著臉，不肯回答。太后深知他的兒子，這種倔強的臉神，代表心不認同。

太后又說：「今天你就算佔領中國漢地，也不可能長久居之。萬一有了閃失，後悔莫及啊！」

然後又站起來對群臣說：「自古我只聽說過，漢人餽贈東西來求和於外邦，還沒聽說過外邦求和於漢人的。倘若他們能回心轉意，我們何必吝惜與他們和平！」

又回頭看耶律德光：「這樣你說可以嗎？」

回答：「兒謹奉母意。」

其實耶律德光也有些不願再戰，但因為目的沒有達到，又怕在國人面前丟了面子，才拼命說要打。但既然母親出面，就可以說礙於母親命令，只好同意休戰。

桑維翰此時也勸石重貴求和，認為朝廷匱乏，無力再戰。石重貴也勉強同意，派張暉（綠眼眶）奉表稱臣，卑詞謝罪，請求和解。聽說要稱臣，竟然又回到原狀，原先主戰者大感不滿。

既然已經鬧開了，豈容你現在要稱臣？戲可不能這樣唱，鬼局治下，碰到這種情況，自然會有人從中搗亂⋯⋯

耶律德光故意裝作強勢，在軍營接見張暉（綠眼眶）。

耶律德光（橙眼眶）傲慢地說：「漢兒來使，見過我大遼軍隊之盛了嗎？」

張暉（綠眼眶）淡淡一笑，行揖長拜說：「見過了，確實強大異常。但我中國士馬也絲毫不遜，相信陛下在中原也見過兩次。」

耶律德光（橙眼眶）面色兇惡，哼了一聲：「中國士馬不過如此，朕三次南下，每一次都大獲全勝，殺得爾等漢兒丟盔棄甲，還敢來此囂張？」耶律德光此說，自己都有點心虛，為了面子，必須強撐氣勢，擺出兇惡神情。

張暉（綠眼眶）仍然笑臉，長揖說：「陛下見諒，在下生性愛笑，伸手不打笑臉人。今日受我主之命前來，不談廝殺。是聽聞上國有意要和解，所以特上表求和。」

耶律德光（橙眼眶）死撐場面，怒目說：「誰說朕要和解的？沒看到朕在整頓兵馬，要再殺入中國一次嗎？」

張暉（綠眼眶）始終淡淡地笑，呈上求和書信，耶律德光假裝怒目，仍收下信件來看。

看完之後，換耶律德光（橙眼眶）冷笑說：「爾等漢兒終於知道厲害了，要稱臣求和了對吧？」

耶律德光（橙眼眶）拍下書信，站起來笑說：「呵呵，可以！只要讓桑維漢還有景延廣一起送上國書來，並且把原本該讓給我的鎮州與定州，都割讓給我大遼，就可以和平。」

張暉（綠眼眶）看出，他內心已經有點害怕，要桑維翰來，代表有意要真談和平，要景延廣來，是為了狠狠反羞辱回去，出一口惡氣。

繼續微笑說：「據外臣所知，奉表稱臣求和可以，但要割地恐怕是不能。」

耶律德光（橙眼眶）拍軍案喝道：「倘若不割地，那朕就再次發兵南下，把你石氏朝廷整個拿下！休想乞和！」

張暉（綠眼眶）始終保持鎮定與笑容，然後說：「中國已經割過土地給陛下，士人對於所立之君，對契丹稱臣，還割地納款，本來就不悅，所以才有兩國交兵之事。現在為了維護和平，對先前的既成事實，勉強受之。要再割地，萬萬不能。請您收回成命，假設契丹還要強逼中國割地，中國子民將重新武裝再戰契丹。」

耶律德光（橙眼眶）怒目說：「你做得了這個主嗎？回去告訴你的主子朕開的條件！限他半年內派使來談割地事宜，否則明年我大遼將舉全國之力，南下滅晉！」

張暉（綠眼眶）鎮定地笑容點頭，行揖說：「還要戰？那在下就回去覆命囉。」

耶律德光（橙眼眶）看到他的鎮定與笑容，更是暴跳如雷，大喝說：「去你的不打笑臉人！先前朕的使節曾被你主，石氏龜孫，用板子痛打。來人啊！把這張暉亂棍打出，轟回南方去！」

左右帳前跑來契丹兵，要架張暉，張暉（綠眼眶）哈哈大笑。

在軍營中，挨了不少軍棍，一路跑到軍營外，契丹士兵才停止痛打，打完軍棍，張暉（綠眼眶）被營外侍從扶上車，乘車南下。才收拾笑容，苦著自言自語說：「這戲還真不好演啊，打完這場，也該再打一場大戰囉！」

張暉帶著傷跑到石重貴面前，改為痛哭，苦訴契丹主在軍營示威，沒有誠意要和談，開了割地納款外加稱臣的苛刻條件，如此必將讓各地藩鎮不滿，更不服從朝廷號令。連主和的桑維翰聽了，也不得不放棄堅持和談的說法。

之所以張暉會刻意用一個『鎮定地嘻笑』，把這和談弄黃，原因是他出使到臨潢府之前，刻意繞道經過了同州，去探望馮道。

兩人之間有一段款曲。

馮道（黑眼眶）說：「張郎這次出使契丹，還能來探望我這六十之叟，實在感覺榮幸。」說到此，有點感動之態。

張暉（綠眼眶）說：「蒙首相大人能這麼看得起，才是榮幸。」

馮道（黑眼眶）笑說：「我早已經罷了中書令，遠離中央朝廷，不是首相，你看我們現在不就在同州見面嗎？」

張暉（綠眼眶）說：「馮公，在下雖然奉詔出使，但內心非常不踏實，若不來請馮公指點迷津，這次出使就拿捏不住分寸。」

馮道（黑眼眶）苦笑說：「人都說老叟我無所操決，說話都模稜兩可，圓滾滾又滑溜溜，那能給張郎指點什麼迷津？」

張暉（綠眼眶）說：「說那些話的人都是俗人，俗人不懂馮公，我等稍微敏銳一些者，也能看出馮公乃穩坐在激流上的觀客，看得懂大局。能指點身在激流當中的俗人。而張某愚昧，身陷在激流當中，希望馮公指點一二，在下出了同州，嘴巴一定閉得緊緊，絕口不提馮公指點。」

馮道（黑眼眶）微微一笑，先問：「那老叟我要先問張郎，您對於先帝對契丹割讓十六州要害之地，磕頭稱臣，納款送表，贈財貨美女，稱兒稱孫，引得契丹胃口越來越大，咄咄逼人，有何意見？」

張暉（綠眼眶）頗不以為然，搖搖頭說：「天下臣民皆引以為恥！某也引以為恥！只有他自己樂此不疲，引以為榮！請恕我大逆不道，他就是個小丑！」

馮道（黑眼眶）點頭伸掌說：「好，那我贈你一樣東西，張郎就知道該怎麼做。」於是起身，拿出一個玉製笑臉佛，只有巴掌大小，雕工精美。

張暉（綠眼眶）拿在手上問：「這是？」

馮道（黑眼眶）說：「這是前朱梁朝時期，興起於江南的彌勒菩薩。說這彌勒菩薩是以當時，開口常笑的契此和尚為原型，所變而來。所以江南人又稱彌勒菩薩為笑臉佛陀，供奉於寺廟之內。寺廟門口著名的對聯曰：『大度能容容天下難容之事，開口便笑笑世上可笑之人』。」

張暉（綠眼眶）端倪了玉製笑臉佛，然後問：「是說，契丹主就是那個可笑之人？」

馮道（黑眼眶）點頭閉上眼說：「對，該笑之人就要笑，要當他的面前笑。」

張暉（綠眼眶）問：「他會不會因此惱羞成怒，把張某給……」

馮道（黑眼眶）搖頭說：「不會的。因為據老叟所知，契丹主經過這兩次大戰，損傷慘重，對中國之事，必定內心有了戒慎。只是而今拉不下臉，不肯認輸，還企圖自作聰明，再多撈一些便宜而已。張郎此去，他必矯作聲勢，恫嚇威脅，實際上外張內弛，急著想摸清楚中國的態度。倘若一笑雖然激怒於他，他再怎麼反應也不會傷你性命。但這一笑，他事後必因此失去理智，真的會自作聰明，認定當今聖上的稱臣和談，只是緩兵權宜之計，必定加緊備戰。而你回朝覆命，就可以自由發揮了。」

張暉（綠眼眶）把玉製笑臉佛握在手上，行揖道：「某知道該怎麼做了。」

於是才如此一笑弄黃和談。

石重貴認為，自己率軍擊退契丹兩次，各藩鎮開始對中央朝廷有些歸順，於是驕矜自滿，竟然開始喜歡伶優戲子，多所恩賞。但拼死作戰的軍士，賞賜卻很少，於是開始有些離心。

但他也不是全然傻瓜，聽說在石敬瑭時，高麗國王建派胡僧為使，說自己也被契丹佔領土地，請求夾擊契丹。石敬瑭當然不同意。而今高麗國王由王建兒子王武繼位，再次請求共同出兵夾擊契丹。於是石重貴派人出使，同意共同出兵，但使節一看高麗國兵力極弱，雖然跟契丹相處不快，只是嘴上喊著要打，實際上根本不敢出兵與契丹為敵，於是大失所望。

而奇怪之事來了，照理說人類歷史擴張，應該是先兼併弱小而後再考慮強大。

契丹人的擴張，應該先併吞高麗直到日本，才考慮長城裏的中國。但此時耶律德光跟先前南下的各族一樣，一門心思只想南下火拼到底。當然，被鬼遮眼之人，不會再去考慮正常邏輯。

遼國朝廷。

石重貴勾結高麗，要夾擊契丹的消息傳來，整個遼朝憤怒。

【耶律德光變成紅眼眶】

耶律德光（紅眼眶）在御座上站起大喊：「竟然勾結高麗要圖謀我大契丹！石重貴小兒找死！看朕滅了他！」

喊完之後看了底下群臣，面面相覷低頭不語，眼神都四處飄移，有些怪異。原因是耶律德光喊這句話很多次了，但兵敗兩次，契丹八部損失慘重，根本沒有甚麼收穫。只是在契丹主面前大家都不敢說話而已。

耶律德光（紅眼眶）看到群臣的眼神，已經知道意思，於是改口說：「石重貴小兒找死！但朕礙於母后以和平教誨，姑且饒他一陣子，等到將來幾年的某一年秋天馬肥，一定南下收拾他！」

群臣知道他找藉口要下台階，紛紛站出來慶賀說：「陛下英明！」

由於石重貴不但沒有派使來契丹求和，反而派使渡海去聯合高麗國，說要再一次發兵南下，但始終有所顧忌，嘴上說要打，卻不斷藉口拖延。

難道是沒了自信？既然如此，就要來一點引誘，讓他有自信一些。

原本中原各地居民，因兩次與契丹大戰，自組抗戰民團，最優越的一股力量為方簡，不斷游擊契丹劫掠補給，還不時攻入契丹國境騷擾。後晉朝廷封他為『東北招收指揮使』，引為官軍的支援。

可奇怪的是，方簡不斷要求朝廷給官、給錢、給糧、給武器，那怕朝廷賞賜的使節，接二連三來，他貪婪之心始終不滿足。終於後晉朝廷也稍微停止封賞，只給好言安撫詔書。

方簡大怒，把詔書丟到地上，大罵朝廷的安撫詔書不值一文錢，便『舉寨投遼』。上表給耶律德光，說自己願意替大遼皇帝帶路，打進中原。

自作聰明的耶律德光，收到方簡上表後大喜，為了顏面不顧群臣阻攔，立刻兵分數路，梯次南下。在河東這一路，被劉知遠擊敗，又是傷亡慘重。此路契丹軍狼狽退回國內。

耶律德光大感吃驚，可見真的玩起來，契丹軍其實不見得能打得過中原的部隊。

第一次南下帶著貪婪，第二次南下夾著窩火，第三次南下參雜恐懼，從而三者皆有。

但另外幾路有了漢兒們，前鋒帶路，便進展頗順，石重貴要派杜威（橙眼眶）

為帥，群臣反對，但石重貴堅持派杜威（橙眼眶）。但杜威跟方簡一樣為人貪婪，始終心懷不滿，認為朝廷的賞賜太少，竟然劫掠民舍，掠奪婦女，行為有如盜賊，士氣非常低落。

耶律德光聽到消息之後，認為時機來臨，主力部隊逼近與後晉軍對峙，但有前面兩次失敗，此時已經不敢太過自信。

眾將領認為契丹軍遠來，有所疲憊，應當快速分兵合擊，但杜威無恥且對外敵怯懦，堅持不肯。兩軍首先僵持不下。而後有漢人書生建議耶律德光，切斷該軍隊與汴梁連繫，杜威小人必定不敢出戰，對所屬將領會多所掣肘。屆時，封鎖到一定時間，對杜威招降，就有勝機在當中。

耶律德光大喜，依計而行，於是切斷後晉軍與朝廷之間聯絡通道，並不斷陣前鳴鼓叫戰，杜威果然堅守不出。部將不斷請求出戰，但杜威堅持不肯。只有一勇將王清，憤而率麾下部隊自行出戰，與契丹軍在滹沱旁激戰，雙方互有傷亡，但杜威不派一兵一卒救援。契丹軍發現王清軍隊作戰勇猛，但勢孤，於是輪番上陣，終於使王清軍隊全軍覆沒。

杜威（橙眼眶）於是派使節準備投降，耶律德光（紅眼眶）大喜，又怕他變卦，於是引誘他說：「趙延壽威望太淺，不能帝中國。倘若杜威能降，便如同石敬瑭一樣，封你當皇帝。」

杜威大喜，於是命衛兵帶著兵器伏甲在大營，讓眾將領來此，亮出降表，逼眾將在降表上簽名，倘若誰敢反對，就當場誅殺。眾將領驚愕，但都知道杜威是小人潑賊，不從必定相殺，只好紛紛簽下去。於是宣佈降遼，明明能戰變成要降，軍營中一片痛哭。

耶律德光帶著趙延壽來到此處，趙延壽（橙眼眶）問：「陛下真的要封杜威小人當皇帝？」

耶律德光（紅眼眶）笑說：「趙大王不要急，你們漢人的步數，我已經摸得一清二楚。你們漢人喜歡演戲，我現在也先做一場戲，把杜威的部隊全部招降，然後都交給你。你懂我意思吧？」

趙延壽（橙眼眶）微笑應命。

於是宣佈封杜威為太傅。並帶著他，一路南下招降。石重貴聽了大驚失色，想要招劉知遠來救，但他鎮兵太原，即便願意發兵前來也來不及，終於與后妃們相擁痛哭，上降表。

此時汴梁內外一片混亂，張彥澤代表契丹軍來受降，趁機派兵大掠京師，搶奪市井民妻還不夠，乃至搶奪貴族美女，並且殺戮桑維翰等，所有跟自己有舊隙的大臣，同時押解石重貴等人離開京師。

人稱桑維翰被殺為冤枉，但當初替石敬瑭求援契丹，割燕雲者，正是此人。正是君以此始，當以此終。以前他引契丹去殺別人，現在別人也引契丹殺他。可謂報應不爽矣。

等到石重貴等人被押到大營，耶律德光發現，一切事情本來他都不知道該怎麼辦，甚至打勝仗後都不知道該怎麼進汴梁，但漢人們都已經替他先辦好了，連前朝皇帝都替他押來，只等他來指點江山。

於是大喜，派人告訴石重貴：「孫兒不要擔心，以後會給你有一個吃飯的地方，去契丹國內終老天年。」石重貴叩首謝恩。

賞玩國寶時，忽然發現所謂的秦傳國璽，與史書記載不符，派人詰問。石重貴上奏：「真的傳國璽，已經被李從珂帶去自焚，這個只是先帝偽造的。」

實際上李從珂那個也是唐朝後期的皇帝自製的假貨。

耶律德光（紅眼眶）收到回報後，喃喃說：「傳國璽原來是石敬瑭造的假貨。」於是用力摔到地上，玉璽稍微崩了一角。忽然耶律德光想到，先前第一次南下跨過長城救援石敬瑭時，也砸碎過一個叫作『古怪碑』的東西，那可是真貨。不知道為何，他開始有些，不知道如何自處的恐懼。又改命人把這玉璽的破損，用黃金修補回去。

耶律德光哼了一聲，他打算報復先前受的氣，命人抓景延廣來。

景延廣（灰眼眶）一進帳門，立刻跪地叩拜。

耶律德光（紅眼眶）怒目說：「都是你這個罪人，在當中挑撥離間，以至於兩主失歡，該當何罪？」

景延廣（灰眼眶）頗感冤枉，其實他最早也沒有想要挑撥兩國交戰，是被馮道給了一個機會，跳出來趁機搶富貴功名的，但一切事情馮道又沒有參加，無可攀咬。於是苦訴：「大遼皇帝陛下，這並非我的罪責啊，我並無意挑撥離間！」

耶律德光（紅眼眶）大喝說：「還敢嘴硬，你當初說的十萬橫磨劍，現在在哪裡？還敢說朕會哭娘救命？」

景延廣（灰眼眶）抵賴說：「我沒說過此話啊！」

耶律德光（紅眼眶）呼喚：「喬榮安在？」

喬榮（綠眼眶）於是冷著臉，心裡發笑，但嘴上沒有笑容。走了進來。

景延廣（灰眼眶）見了愕然。

耶律德光（紅眼眶）說：「他說他沒有講，而你說有，到底誰對？」

喬榮（綠眼眶）冷著臉不發一語，從衣袖抽出一張紙，上面是先前景延廣命書吏寫的文字，上面還有景延廣的簽名。

耶律德光（紅眼眶）拿起紙張，丟到景延廣前面說：「這簽名難道不是你的嗎？白紙黑字還能抵賴？」

景延廣（灰眼眶）叩首說：「臣知罪。」

耶律德光（紅眼眶）怒目說：「那我們就來細數你的罪，有一罪就拿一籌來記。一、毆打契丹使者，二、挑撥兩主失歡，三、挑撥兩國開戰，四、大言十萬橫磨劍，五、說朕將會哭娘救命，六、說朕將會貽笑大方，七、說朕將會下嗤然，八、說朕將會後悔莫及。」

停了下來，數一數，低聲說：「總共八籌也。」

景延廣（灰眼眶）伏地說：「請陛下賜臣一死。」

耶律德光（紅眼眶）已經出了一口氣，內心愉快，冷冷說：「這倒不必，鎖上送回你老家，永遠不要讓朕見到。朕不想看到你這個小丑！」

於是命人上鎖，送出去。到了陳橋，景延廣（灰眼眶）終於知道，自己的任務完成，只是一顆棋子，但沒料到如此難堪，羞憤難過，趁押解的人不備，上吊自殺。

耶律德光一率軍進汴梁，眾高官在旁迎接，他歡喜異常，自己就快要達到一切目的了，還想到『神仙姊妹』。

忽然高勳跳出來指控張彥澤，用契丹主的名義殺他家人。耶律德光，忽然想到，他先前剽掠京師，說不定金銀財寶與美女都被他搶走，回頭問所有漢官說：「他真的該死嗎？」

群臣皆說該死，百姓也爭相控告，說金銀財貨與市井女子，都被他搶奪到鄉野藏匿，讓大家非常忿怒。於是命人抓住張彥澤與其同黨數十人，讓高勳派兵押解送往北市行刑。跟隨的百姓與官員子弟，拿著棍仗亂棒打來，張彥澤還沒被押到刑場就被亂棒打死，血肉模糊，居民爭相分吃其肉，一下子這一黨人，連全屍都沒有剩下。

桑維翰讓此潑賊收拾，再讓這潑賊被所有人收拾。如此就一下大致乾淨矣。

耶律德光聽到這麼血腥的報復消息，更加有些覺得怪異。心思：中國之人，真的那麼軟弱下賤嗎？怪哉，跟先前所想不太一樣。報復手段這麼狠。更何況先前他們的戰力，不是所想像那麼衰弱，但忽然又有人出來幫忙，這到底怎麼回事？哼，應該是我有天命才對！

但此時他還沒有醒悟，還在想著『神仙姊妹』與一切皇帝尊榮。

耶律德光命令杜威（橙眼眶）把軍隊安寨於陳橋，並且不給供應。士兵們一片躁動，杜威（橙眼眶）已經管不住。走到哪裡，都被人一片叫罵，杜威（橙眼眶）臉紅耳赤，成了過街老鼠人人喊打，但只假裝沒有聽見。之後杜威也沒好下場，在後來劉知遠當皇帝快病逝時，下詔將他誅殺，同樣被市人分屍於市。

耶律德光非常害怕這些後晉軍會造反，打算派遣契丹軍將降卒屠殺。

「趙延壽叩見陛下。」

「趙大王請起吧！今日找朕有事？」

趙延壽（橙眼眶）笑說：「皇帝陛下苦戰三次，大遼也傷亡慘重，終於消滅石家晉朝，取得中國。這一切是要替自己取得呢？還是替他人來奪取呢？」

耶律德光（紅眼眶）變色說：「此語何意？余舉國南征，五年都沒有解甲，豈能替他人奪取？」

趙延壽（橙眼眶）說：「晉朝之南有唐，西有蜀，他們都各自稱皇帝，自稱中國正統，也想要統治中原，陛下知道嗎？」

耶律德光點頭。

趙延壽（橙眼眶）正色說：「倘若今天殺了這些降卒，則中原廣大土地就沒有軍隊把守，各國必定趁機入寇，那麼中原不就等於替他人奪取了嗎？」

耶律德光（紅眼眶）說：「余以前替石敬瑭打敗唐兵，以其降卒交給他，結果最後反而與我為仇敵，若不除掉他們，豈可以當後患？」

趙延壽（橙眼眶）笑說：「當時是因為把他們家人都一同交給晉國，使之成為晉國立國的基礎。倘若今天把他們家人都送往幽州大遼治下，然後令軍士們輪流南北往返回家守備，又怎麼會叛亂呢？」

耶律德光點頭同意。

然後命快馬傳遞各地方藩鎮，要他們對契丹皇帝奉表稱臣。沒想到各地軍閥，上表稱臣者，那是爭先恐後，除了少數幾個鎮或投後蜀，或投南唐，其餘一下全部變成大遼治下。

耶律德光大喜過望，認為天下已定，開始四處報復仇恨，把先前逼死他兄長的秦繼旻與李彥紳都給殺了，然後又把當初與石敬瑭共謀反遼的人都抓來，要追究『戰犯』。

匡國節度使劉繼勳被抓到汴梁，在大殿上追究責任，馮道此時也被招來殿上，劉繼勳指著馮道說：「當時馮道為中書令首相，景延廣之謀都是他傳授，臣的地位怎能發言？」

耶律德光（紅眼眶）看了馮道（黑眼眶）一眼，仙風道骨，沈靜莫語，全身忽感不能自處，有些莫名恐懼。轉面說：「此叟我有聽說過，絕對不是多事之人，不要胡亂攀咬！」

於是將劉繼勳放逐到北方，並把所有關係人都放逐出去。

耶律德光（紅眼眶）換上了漢人皇帝禮服，時常哈哈大笑，滿足了一切征服慾望，就只剩酒肉美女淫亂了。於是搜刮美女與酒肉，三天兩頭大宴群臣，放大話說：「中國之事，我皆知之，我國之事，爾等中國之人不知道也！所以我在這裡！哈哈！」

歡笑擁抱美女，準備到後宮享樂，趙延壽（橙眼眶）追上來說：「契丹上國之兵來中國已久，希望給他們糧食與錢財當作薪俸，才能安定下來。並且使他們跟本地漢軍混合，不再有思鄉北返的念頭，相互培養融洽情誼。」

如此一來，便可以把契丹軍主力牢牢綁住，讓耶律德光走不開，整個契丹也就走不開。

耶律德光（紅眼眶）瞪大眼睛，先前累積的古怪之感倍至，雖然酒醉但仍然有三分清醒，抱起美女，哈哈大笑說：「我國沒有這種法令！一切要依照我大契丹國法！我國給士兵是『打草穀』！就是四處放兵出去放牧，找他們要的薪俸！」

轉面對契丹隨從說：「阿契！傳令三軍去『打草穀』。」

趙延壽（橙眼眶）說：「陛下，這不可啊！他們一定會四處搶略，恐怕招來漢民怨恨。」

耶律德光（紅眼眶）光說：「住口！余是勝利者，爾等中國賤民能夠如何？現在余正要征服爾等心志，哈哈哈！不過你也是余的兒子，余不會怪罪你。」轉面對眼前美女說：「還要征服漢女，哈哈哈！」

於是抱美女入宮，趙延壽欲言又止，苦臉說：「這不可啊……這……這不可啊……」

耶律德光抱著美女邊笑邊走，才不理趙延壽所云。

這最關鍵的一步，竟然讓耶律德光陰錯陽差閃過去。

※※※※※　※※※※※　※※※※※

陰陽一體，古怪相連。
陰古：這傢伙真是個小丑。
陽怪：小丑就該被轟打，先練功。之後再把他吞掉。
陰古：第二次軍演標的，就快要出現。
陽怪：這可能會導致地脈萎縮。
陰古：你判別一下，這麼做值不值得？
陽怪：不這麼練不行，妳知道前面老大一門與老二一門的遭遇。但放心，這地脈我們慢慢會補得回來，而且還要更大。第二次軍演進入決勝段。

※※※※※　　※※※※※　　※※※※※

超個體古怪，演練這第二次軍演，到底標的為何？老大一門與老二一門又為何者？先透漏，這牽涉了，《皇道無間第三部》，關於五讀門之故事，容後慢表。

契丹騎兵真的四處去『打草穀』，燒殺搶奪姦淫擄掠無所不為，數百里間，財富盡空。全中原居民聽此傳聞，紛紛自組民團防衛，與來『打草穀』的契丹騎兵交戰。

耶律德光（紅眼眶）繼續志得意滿，對群臣問：「中國風俗與我國不同，朕選一人來統領中國如何？」

群臣起而同聲：「天無二日，願奉陛下為皇帝。」

耶律德光（紅眼眶）大笑說：「既然如此，我得天下，理應先大赦！胡人繼續穿胡服，漢人繼續穿漢服。」

趙延壽（橙眼眶）在一旁非常不悅，他力圖救後晉的投降士卒，還努力阻止打草穀，都是認為這些人是他將來當兒皇帝，作為統治的基礎，所以拼力相救。但最後耶律德光自己當皇帝，趙延壽當然只能繼續受燕王王爵，什麼都沒得到，非常不滿。而耶律德光則重用李崧，準備讓他當中書令。趙延壽聽聞後，遂找李崧。

汴京，李崧府。

趙延壽（橙眼眶）來此拜會，請李崧幫忙轉告耶律德光一個請求。李崧聽了愕然，乃至於啼笑皆非⋯

「趙大王⋯這⋯這⋯這似乎有點令人突兀⋯您能不能再說一次？我有沒有聽錯？」李崧瞪大眼嘴合不攏。

趙延壽（橙眼眶）原本是面帶誠懇地微笑，見到李崧如此啼笑皆非，當場面露不滿，窩著火說：「中書令大人，我就鄭重地再說一次。我想請您去跟陛下說，原本陛下是要封我當中原皇帝，結果陛下自己在中原當皇帝。我自認已無資格，就請陛下封我當大遼國的皇太子。是皇太子，你聽明白了嗎？」

李崧結結巴巴，心思：這黃袍鬧劇在石敬瑭的時候是胡人封中原人當皇帝，現在已經演變成，胡人皇帝來當中原皇帝，然後再封**漢人**當全遼國皇太子？這……但及時收了口。

「趙大王的要求，是稍微有些…驚世駭俗了一些…」他原本想說『離經叛道』，

趙延壽（橙眼眶）站起來往返踱步，面紅耳赤地說：「什麼驚世駭俗？這有什麼奇怪的？陛下能主中國當皇帝，還不都是我等漢人幫忙？沒有我等，他又怎麼能主中國？既然如此，封孤當皇太子又如何？何況違背約定的又不是孤！孤當皇太子，一樣能孝順他！他百年之後，契丹人與漢人在孤的治理之下，都會一視同仁！請他安心！」

李崧呆滯著神情，頻頻點頭說：「是…是…趙大王說得好…」

趙延壽（橙眼眶）正色說：「我說宰相尊下，你到底幫不幫孤去說？」

李崧【開始出現灰眼眶】點頭結巴，硬咬下話語，僵硬地點頭說：「…說！當然…說！我就幫趙大王勸說陛下…封趙大王為…大契丹大遼國的…皇太子！將來讓大王繼位……全大契丹國的皇帝……統治……漢人與契丹兩族一視同仁……」

於是趙延壽壓迫李崧轉告，說趙延壽不敢再想當皇帝，但因為事先有約，乞求當大遼的皇太子。

耶律德光一聽愕然，只感覺這種要求啼笑皆非，但他又深知，若沒有這些漢人的幫忙，根本不可能佔領中原。此忽然感到一股冷風吹在身上，集合了古怪碑以來

的種種不對勁。

心思：你趙延壽也真敢要求，認父親認到要當皇太子。難不成我死之後，連我遼國土地與全體契丹人也要歸你漢兒來統治？這些漢兒要求的也太過分了吧！

耶律德光（紅眼眶）瞪大眼結結巴巴說：「這…他當大契丹皇太子？朕有沒有聽錯？」

李崧（灰眼眶）面紅耳赤，行揖說：「沒有，陛下沒有聽錯，趙大王希望陛下讓他當皇太子。」

耶律德光（紅眼眶）愕然，但不敢當場發怒，面露詭異地說：「趙大王與朕親同父子，但是皇太子的位置，是要皇帝的親生兒子才能擔當的吧？」

李崧（灰眼眶）語氣有點變調，僵硬地點頭說：「是！是要皇帝的兒子才能當皇太子！只是趙大王也有說，他與陛下也是父子之誼，當皇太子，一樣能夠孝順陛下，替陛下更好地統治中國。」

耶律德光（紅眼眶）瞪大眼說：「他與朕親同父子，若要割朕之肉，朕也願意。但皇太子一定要皇帝的親生兒子才能擔當，這件事情朕先回去想想，也請他回去想想！」

李崧（灰眼眶）稍微發呆未言。

耶律德光（紅眼眶）大聲瞪大眼在他耳邊，並且用手指地下說：「這種離經叛道，震驚天下的倫理，是不是該想想了？」

李崧（灰眼眶）也瞪大眼看地上左右擺盪，僵硬地點頭說：「…是啊…是該想想了…」

回頭一想，這離經叛道，震驚天下的倫理，你自己之前跟石敬瑭不就玩過？當時你怎麼沒去想一想？現在碰到這種情況，又要誰去想？

於是耶律德光回後宮，招來吳鈞。

「在南下之前，朕記得你說過，以前中國也有過一個大晉朝，最後也被五個胡人族群滅掉，而這些五胡也都消逝了對吧？」

吳鈞點頭說：「是，有這麼一回事，大約六百五十年前吧。陛下今天要談歷史嗎？」

又問：「不，且不說這個，朕是想問，有沒有一個案例，胡人收漢人當兒子的？」

吳鈞笑說：「有啊！陛下您不就曾收石敬瑭當兒子？現在您也常對趙延壽說，我等有父子之誼。漢兒漢兒，傳遍大江南北，不就是因為陛下收了不少漢人當兒子所致嗎？」

耶律德光（紅眼眶）搖頭說：「不不不，不是這種型式的父子，這只是為了攏絡他們說的兒戲之語。朕是問，是真的收來當兒子，然後把皇太子位置給他，最後讓他當皇帝的？」

吳鈞嚴肅地搖頭晃腦想了一下，笑說：「是曾經有過。也就是六百多年前那個大晉朝滅亡時，有個民族叫作羯族，建立了一個國號叫趙的國家，史稱後趙，當時的羯人皇帝石虎，就收了漢人冉閔的父親，當作養子。而冉閔則是孫子。這就有點像，您說石重貴是孫子。」

耶律德光（紅眼眶）追問：「最後把皇位傳給他嗎？」

吳鈞搖頭笑說：「當然沒有，但也可以這麼說，因為最後皇位也被這養孫子搶走了。」

耶律德光（紅眼眶）再追問：「他們到底是怎麼一回事？」

吳鈞說：「這故事倒很荒唐。說石虎當上中原的皇帝後，好色殘忍，曾經殺人如麻，並在中原掠奪女子三萬人，並且建築浩大的皇宮。最後他兒子們因此相殘，還企圖弒父奪位，他就連兒子也殺了。漢人養子……喔，應該養子的兒子，也就是他養孫子，也因此想要繼他的位置當皇帝，石虎當然決定，死後傳給其他的親生兒子，不會傳給他。結果石虎死後，石虎的兒子相互殘殺爭奪皇位，這漢人養孫冉閔，利用中原百姓對羯人的仇恨與忿怒，起兵奪位，除了殺光石虎的兒孫，還帶著漢人們，把羯民族男人幾乎都給殺個精光了，最後漢人就很高興地擁護他當皇帝。羯人原來的土地，還有冉閔的國家，最後又給氐與鮮卑兩族給各自瓜分光。當然氐與鮮卑，也都跟漢人有各自故事，逐漸消失殆盡。」

耶律德光聽了這故事，內心才開始顫抖，羯人石虎四處殺人掠奪美女，他也曾打草穀造成災難，且命令手下部眾要征服漢女。羯人石虎收漢人豪強當養子養孫，他自己也收了漢人豪強當養子，當然也有養孫，實際上內心只把他們當走狗。而今他的漢人養子也跟當初的冉閔一樣，沒有當走狗的自知之明，還想真以為是親兒子，到處篡弄，想要繼位，接下來會怎樣？

於是趕緊再回頭，招來李崧（灰眼眶）轉告趙延壽：「朕已經想通了，皇太子是皇帝親生兒子才能擔當，雖然朕與趙大王親同父子，豈能違背這種道理？」然後下詔，把趙延壽任命為中京留守。表面讓委以重任，實際上派人監視，防範有變。並且命令所屬精銳契丹部隊，分散於各州去，全面監視漢人藩鎮。

一晚，耶律德光又作一夢。神仙姐妹再次出現，上殿拜見。

兩女欠身行禮：「神仙姐妹，恭喜陛下，賀喜陛下。」

耶律德光（紅眼眶）擁抱兩人，開心地笑說：「何喜之有？」

神仙姐姐說：「恭喜陛下征服中國。」神仙妹妹說：「賀喜陛下統馭天下。」

姐妹同時說：「更喜陛下，可以納喜歡的漢女為妃。」

耶律德光（紅眼眶）哈哈大笑，更是風流倜儻。忽然想起他母親述律太后從遠方送來書信，要他回去。

神仙姐姐問：「陛下怎麼了？」耶律德光（紅眼眶）說：「母親要朕回家去了，

說這裡有危險。」

神仙妹妹說：「這裡哪有什麼危險？天下都已經是陛下的了，這裡也是你的家啊！」

耶律德光（紅眼眶）問：「好像以前有一個人叫石虎的，最後他子孫死光，民族也都不見了是嗎？這案例對朕有些警惕，這到底怎麼回事必須搞懂，不然朕不會待在中原的。」

說到此，神仙姐妹忽然變臉。

姐姐變成了青面獠牙的鬼差，妹妹變成了血盆大口的鬼使。耶律德光當場驚嚇，雙手擺盪上升大喝：「喂喂喂，你們是誰？」

兩鬼雙手擺盪把他的雙手壓下來說：「喂喂喂，我們是誰，你怎麼會不知道？」

血盆大口的鬼使說：「既然你算是明白人，那接下來如果識相的話，就把契丹男女老少全部都給我送進來。」說到這，手指從向外，搖擺指向內。

他（紅眼眶）嚇得說：「我要回去找母親！」說罷要離開

青面獠牙的鬼差用力把他壓在座位上，大喝說：「拿了這麼多的好處，就想走啊？」

他（紅眼眶）瞪眼，嚇得尿褲子。苦說：「我沒有拿你們什麼好處啊！」

青面獠牙的鬼差，大聲說：「從石敬瑭稱兒皇帝，割十六州，還納款朝貢，最後忍著讓你們契丹人打草穀，乃至現在給你當皇帝，這些難道都不是好處？」

另外一鬼說：「你想裝傻啊？」

接著說：「你也不去翻翻歷史，過去我們用這種方法，玩掉了多少像你這樣的人物，消化掉多少像你們契丹這樣的民族。拿了好處，不付出代價，能隨便就走嗎？」

血盆大口的鬼使，更大聲在他耳邊斥喝說：「從唐朝末期開始，我們演了這麼多自相殘殺的戲碼，甚至滅亡了幾個朝代，犧牲了這麼多的人命，好不容易才把你弄到這個位置上，現在你知道真相，就想離開？」

青面獠牙的鬼差也在他耳邊大叱：「能讓你走得了嗎？」

血盆大口的鬼使用了更大力氣吼：「這不可以喔！」

耶律德光（紅眼眶）哭愣著，呆滯地開口，好似嘴巴塞了一個圓球，語調僵傻：「這對你們自己也不利，你們為何要這樣做？」

兩鬼先互看一眼，青面獠牙的鬼差大喝說：「因為我們餓了！」

耶律德光心慌看左。

血盆大口的鬼使補充說：「需要滋補！」

耶律德光吃驚看右。

……

青面獠牙的鬼差說：「你最好乖乖坐在這位上，只要把契丹族的一切都給送進中原來，我們就讓你繼續坐皇帝！不然我們為何要犧牲這麼多人，割那麼塊土地給你？你真以為中國是你眼睛看到的這樣嗎？在中國，你從外頭看到是豬，進來之後，會讓你看到是龍。或者顛倒過來也可以。」

他再次想要逃走，兩鬼發怒，共同把他架起來，用力將他撕裂成兩半，耶律德光頓然夢醒，竟然真的尿了褲子。

身邊左右有漢人美女，耶律德光嚇得連滾帶爬到外面去，中途經過階梯還跌倒翻滾，阿契跑進來扶他：「陛下，怎麼回事？」

【耶律德光出現灰眼眶】

耶律德光（灰眼眶）苦臉說：「別叫余陛下，叫余可汗……」

阿契說：「可汗，您作噩夢了。」

耶律德光（灰眼眶）喘著氣，苦臉說：「去叫吳鈞，帶著從古至今的史書，到余書房！今晚余不睡，要聽歷史……」

阿契一走，他又連滾帶爬到皇宮書房。

等吳鈞一來，他馬上要求知道，從萬里長城建立前後的所有故事。連著三天晚上，仔細從夏商周開始，到春秋戰國與秦漢，尤其是漢末三國混戰，到司馬晉室八王內鬨，引得五胡逐漸跨越長城，最後一個個被漢人，逐漸吞食並消化掉的故事。

然後再對比，唐末混亂，引突厥、回紇、沙陀乃至到他們契丹人的故事。

耶律德光越聽，越感覺自己的感應是真的。

於是命令阿契與吳鈞，告知他們先打包行李，秘密聯絡，能聯絡上的所有契丹部將，準備找時機，全軍打道回國。

汴梁朝廷宣政殿。

耶律德光穿著中原皇帝的衣服，但離開的心意已決，忽然有臣起奏：「先前因為打草穀，東方群盜大起，從而河東劉知遠也起兵。先前分散派出去的契丹部隊，還不足以鎮壓叛亂，請陛下盡起遼國所有男丁兵壯為兵，全族南下支援作戰。女子皆縫補戰衣，工作牧馬，舉族支援。」

耶律德光（灰眼眶）膽顫心驚，如此建議，讓他想到鬼使鬼差要把契丹人全部移到中原消費，於是強做鎮定，應付說：「群盜大起，朕知道，但舉契丹全族之兵南下倒不需要，因本國壯丁還需要牧馬，不能勞動女子牧馬，倘若軍情緊急，可調派汴梁守軍支援，讓爾等漢人跟漢人自己先火拚吧。」

群臣聽了一陣議論。

又有臣起奏，耶律德光聽到起奏就心寒，已經顧不得是誰奏。

「中國之民尚未全然歸附，中國各地仍有反抗勢力。若陛下以契丹舉族南遷，定都中原，此等不知天命之賊，必能一一克復，則從遼東到漠北到中原，就都在大遼治下。」

一聽到又是拐個彎，建議他舉族南遷中原，嚇得他差點掉下御座，被人扶上來。命司儀宣佈休息一個時辰，再來上朝。

他到後殿，想要脫去衣服，換上胡人服裝離開。忽然馮道（黑眼眶）走來，他已經被耶律德光封為太師，他輕聲說：「陛下，又有軍情急奏，請陛下回殿議事。」

耶律德光（灰眼眶）苦臉，只好硬著頭皮再回來。

軍情急報：「東方群盜攻破宋州、亳州、密州。契丹前鋒阿古達力兵敗陣亡，請陛下派主力契丹部隊增援。」

全盤一陣混亂，所有頭緒都是這些漢臣幫他打理，彷彿朝廷裡外相合演戲，牽著他鼻子走。發現他沒立刻答應舉族南下，就要先把他身邊的契丹部隊調出京城外地，來個調虎離山。製造他的危機感之後，必定會傳令國內派兵南下增援。

耶律德光（灰眼眶）嚇得翻身落座，瞪大眼如同小丑，左右擺動身體，嘴巴成了小圓圈，用契丹話大聲說：「我不知道中國人會如此難制！」

被扶上座位後，勉強鎮定，用漢語對兩族大臣說：「朕都知道了，創業艱難，朕立刻下詔回國調兵，舉族南下平定中原。各位愛卿可以先回去，明天朝議，朕將會公佈平定中原的作戰方略。」

總算應付過去。

其實他想要離開了，緩兵一天，命令加緊準備，結果估計一下，能收攏回來的契丹主力，算一算只有先前南下總兵力的不到三成。其他不是被叛亂軍糾纏，就是分散出去打草穀之後失去消息，不然就是根本已經陣亡。

於是次日在宣政殿，穿著唐式皇帝服裝，群臣再次議事。

耶律德光（灰眼眶）開頭就用漢語笑說：「這天氣真的很熱喔。朕實在難以久留，欲暫時回上國，看望太后，當留下親信一人，在此當節度使，同樣也算是統御天下。」

群臣一聽，面面相覷，議論紛紛。

一臣出列進言：「陛下已統御天下，普天之下皆為王土，陛下應當以天下興亡為己任，定都中原剿滅割據，進而收江南、巴蜀、隴右，恢復大唐疆域。在中原號令，指揮四方，才是正道。」

耶律德光（灰眼眶）緊抓他話語說：「好，正道就是孝道，朕是孝子，娘親孤身在北方朕沒有侍奉，豈能為天下之主？請諸公體諒朕思念母親之情，容朕先回北方見母親，稟告一切之後，方可回來理政。」

李崧（灰眼眶）進言：「這很容易，若陛下想念母親方可以理政，不必親自回去。可請皇太后駕臨汴梁，我等將侍奉太后如同祖母，請迎太后御駕。」

群臣紛紛點頭。

漢臣們一同站出來奏：「請迎太后御駕！」

他告訴眾人要回去找母親，眾人則一同喊他母親快過來。

這時耶律德光忽然想到景延廣這個人，還有他所說的『哭娘救命』……『後悔莫及』……

耶律德光（灰眼眶）苦笑說：「喔，呵呵呵，你們不知道啊。這太后也不適應南方的炎熱天氣。所以不能南來。」

李崧（灰眼眶）再進言：「這個不難！陛下侍奉太后為孝，臣等侍奉太后當忠，為了陛下能在此統御四方號令天下，臣等當重新開工規劃汴京水道，務求消暑，即便決引東海之水，藏運北極之冰，也要使汴梁涼爽如同北方。請陛下放心。」

漢臣們一同站出來同聲奏：「請陛下放心！」

連東海之水都可以決，連北極之冰都可以運，更讓他想起了犧牲慘重，建立的萬里長城還有隋朝大運河，耶律德光（灰眼眶）嚇到腿軟，已經開始發抖，趕緊用漢語官話苦笑說：「哈！爾等不知道啊！朕實在非常感謝諸位愛卿之擁戴。但諸位真有所不知啊……這……這太后跟八部族人親密無間，離不開族人的。」

眾臣再次面面相覷，李崧（灰眼眶）再次進言：「這也好辦！陛下定都中原平定四方應當以四海為家。但若太后真離不開族人，可請契丹舉族男女老幼陪伴太后南下，中原國土遼闊，適合耕種糧食，足以容納契丹全族南遷，衣食充足，我等願與契丹族，如同兄弟姐妹，相擁互抱，和睦相處。請舉族南遷。」

眾臣又再次站出來共奏：「請舉族南遷！」

這讓耶律德光想到那個夢中鬼說的：男女老幼，全部都給我送進來。

耶律德光（灰眼眶）從發抖到尿了褲子，再次苦笑說：「哈！爾等不知啊！我契丹八部族人人數眾多，如同千年古樹，不可移也。」

李崧（灰眼眶）又言：「我等忠於陛下之心，已不用證明，要是天子移駕，群臣萬民動搖，人心猜疑，如何能安撫？」

眾官員知道他想逃跑了，好不容易都官職就定，你要是跑了我們不就又得大風吹，屆時又有個賊人搶略，出現變動怎麼辦？所以漢官們都不願意他走。

耶律德光（灰眼眶）抖著說：「這樣吧！朕愛爾等漢臣，不如與我隨行北上，待來年冬天一同南下回此避寒。這樣如何？」

還有臣要起奏。

耶律德光（灰眼眶）揮手拒絕再聽，宣佈：「全部停止！事情已定，朕要北上避暑你們可以跟著去，若不願意隨朕北返者就留下，爾等自己管理自己。」

說罷趕緊退回後宮，脫下帝服冠冕，穿回契丹服裝，招集所有能動用的契丹部眾離開。

於是發大梁，帶著所有金銀財寶與宦官宮女，企圖趕快把所搶得帶回去。

大隊出了城門，長噓一口氣，趁著一些人還不注意，耶律德光（灰眼眶）得意地呵呵笑說：「爾等中國漢兒，我想通囉！當年的五胡太蠢，搶了東西還留在這裡，才會都走不了，最後當然會被你們漢兒一個個慢慢收拾掉，變成自己的女人土地與財寶，成了你們的囊中物。而我帶著契丹軍，搶了之後就回去，回我契丹故地，你們拿我無可奈何了吧？我比當年五胡的皇帝都聰明多了吧？哈哈哈！」然後自己以為得計，哈哈大笑。

許多隨行漢臣不願同行，又不願他走了自己官職富貴落空，於是串聯，紛紛各自定計，聯絡群盜首領，或州鎮守軍，準備讓天下大亂，堵住北上之路，使耶律德光走不回國！

忽然探馬報有賊軍擋路劫營，前鋒已經與之交戰，掩護主力撤退。

沒想到來得這麼快，人都還沒過黃河！

耶律德光（灰眼眶）情緒又開始低落，拋棄不少金銀財寶與宮女太監，即使她們逃回汴梁，也不去追捕。自己急著率主力渡河，過白馬渡黃河時，非常擔心有人再來攔截，對左右說：「朕在上國時，以射獵為樂，來此令人抑鬱不得志，若能歸國，死而無憾！死而無憾矣！」

過河之後，河北各路契丹部隊，趕來集合者眾多，兵力有所恢復，超過他原本的預期。使他非常開心，大喝笑說：「原來我還有這麼多的兵！哈哈哈哈來抓我啊！」

又認為自己得計，後悔把先前的金銀財寶與宮女太監都放棄，於是通令契丹兵剽掠漢人的財寶與婦女，心思：有如此兵力掩護，誰都無法阻攔！反正我要走了，過了黃河一馬平川，一路搶劫，一走了之，回到契丹，你們就對我無可奈何！那就開搶吧！

想到此又哈哈大笑。便令契丹軍四處搶略，約定時間在燕雲的契丹大營集合。忽然探馬來報，相州城守軍不願意讓路，耶律德光認為軍力強大，命令所屬部隊攻城，攻破之後非常忿怒他們竟然攔路，殺光男丁小孩，驅動婦女北上。各地守軍聽聞耶律德光要跑了，而且手段殘忍，意念歹毒，軍民都非常忿怒，於是紛紛起兵攻擊契丹部隊，從而後續的契丹部隊被擊潰，傷亡慘重，無法再來集合。

尤其河陽大亂，契丹去劫掠的部隊，被亂軍打敗，斬首契丹軍士千餘人，最精銳的突擊騎兵全軍覆沒。

此時耶律德光又從僥倖的欣喜，回復到害怕緊張，滿面笑容又變成憂慮緊繃。派傳令兵把派去搶略的兵力，全部招回集中，加速北上，每日駐營，都嚴加戒備，日夜恐懼有賊兵再打來攔路。

情緒一起一伏，精神恍惚，得了疾病。終於北上走到欒城，忽然探馬來報：「前方有盜賊數千人，列陣擋道，為首賊將，說準備了十萬橫磨劍，要留下錢財女人才可離開。」

一旁的部將大喝：「不過就是數千小賊，何必驚動陛下？」

但眾人沒想到耶律德光（灰眼眶）在馬上，慘叫鬼聲大喊：「娘的，又是十萬橫磨劍啊！」

嚇得屎尿齊出，摔落下馬來，左右將領趕緊扶他起來，就地扎營。前鋒契丹部隊與盜賊軍交戰，打到了夜晚，終於打跑了賊軍，耶律德光才緩緩恢復情緒，此地不宜久留，馬上又拔營北上。但已經發現自己得熱病，頭昏眼花，騎馬都搖晃不穩，只好命人用幾匹馬並聯拉著牛車，扶坐於車上。因先前百忙之中，急著拖運劫掠之物北上，沒有跟著隨行醫官，只好先服用苦嘴的契丹草藥湯，連夜率軍離開。又要躲著遠處逐漸集結跟蹤的賊軍，一邊北上一邊到處找醫者，苦痛含淚之情不可鳴狀。

因唱改編歌曲一首《曲目節錄於：『痛哭的人』作曲洪敬堯，作詞五佰，改詞筆者。新曲名：痛苦的人》：

編號：亢龍有悔

今夜的寒風將我心撕碎　倉惶的腳步我率軍北歸　沙漠的風吹有朦朧的美　苦藥
來一杯
跟漢兒糾纏我十分後悔　逃離中原是那宿命的罪

焦躁的熱病我渾身欲裂　嘶啞著我的眼淚
我怎麼變得如此狼狽　是否主中國還有些依戀
已到了盡頭　無法再回頭　我不是全都想過
我怎麼變得如此狼狽　是否我還期待奇蹟出現
無法再相信　相信我自己　膚淺而荒誕的我　痛苦的人（回頭重唱一次）
痛苦的人　痛苦的人　痛苦的痛苦的痛苦的痛苦的　啊！
逃或者不逃　我已經無法分辨
要如何才能夠忘記　我曾妄收的漢兒
今夜的寒風將我心撕碎　倉惶的腳步我必須北歸
寒冷的塞北有蒼涼的美　苦藥再一杯　痛苦的人

終於抓到一個漢族醫者來看病，這醫者家人曾被契丹人劫掠，親人都已經死盡，對契丹人恨之入骨，發現這耶律德光親自送上門來，機會大好，於是開了一個致命藥方，但聽上去很合理。

他幫耶律德光把脈之後，點頭假裝知道的病因，耶律德光（灰眼眶）用漢語喘著問：「到底什麼病？要怎麼治？」

醫者（青眼眶）嚴肅地說：「皇帝陛下是不是全身燥熱，口乾舌燥，情緒起伏不定？」

耶律德光（灰眼眶）拼命點頭說：「沒錯，到底該怎麼治？」

醫者（青眼眶）說：「這是熱病，起於水土不服。陛下從北方來，不適合南方氣候，陰陽不調，冷熱不濟。而今患熱，應當用冰塊來敷胸口五臟，慢慢將熱氣去除。」

過熱用冰，聽上去都很合理，畢竟不用吃藥，也不必擔心下毒，左右將領也都紛紛點頭。

耶律德光（灰眼眶）苦臉說：「可這大熱天，哪裡來的冰塊？」

醫者（青眼眶）說：「北上五里處小城醫館後院有冰窖，去歲寒冬，將冬天的冰塊掘地冷藏於地下，陛下可派人去取出。」

於是耶律德光派人依其言而行，並令醫者一起去取冰塊，確實真有冰塊，就賞賜錢財讓他離去。

醫者（青眼眶）暗暗竊喜，心思：狗賊胡，你命休矣，我父我母我妻兒的大仇，而今得報。

耶律德光將冰塊敷在胸口與腹部，躺在車上，被人輸送繼續北上，剛開始感覺非常舒服，慢慢昏昏欲睡。

恍惚之中，聽到鬼使鬼差說：「能讓你走得了嗎？能讓你走得了嗎？」

忽然大喝一聲，胸口到腹部的肌肉不斷萎縮疼痛，嘴巴亂咬著胸前的冰塊連聲慘叫：「啊！啊！啊！啊！」

最後契丹部隊走到殺胡林，他就一命嗚呼。

契丹人見了大驚失色，耶律德光胸腹肌肉都僵硬冷縮，而四肢也都抽筋，死相奇慘。於是將他的屍體，腹部剖開，移除內臟後放置鹽巴防腐，並用熱水敷之，慢慢拉開抽筋萎縮的四肢。化妝整型之後，放置棺材，才載回國。漢人都嘲笑耶律德光是，「帝羓」即「皇帝醃肉」。

述律太后見了耶律德光的棺材，一點都不哭泣，反而大罵他不肖，跟所有人說：「等契丹國內動亂平息，此不肖兒子才能下葬。」

耶律倍的兒子耶律兀欲，漢名耶律阮。聽聞奪位的叔叔耶律德光已經死了，非常高興，拿出積蓄宴請賓客。此時終於可以代表自己已死的父親耶律倍，把契丹的皇帝大位搶回來。召集還沒來得及跟耶律德光北返的遼國契丹族與漢族部將，甚至直接把中原的盜賊都整編起來，拿起他奪來石敬瑭假造的傳國玉璽，發表了正統演說。

耶律阮（銀眼眶）站在高台上，對著底下契丹人與漢族人大喊：「契丹皇帝位置，本來就是我父親人皇王耶律倍的，而今耶律德光造成兩國人民傷亡慘重，眾人怨恨，死有餘辜，所以他的兒子沒有資格傳承大位。至於我那個三叔，根本為人殘暴不仁，沒殺他就已經萬幸，更沒資格繼位！」

又喊：「各位有些是沒來得及跟他回國的契丹兵將，有些是漢族兵將，有些甚至就是中國兵將。但這些都無所謂，倘若跟我耶律阮一起回去，一同匡正契丹皇帝的大位，我當重修跟中國舊好，停止戰爭，而且還會對各位重重有賞。事後一切悉從中國之制來治國，這個傳國玉璽，是秦朝以來的國寶，現在在我手上，以此證明我才是正統！」

然後高舉傳國玉璽，眾人呼喊萬歲。

石敬瑭製造的假貨，終於讓契丹人當作國寶來用了，長城內玩爛掉的傳國玉璽，中國版至尊魔戒遊戲，延伸到長城外去玩。

既然爭取到擁護，於是先行宣佈登基繼位，帶著兵馬浩浩蕩蕩北上。

並把私下招集人馬，也圖謀奪位的趙延壽（橙眼眶）立刻抓捕，押送北上。

接著耶律阮在燕京舉行正式慶典，宣佈登基為皇帝，派使節回臨潢府，告知八部大臣全部來燕京朝拜新皇帝。

述律太后聽了非常忿怒，喝令八部大臣誰都不能去，真正可以繼位的不是他，還派三兒子耶律李胡率軍討伐。耶律阮也率領兵馬，與叔叔的部隊開戰。兩支契丹部隊大打出手，耶律李胡手下的漢人部將李彥韜，厭惡耶律李胡兇暴好殺，於是臨陣倒戈，叛李胡投兀欲，耶律李胡因此兵敗，逃回臨潢府，哭著求述律太后救命。

契丹八部長老非常擔憂，這場耶律德光配合中原人上演的鬧劇，讓中原與契丹都傷亡慘重，還讓契丹鬧起了繼位之爭，於是出面調停。耶律李胡對族人凶殘，所以沒人願意擁護，述律太后見情況不對，才勉強同意讓耶律阮繼位。

耶律阮繼位後立刻翻臉，將述律太后軟禁，逼她去替耶律阿保璣守靈，並暗殺了叔叔耶律李胡。

而中原則由劉知遠出兵進入汴梁，正式稱帝，平定各地混亂，建立後漢。

看似，這次超個體的融合捕食失敗了……實際上這正是演練計畫中的一部分。

大風吹的遊戲。群體建立個體－整體設定單位，時空對倒定律

空詔員：這種工作，不就讓經緯臣去做得了，他們置換角色立場不就得了？

筆仙：哦，不能，立場對換與設定新的單位，完全不同。當整體局面出現意外，面臨了新的問題要解決，原本舊局的人都必須吹掉，建立新人，與立場顛倒置換完全不同。而且心靈圖像使用的層級，與他們也完全不一樣。不過我們兩局都是再使用，心訪使定位出來的心靈圖像。

空詔員：哪個使用的比較深入？

筆仙：是我們比較深入，而且得運用時空對倒定律。把過去歷史上某些人的成分，集合在一個人身上。這個遊戲比較難。

空詔員：這算妳的絕學，來一段大風吹！公布遊戲規則！

筆仙：高-低／有-無／上-下／強-弱／好-壞／進-退／　我們已經用這六個二元組合，定義出過去歷史上集體記憶的代表人物，一百二十八人。只要配合心靈圖像曲線吻合，即便不同人在不同時代，相似的空間情境，會有相同的心靈圖像。把這幾個經典的心靈圖像的深度定位，利用相似空間情境產生相同心靈圖像時，讓群體與該目標個體互動，就可以滲入以往的人的特質，在一個人身上。這種遊戲可以讓一個人擁有古代某人的特質，甚至是古代好幾個人特質的總和。

空詔員：契丹之主進入了傳國玉璽之局，那是陰陽古怪之主親自管的遊戲。配合主遊戲，那麼得用此法，讓中原後續來搶奪皇帝者，建立混亂之局，如同大風吹。在大風吹狀況下，就能不斷排列組合去滲入一樣的特質。如此則下一個局勢，就能爐出全局所需要的主導者。

筆仙：依照陰陽古怪之主的指示，收拾內亂，得多生出雄圖之主。那就大量吹這個風，大風吹開始啦！

確實，大風吹遊戲一啟動，雄主會大量出現，但能爬上那個位置，也得靠機率。不過數量若是增多，那佔據主要位置的機率就會大增，局面就會往想要的走。

第十八章　收拾重煉　反向火爐　至北宋

話說耶律倍兒子耶律兀欲，趁耶律德光死，奪了契丹皇帝位，同樣學其父親大行漢化之道，從而遼國許多人慢慢也認同，應該要再次南下統一中原。記取先前耶律德光殘暴掠奪，被大家追打，還死在中原回不來的教訓，於是國內加強開科取士，大行儒家文化，擺脫契丹部族的惡習。

而劉知遠的後漢，也維持不久，很快他就病死，年輕的兒子劉承祐繼位。於是部將郭威兵變，滅了後漢，宣佈稱帝，建立後周。劉知遠的弟弟劉旻在太原繼位，史稱北漢，繼續與後周對抗。從而中原朝廷能控制的土地，本就有限，又分出太原一帶，實力已經越來越弱小，從而後周朝廷不得不勵精圖治。

自從後周郭威繼位，氣象完全不同於前朝，非常節儉克己，逐漸削平因耶律德光等人上演鬧劇所造成的後遺症，壓制各地豪強，並恢復中原生產。而郭威無子，死後外甥柴榮繼位。北漢則割據晉陽對契丹稱臣，自稱姪皇帝，並且聯合契丹軍要南下。

面對中原王朝土地日蹙，柴榮決心力挽狂瀾。

柴榮宣佈御駕親征，決心與之死戰。此時馮道勸阻，被柴榮拒絕再三，最後柴榮命令馮道去替郭威主持葬禮，自己率大軍北上高平決戰。

汴梁郊外。

七十三歲的馮道（黑眼眶），老氣沉沉坐在驛站。一輛馬車過來，下馬來了一個老宦官，正是當年的劉三，他也八十多歲了。他聽說馮道主持葬禮之後，住在郊外驛站幾天，所以專程趕過來找人。

兩人會面，說話都很大聲，因為不說努力一些，對方都聽不到。

「劉三爺，你不是回淮南老家了嗎？怎麼又回來啦？」

劉三笑說：「老家親人都不在囉。當年回去，是聽你馮老勸告，避禍去的。我在京城活了這麼多年，死也死在這比較妥當。」

馮道（黑眼眶）氣力虛弱，老沉沉說：「真沒想到還能見到你，但也可能是最後一次囉。」

劉三問：「我八十多還感覺能再活個兩年，你馮公不才七十三嘛，為何這麼悲觀？」

馮道（黑眼眶）說：「有些敏銳之人，不只能看透人性，也能知道自己陽壽快盡之時。喔，別說人了。有些野獸動物，也能有這種能力。我今年開春就感覺，死之將至，所以才做了為官四十多年，沒去認真做的一件事情，就是勸諫。」

劉三問：「我剛從淮南來，雖然進過了京城，打聽你的消息，但還不知道你對陛下諫了什麼？」

馮道（黑眼眶）說：「諫陛下不要御駕親征打北漢與契丹，但慚愧啊，陛下不聽我的。人生唯一一次苦諫，卻沒有被採納。可能也是最後一次啦。」

劉三問：「你為何要諫這件事情？」

馮道（黑眼眶）說：「怕陛下有個閃失，總希望這個皇帝能多活幾年。」

劉三愣了一愣，須臾，笑說：「難得啊！你把前頭那幾個皇帝看成了小丑鬧劇，怎麼惟獨鍾情於這個皇帝？」

馮道（黑眼眶）說：「因為他不一樣，我感覺他是來收拾自黃巢以來，混亂之世的人。」

劉三問：「先前不也有很多半截假英雄，聽說現在大周天子也才登基沒多久，你憑什麼這麼斷定？難道你真認識他這麼深？」

馮道（黑眼眶）搖頭說：「老朽我也沒認識他這麼深。之所以這麼判斷，是因為想過了另外一件事情。」

劉三沒開口追問，只瞪眼看他，知道馮道會回答的。

「記得大晉開運二年的時候，你送我去同州，我跟你在郊外會談的那一次嗎？」

劉三點頭說：「沒忘記。難不成，你也把這大周皇帝，看成了賞賜暗示之物？」

馮道（黑眼眶）呵呵笑說：「我根本沒認識陛下多久，如何從他身上看出暗示？簡單直說吧，從先前石敬瑭到耶律德光的鬧劇之後，我就直接猜到，那個會丟暗示的幕後聖上，想要收拾殘局囉。因為沒達到目的，不收拾都不成。」

劉三若有所思，點點頭說：「是，我相信你說的幕後聖上，他沒順利達到仿摹古往的歷史故事，就會反水收拾。就像我們人，設了陷阱套不到獵物，那還要這個陷阱做什麼？一定會拆掉重新來過。」

馮道（黑眼眶）呵呵笑說：「是啊！我就是在等這個重新來過啊！至於重新來過到什麼樣子，我猜不出來，得後人去觀察。」

站起來說：「好啦！我也該回京去，我送你。」

兩個老人各自登上車，回汴梁城去。過不久，馮道去世，劉三也去世。

※※※※※　　　※※※※※　　　※※※※※

〈陰陽節—柴榮上訴〉

陰陽節：有人拉鈴上訴了。這是第五個皇帝上訴。他拉鈴上訴，似乎是受到陰陽古怪之主讓空詔員設計的遊戲所致，但我們還是依照規則來審定資格，看他有沒有資格玩本局的遊戲？

〈一〉第一個是劉轍。第二個是王莽。第三個是劉協。第四個是楊廣。現在又有一個。

陰陽節：看這上訴，是一個嫌棄皇帝規制太小的人。呵呵呵。確實，被前面的那些盜賊小丑們玩到這樣，規制確實太爛了些，是該會有人要上訴。而且規制太小，陰陽古怪之主也不方便。

〈一〉劉轍當年環境機會好，贏面大，王莽環境機會差，贏面小。劉協是被駁回，因為聰明有餘但見識窄小不足。楊廣雖挑戰大，但是手上力量也足夠，是他自己搞砸的，純粹自找。這個柴榮，機會很好也，只要努力，贏面很大。

陰陽節：呵呵呵，他該去很努力很努力，努力就有，只要努力。雖然陰陽古怪之主，現在想要的東西跟他的努力方向有矛盾，但相信他努力，陰陽古怪之主，會給他一些享受成果的時間，陰陽古怪之主是有公道的喔！無私接納！所以受理此案，接受上訴！

〈陰陽節第五上訴案〉

※※※※※　　※※※※※　　※※※※※

這才是第二張鬼牌出現，來收拾第一張鬼牌萬一失效，得收拾殘局。

高平戰場。

北漢軍由劉知遠的弟弟劉旻，親自率軍與契丹援軍在晉陽城下會師，契丹援軍由耶律敵祿率六萬兵馬來援。劉旻請耶律敵祿為右軍，大將張元徽為左軍，自己為中軍，大舉破潞州，直逼高平。柴榮親率大軍與之對峙。

柴榮大營。

眾將領都染著唐末以來的習氣，善於勾心鬥角，一旦面對大戰陣，尤其有外族介入的戰爭，都面有恐懼之色。

柴榮（紫眼眶）說：「朕可以告訴你們，朕與先前後梁朝以來的所有皇帝都不同。越是難打的戰爭，朕越有興趣！此戰必須獲勝！」

右軍主將樊愛能說：「陛下，日理萬機，辛苦勤政。但中原因為久經戰亂，兵力有所不足。而且士卒們經過石晉朝被契丹南下擊敗的經歷，都害怕契丹軍。而此戰陛下以攻擊為主，臣恐此非致勝之道。」

柴榮（紫眼眶）說：「不攻難道學李從珂的手下張敬達？」

右軍副將何徽說：「張敬達面對河東與契丹聯軍的情況，與我們相似。而我們如今兵力比當初的張敬達還弱，他尚且只能守勢，我等確實很難。」

柴榮（紫眼眶）鞭打桌面，厲聲說：「契丹軍又怎麼了？難不成都是鬼神軍嗎？當初石重貴尚且可以率軍將之擊敗，若非之後他用人不當，豈會被耶律德光俘虜？朕可先說好了，朕親自在戰場上，此戰人人應當奮勇向前，誰若膽怯，軍法從事。」

轉面對所有部將問：「你們可知，這高平，也是古戰場嗎？」

眾將領紛紛搖頭，唯獨趙匡胤點頭。

柴榮（紫眼眶）問：「趙匡胤你知道，你說這高平是哪個時代的古戰場？」

趙匡胤（紫眼眶）行軍禮答道：「就是戰國時代，秦趙長平之戰所處之地！」

柴榮（紫眼眶）笑說：「沒錯！就是長平之戰古戰場！這裡夜晚往往鬼哭，古代鬼雄都看著我們後人呢，如果膽怯如何面對古人？當初秦軍在此設下秘密策略而致勝，而朕今日也有秘密策略。但既然是秘密策略，朕不會在這說出來。你們只管奮勇作戰，朕自有道理！」

眾將領一同遵令。

但是樊愛能與何徽等人，都不以為然，認為這年輕的柴榮只是故作玄虛，硬碰硬的作戰哪能有什麼祕密策略？

柴榮命昭寧節度使李筠，率大軍為前鋒挑戰。李筠派部將穆令均帶兩千人馬，陣前挑戰，北漢與契丹部隊詐敗，將前鋒部隊引入之後，伏兵四起，穆令均大敗潰逃。

北漢契丹聯軍大舉進逼，與柴榮率本部對峙。耶律敵祿認為後周軍兵馬嚴整，不應當輕率出擊，但劉旻不以為然，認為後周軍不過就是當年後晉軍隊重新訓練過，於是命張元徽率軍先衝殺後周軍的右軍，請契丹部隊從後跟進支援。樊愛能與何徽懼敵畏戰，兩軍才一接觸就潰逃，不少士兵都陣前投降。

在高崗上的柴榮見道右軍開始潰敗，非常生氣。左右恐慌，請柴榮撤退，柴榮抽出佩劍砍掉一木樁，大喝誰退就斬。

於是命令擊鼓，親自率本軍從側翼反向衝殺，一場激戰，但仍然節節後退。就在後退的山道中，趙匡胤率伏兵四起，截殺北漢與契丹聯軍。先前的潰退就成了誘敵，張元徽的馬當場被射倒，士兵刀兵齊下，將之斬殺，北漢軍大敗。

柴榮返身指揮各軍猛烈反撲，契丹軍在一場混戰當中，也大敗後撤，耶律敵祿被弓箭射傷，率軍全數撤退。柴榮一下反敗為勝。

劉旻發現戰局不利，急忙率軍退走，一路被追殺。柴榮禁止各軍搶奪戰利品，只是拍馬追擊，一路追到太原城下，趙匡胤率隊會合，陪柴榮一同在城下示威。北漢軍只能堅守不出，請求耶律敵祿傳書向契丹國內求助。

柴榮大獲全勝後，擔心變成與契丹的長期戰爭，收編各投降州城，凱旋班師。在班師途中，下令斬殺畏敵逃跑的樊愛能與何徽等七十餘人將校，升趙匡胤為殿前都虞侯。

凱旋之後，柴榮繼續練兵，每天勤於政事，準備逐步落實統一中國與北擊契丹的計畫。於是出兵攻打後蜀與南唐，擴增統治範圍，兩國都大敗求和。對內獎勵工商農業生產，整頓治安官吏，淘汰老弱之兵，精練部隊，整個局勢出現反轉。準備來一場大戰，收復所有失土，並且削平所有割據王國。

聽聞契丹軍再次備戰，柴榮親自出兵，北伐收復燕雲十六州，大舉北上開戰。柴榮大軍打來，一場激戰，大破契丹軍，收復了兩州三關，正要繼續奮鬥，忽然莫名其妙一病而死，全軍撤退。

柴榮很努力，但累倒病死。無緣享受上訴結果。

※※※※※　　※※※※※　　※※※※※

〈陰陽節—柴榮上訴〉

陰陽節：結果怎麼會這樣？拼命平衡那秤，結果自己累倒病死。

〈——〉代表有聰明有見識，有資格玩陰陽節遊戲，也可能玩過關，但體力不夠。這賬該怎麼平衡？還需要局中鬼去追債嗎？

陰陽節：陰陽古怪之主，主局要統一內部，慢慢反向去爐契丹。目前還在空詔員設計的那一局當中，第二張鬼牌的影響範圍之下，接手的人肯定會繼續努力，不然空詔員那一局就會去收拾他。所以我們不用放局中鬼了，完全沒有破壞本局規矩。那規制還是要給，不能給太多，就讓接手的人，平衡回來我們的天平，免得賬目不對。

〈一〉說的也是，接手收拾的人，會努力平衡。本局的規矩是絕對不能破壞的。

〈陰陽節第五上訴案：中道崩殂〉

※※※※※　※※※※※　※※※※※

接著手下大將殿前都典檢趙匡胤，在陳橋兵變，披上黃袍回來當皇帝，改國號為宋，不到十歲的兒子柴宗訓與年輕太后，被逼退位。而後趙匡胤杯酒釋兵權，擁兵自重的藩鎮逐漸被收拾掉，還開始著手削平，五代十國的分裂，趙匡胤死後弟弟趙光義繼位，加速把分裂的各國一一殲滅，江南與巴蜀等地都收回。

太平興國四年，趙光義親率大軍擊退契丹援軍，將北漢的太原團團圍住。然而他手下的將領，已經不如柴榮的將領那般善戰，攻打太原陷入苦戰，傷亡慘重。然河東太原之地多年經過戰亂，人口與國力銳減，北漢也已經無法再支撐。趙光義發現軍士們對苦戰非常忿怒，都有意攻下城池之後要屠城，他害怕屠城事件會成為歷史汙點，於是派使者勸降，北漢主劉繼元知道，不能再打下去了，於是上表投降。北漢名將楊業也跟著投降。

趙光義為了讓將領發洩忿怒，讓他們破壞原來的太原城，改建立并州新城，而將原來的居民都遷進新城區去，去除了因戰爭忿怒，可能產生的屠殺事件。趙光義功德一件，眾臣們紛紛上表稱頌。此時頓然雄心壯志，巴蜀江南各國都已經降伏，北漢滅亡後，即將要統一全國了。

并州新城，臨時御書房。

對於自己用破壞城池轉移居民的方法，大致緩解，手下將領與河東軍民的衝突，趙光義感覺非常滿意。他想要成為能夠封禪的皇帝，名垂青史，但封禪那是要有條件的，不是隨便的皇帝都可以封。倘若破壞這個行情，胡亂封禪，後代人都會批評攻訐。更糟糕的是，後代的皇帝，會因為行情被搞砸，就會不屑與之為伍，嘲笑他汙辱了泰山，將不會再去封禪，那他就永遠成為皇帝群當中，最可憐的歷史笑話。

便招來大將潘美詢問。

「恭喜陛下平定河東。」潘美一進門就作揖恭維。

趙光義（紫眼眶）此時哈哈一笑，示意他不用多禮，用不尷不尬地笑容問之：「仲詢啊，聽說你先前也研究過古禮，自古以來就有皇帝封禪之禮。有封又有禪者，朕列了一下，有秦始皇、漢武帝、漢光武帝、唐高宗、女皇武則天、唐玄宗等六位。為何同樣擁有統一天下疆域的，漢章帝、漢安帝、甚至有統一大功的隋文帝，都只有祭祀泰山，沒有封禪呢？還有唐太宗功勞更大，為何也沒封禪呢？」

潘美笑說：「原來陛下是要問封禪，這臣有研究過。」接著說：「秦始皇帝統一海內，是第一個皇帝，前所未有，實踐詩經所示的惠此中國以綏四方之說，使其輪廓初始，所以當然可以封禪。漢武帝開疆闢土，擴大了比秦始皇帝還要廣的疆域，建立盛世，所以可以封禪。漢光武帝快速平定亂世，恢復舊朝疆域，同樣統一基本國土降服外邦，還首先開創了以太學儒生，文教治國的治世先例，所以可以封禪。」

沈思了一下，然後說：「漢章帝、漢安帝，雖然有再通西域，但一則沒有開創文明盛世，二則沒有不同於前人的功績事例，所以沒有資格封禪。」

接著說：「隋文帝雖收服胡虜，平定江南，統一長久以來的分裂亂世，但遼東故地，長城舊區，被高句麗所佔，攻之而不勝，沒有恢復漢朝完整舊疆，也沒有另外開拓新疆域來彌補，雖有盛世，但失去資格。」

又接著說：「唐太宗雖然削平隋煬帝造成的亂世，統一中國本土，甚至滅高昌開通西域，建立盛世，但情況與隋文帝一樣，進攻遼東高句麗沒有獲勝，沒有收復前人舊疆，也沒有開拓前所未有的新疆域，又有玄武門殺害兄弟的缺陷，所以雖然是千古納諫之明君，也擁有盛世，但意圖封禪之前，不斷有災異發生，沒有祥瑞。唐太宗內心不安，自知可能不夠資格，所以仍然沒有資格封禪。」

又接著說：「唐高宗繼承太宗盛世，派劉仁軌，收百濟滅高句麗，收復舊有遼東疆域，於是資格累積都已經齊備符合，可以封禪。而女皇帝武則天，原本是高宗的皇后，盛世與疆域都是繼承太宗與高宗的基業，但政治昏暗蠻族又再次掠奪土地，雖然沒有資格封禪，但基於她從宮女竟然成為皇帝，開創了女人當皇帝的範例，使女人都驚悚，男人都汗顏，前所未有，開創事例，凸顯於史冊，所以也破例，有資格可以封禪。」

又接著說：「唐玄宗則建立開元盛世，天下大治，財富超越以往，重新出擊驅逐蠻夷，甚至開拓了新疆域，最遠到達西域極西的大食國邊界，收攏走投無路的波斯皇族，建立波斯都護府，乃至波斯皇族舉族自願入朝內附，獻上波斯公主為妃，領土到達前所未有之地。所以在開元之時，他有資格可以封禪。只是沒想到天寶後，荒淫怠政，胡虜再次入侵邊疆，先被大食擊敗於西域，後乃至安史叛亂，盛世一去不返。所以在所有皇帝當中，唐玄宗先有格而後失格，然而他封禪於開元，天寶失格時，也無可追回，所以也不算破壞先例。」

又接著說：「除了以上種種，所有封禪皇帝，都還需要出現天降祥瑞，沒有災異，民眾嘔歌稱讚，上書請求皇帝封禪。皇帝還得三讓，民眾仍然堅持，皇帝方能受之。」

趙光義（紫眼眶）微點頭，喃喃說：「沒想到封禪的條件這麼嚴格。仲詢你剛才說了許多，朕整理一下封禪的所有條件，你看對不對。」

於是拿出算籌列舉說：「首先，必須是統一全中國，前人疆域以秦為基，我等當以漢為基，只能多不能少，最好還開拓有新疆域，此一籌。再者，疆域若等同於前人，則需開創前人所未有的功績事例，彰顯於史冊，此二籌。建立民眾都可以認同的盛世，安居樂業，此三籌。最後，必須擁有天降祥瑞，沒有災異，民眾上書，皇帝三讓而受之，此四籌。」

潘美笑說：「臣口拙愚昧，洋洋灑灑說了一堆，陛下簡明扼要掌握機樞，臣不及也。」

趙光義（紫眼眶）微笑說：「沒什麼，若非仲詢分析往例詳盡，朕也不知道該如何掌握。」於是抓住手上四籌，頗有自信。

然後走到地圖前，仔細端倪了一番，以籌指地圖對潘美說：「當前雖平定分裂，但都是中國之人。似乎還有一些疆域需要收回！」

潘美恭維道：「陛下已經大致平定海內，倘若休兵數年，北滅契丹收遼東與漠北，西滅黨項收河西，南收交趾復漢唐舊疆，令大理國與女真部族入貢受封，並再通西域，則疆域可成。接著垂拱中國，大治而啟盛世，人人歡欣鼓舞，則祥瑞必將來臨，陛下就可以封禪泰山，成千古一帝。」

趙光義（紫眼眶）哈哈大笑，然後說：「唯有仲詢深知朕意。如此，則朕可以把皇帝規制恢復到跟唐朝一樣，現在這皇帝，權位規制、皇宮大小、宮女數量、美色等級，相較唐朝都嚴重縮水，朕不滿意啊！」

君臣二人頗有契合，潘美不失奉承，也非常開心。

忽然趙光義（紫眼眶）入座笑說：「好！仲詢，幫朕傳諸將領到軍議廳，朕準備立刻攻打燕雲，先全部收回十六州失地，而後徐圖其他！」

潘美一聽，忽然一愣，沒想到趙光義不只把奉承當真，還這麼急切，才平定河東還沒休息，就馬上要打燕雲。他深知，宋朝雖領地比後周時期大，但禁軍戰力與將領素質，已經不如後周柴榮時期。此次消滅北漢，其實是因為河東晉陽一地自石敬瑭、劉知遠到北漢時期，兵連禍結，已經無力在支撐，無法跟宋軍長期對耗才投降，並非宋軍有多強。若不休息就攻打燕雲，與契丹主力碰撞，實在勝負難料。

但他不好立刻潑冷水，只好點頭應命。

※※※※※　※※※※※　※※※※※

〈陰陽節—趙光義上訴〉

陰陽節：有人拉鈴上訴了。這是第六個皇帝上訴。

〈—〉第一個是劉轍。第二個是王莽。第三個是劉協。第四個是楊廣。第五個是柴榮。現在又一個啦！太快了些！

陰陽節：兩位趙先生幫助先前柴榮的補賬，才勉勉強強平回來，馬上又要上訴，真的太快了些！先前楊廣的賬，李世民花了多少力氣平衡他知道嗎？況且陰陽古怪之主，又不是要宋朝去玩唐朝的遊戲。

〈—〉可他好像是很努力，先前平柴榮的賬，也拼命在做，不斷在天平上丟對價物品也！有些純度還蠻高的喔。

陰陽節：他確實有資格，很想給他玩，但是這違反遊戲規則的第六條，所以不接受。另外還有一個原因，陰陽古怪之主，現在正在演練『抓空打』的承受力，恐怕整個宋朝，都很難接受上訴。駁回上訴。

〈—〉：承受那種！那真的是玩真的。這第二場軍演，短暫休息，還要繼續？

〈陰陽節第六上訴案：駁回〉

※※※※※　※※※※※　※※※※※

趙光義被駁回。

眾將領一聽馬上又要開戰，而且是打比北漢還強的契丹，紛紛沉默不語，但看到趙光義（紫眼眶）意氣風發，都不敢出言反對。趙光義（紫眼眶）感覺到眾將領一片沉默，喃喃有難色，非常不滿。

在會議桌上斥喝說：「朕親平河東，削平唐末以來割據，而今所率之眾，所轄之地，比周世宗還有過之。周世宗尚且可大破胡虜，收復二州三關，朕取燕雲如翻煎餅耳！」

眾將領又是沉默以對。

這趙光義（紫眼眶）忍不住了，大喝：「你們說句話啊！」

眾將領看了潘美，他不得不開口說：「陛下，此餅難翻。將士們平河東，寄望班師回朝，得到賞賜。休養一些時日。」

趙光義（紫眼眶）還以為潘美真的懂自己的心意，非常不快，不願意回答，場面非常尷尬。

殿前都虞侯崔翰說：「此一事不容再舉，趁此破竹之勢，取之甚易，時不可失。」

趙光義（紫眼眶）轉而哈哈一笑，非常開懷，說：「卿所言甚是！朕之力遠過於周世宗，恢復華夏舊疆，如翻煎餅耳！」

又是如翻煎餅，但眾將領內心仍然感覺此餅難翻，因為連打北漢都已經感覺勉強，需要連打帶圍帶招降，打契丹似乎得從長計議了，但大家不敢再多言。

於是全軍向燕雲進發，然而不少兵將掉隊，不按照規定時間集合，趙光義（紫眼眶）非常生氣，想要治軍法。馬步軍都軍頭趙延簿勸諫：「陛下巡幸邊陲，本以契丹為患，今敵未滅，先誅將士，若圖後舉，誰為陛下效力？」

趙光義（紫眼眶）只好作罷，忍受這種失期掉隊的現象。

遼國知宋軍將有動作，北院大王先率兵迎戰宋軍前鋒，宋軍發動突擊，後軍陸續趕來作戰，以數量取勝，擊敗北院大王兵馬。趙光義聽了非常欣喜，率軍進逼涿州，涿州城開門投降。接著易州城也投降。趙光義大喜過望，認為必能一舉克定。

遼國南院大王率軍趕來，趙光義麾軍迎戰，遼軍分成兩股，一股引誘，另外一股突擊宋軍背後，雙方陷入激戰，趙光義連續投入增援兵力，雙方不分勝負，各自後退。

趙光義直接以大軍包圍遼燕京城，四面攻城，但是攻城太過艱難，將士多有懈怠。

遼五院軍齊出來援，兵至高梁河，與宋軍交兵，一時殺得昏天暗地。

殺，鏗將！鏗將！殺，鏗將！鏗將！

忽然探馬來報趙光義：「警報！燕京城中的遼軍有異動，似乎要開成出戰！」

趙光義（紫眼眶）此時在馬背上高喊：「城中軍力有何可懼？通知各營寨將領，

只管面對城外主力，不要因城中異動有所動搖！」

探馬於是退下指示各傳令兵通報。

被圍城內遼軍見到宋軍主要都投入野戰，於是大膽開城同時出來迎戰，宋軍被兩面夾攻，大敗潰走。箭矢流竄，鼓聲震天，刀兵混亂，忽然慘叫一聲，一個飛矢射中趙光義的屁股，他只能搭乘驢車，在護衛軍保護下往南逃走。

終於退回汴梁城中休養，趙光義自然不甘心。燕雲之事，等待休息之後以圖後舉。

北方收燕雲慘敗，就改為寄望收復南方。

太常博士侯仁寶上奏，交州有一半的土地，趁當年唐亡之後中原混亂，從南漢脫離獨立建交趾國，請求大軍南下討伐，滅交趾國統一全境，恢復漢唐舊疆。

趙光義（紫眼眶）立刻准奏。於是大軍南下進攻交趾，剛開始大獲全勝，交趾國兵馬非常恐懼，但最後在白藤江之戰，又告大敗而終，不得不撤回邊境，統一交趾願望破滅。

趙光義（紫眼眶）見到如此連場大敗，連交趾小國都搞不定，已經不得不承認，宋軍戰鬥力不如周世宗時期的部隊，而自己的手下大將，禁軍將領，大多都是庸碌之徒。但又更怕黃袍加身的舊戲重演，所以寧願這些將領庸庸碌碌。

並非超個體古怪要放棄這些地脈，而是在耶律德光北逃，產生融合捕食落空的現象。這對於『五讀門』來說，是一個要害。而古怪正在演練當中。

趙光義封禪的願望，仍然沒有澆熄。

只好先努力文治，先完善科舉興國，強調文化教育，士人地位上升，大力推行科教圖書印刷，乃至落實於平民識字，獎勵工商繁榮，制定公正合理的刑獄制度，以開創前朝都沒有的文化科教。在當時世界上，都可以是非常獨特的創舉。

不斷投入籌碼，但是陰陽節已經駁回，只把這當作他可以長治久安之本。皇宮。

趙光義（紫眼眶）遣退左右宦官與宮女，獨自在書房沈思。

「明明朕統治的土地與人民，都超過周世宗，兵馬錢糧也遠超過他，朕又不是不能戰，憑什麼戰鬥力會衰退？」

「有大臣奏，加強禁軍管制，強幹弱枝，使兵將都互不熟悉，會使戰力衰退。但不對啊！盛唐的府兵制度也不就如此嗎？唐朝是廢府兵，招募胡兵邊民，才蘊釀出安史之亂的！甚至我大宋的制度比府兵更加合理，朕還建立了陣圖，與參謀集群的軍事制度。甚至我大宋軍使用的武器，比當年盛唐之兵都還要先進，憑什麼連交趾都拿不下來？」

「自平河東之後，曹彬、潘美等，平定天下分裂的良將，與其他眾將領一樣，都畏敵不前，甚至開戰之前就暗暗認輸，每次都先勝後敗。朕用盡心機，去完善兵器、合理兵制、設定參謀軍師群、乃至建立專業軍事校尉。但戰鬥力仍然不增反減。這真是古怪！真是古怪！」

他感覺彷彿一種力量，在不斷衰減宋軍戰力，即便用盡高明的方法，仍然沒有增加宋軍的力量。講到古怪，趙光義就再也思考不下去。

確實，客觀評價宋太宗趙光義研發的軍事建制，已經超過了他生存的時代。即便一千多年後，熱火兵器與快速通訊的世界，使用的軍事院校與參謀本部制度，其實也不過如此而已。

不只有軍事改革，還配合合理的文化科教、工商經濟、法律審獄，全面支持綜合國力與兵力。這一切都是，一千年後的制度也不過如此而已。而趙光義當時，卻能都憑空制定了出來。

為了讓規制上升，真的是用盡心機。

但可惜，他的正常邏輯變成了虛假景象，他的古怪感覺才是真實的，真的有一股力量，暫時不同意你趙光義去恢復舊疆，因為對它來說時機不對，融合捕食之後才是疆土問題。況且宋朝的角色也不是漢唐，唱的戲不該是這一齣。

但趙光義（紫眼眶）當然不會想到如此這般，還是想要封禪。

心思：「封禪真的要放棄嗎？如此努力，心機用盡，都是替家國作正面努力，卻得不到應有的成果，豈可以就這樣放棄？不甘心啊！」

「可是，確實是沒有達到封禪的標準啊！」

「不行！朕要試驗一試！等封禪之後，再圖燕雲與河西黨項之事！不過就是一個儀式嗎？還不就是朕自己說了算！」

於是在雍熙元年，先派人到全國各地，散播暗示，於是全國各地官員，爭獻祥瑞。

接著再派人去泰山附近，策動當地民眾。

汴梁城門口，來了四千多人，自稱是泰山附近的男女老幼，集體要到皇宮請願。門口衛兵隊長小李三，見到人數如此之多，非常緊張，調來上百名衛兵手持棍仗，不准他們進城。

「爾等站住，都不准進去！」

帶頭的一個中年人說：「我等是泰山鄉民，要去皇宮請陛下封禪的。」

「封什麼？不准進入！這麼多人違反禁令！」

眾人你一言我一語，熙熙攘攘鬧了起來。

「我們是來請願的！」「若不讓我們進去，怎麼封禪啊？」「這是陛下派人來告訴我們的！」「皇帝不是自己要去泰山麼？」

忽然來了一個高官，帶了府尹手書命令給小李三。

「讓他們進去吧。」

小李三說：「大人，這可違反城管律令。」

「不必擔心，他們是良民，讓他們進去吧！」

小李三問：「可這是・・・」

「好啦好啦！這是找陛下請願的！不關你的事，今天你只管大放城門，有事情自然府尹會擔著。」

於是放了這四千多人進去，在皇城門口集體下跪，遞上集體請願書。說而今『天下一統，盛世來臨，祥瑞頻現』請皇帝陛下封禪泰山。

趙光義（紫眼眶）非常高興，忽然想到『三讓而受』。在開心地接過請願書之後，下詔回復，主旨說：『朕文德武功不夠，尚不足以封禪。』

沒料到，這四千多人一聽到皇帝下詔不受，便紛紛回去。

「既然皇帝都說自己不夠資格，那我們回去吧！」「從兗州來這很遠也，既然皇帝拒絕，沒有祭典可以看，那我們走吧！」「是啊！也該回去種地了，不然年底誰管飯？」

趙光義（紫眼眶）聽到好不容易動員出來的人，一聽到皇帝不受就都跑光了，非常驚愕，直呼這氣勢也未免太不夠！

於是有點羞慚，更不甘心。直接命令宰相宋祺，再次派人到泰山去重新動員，要求他一定要動員比上一次更多的鄉民請願，而且為此砸下重金。

第二次終於又來了，怕人愈走愈少，還下命令，沿途官吏要供應這些人吃喝住睡，還要一路保護到京城。

同樣熙熙攘攘，來到城門口，但已經不是說封禪之事。

「又來了！」「是啊，這來回奔波也夠累。」「希望要封就趕快封，不要再來回糾纏囉。」

小李三這次輪班時看見，早就有大官在城門口迎接這些鄉民，瞪眼一看，原來是宰相宋祺。

李小三趕緊率人行禮：「小的們拜見宋相。」

宋祺說：「好了不要多禮了，你，去算一算這次來了多少人！」

於是鄉民們排隊進城門，李小三跟一夥衛兵，在城門口一同算人頭。

「稟宋大人，一共一千零一個人。」

沒想到宋祺吃驚地大喝：「什麼？才一千零一個人？」當場要昏倒過去，左右侍從趕緊扶起他。

宋祺晃晃悠悠說：「比上次少了這麼多，這如何交代？」但不得不厚著臉皮去向趙光義匯報。

趙光義（紫眼眶）一聽臉都綠了，但仍然不尷不尬地在皇城前面，命令宦官接受鄉民們的『封禪請願書』。

好險他與宋祺還備有後招，他早料到可能會有冷場，於是提早去動員打點，在京輪調官員，以及全國各地官吏士紳，科舉士子，皇恩能影響到的所有人，共計兩萬六千三百五十人，聯合簽名在長條錦布中，並動員大規模官員一起簇擁錦布，也來到皇宮門前。

上表主旨是說：「而今海內統一，四方賓服，萬民期盼，祥瑞頻現，泰山鄉民主動請願，臣等複議，請陛下封禪泰山。」

趙光義（紫眼眶）才派宦官宣讀『第二次辭讓』。宣佈不夠資格。

本來這一宣佈，泰山鄉民又準備打道回府，但緊急砸下重金讓他們在京城客棧居住，這戲碼絕對不能缺角，要他們跟官員們一同玩下去。結果泰山鄉民非常憤怒，怨聲載道，說錢不夠，只能勉強住客棧無所事事，年底沒有錢過年。只好再砸重金，一一打點。自古以來只聽聞人民要行方便，花錢去打點官員，而今卻是官員為行方便，花錢去打點人民。

官員們知道民情不附，事情不能久拖，緊急把戲碼快速演完，再次上書：「陛下文治武功，文德化成，祥瑞頻現，萬民擁戴，請順天應民，封禪泰山。」

趙光義早寫好『第三次辭讓』詔書，趕快宣佈自己不夠資格的原因，是而今治理『情物壅塞、租調不一、賢良遺野』宣佈不夠資格，暫時還不能封禪。

被強留的泰山民眾，雖然都有拿到好處，但對這種戲碼也開始不耐煩，又開始鬆動。

「拜託，不要糾纏了。」「皇帝不就是要封嗎？還推什麼推？」「皇帝自己說了三次不夠格，是不是真的不夠啊？」「到底封禪需要什麼資格啊？我們去查一查，看當今皇帝是不是真的不夠格！」

發現民情不耐，連京城民眾都跟著泰山民眾一起喧鬧，議論紛紛，開始要相互討論，到底當今皇帝夠不夠資格？大部份有識之士都認為，似乎還不夠資格。

在一片質疑與叫嚷聲中，官員們緊急最後一次上書，主旨是說：「而今盛世，盛德，盛瑞，臣等堅持陛下封禪泰山。」

趙光義（紫眼眶）知道自己的資格有缺陷，民情不耐久，玩不起時間拖延爐人氣的戲碼，便快速下詔宣佈同意『順應天下民意』，今年年底擺駕泰山封禪。三讓受之的戲碼終於做完。

可就在宣佈不久，汴京下了大雷雨，整個京城就只有皇宮被雷擊，而雷擊的地方偏偏是乾元殿與文明殿，這兩個最重要的地方，乾元殿是皇帝登基用，文明殿是封皇后、封皇子、封大臣與科舉殿試用的。

而這最重要的兩個地方被雷擊，竟然在大雨之中火燒不止，弄得宮女與宦官，都不知道該不該用水去救，燒到天明雨停，火也才跟著停，兩個正殿變成灰燼。

趙光義（紫眼眶）臉色凝重，帶領群臣，看著廢墟般的兩個大殿，一句話都說不出來。汴京城內街頭巷尾，都在傳『災異』出現，是不是連上天都在質疑，皇帝封禪的資格問題。

當晚他又做了一個夢，夢見不知道是誰，總之是有一個聲音在對他說：「你以為封禪是像李煜的小周后一樣，可以給你霸王硬上弓的嗎？」

無奈之下，只有下詔，宣佈停止年底的封禪大典。

實際上趙光義（紫眼眶）不信邪，認為這只是暫時取消封禪，假設對外能打勝仗，封禪就可以舊事重提！

於是到了雍熙三年，趙光義派五大將分兩路出擊，打算再次收復燕雲，在歧溝關又是先勝後敗，被遼軍反擊，大敗潰走，楊業被俘後絕食自殺。如此交趾與燕雲南北兩邊舊疆，都暫時無法恢復。

趙光義收到敗報，簡直快要昏倒，雖然堅持再次出擊，但自從上次屁股中箭之後就再也不敢御駕親征。如此宋軍當然士氣就逐漸低落。

南北兩邊都沒辦法搞定。

只能圖河西走廊的西夏黨項。他們也是趁唐亡中原混亂，逐漸滲入河西走廊，最後侵佔中國土地而建國。於是宋軍再次大集結，向西夏發動攻擊，又是先勝後敗，只收復幾個城池之後，就在三川口、好水川、定川寨等三次作戰，被敵方反擊，大敗而歸。但西夏也無力長期抗衡，於是遣使來宋求和。

趙光義（紫眼眶）本來還不服輸，要再次出兵！但忽然又傳，巴蜀爆發內亂，不得不派兵平亂。連續敗仗，打到連內亂都有了苗頭，便不敢再言對外用兵。

如此，燕雲收不回、交趾收不回、河西走廊也收不回，還因此爆發內亂。更別說通西域，復遼東等舊疆了。

封禪之事，只能徹底放棄，無法舊事重提，趙光義直到死，都感覺這是咄咄怪事。自己雖不是多有道德的皇帝，但也算節儉努力，用心治國，甚至創新了軍事制度與文教制度，甚至開始用了火藥武器，許多合理的事例，都是前朝聞所未聞的典範。但就是怎麼努力都沒達成他要的目標。

觀整個宋朝的國力，因此呈現真實的『古怪』。

工商發達，經濟崛起，版圖小但稅收竟然超過盛唐，甚至紙幣都已經出現，並開始有最早的『銀行匯票』雛型。因重視文教，民眾識字率大大提升，甚至出現童蒙小孩都會背誦文字。理學出現，使得人倫秩序改善，政治上使用迷信色彩的事物，逐漸減少。連帶科技能力大大增強，因科技水平提升，民間出現工業的雛型，乃至有最早的機械發明，如水力時鐘，出現各種自然科學的發現與專著書籍，除煤炭之外的竟然出現新發現，『石油』一詞就出現在當時，連帶農業生產進入當時世界最高水平。接著農業人口比例減少，出現各種其他行業。社會治安良好，不需要宵禁，乃至於有夜市與不夜城的出現，外賣小吃盛行，出現了人類最早的城市『外食族』

與『宵夜族』。法律刑案也比前朝公正，有嚴謹的證據提刑官制，冤獄數量，比以前任何朝代與當代其他國家都少。科舉制度實施完善，官員素質比前朝都高，官員效率也為當時世界之最。因宋太祖不殺士人的規定，太學生議論沒有禁忌，甚至觸及皇帝也不懼怕，皇帝還不時得將就議論，政治相較其他朝代，輿論比較公開透明，以致太學有現代議會的功能。南北通商運輸發達，甚至出現專職代理運輸的民間行業。航海技術大為改進，將唐末開始前往南洋的航海商業貿易，大力增強，羅盤與風帆徹底改良，水密隔艙，與人力輪船已經出現，海上絲綢之路已經是東南沿海居民的認知，隱隱約約出現『地理大發現』的雛型。各種藝術文化盛行，出現民間娛樂場所，民俗文化已經與貴族文化等同流行，甚至貴族反而會附會平民文化，例如小說話本。軍事制度非常合理，已經有類似『參謀本部』與『軍事院校』的機構，甚至有軍事武器專業的研發單位，因而出現了各類火藥兵器，最早產生武器作戰的大革命，又因經濟發達，能養活的士兵數量，遠超過盛唐，兵力也遠超過盛唐。

以人類歷史的正常軌跡來論，出現上述種種情況，那這個國家應該是變成非常強大，強大非常，更何況是當時世界上唯一一個擁有這麼多綜合優越條件者。

但很奇怪，宋朝還是陰溝裡翻大船了。即便把這艘船做得再大、再堅固、甚至用鋼鐵去造，可經得起滔天巨浪，甚至打造成為飛天船、潛水艇，但還是得在這個陰溝裡給徹底翻掉。

宏觀來說如此，但微觀來說，宋朝陰溝裡翻船的事情還可真多了。

實際上趙光義應該親自率軍堅持到底，即便屁股被箭射爛也要打下去，因為披黃袍面對古怪，只能以執著堅持不懼痛苦，跟它來談劇本走向，才叫做誠意！如同當時平民若要訴訟狀告朝廷高官，為了防止刁民亂政，必須要先躺釘耙挨悶棍，血流滿身，才能開口告官，得到公平審判。

披黃袍的主角，要跟幕後主導歷史走向的劇本導演談判，要修改劇本，不多付出點代價，中了一箭就躲在城中派別人去，古怪怎麼會答應？

宋朝後代的劇本因此不會再被改了！

宋太宗死後，宋真宗趙恆繼位。

宋真宗景德元年。

此時遼國又將國名更改，將大遼改回為大契丹。

契丹蕭太后名叫蕭綽，小名燕燕，也叫蕭燕燕，與兒子遼聖宗耶律隆緒，以收復瓦橋關為名，率契丹軍大舉南下進攻。除了少數城池足以抵擋，契丹軍不得不繞道而行，其餘城池紛紛宣告淪陷，邊關緊急文書一天至少五次飛報汴京。

這次契丹軍大舉南下，與當年耶律德光時代外表貌似不同，但內部有同樣篡弄情節。

同平章事寇準，收到了這些急報。露出詭異地笑容，將這些急報都扣了下來。

剛從參知政事升格為同平章事的畢士安，才聽聞有邊關急報，準備走進樞密院，見到寇準笑容可掬地走出。

「寇相公，您收到邊關急報了嗎？」

寇準（黑眼眶）微笑說：「不過一些皮毛小事，我已經批覆回去，走！脫下朝服！我等去茶樓聽說書去！」

畢士安非常訝異，自從上個月以來，皇帝趙恆才憂慮遼國即將大舉南下之事，每一天都有報告傳到京城，告知邊關契丹兵馬動向之文書。照時間推算，也該是邊關急報將至，怎麼今天寇準這麼開心？

於是說：「今天的邊關消息如何？」

寇準（黑眼眶）拉著他笑說：「跟您畢相報告過了，今天都是小事，用不到您憂慮。走，我們一起去茶樓！今天有說三國志的話本！」

畢士安滿腹疑惑，被半推半就拉入茶樓，汴京城內仍然是一片熱鬧，不少高官顯貴都來此聽新的話本故事，還有王公貴族也來了，大家相互作揖行禮，分入各自包間。寇準與畢士安，坐在二樓一處包間，打開窗就可以看見底下聽說書者與一般平民觀眾。

而這說書場所，可不是隨便設計，有經過回聲廊的規劃，外加牆上有聽甕，說書者有木製話筒，即便說書者偶而小聲，包括二樓的高官聽眾在內，大家都聽得清清楚楚。而觀眾素質也很高，大夥兒不會吵吵鬧鬧，說書者只要進行故事，在場觀眾都聚精會神安靜聆聽，只有在說書者敲板說到故事高潮，大夥兒才會一陣拍案，並鼓掌叫好。

這說三國志話本，起源於這年頭，此時曹操已經慢慢成了觀眾不太喜歡的人，所以一開篇，就是黃巾之亂，劉備涿郡結義，才是董卓入京・・・・

寇準（黑眼眶）坐在椅子上喝著茶，悠閒地聽，在桌旁畢士安已經忍不住了，附耳說：「寇相公，邊關軍情啊！明天早朝，陛下肯定會問起的。」

寇準（黑眼眶）賣弄關子，把茶杯放在桌上，回答：「你急什麼？丁酉日時，我們不已經跟陛下商議過，若契丹入寇，陛下當御駕親征駐蹕澶淵？既然事情已定，今日又多議何為？」說罷繼續聽說書。

畢士安當場有些愣住，思考再三才問：「這是契丹整軍欲南下而尚未出發時的定論，我們與陛下臆測當時的情勢。後來陛下還說，軍旅之事雖然歸屬樞密，但中書是號令所出，我等應該跟其他大人共參厲害，不要因樞密而有隱藏。況且軍事瞬息萬變，必須依照現況，隨時應對。」

寇準（黑眼眶）看出他坐不住，淡淡一笑說：「明日早朝，陛下問起，你便能知道。」

畢士安實在是弄不清楚，他葫蘆裡賣什麼藥。但基於過去對他的認識，他現在這麼做，肯定有他的道理。

是的，有他的道理，但他若說出他真實的道理，會嚇到畢士安屁滾尿流。

同樣說書場所，另一間包廂，剛接參知政事的王欽若，與檢署樞密院事陳堯叟，也一同聽說書，兩人也在一邊聽一邊竊竊私語。

王欽若喝了一口茶，說：「剛才話說到哪裡？喔對，契丹要入寇了，陳大人認為朝廷能抵擋得住嗎？」

陳堯叟：「還記得後唐朝與後晉朝吧，契丹之強，許多老一輩的長者，至今還記憶猶新。」

王欽若說：「可現在海內統一，國富民生與當年不同，大宋禁軍兵力不也遠遠超過前朝？契丹未必能得勝吧？」

現在講三國志的說書者，已經講到了董卓率涼州兵入京，東漢群臣沒有敢抵抗者，繞了口技，擺了架勢。說書者一拍案，現場一陣鼓掌。

陳堯叟也輕輕鼓掌，轉了話題說：「你看這當年董卓入京，兵力不強，為何沒人敢抵抗呢？」

王欽若說：「董卓涼州兵招納許多西羌戎狄，戰力精銳，久居京城生活的軍士，當然無足以抗衡。」

陳堯叟點頭說：「就是這個道理啊。而今已經沒有周世宗與太祖皇帝這等英雄，今上連戰陣都沒見過，王大人認為能抵擋得住契丹？」

王欽若其實早有計劃開溜，剛才只是試探陳堯叟，既然見解相當，臭味相投，就可以圖窮匕現。

王欽若說：「明日的朝會與廷議，陛下必定會問及此事，我等該如何應答？」

陳堯叟笑說：「某會奏陛下幸成都，不失為三國時的劉玄德。還請王大人支持。」

王欽若淡淡一笑說：「這是因為您陳大人是蜀人，若讓鄙人的意見，會請陛下幸金陵，不失為三國時的孫仲謀！」

陳堯叟冷笑說：「王大人您是江南人，才會這麼說。別忘了當年司馬氏遷了金陵成偏安格局，最終永遠也沒回到中原！」

王欽若哈哈笑說：「陳大人這麼說就有失客觀，去巴蜀的朝廷，又可有回到中原？甚至連正統王朝都不能算。」

陳堯叟瞪大眼，激動地手指用力點著桌子說：「這有啊！那唐玄宗幸蜀，最後不也回來了嗎？王大人您不知道這段歷史嗎？」

王欽若苦臉諷刺說：「蜀道難啊！哪一個王公貴人能受得了？倘若去金陵，沿著運河舒舒服服就到了。不然等唐玄宗回來，他兒子都已經當皇帝，大唐的盛世也一去不返囉。」

包廂內沉淨了一會兒，只聽得見外面說書者聲音。

陳堯叟說：「我們也別爭了，在這茶館爭贏也沒用，各自奏陛下，讓陛下聖斷吧。總之這汴梁城的太平，恐怕維繫不了多久，該打包離開，就早點離開，陛下只要同意，去哪裡我都跟著。只是看樣子，寇宰相是有其他意見囉。」說到這，指著隔壁的包廂。

王欽若說：「明早朝後的廷議，肯定會拖延到下午，若我們趁中間休息，各自密奏陛下，讓陛下先入為主，寇宰相恐怕也無能為力了。」

回到寇準與畢士安的包廂。

聽到了說書講到呂布之勇，擺出架勢，一拍案，眾人又一陣鼓掌。寇準跟著用力鼓掌叫好。

畢士安已經有些坐不住，瞄了寇準（黑眼眶）一眼後，忍不住說：「寇相，到底軍情若何，拜託您給我知道，不然某要猜忌您寇相的權謀了！」

寇準（黑眼眶）沉下臉，轉面對畢士安說：「寇某是您畢相極力推荐給陛下，才當上同平章事，還不信任我？」

畢士安說：「那就告訴我！」

寇準（黑眼眶）哈哈一笑，喝口茶後說：「好，就直說吧。契丹軍一日數百里推進，已經推進到定州。」

畢士安瞪大眼說：「什麼?定州?」

寇準（黑眼眶）趕緊摀住他嘴說：「你小聲一點！想給誰知道？」

畢士安拉開他的手，但也確實小聲說：「軍情緊急，你打算什麼時候啟奏陛下？」

寇準說：「明天。」

畢士安說：「我說你到底玩什麼燈謎？學當年王導面臨淝水之戰的假鎮定？」

寇準（黑眼眶）搖頭笑說：「現在跟你說也沒用，你明天就知道。」

在聽堂之外有花不起錢的平民座位，有兩個窮書生，張武與李俊毅也有一段對白，雖然不引人注意，但這對白卻是無意之間畫龍點睛，點透全局。

張武說：「聽說契丹大軍又要南下了，這些高官還真鎮定可以在此聽說書，當年後晉時期契丹南下打草穀，可苦了我們這些平民。這回若這大宋朝廷抵擋不住這關，我們也要南下避難囉。」

李俊毅說：「我認為這大宋朝廷肯定可以抵擋契丹人，跟當年的石晉不同。」

張武問：「你如何肯定？」

李俊毅說：「就像眼前看的說書戲場，當年石敬瑭帶著一票漢人，粉墨上台演了一場，認契丹人當父親的丑戲，激起了契丹人的貪念。如今沒有漢兒子，自然不同。」

張武愣了一下，似有不甘而爭辯，指著李四說：「沒有漢兒子但是有漢父親啊！你知道契丹國內有一個韓德讓嗎？這次契丹軍南下就跟他有關！」

李俊毅問：「韓德讓是誰？」

張武說：「他原本是中原漢人，投奔契丹當漢兒，年輕時候跟如今的契丹皇太后蕭燕燕是一對情侶，後來蕭燕燕當了皇后自然與他暫時脫離關係。後來今天的契丹皇帝耶律隆緒繼位，契丹貴族不滿意這對母子，企圖奪權而掀起叛亂。蕭燕燕於是請韓德讓與其他宗親相助。這韓德讓一馬當前，表現忠心，率軍剿滅叛亂。於是蕭燕燕與韓德讓舊情復燃，讓他在床上俯身衝刺，表現另外一番忠心。」

李俊毅說：「這不就是親密皇帝的娘？那這給契丹皇帝知道了，豈不是像當年秦始皇怒殺嫪毒一樣，韓德讓得被滅族？」

張武笑說：「這你就大錯特錯，這契丹皇帝耶律隆緒知道此事，反而非常高興。尊韓德讓為父親，以至於人稱他為『漢父』。」

李俊毅下巴滑落，呆滯一會兒然後問：「契丹皇帝這麼開明啊？這麼開明的皇帝從來沒聽說過。」

張武哈哈一笑說：「這或許吧。但真實的原因我認為跟朝廷政治有關。秦始皇時代，秦國內部穩定，本來對嫪毒與母后之事，睜眼閉眼假裝不知也就罷了。沒料到嫪毒與太后生子想要叛亂，企圖奪取政權，這是亂源。但是而今韓德讓不同，他協助契丹皇帝剿滅叛亂，而遼國內部后族是奚族部落掌握，倘若母后態度不穩定，族人有異動或韓德讓手下漢人有異動，與其他懷有異心的契丹貴族聯合，那自己不就完了嗎？韓德讓是穩定的力量，所以必須尊稱他為父親。」

李俊毅問：「這跟這次契丹軍大舉南下有何關係？」

張武說：「就是這個『漢父』，平常被其他契丹大臣，質疑他漢人身分偏袒中國大宋，為了表示對大遼國忠心，不斷勸皇太后與皇帝舉兵南下，再奪被周世宗搶回的領土，進而趁機入主中國，舉族南遷。這你懂了吧？」

李俊毅聽了喃喃自語：「當年遼國耶律德光時期，漢兒簒弄他們南下，然後圖舉族南遷。現在遼國耶律隆緒時期，變成了漢父簒弄他們南下，又是圖舉族南遷。玩來玩去，原來都是這些漢兒與漢父。」

確實一下漢兒一下漢父，實在太離奇，在此做一次神鬼躍進，穿越訪談歷史人物的心理圖像。

先回到耶律德光收漢兒當時的心理狀況。

只見石敬瑭跪在耶律德光面前，身旁兩個美女。

石敬瑭（橙眼眶）眼神恍惚，詭異地說：「我是你的兒子，要把土地跟美女都孝敬你。」

耶律德光（橙眼眶）開心地說：「原來是我失散多年的兒子呦。」站起來要扶起石敬瑭。

心訪使打斷，急問：「等等等等，耶律先生，耶律先生。」

耶律德光（橙眼眶）轉面瞪眼看著心訪使。

心訪使問：「耶律先生，他石敬瑭是沙陀人跟漢人雜種，你是契丹人跟奚人所生。而且他年紀比你大也！至於另外一個要認你當父親的趙延壽，根本就是漢人。怎麼會是你的兒子？」

耶律德光（橙眼眶）說：「首先，他要把土地美女給我，接著，他以對待父親的誠意如此恭順，我當然要收他當兒子。你沒看見他身邊站著是誰嗎？」

赫然兩個美女在乖巧詭笑地，站在石敬瑭身邊。

心訪使說：「喔，原來如此。」

耶律德光（橙眼眶）白了心訪使一眼，轉面回去扶起石敬瑭，激動地說：「我失散多年的兒子啊！」

石敬瑭（橙眼眶）頭依畏在耶律德光懷裡，撒嬌說：「爸爸。」

接著再到耶律隆緒認漢父的心理狀況。

只見韓德讓與蕭燕燕，雙手互勾，並肩走來。

韓德讓（黑眼眶）指著耶律隆緒前面，扭捏作態地說：「我是你的，爸爸。」

耶律隆緒（灰眼眶）瞪大眼說：「原來是爸爸。」

站起來正要鞠躬。

心訪使打斷，急問：「等等等等，耶律先生，耶律先生。」

耶律隆緒（灰眼眶）轉面歪嘴看著心訪使。

心訪使問：「耶律先生，他是漢人也。也是你的臣子。怎麼會是你的爸爸？」

耶律隆緒（灰眼眶）說：「首先，他是國內漢臣們的代表，再者，他能撫慰我的母親，穩定國內奚族的政治力量。在政治上，我需要他！你沒看見他身邊站著是誰嗎？」

赫然美麗的蕭燕燕，頭依畏在韓德讓的肩膀上。

心訪使說：「喔，原來如此。」

耶律隆緒（灰眼眶）白了心訪使一眼，轉面對韓德讓鞠躬，說：「父親。」

韓德讓與蕭燕燕一起扶起耶律隆緒，開懷地說：「乖兒喔。」

離開心訪。

心訪使：說男人的一切行為，都是跟著女人的身影走的，政治上亦然，此話不假。不過，不管漢人跑來送你女人摟抱，說他是你的兒子，還是漢人跑來摟著你的媽媽，說他是你的爸爸。那目的都是同一個啊，目的都是同一個啊！

罔兩鏡：看來該製心靈圖象囉。漢兒漢父，經典一幕，未來還會有大用。

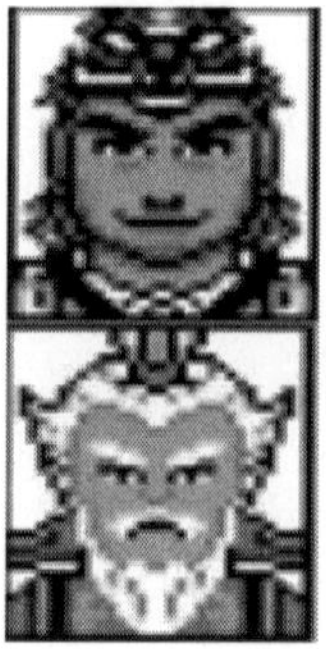

——心訪結束——

回到現實。

汴京，皇宮早朝時刻。

寇準（黑眼眶）把契丹軍深入的動向一次報告出來。皇帝趙恆大驚失色。

質問：「愛卿怎麼今日才報？」

寇準（黑眼眶）說：「在軍報來之前，臣等已經與陛下商議過，倘若遼師深入，陛下將如周世宗與先帝一般，御駕親征進駐澶州，激勵將士用命。既已經預有謀略，情勢也如預先所期，此等軍報即不在這一兩日差別。臣請陛下，即如先帝一般，移幸澶州執干戈以衛社稷。」

此語一出，群臣震恐，議論紛紛，皇帝趙恆更是面有恐懼之色。他一直以來都以文人自居，從來沒上陣打仗，先前他父親趙光義在燕京之戰屁股中箭之後，就只派其他將領上場，也改以文人自居，再也沒有親征過。

趙恆只想要像他父皇後期的標準，在安逸之所，有後宮美女圍繞，供其玩樂，太監伺候，書文作畫、觀戲旅遊，談談以文創治國。但而今寇準竟然要趕鴨子上架，用各種義正詞嚴，官冕堂皇的理由，逼自己拿武器上陣。

忽然王欽若站出來說：「那下官想問，陛下親征，寇相是否要隨行啊？」

這問得非常狠，狠不在表面，而狠在話語底下。當年漢高祖劉邦可以自己披堅執銳上戰場，讓蕭何在後方支援。而到了漢景帝劉啟遇七國之亂，晁錯也建議皇帝親上戰場，自己學蕭何在後方，這反倒引起漢景帝劉啟非常不滿。大凡在深宮長大的皇帝，哪裡願意自己冒險而臣子可以在後方安逸的？最後因此產生嫌隙，猜忌晁錯，接著讒言再來，就把晁錯殺掉。

而今這趙恆，自父皇趙光義最後因箭傷病死後，就非常害怕自己也上戰場。只要寇準說自己要在後方運籌帷幄，那他肯定就會被皇帝趙恆猜忌，雖然宋朝有祖訓不殺士人，但也遲早可以把他貶到蠻荒之地去自滅。

寇準（黑眼眶）當然老謀深算，知道王欽若這一問打中要害，立刻義正詞嚴說：

「豈有君在前方冒險，而臣在後方安逸之理？某既居高位，當與陛下同往澶州，披堅執銳以衛社稷！」

這麼一說，趙恆與其餘群臣，雖都恐懼異常，但無人能反駁寇準。趙恆說：「暫時休息，午後三刻再廷議！」

王欽若趁這休息時間，可以一對一與皇帝對奏之時，秘密叩見上奏，請趙恆移幸金陵，必要時遷都過去。而陳堯叟也找了時間叩見上奏，請趙恆移幸巴蜀，如同唐玄宗避叛軍一般。

趙恆左右權衡，宋軍的戰力即便再努力去建設，也莫名其妙逐漸衰弱，他父皇就已經領較這當種古怪，他也並非不知，自己的性命與榮華富貴比較重要，萬一真的打不過對方，那就當偏安朝廷也能拖延個一百多年的苟安。這種咄咄怪事，真的不是他皇帝有權力可以解決的，他才不願意逆之而行。

於是在廷議再開時，趙恆提出了往巴蜀或幸金陵的動議。

寇準（黑眼眶）立刻站出來：「到底是誰替陛下謀劃此策的？此人之罪當斬！」王欽若與陳堯叟在一旁，聽了震動。

寇準（黑眼眶）眼睛也瞄了他們一眼，早已經猜出是他們建議的。

接著又說：「今天子神武，將相和諧，若陛下親征則契丹必然遁去！倘若不然，堅守城池，出奇策以亂敵，勞逸的大勢也是對我方有利！奈何拋棄宗廟，逃到楚蜀偏安？」

除了王欽若與陳堯叟，群臣紛紛點頭，而兩人深恨寇準。寇準（黑眼眶）內心是知道的，剛才就是故意要來這一句，而這一句該殺的震撼教育，其目的是擺在後著。

皇帝趙恆只好點頭說：「朕知道了，當從寇相之言。能得賢臣如此，朕無所懼矣。既然決定親征，再休息一時辰，諸卿先各自省思方略，再回來定案。」

寇準（黑眼眶）走出大殿往休息所，畢士安輕聲問：「南下移幸之事，我等都知是王欽若與陳堯叟所奏，他們是兩個小人，寇相剛才出言會不會太嚴厲？」

寇準（黑眼眶）說：「某就是要得罪小人。」

畢士安更糊塗了。寇準笑說：「這自有道理。」

於是派人到樞密院，拿出軍事地圖，寇準從當中看到了一個要害之處。

群臣再次議事，討論如何佈署御駕親征之事。

趙恆命人攤開地圖掛在牆壁上，指出大名府這一處，說：「北京大名府，河朔重鎮，也稱北關鎖鑰。既然朕已定，親征至澶州駐蹕，抵禦契丹深入，當擇一大臣鎮大名。若局面相持長久，則此處可與澶州南北呼應，以奇策擾虜後方，迫使其撤退。諸位認為誰可鎮此？」

寇準（黑眼眶）立刻站出來說：「王欽若足智多謀，可擔此任。」

王欽若頗為惱怒，這寇準是打算把我當槍使，丟到北關讓契丹俘虜嗎？

趙恆轉面看他，王欽若自知先前已經勸南行，若此時膽怯，必定會被寇準追著打。只好說：「臣願意擔當此任。」

趙恆見原本安逸怯懦的大臣，願意身赴險境，大有自信，立刻委任。

王欽若心思：這真是逼人太甚，反正遼人也會善待漢臣，倘若逼急了，我不在乎當韓延徽第二。

寇準（黑眼眶）心思：佈局大致妥當，只要契丹人是玩真的，石重貴舊事重演。原來這一代名相寇準，是想要把皇帝趙恆賣了，只要契丹軍還保有當年耶律德光的戰力，重兵突擊皇帝所在的澶州，而契丹軍後方讓王欽若鎮守，必定膽怯自持，堅守城池不敢出。那麼所謂的奇策擾敵，就會失效，切斷契丹軍補給後方也辦不到。

可是契丹人，卻已經沒有當年耶律德光的戰力，而且這次的契丹人不是玩真的。

宋軍因為許多部隊都裝備粗略的火藥武器，讓契丹軍隊在各地，都有敗跡。草城川、麟府路兩契丹騎兵部隊大敗，在瀛州城下，遼國蕭太后親自擂鼓激勵士氣，契丹軍攻城器具齊發，城下也不斷發射弓箭掩護攻城。但仍然打不下來，陣亡三萬，傷六萬人。

所幸契丹後方補給線，沒有被宋軍襲擾，契丹軍可以補充之後，繞開堅城繼續深入。兩軍互有勝負，但宋軍怯懦，都憑藉城池防守，偶而派小股部隊襲擾契丹遊騎部隊，得不到太大的戰果。

但蕭太后對此卻已經深感不安，宋朝戰力根本不是想像中那麼脆弱，倘若大舉反擊，後果不可預料。而遼國漢臣王繼忠，秘密穿梭遼宋高層之間，發現蕭太后與皇帝趙恆都有意要和談，便開始促成此事。

契丹軍營。

蕭燕燕與兒子耶律隆緒，商討議和之事。另有一人也進帳議事，此人就是傳說中的韓德讓（黑眼眶），祖父是唐末時，被契丹人擄掠去當奴隸，但子孫都因有文化教養，被封為漢官。這蕭燕燕在入宮之前，與這韓德讓有婚約，以至於遼景宗去世之後，當上太后的蕭燕燕，對其舊情復燃，出入後宮如同夫妻，而耶律隆緒也對其執以『父禮』，稱其為父。

當年石敬瑭對耶律德光稱父，要全部的漢人尊重契丹人，契丹人為漢人國家之父。而今耶律隆緒對韓德讓稱父，要全部的契丹人尊重漢人，漢人為契丹人國家之父……

互相都想要當對方的龜兒子。沒有人真正是父親，那乾脆互相認個兄弟好！

蕭燕燕憂慮地說：「我軍一路南下，且戰且行，總的來說敗多勝少。軍士大多陣亡於堅城之下，不得不以遊騎隊牽制堅城，主力繞路而行。哀家深怕再深入進攻，汴梁城也未必能夠攻陷，屆時後方道路被南兵切斷，我們一家人如何得歸？」

韓德讓（黑眼眶）說：「太后憂慮甚是，但至今為止，南兵尚無任何截斷後路的動靜。他們必定是懼怕我契丹軍力之盛了。」

蕭燕燕說：「夫君莫太過自信，眾將領都回報了各自的戰況，他們也都認為，後方道路是我們現在最大的弱點！當年太宗皇帝北返時，也是時時警惕，最後仍然身死，主力傷亡慘重。倘若南朝皇帝同意議和，我們不如許諾。」

耶律隆緒知道瀛州一戰，母親已經感覺到宋軍有些不對勁，但到底哪裡不對勁？又解釋不出來。蕭燕燕從小聰明伶俐，又見多識廣，對漢人不陌生，自然能感覺有不對勁之處。

耶律隆緒（灰眼眶）說：「真可惜了，兒還準備在澶州生擒趙恆這小子呢！」

蕭燕燕問：「你怎知道南朝皇帝要到澶州？王繼忠並沒有告訴哀家這件事！」

答道：「早在瀛州之戰前，南朝內部有人，就送蠟丸密件來，說南朝同平章事寇準，力主皇帝親至京師門戶澶州，激勵將士士氣。但當時兒認為，我軍都還沒破瀛州，他計劃到澶州為何？這恐怕是調虎離山，漢兒們的詐術而已，便把蠟丸丟了，故沒有報告母后知道。但近來聽刺探說，他們真的已經決議要到澶州。」

蕭燕燕問：「是誰送蠟丸密信的？」

耶律隆緒（灰眼眶）說：「不知道，沒有署名，也不是我們的刺探，甚至文字都是用他們的印刷術代筆的。」

蕭燕燕頓起疑惑，起身來回踱步，低聲說：「奇怪了，怎麼南朝內部有人，似乎已經預測，我們一定會棄堅城南下？若這樣，就令後方堅守的部隊，切斷我們的後路補給即可，何必把他們文弱的皇帝推上來迎戰？還蠟丸預先通知？夫君認為這是怎麼回事？」

韓德讓（黑眼眶）從其父親開始，努力替外族辦事，與石敬瑭一樣努力當『漢兒』，如今功成名就，靠幼年時的情人蕭燕燕之福，從『漢兒』一躍而為『漢父』。對於漢兒們的心態，自然最是了解，而且這個送蠟丸密信的人，其實就是私下與他有密信溝通的寇準（黑眼眶）。

韓德讓（黑眼眶）說道：「南朝內部有漢兒，想與我朝相通，意圖出賣其主。我等當全力南下一舉將南朝皇帝生擒活捉，大遼一統中原就在此舉。」

耶律隆緒（灰眼眶）說：「父親會否太過相信漢兒？就算要與我朝相通，總不可能故意把皇帝丟到我們面前，讓我們擒抓。」

蕭燕燕說：「夫君所言極是，既然送給我們這個機會，為何不趁此一舉成功？」

耶律隆緒（灰眼眶）說：「母親與父親，切莫忘太宗皇帝覆轍。實際上我們的戰力並不足以統治中原，而今雙方都在檯面下磋商和談，我們只要取得一個有利的條件，就當退兵。所以乾脆將計就計，仍然要兵發澶州，只要條件許可，利用他們皇帝軟弱，取得有利條件就議和！」

看見耶律隆緒已經深深忌憚耶律德光的前車之鑑，兩人只好作罷，不再堅持。於是契丹軍繼續進軍，但內心已經有議和打算。

皇帝趙恆也同時率軍出汴梁往澶州進發，但帶著群臣與軍士走到一半，聽說契丹軍大舉南來，逼近澶州，嚇得無所適從，群臣也都驚恐萬分，王欽若明明已經北上統軍，但群臣卻臨時捧著他的建議，再次提議南下金陵。

趙恆膽顫心驚，準備同意這個建議。要招寇準再次晉見，討論南下躲避。忽然隨行的妃子哭訴：「官家莫要上當啊！」

趙恆問：「此話怎講？」

妃子說：「群臣這是要以官家為將，去替他們帶兵打仗，這到底是為何？不如返回京城。」

趙恆說：「可是已經准寇準之請，全國皆知，臨時變卦失信群臣，恐怕寇相不同意啊！」

妃子說：「寇準是大奸臣！他正準備把官家給賣了，騙官家到澶州，為胡虜所俘，屆時我等將如石重貴，入虜廷為奴矣。」

趙恆正色說：「愛妃莫要胡說，寇準義正辭嚴，怎麼會是賣主奸臣？國家大事婦人何知？」

妃子哭訴說：「臣妾這是替陛下著想啊！您自己看看，當年李從珂、石重貴週邊不也許多忠臣，最後他們或死或被抓，那些大臣及將領，不是都去向新主子磕頭，得到高升嗎？臣妾絕不是紅顏禍水之人！」

趙恆聽了喃喃自語，這向新主磕頭得高升，他想到馮道每次改朝換代，都率群臣拋棄舊主，去朝見新主的故事。接著又想到李從珂的薛文遇，石重貴的景延廣。而今的寇準與他們兩人，又何其相似？

這愛妃說的也對啊，況且現在群臣也有不少人建議南巡避難。但平常他看史書，說只有昏君才會聽信女人而猜忌大臣，自己又自認不是昏君，一時無法判斷該如何是好。

「臣寇準拜見吾皇。」

趙恆走出車輦，開口說：「寇愛卿，還是南巡吧！朕沒辦法這樣到澶州。」

寇準（黑眼眶）看了在旁的愛妃眼淚，知道好內的趙恆肯定被吹了陰風變了向，疾呼：「群臣怯懦無知，不異於鄉佬與婦女之言！而今四方危心，陛下可以進一尺，不能退一寸，河北諸軍盼望御駕，士氣百倍，若鑾駕後撤，萬眾瓦解，敵虜必定從後追及，金陵也不可到。」

兩邊其實都有道理，趙恆仍狐疑不定，只揮手要寇準退下。

忽然殿前都指揮使高瓊跑來，寇準（黑眼眶）問：「太尉深受國恩，如何報答？」高瓊高喊：「我是武將，只有以死報國。」

兩人一同到趙恆面前，寇準（黑眼眶）問：「陛下若不相信臣，可以問高瓊！」高瓊大聲疾呼，契丹已經戰力不如以往，願以此保駕打敗契丹。在旁的護駕軍士，也疾呼前行。

趙恆只好點頭說：「那就，繼續前行吧！」

趙恆雖然已經同意前行，實際上感覺氣氛不對，自己仍然有被賣掉的可能性，不斷派人與契丹使者接觸，談判議和條件。

此時契丹軍先到達澶州，契丹全軍竟然都已經預先認為，宋朝皇帝趙恆已經先到了澶州，急於三面圍攻。

大將耶律達蘭，是當初同意韓德讓，力倡南攻的宗親將領，認為趙恆已到，要奪得生擒對方皇帝的頭功，率軍躁進，竟然被強弩射死，契丹軍士氣低落，紛紛後退。

而契丹軍後退之後，趙恆才到澶州，遲了那麼一些時間，沒碰到耶律達蘭。宋軍見到契丹退而皇帝來，皆高呼萬歲。契丹軍此時才知，趙恆現在才到，竟然沒有準備開戰，只緊張對峙。蕭燕燕與趙恆，相互派使節穿梭於兩陣之前。

因為雙方都非常想要當對方的龜兒子，從漢兒玩到漢父，已經無人可以當真正父親，所以還是相互認兄弟吧……

最後，兩邊如同菜市場買賣的男女，開價和談。

此時寇準（黑眼眶）才大為吃驚，原本以為安排大打出手的戲碼，變成了市場喊價，談『和平到底值多少錢』？成了荒天下之大謬的戰爭，但事已經至此，只能盡最後力氣挑撥。

蕭燕燕使者還沒到，趙恆的底價就已經自己露出來，告訴自己的談判使者說：即便銀加帛每年一百萬，也願意和談。蕭燕燕則想開價銀加帛三百萬。讓使者比出三根手指頭。趙恆以為是三百萬，直呼：「三百萬太多了！」但又怕被契丹人抓走，於是喃喃說：「假設能議和，三百萬也可以答應！」。但寇準私下威脅宋方談判使者，雖然聖上同意一百萬，但假設超過三十萬就殺你！官不怕大就怕管，嚇得使者堅持銀加帛三十萬底價，才不管你皇帝說什麼！

寇準（黑眼眶）認為，如此價碼差距太大，宋方若堅持三十萬底價，契丹方必然忿怒，就可能當場開戰。沒想到，蕭燕燕聽了銀加帛三十萬之數，同意三十萬成交！最後定了澶淵之盟。宣佈宋兄遼弟，永遠為兄弟盟邦，邊境貿易開放。

兩龜兒皆無父，終歸還是得當兄弟……

給了燕雲十六州，拚了兩次佈局也是白搭，契丹人在鬼局看來，真是爛泥巴抹不上牆。這都還在其次，最怕時間一長久，又變成第二個高句麗！趙恆暗中躲過一劫而不自知，成了最幸運的皇帝。

澶淵之盟確定後，趙恆的欣喜沒有很久，很快就覺醒寇準可能是隻鬼，是類似薛文遇與景延廣一樣的人物，只是他自己運氣比較好，契丹人已經不復當年勇力。於是開始找小毛病，運用朝廷制衡，將寇準貶官，貶出京城。寇準最後是貶死在極南方的雷州貶所。

同時趙恆也準備幹一件，他父親想做而沒有做成的事情，就是『封禪』。

後世的小說，曾附會宋真宗趙恆的兒子宋仁宗，在出生的時候被皇后用狸貓所換。稱為『狸貓換太子』。但真正上演狸貓換太子的，是宋真宗趙恆本人，而且他不是扮演那個太子，也不是扮演那個皇后，而是當了那一隻狸貓……

封禪的條件，趙光義當年就已經摸清楚，連隋文帝與唐太宗都自認沒有資格，不敢去封，但趙光義自知不夠格又想厚臉皮霸王硬上弓，結果上演了鬧劇，撞到了屏障，所幸懸崖勒馬，取消封禪。

宋真宗趙恆決定使用旁門左道，繼續努力鬧劇下去，派人裝神弄鬼，說降下了『天書』，於是群臣紛紛上表慶賀，開始大玩『天書政治』。

果然趁著天書開始發熱，且在荒腔走板之前，馬上宣佈封禪泰山，趙恆明明也自知不夠格，卻用天書造謠，不尷不尬，帶著后妃大臣，跑去封禪泰山・・・・原本是有屏障的，即便你用『狸貓換太子』自己跳進來當狸貓，去魚目混珠，也是會撞到屏障，被迫退回去。但神奇的是，屏障開放，他封禪成功了。

但從此之後，所有後代皇帝，即便有資格封禪，也不想去封禪。原因就是宋真宗趙恆，明明沒有資格，卻跑來擠隊。

例如，後世皇帝中，元世祖忽必烈國土最為廣大，雖然兩攻交趾沒有成功，兩攻日本沒有成功，但除了統一中國本土，還大舉西征到阿拉伯地區建立封國，國土還遠極逼近亞洲邊緣，融合蒙漢，為第一個異族統一中國的皇帝，有資格封禪。

明成祖朱棣，雖領土沒有元朝那麼大，且高壓政治，株連頗多，東廠橫行，但出兵收復交趾成功，兼有遼東、雲貴高原。又派了鄭和下西洋，稱霸整個印度海洋區域，最遠到達非洲東岸，有了前所未有獨特的航海事蹟，勉強也可以封禪。

清聖祖康熙玄燁，平三藩，收台灣，東北抗俄羅斯擴大至外興安嶺，併內外蒙古與西藏，並且開啟盛世。可以封禪。

清高宗乾隆弘曆，平準葛爾收新疆，奠定清朝最大的版圖，超過漢唐，並承繼康熙雍正兩朝盛世，成康雍乾盛世，融合漢滿蒙回藏苗傜等諸多民族，為一中央集權之中國。雖然有文字獄的政治污點，但不影響整體事蹟，勉強也可以封禪。

但這些皇帝不封，最多草草祭祀一下，原因就是泰山上有宋真宗這隻狸貓，擠在太子群當中，不尷不尬，又已經封禪塗鴉在前，史冊明明白白，後代皇帝移除不了，對之無可奈何。被他徹底打壞了行情。雖說宋真宗自己跳進泰山去當了狸貓，壞了兩千年的封禪行情，但並不是這個皇帝不好，到了宋真宗，宋朝開始發揮了宋太宗奠定的文明基石，擁有當時世界上，政治、軍事、社會、科學、教育、經濟、生產、民生、文化、航海，等等所有極特殊的優越條件，正在蘊釀著一場前所未有的巨大變化。

這種大變化前夕，超個體不可能不知道！但超個體古怪，產生一股力量，阻擋了這個巨大變化，讓宋朝動彈不得，只能成為誘餌。

原來以宋朝本質條件，是有資格封禪。趙家皇帝不懂應變而已，但古怪還是公平的，給他封禪成功，但這並非本質遊戲，

明明宋朝就可以工業革命，但為何古怪要阻擋這個文明性質的巨大變化？得過數百年後才會逐漸明朗。

※※※※※　中軸線訊息　※※※※※

承前

令昊↓0　代=Σ本1　代↑↓異一　／／宋與契丹對立／／

異一　=Σ異一　1+Σ本甲　／／漢兒變漢父／／

本甲=異一　1，本乙=異一　2　　本丙≠異3

本丁=異二　1，　本戊=異二　2　　本己≠異二　3　　／／西夏也僵局／／

母=1／代（+甲）+異　但異一　=Σ異一　1+Σ異二　1≠Σ本甲　　／／亶淵之盟繼續僵局／／

※※※※※　　　※※※※※　　　※※※※※

汴京郊外，小木屋。

木屋外是一座花園，也設有圍牆，旁邊還有一座工坊。而工坊旁邊則有一條小河，這裡似乎在造一樣東西。一個七十多歲的老人，在這做研究工作。

蘇頌（金眼眶）在小木屋裡，正看著一本古卷，此時也是一個老頭來訪，正是他的好友蔣文象。

蔣文象問：「子容兄，閣下不是接了朝廷的旨意，要製造水運儀象台嗎？下個月初就是預定的？」

蘇頌（金眼眶）說：「逾期只是小事，朝廷多的是逾期之事。現在擔心的，反而是水運儀象台最後失敗。現在最核心的擒縱法則，很不穩定。」

蔣文象問：「先前，韓公廉不是贈給你，他寫的《九章鉤股測驗渾天書》一卷，還有他造的機輪木樣一座，當作參考嗎？還沒想透當中的擒縱法？」

蘇頌（金眼眶）說：「事情哪有這麼簡單？你跟我來！」說罷，帶著蔣文象到工坊。

工坊內部桌上，擺著機輪木樣一座，同時旁邊就擺著《九章鉤股測驗渾天書》卷軸文書一卷。然後整座工坊，都是木頭鐵釘鐵條，以及散落滿地紙卷，一看便知他研究得很雜亂。

蘇頌（金眼眶）兩手手指，從分開到交錯，最後翻掌，以動作示意，說：「他的這個東西，雖然精巧實用，數算透澈，但僅是靜態的法則。我現在缺的是動態的法則，一動一靜交錯相維，最後結合在一處，才能出現新法！這個新法就是我們剛才說的擒縱法則。」

蔣文象疑惑，摸著下巴長鬍子，若有所思說：「動態的法則？」

蘇頌（金眼眶）問：「你可有什麼書給我參考？」

蔣文象忽然瞪眼微笑說：「可能有！就在我家藏書閣裡面有一古卷！」

蘇頌（金眼眶）追問：「何書？何人所寫？」

蔣文象說：「此卷《天元陰陽書》，只知道是唐朝的一個公主與他的丈夫所著。

上面記載火藥術與各種自然核心陰陽法則。只是卷尾寫著，此法當傳之後代。」

蘇頌（金眼眶）搖頭還並搖手說：「我還以為什麼！隋朝時期道士就知道此法！火藥的製作方式，汴京城到處有人知道。不就硝石、硫礦、木炭以適當方式混合所成。這本書沒有用。」

蔣文象頭撇一邊，不以為然地說：「你這老頭什麼都好，就是判斷事情太果斷！如果此卷就是寫坊間火藥，爆竹，煙花，年節余慶這些東西的製作方式，大家都有，我留藏做什麼？它裡面寫的不是這些，而是為何會爆炸？為何明明靜態的礦石，最後會有動態的自燃？最重要的是，裡面還寫了很多令人稱奇的以無制有之術！有無相生，不就是靜而變動，最後動而改變萬物狀態的核心法則？你剛才不就是說要動態法則嗎？」

蘇頌（金眼眶）瞪眼說：「若如此，快快借我！這是比《九章鉤股測驗渾天書》還要更加根本，更加厲害的著作！」

蔣文象說：「好，你等著！」

於是去把《天元陰陽書》取來，給蘇頌研究。

蘇頌研究半個月後，蘇頌靈感大增，破解了核心擒縱之法，還繪製了當中齒輪結構圖，於是招集工匠，開始動工製作水運儀象台，最後完工。

水運儀象台高三丈五尺六寸五分，寬二丈一尺，是一座上狹下廣的三層木結構建築。全台由水門、木輪、鉤狀鐵撥等組成傳動系統。它的計時部分原名『晝夜機輪』，是一具精巧的水鐘。在這裡，蘇頌使用了相當於現代鐘錶中的擒縱器的一系卡子和樞輪杠杆裝置，通過大小齒輪的嚙合控制水門轉動和樞輪運輪運轉速度。整個計時部分共有五層木閣：第一層是晝夜鐘鼓輪。輪上有三個不等高的小木柱，起凸輪作用，可按時撥動三個木人的撥子，拉動木人手臂，一刻打鼓，時初搖鈴，時正敲鐘。第二層是晝夜時初正輪，輪邊有二十四個司辰木人，表示十二個時辰的時初、時正，即分一天為二十四小時。該輪上的二十四個木人隨著輪子轉動按時在木閣門前出現。第三層是報刻司辰輪，輪邊九十六個司辰本人，每刻出現一人。第四層是夜漏金鉦輪，可以拉動木人按更序法鉦，報告更數，並且可以按季節調整，以適應晝長夜短的變化。第五層是夜漏司辰輪，輪邊設三十八個司辰木人，木人位置可按季節變動，從日落到日出按更序排列。

世界上第一個反覆循環的自動時鐘出現了。很通俗的結果，卻是需要很多超高智商的底蘊。

兩老頭開懷暢飲，汴京城男男女女都來觀看，驚嘆不已，最後皇帝趙煦也親自前來查看。大為欣喜，於是搬到皇宮廣場門前，讓此物永遠循環報時，所有汴京城男女經過皇宮門口，都能看到報時器。皇帝同意讓民眾使用這個可以自動的機械。汴京城，成了世界上第一座有公共準確時鐘報時的城市。自動的時鐘。

蔣文象於是因此緣故，與蘇頌共同寫了一本《水鐘鑄法》，談的就是當中他與蘇頌，共同切磋出來的核心擒縱的中心法則。以此繼續傳之後代。

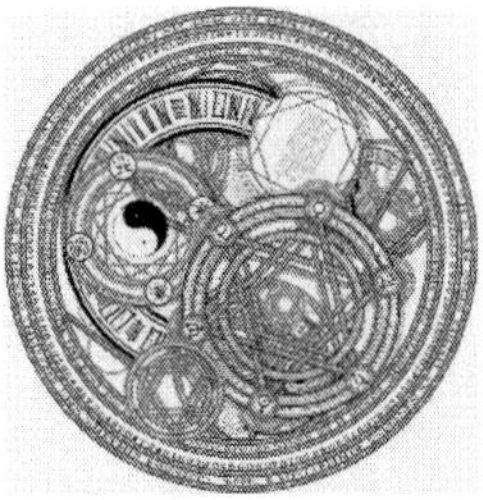

要一個文明傳承長久，關鍵在於最平凡人的思維必也傳承。統治者往往在心靈圖像都激發出獸性乃至無恥歹毒，等等陰暗面，雖然最有資源，卻不太可能將良好的思想傳承下去。平凡人這條路，雖然資源寡缺，但相對傳承之路反而比較平坦。但到了宋朝，反而有統治者會親自支持這個。

脈絡子：真的到了陰陽古怪之主，說的讓逸品『適當』彰顯的時代。但傳承還是最重要的。

殘影鍊：立辛／陰陽家↓仇盂／陰陽至易↓高人／ 陰陽真學↓王睦／太極劍↓楊

鑑／三鬪仙器型圖／太初與太罡劍↓曹通、元子攸／太元劍↓祖世光、楊蘭芷／三元自然簡式　↓陳益民、黑藍雲月／　機關要術↓陳永／傳書　↓永嘉公主、陳胤　／　天元陰陽書↓蘇頌、蔣文象／水鐘鑄法

第十九章 複局補充抓空打 扮豬吃虎 強化釣線

澶淵之盟後過了一百零七年。

這段期間，宋朝的各項發展果然都不斷攀升，當時的綜合國家生產力，已經是當時全世界各地區總和的一半。軍事基礎，已經有條件變成火藥兵器為主。各項指標，都快到達農業社會的頂點，隱隱約約出現一種整個社會革命與產業革命的態勢。

但是一股力量，不斷壓制住這種自然發展，引向相反的路徑上去，眾人都沒有察覺。別怪當時無人察覺，連一千多年後的人，竟然也無人察覺真實的原因。

※※※※※　※※※※※　※※※※※

陰陽一體，古怪相連。

陰古：脈絡子的成果很大，整個群體社會結構會大轉變。抓空打，對我們已經不算是致命傷。但地脈收縮的損傷還是存在，結構不能說沒有內傷，需要補充回來。

陽怪：是該要把前期損傷，都補充回來。那就捲另外一族，扮豬吃虎。開複局格式，那麼就如同前期五胡時代的狀況。接下來要開始實戰。補充抓空打。融合捕食已經成熟。

※※※※※　※※※※※　※※※※※

原來唐末到五代，是中國第二次大規模歷史軍演。演練科目是抵擋『抓空打』，為何如此？留待後表。而北宋就如同西晉，是軍演過後休息，準備進入實戰。或許可以這麼說，漢末三國軍演『融合捕食』，西晉休養片刻，到十六國春秋南北朝，實際作戰。唐後期藩鎮軍演『抓空打』，直接在五代十國實際操作，而後北宋休養片刻。接著進入金兵南下的『融合捕食』，來彌補演練『抓空打』造成的地脈損傷。畢竟『融合捕食』已經成熟。這種複局格式，獲得積極一增，繼而獲得消極一減，一增一減的運轉從而都能互濟成一系統。也只有古怪能玩得出來。

宋朝皇帝溺於治世繁榮，不思恢復漢唐舊疆。只受了前期挫折，得過且過，就以為天下臣民可以安於小朝廷的榮華規範，那就大錯特錯。因而連著一百年，放棄諸多機會。

終於到了，宋徽宗，政和元年。

先前受寵的宦官童貫，曾擊破西夏的入侵，一躍成了炙手可熱的權貴。他翻閱歷史，認為大宋朝不應該受屈辱於西夏與遼。既然因為他的戰功，西夏暫時稱臣，他遂有圖遼之計，於是自願當使節出使遼國。但礙於他是宦官，只能當副使出訪。

確實，宋朝受制於西夏與遼，是完全沒有道理的。無論是人口、科學、教育、軍制、兵力、民生、經濟、法令等等種種，宋朝都甚至已經遠超越盛唐。但如此條件卻連基本的國土，竟然都沒有完整統一。童貫的邏輯是完全正確的，但他不知道後面藏有『古怪』，以至於一個正確的邏輯，卻屢屢不能印證，讓他成了孤鳥，最後搓成了一隻很重要的『鬼』。他自己不知道，自己也成了他疑惑的原因之一。

童貫到了遼，遼國皇帝耶律延禧首先發笑，臣屬紛紛指童貫恥笑。

「南朝沒有人了嗎？」「怎麼會派長鬍鬚的宦官前來？」「你真的是先前破西夏的童帥乎？」

童貫（紫眼眶）聽了，想到史書上說晏嬰使楚，本可以反唇相譏。但他此時懷著更多的心思，不會去學晏嬰，不用口舌智慧爭顏面尊嚴。因為宋朝的發展有目共睹，有沒有人，是大家都知道的常識，已經不重要，而現在重要的是，他童貫有重大任務要辦。所以對這種羞辱，童貫淡笑視之。

現在該害怕的，應該是遼國上下君臣才是。

這隻鬼的演化基礎，修改於石敬瑭與寇準，可以說是融合體。基於先前第一次耶律德光乖張胡鬧的失敗，與第二次耶律隆緒時契丹兵無心無力的特點，他這次一定會完成，石、寇兩大主角未竟之志。

童貫（紫眼眶）哈哈一笑，摸著自己難得的鬍鬚，說：「聞北朝君臣熱愛敝國奇珍，外臣前來是代表我主，致贈各項奇珍賞玩，無需多言，我們以眼見為憑，表示誠意。」

宋朝的奇珍玩物雖多，但遼國君臣並不陌生，都認為這次使節也不可能拿出什麼能驚豔全場之物。可當童貫（紫眼眶）差人拿出來時，在場的人仍然是一震驚愕，從雕工唯美的玉器、字畫、木製傢俱、兩浙產的漆器、各種民生使用的器物繪圖、甚至已經有精巧的機件雛型。

雙手一攤說：「來啦！各位貴卿！我們漢人送來最珍貴的禮物啦！」

大家都不得不承認，童貫所選之物，當中有不少是前所未見者。

不只引來契丹人，乃至於遼國的漢人都好奇來觀，耶律延禧將這些奇珍放置於宮外，讓官員們來參觀，童貫（紫眼眶）一一接待，趁機探察遼國上下官員之虛實。

此時原本燕雲之地的漢人馬植（橙眼眶），先前他行為貪婪，好走旁門左道的行為，讓人不齒。但基於他家族是燕雲的望族，所以遼國還是攏絡他們家族，使之擔任遼漢官光祿卿，他也湊熱鬧，來觀賞童貫送來之玩物。

馬植（橙眼眶）不是第一次看到這些東西，但這一次對於童貫的奇珍，也許特別有巧思，特別吸引人，因而有莫名的感應。在場許多人三三兩兩，各自看著展示，沒人理會馬植與童貫的氣味相投。

「您是童大人吧？聽說您還被封了郡王，還是該稱您為童大王？」

「稱大人即可，我是個斷了根的人，被大王大王叫，實在彆扭。」面露不屑。

「在下可否觸碰這些展品質地？」

童貫（紫眼眶）看此人眼神與長相，便知其多慾，閉眼微笑說：「請便，謹慎別摔下即可。」

馬植拿了一個金屬齒輪所組成的人形器件，外有扳手可以轉動，放開後齒輪機件慢慢轉回，人形器件則會緩緩移動。這個構造，簡直就是蘇頌自動時鐘的迷你進階版。

童貫本來不在乎此人，轉身正要招呼別人，忽然聽到馬植（橙眼眶）說話。

他感嘆說：「真奇啊！南朝不愧是我正統華夏上邦，竟能造出此等自行神物，當年的魯班，要與造此物之人相比，恐怕也要自嘆弗如矣。」

童貫（紫眼眶）從他流利的汴梁官話，似乎聽到了與自己目的，有那麼一絲相契之語，回頭笑說：「奇技淫巧之物耳，正統華夏上邦，仁義正道為尚，不執著於此門類。請問尊姓大名？官拜何職？」

馬植（橙眼眶）行揖說：「燕人馬植，官拜遼光祿卿，然而政績怠惰不佳，受上官批評，下月就要辭官回燕當一散人。慚愧！慚愧！」

一般人聽到此語，大小眼心態便起，立馬轉而敷衍，遠離此人。但童貫看人識物是有另外一種思維能耐，他知道人對事情見解的高低，所蘊藏的能量，遠超過其身分與地位的高低。身分地位是假的，可以因人事變化調動，但對事物見識之高低，那是相對穩固不變，能影響局勢的力量截然不同。童貫果然不是凡人。

童貫（紫眼眶）接著問：「閣下也是漢人吧？竟能說一口流利的汴梁官話？」

馬植（橙眼眶）點頭笑說：「當然是。唐朝時，祖上有德，就已經是燕地官僚。如今雖任遼官，臣服於契丹主，但仍心向中原大漢正統，是故學習了汴梁官話。」

童貫（紫眼眶）微笑點頭，雖然尊重他的立場，但當下也看不出馬植有什麼不一樣之處。這種遼官，並不少見，並不特別。

又正要轉身離去，這馬植反觀察童貫的長相與言語，身為宦官能有鬍鬚，本身就非常人，更何況建立殊勳而受重用？若不會走旁門左道的神鬼功夫，不可能有此地位。既有此地位，且願意來遼為使，又贈這麼多奇巧之物，必定不是應遼方邀約這麼單純。於是主動用話試探說：「童上使大人，您來大遼，恐不是只當賀生辰使這麼簡單吧？」

童貫（紫眼眶）轉身，再仔細端倪了馬植（橙眼眶），歪頭微笑說：「閣下何出此言？可有見教？」

馬植（橙眼眶）再次拿起了自行人機件，正色說：「見教可萬萬不敢當，敝人在燕地時，就曾聽說童上使大名。而今能擊敗西夏，迫其稱臣，聲名遠播，來遼出使，必然會細細觀察大遼上下虛實。」說到此，特別小聲。

童貫（紫眼眶）冷冷一笑，也輕聲說：「莫要胡言亂語，宋遼兩國百年兄弟之邦，往返使者已不計其數，難不成都是探虛實而來？若是，這一百年來的虛實也該探夠了，不需要在下來探。」

馬植（橙眼眶）左右觀望了一下，見其他人各自說話，在場也人聲鼎沸，並沒有人注意這裡，微笑說：「兄弟之邦？言過了吧？中國之人都以燕雲割讓為痛，若真是兄弟之邦，大遼就當歸還燕雲。奈何佔著石敬瑭割讓之地一百多年，還每年索要歲幣？」

童貫（紫眼眶）詭異地低聲，斜眼看他，似笑非笑，像是試探卻又帶著幾分真誠地問：「閣下~有見解？」

馬植（橙眼眶）繼續玩著自行人機件，低聲說：「童上使大人忙，恐沒時間理會我這等，即將解職歸鄉之人。不然當呈上奇策，讓您吃驚萬分，以報上使讓我今日大開眼界之恩，目睹自行人的機件原理。」

馬植一語中的，打中了童貫內心深處所想。

童貫（紫眼眶）微笑且低聲說：「這裡恐不是說話之處。說也甚巧，本使下個月歸國覆命，正要路過燕地，預計初九，會住盧溝驛站。若閣下屆時有閒，可來一談。」

馬植（橙眼眶）說：「童上使可有信物為證？」

童貫（紫眼眶）微笑說：「就你手上這個自行人吧！我將其於禮品名單中刪去，就是閣下的了。」

馬植（橙眼眶）笑道：「上使大人果然出手不凡，馬植多謝上使，屆時必定準時赴約。若有不慎拖延，必是交通障礙，望上使能多等兩日，馬植必定不讓上使大人失望。」

童貫（紫眼眶）聳動了一下眉毛，微笑說：「本使先忙，屆時不見不散，閣下請便。」

說罷，轉身去招呼其他遼國王公貴人。馬植達到目的，也不繼續在現場礙眼，便拿自行人離開。

出使任務完成之後，使節團南下歸國，使節團依照計畫住在盧溝驛站。童貫急切地等待馬植出現，希望他不是一個會爽約的人。

盧溝驛站的客棧大廳，夜晚。

仍坐滿了客人，但這些客人大部份都是童貫的隨從，整個客棧的一部份區域，都被使節團包租下來，趁著這次出使，他們也做了不少生意。而真正的正使，端明殿學士鄭允中，在上房已經先睡著，童貫只對他說，這幾天將有遼國客人相見，並不願透露真實給他。

馬植（橙眼眶）拿著自行人走進了大廳，侍衛先攔著，看了自行人報了姓名，才放他到一間豪華房間，與童貫秘密見面。

童貫（紫眼眶）微笑說：「馬君果然守信，不枉本使在此等待，可見閣下是真有見解，所以不遠千里來相會。」

馬植（橙眼眶）也露出了笑容，於是說：「若拿不出方法，不敢在童大人面前賣弄。因為鄙人深知，童大人不是那種，光說而不練的書生腐儒，而是一但有把握，肯定會去執行的大人物。胸襟遠大，遠過於科舉書生。」

童貫（紫眼眶）收拾笑容，點頭說：「閒話家常，還有的是時間說。在遼國中京的時候，馬君對燕雲之地有見解，請問是什麼見解？」

馬植（橙眼眶）問：「我站著回話嗎？」

童貫（紫眼眶）哈哈一笑，請馬植上座：「失禮，請上座。」

於是兩人在一桌旁面對面慢談。

馬植（橙眼眶）淡淡一笑，然後說：「自從石敬瑭割燕雲十六州之後，在過去不少人都想過收復燕雲十六州，周世宗一代英雄，只收復了兩州三關，身死功敗。大宋太宗皇帝也是一世英雄，兩次出兵苦戰於燕雲，都以慘敗告終。從而遼國有了警覺，將燕雲變成重兵之地，又方有大舉南下，簽下百餘年前的澶淵之盟。這當中，遼國時不時還與大宋，爭執邊境爭議土地，最後都是大宋吃虧。真是百年英雄皆飲恨，坐嘆胡虜欺華夏。這些英雄們的錯誤，都只犯在一處！就是他們只看一端，未看全局。」

【馬植此時眼眶變色，也成了紫眼眶】

童貫聽了頻頻點頭，他聽出了這馬植能直論帝王英雄們之失，絕非等閒人物。沒想到帝王英雄們的眼界狹隘，是被一個行汙不齒於人，好鑽空子的偏鄙之徒，給一語道破。

馬植（紫眼眶）接著才收拾笑容，認真地切入主題，手指地上：「我們兩人現在就在此地，談燕雲回歸大宋，真是有意義，當載入史冊。但要大宋收復燕雲，這個文章並不是在大宋作起，也不是在燕雲作起，更不是在遼國朝廷內部作起。正所謂局內生困，不能由局內來解，當從局外下手。」

說到此，看到另外一桌旁擺著古箏，站起走到旁邊，接著說：「只有在局外著手穩當，才能揚長避短！契丹人再怎麼狠辣，其用盡方法，也無法阻攔！」接著目光銳利，用手撥了一下古箏，發出清脆之聲。

童貫（紫眼眶）可不是省油的燈，皺眉頭斜眼問：「馬君還是直說，所謂的局外到底在哪裡？」

馬植（紫眼眶）回頭行揖說：「當在女真部族！」

童貫（紫眼眶）露出了疑惑之神，問：「女真？這話如何說起？」

馬植（紫眼眶）說：「大遼東北廣大山區，有以遊獵維生的女真部族，戰鬥力非常強。但過於分散不團結，以至許多年來都被契丹人所控制，而契丹官員貪暴，女真部族非常憤恨。倘若大宋能派人組織他們，並與他們通好，就能相約攻遼。而契丹多年來，國家腐敗衰弱，若被兩面夾擊，必然不能阻擋。一旦不能阻擋，那麼我大宋就佔據絕對主動，兩國還未交鋒，契丹恐怕在戰略上就已先處在只有招架之餘地。屆時只要大宋上下一心，激發全力，收復燕雲必定可成。」

童貫（紫眼眶）疑問：「女真部族遠在遼國東北方腹地，如何能與之聯絡？遼國能給我們的使節通過嗎？」

馬植（紫眼眶）接著說：「在漢朝的時候，武帝征伐朝鮮，曾有海上通道前往遼東。隋文帝與隋煬帝，到唐太宗唐高宗，征伐高句麗時，也曾使用這條海上通道。

先前遼太宗之兄，耶律倍受封東丹國，後唐朝曾跨海派使迎接他南下，同樣是這條海上通道。而女真部族分佈，東起遼東山區，而今我等可以開一秘密航道，前往與女真溝通，這當中可以有許多文章可做。這正是，以陰兵搓陽兵，以策略建一國，反轉打破僵局。」

於是又撥弄了一下古箏，使之發出清脆之聲。

童貫（紫眼眶）一聽大喜，拍案叫絕，然後說：「先生所言真乃一語驚醒夢中人！這一百年來怎麼就無人有此等見解？是否願意跟本使回汴京？本使將立刻推荐您朝見聖上！」

馬植（紫眼眶）行揖說：「這正是在下所願。然我馬氏在燕雲族大，恐怕為遼國密探先知悉，最好易姓改名，替大宋效力！」

童貫（紫眼眶）笑說：「這很容易。若聖上依照先生所云圖遼，收復燕雲舊疆指日可待。」

於是馬植改名為李良嗣。

汴京。

他們一回到此處，童貫立刻上奏，表示帶來了『奇人』。能讓朝廷收復舊疆，顛覆掉北方的強敵。

皇帝趙佶收到上奏，立刻接見。

「臣燕人馬植，更名李良嗣，叩見吾皇陛下，萬歲萬歲萬萬歲。」

趙佶入御座後說：「平身。」

「謝陛下。」於是站起身回話。

趙佶問：「一百多年來，我朝諸多大儒華而不實地夸夸其談，幾代皇帝乃至於朕都聽多了。相信你也有聽聞。什麼歐陽修，王安石，蘇洵，蘇軾，蘇澈，曾鞏，韓琦，司馬光等等人物，但這些人的文章朕看了不止百次，只是望之有條，看之有理，然而細細品來，既無奇也無能！說難聽的，朕認為只是包裝華麗，言之有理的大儒而已，他們以文章傳世，不過就是憑著當我大宋高官，倚仗文人諸友相捧相吹罷了，真要拿他們的理論主事，才發現似道非道，華而不實。但是童貫說，你有收復燕雲失地之實策，與那些大儒的大道理不一樣。那朕就要你細細道來，必須是與理有據，不可信口開河，若導致宋遼兩國無端生釁。重演後晉朝景延廣的故事！可是罪大惡極，這你可知道？」

確實，這些大名鼎鼎的文人，道理雖然分明，文采雖然華美，但論起實學，其實空空洞洞。

「臣必定細細說來，條條有據，若信口開河，經受不了檢驗，願受陛下降旨制裁。」

趙佶說：「好，說吧！你認為該如何收回中國舊地？」

「臣先前在盧溝時，曾將此策略述給童太尉。言女真人恨遼入骨，而遼天祚荒淫無道，本朝若自登、萊涉海，結好女真，與之相約攻遼，必可圖也。」

趙佶說：「昨日童貫在上疏時，有詳細記載你在盧溝驛站時所言。朕還因此查閱太宗本紀，在本朝太宗皇帝時，女真人就曾經派人來汴京，請求本朝與之聯合對付契丹，但是當時太宗皇帝認為女真部族遊獵分散，沒有實力，擱置而不予理會。沒想到這麼多年過去了，他們還在忍受契丹壓抑。你認為像女真這樣落後又分散的遊獵部落，真的有實力幫助本朝，對付契丹？」

李良嗣（紫眼眶）說：「契丹已經不復當年，皇帝怠惰，朝政腐敗。臣曾經去女真部族交涉，親眼見他們的部族士兵，雖然使用的兵器非常原始落後，但勇略異常。倘若本朝能將戰陣、兵器治術、軍旅本籍、行伍組織、兵法韜略、立國政要、文化典籍、各種有利於女真強大之術，傾囊傳授之，必使之強大異常，可以為本朝圖略收復舊地之策應。」

趙佶說：「有理，收復河山是中朝天子所應為。本朝向來受夷狄輕慢，稱積弱不振，而實際上本朝文治經典所有，遠過漢唐，乃至治世富國超過百年，文教術科之勝，理學刑獄之能，漢唐所不及。但此事關係重大，事涉兩國和戰大計，過兩日廷議，你可有辦法，當朝接受大臣們的質詢？」

「臣準備充份，條理分明，可以接受任何質詢。」

趙佶大喜，哈哈笑道：「那朕就期待看你有何高論，能壓得過學富五車的滿朝理學大臣。」

朝廷議會，召集諸多有學問的大臣，來討論此事。

趙佶首先令童貫，把李良嗣的意見，粗略地對眾臣說。除了與童貫同為一黨的蔡京，非常贊同。

蔡京（棕眼眶）說：「臣完全贊成李良嗣的意見，止是質詢過程，還是要的。各位同僚，你們就各自理解一下，李良嗣這個論述有何不妥？」

檢校太尉高俅（粉綠眼眶）說：「這點臣不同意，宋遼百年和好，被其視為僵局。豈不是預設立場就是要戰爭變亂？況且西夏之地也是中國舊疆，其勢不如遼，不先圖西夏。反先圖遼，未必上策。」

連檢校太尉高俅，都不贊同此事，甚至高俅還質疑這會對大宋朝廷帶來無端災禍。

於是大臣們紛紛挑戰質問這個策略。

有大臣問：「李良嗣，你所言連女真制契丹，但我朝與契丹有百年盟約，大致和平共處，無端生釁，萬一兵連禍結，如後晉朝景延廣之故事，你怎能擔當得起？」

他答道：「後晉朝豈能與我朝相比？後晉朝無巴蜀之盛、無江南之富、無汴梁繁華、各地諸國分立、乃至中原藩鎮都未必聽命，石氏皇帝不過煢煢孤立之君，人心不附。而這些地方，我朝兼而有之，且已立百餘年，將士聽命，民生富足，國力昌盛，君命一下，全國反應，必有以待之，何懼契丹興兵？況且當初石重貴還能親披甲冑兩次擊退遼太宗，若非用人不當，根本不會敗給契丹。而今我朝遠強過石晉之世，而契丹反比之當年更加腐朽衰弱，又有女真作為策應，如此我等豈會懼怕契丹興兵進犯？閣下還是先回去審時度勢，比較古今之後再論吧！」

他言之有理，問者眼神飄忽，無言以對。

又有大臣問：「李良嗣，澶淵之盟已有百年，立約永世友好，約為兄弟盟邦，若有背約，天地殛之。契丹未有背盟之舉，我朝豈可先行毀盟而自處不義？」

他對眾官員行揖答道：「各位大人，袞袞諸公，春秋大義以城下盟約為恥。誰敢說澶淵之盟不是城下之盟？誰敢說澶淵盟約不是契丹大舉興兵南下，所簽盟約？倘若遼國真有兄弟情誼，為何以武力興兵而後索要歲幣？為何據燕雲故地不肯歸還？況且契丹雄踞塞北與遼東，為中國之患久矣，甚有當年打草穀，大掠中原，士女受辱，生靈塗炭，如此何來兄弟之說？我朝因此背約，又何來不義之論？」

一語驚雷，問者語塞，左顧右盼，滿面羞慚。

又有大臣問：「李良嗣，據我從商旅使節探查所知，女真部族當前散落遼東邊遠山區，以遊獵維生，尚未有一雄主統馭立國，更無制度可言，使用武器不過弓箭長矛，又其戰馬無甲，士卒無盾，軍無行伍，鬥無戰陣，更不知道火藥砲銃為何物！

如此野蠻落後部族，如何能成為我朝策應？我朝又要去交好於誰？」

他答道：「某在遼朝為官時，曾交涉女真，懂其語言。女真部族近來有一強大部落，酋長名為完顏阿骨打，有統一女真各部之志，不斷擴大領地。雖然誠如所言，部族落後，武器原始，然我朝若能將戰陣、兵器治術、軍旅本籍、行伍組織、兵法韜略、治國要術傳授之，必能成為勁旅，而在遼朝後方策應。如春秋之時，晉國聯吳制楚，楚聯越制吳，必能收效。」

見識振聾發聵，問者目瞪口呆，無法再為難之。

大臣們紛紛低頭互語，此時才發現，平常他們吹捧的唐宋古文八大家，其實竟然所學所識，無法拿到眼前來論證。

又有大臣問：「立國制術乃打仗之基礎。女真部族就算學會本朝軍事，以其剽悍成為勁旅。但畢竟能學軍事皮毛，不能學治國大事。倘若女真始終只是個遊獵部落，再如何強悍，也只能成為契丹背後搔擾。最終結局不過只能像是南北朝時，南朝欲結漠北柔然部落以制北朝鮮卑，如隔靴搔癢耳。屆時本朝始終只能單獨面對遼朝大軍，又成太宗、真宗之勢，且天下百姓無知，我朝雖非不義卻負背約惡名，此策豈能成效？」

他答道：「據我所知，女真部落酋長完顏阿骨打，非常仰慕中華文明，其子能學漢書，部族之人都能習漢字。我在女真部落數個月，他們知道我是漢人，欲習漢語，詢問國家法令之人，不可勝數。倘若我朝不只教授軍旅武器之事，乃至立國之法令文書，歷代歷史殷鑑，文化科教，傾囊相授。彼必能迅速立國，成其強大，與遼國成不可和解的相敵態勢，局勢重組。就不會僅隔靴搔癢矣！」

真知無人可比，問者喃喃，面紅耳赤，無後繼以對。

又有大臣問：「李良嗣，你說登、萊涉海，結好女真，雖然祖宗時確實有此航道，但此地接諸蕃，禁止商賈通行已經百年。一旦開啟海上交通女真，恐怕東方日本、高麗都將因此往返不止，如此更多夷狄交雜，窺測中原，重演當年晉朝五胡故事，這恐怕不是中國之福吧？」

這一問，似乎觸及實學。

他哈哈一笑，答道：「哈哈，閣下只知書中文章，卻不知真實故事！大海阻隔，夷狄能在海上往來者不過幾人！我朝航海之術，遠勝過任何夷狄戎蠻，乃至聽聞泉州商人，皆有跨大洋而通商者，亦未見有任何夷狄，能自海上入侵中國。所以漢武帝、唐高宗制伏東夷，皆以海上取勝。是在大海通路，一切主動皆在中國華夏，而不在夷狄。我朝以海制陸，結好女真，有何不是我朝之福？日本、高麗早年就已知中國之盛，其兵力衰弱，子民都欽羨中華，又豈敢造次？大船通於海上，巨船大舟皆為我華夏船隻，恐懼者當是夷狄，不是我中國吧？」

理論直指核心所在，顯得質問者的無知愚昧，問者張口結舌，慚愧以退。

又有大臣問：「李良嗣，即便女真部族，真能壯大。但相通資助，所費不貲，如何確定女真最終與我朝一定相應，共同對付契丹？而不是與契丹最終和解，讓我朝孤立在前，受契丹之患？」

他答道：「所費問題，可以停給遼之歲幣，以資助之。且女真與契丹已然世仇，若一方強大，必然打破原有狀態，我朝若不斷相應聲援，女真必然會主動出擊。我朝屆時可以先按兵不動，直到遼朝無以應對之時，舉國興兵北上，給予一擊，則燕雲可復！甚至可以圖略漢唐之遼東舊疆！」

簡明扼要，問者結巴，如是傻愣，只能退回。

又有大臣問：「李良嗣，也許你剛才所說的，一切都可行。但最重要的一個問題，請你仔細回答，不可閃避！否則你就是巧言令色！倘若女真強大，最後吞并契丹與我朝相鄰，一個能吞併契丹的強虜，你如何能確定他們不會對我朝有覬覦之心？又如何確定，屆時他們還能與我朝和平共處，不會興兵南下圖略中國？屆時我大宋如何應對？」

此問確實犀利，這大臣有遠見卓識，其餘大臣紛紛點頭讚喝，以剛才他所說的基礎，質問到最後關鍵之處，看來這李良嗣怎麼回答，都難以自圓其說了。

大臣們安靜下來，瞪眼豎耳，想看李良嗣的笑話。

然而，不知道李良嗣（紫眼眶）怎麼忽然神智大開，一論反駁！

李良嗣（紫眼眶）哈哈大笑說：「各位大人真的是用各種方向，來質疑我李良嗣，甚至未來百年任何可能的狀況，全部都已經預設完畢！」

接著手指著南方殿外說：「大人此問，真算是問到了關鍵！但請不要作弱者的相遇概想！請瞪眼看看現實情況吧！」

又接著說：「我朝立朝百年以上，擁有中原、河東、江南、巴蜀、淮南、關中、嶺南各地。承華夏三千年文明，人口眾多，土地廣大，生產富足。女真部族甚至尚未立國，文明落後，人口僅為我漢人十分之一二，不過有蠻勇之略可用而已。可以說各項條件，我朝遠遠超過於女真部族，其根基相比，稱千年大樹之於初生小草，也不為過。而人心偏好，子民嚮往於何處生活，一比立知高下。而剛才所云，女真要強大，尚且需要學習我等中國皮毛。就算吞併遼國，成大國之勢，契丹舊民、遼東漢民，被武力統合所迫，又豈會立馬誠心歸附於女真？女真族要完全治理所吞併之遼地，成強大之狀，又豈是二十年、三十年之功可成？要知道當年遼太祖以漠北強兵，平渤海、丹東各族，誠心歸順，所費就是四十年！即便退一萬步來說，女真能全然吞併遼國，而我大宋對燕雲一無所得，女真之勢也不過遼國土地制度，統治尚且不穩定，如何繼續兼併我立國已穩固之大宋？倘若女真屆時仍不知足，有如遼太宗圖略中原之野心，只要我朝疏通契丹舊民、遼東漢人，動員中國數十萬王師，使其四面受敵，制伏他們，必易於契丹。屆時我朝可能，一石二鳥，連契丹、女真一同消滅，皆成中國之民矣！」

真真切切！博古通今！所言不虛！這個學識淵博，有遠見的大臣，聽了汗顏乍舌，羞愧難當，感覺自己太愚蠢，退回班列。

趙佶哈哈大笑，拍案叫絕。童貫隨身應喝，大聲喊好。

李良嗣（紫眼眶）馬上奏：「遼國必亡，陛下念舊民遭塗炭之苦，復中國往昔之疆，代天譴責，以治伐亂，王師一出，燕雲之民必壺漿來迎。萬一女真得志，先發制人，我朝一切被動，燕雲舊疆回歸之事則不侔矣！」

趙佶說：「說的太好了！朕以前翻遍本朝大儒之論，都從未聽到過如此高論，今天真是心智大開！」

接著開心地喝：「李良嗣！」

李良嗣（紫眼眶）跪道：「臣在！」

趙佶說：「朕賜你國姓，姓趙！今後你就叫趙良嗣！朕還要破格直升你為大學士！」

趙良嗣（紫眼眶）叩首道：「臣叩謝天恩！」

走出廷議，趙良嗣滿身大汗，他自知先前自己雖然多方思索，這個聯女真滅契丹之策。但剛才那些大臣，質問非常犀利，從各方向質問，處處要害，照理說自己學問也不怎樣，不可能如此當機立斷，應答如流。更遑論，竟讓經典都無法反駁，博士不敢嘲笑睥睨。

但馬植，或稱李良嗣，或稱趙良嗣，他真的做到了……確實！從童貫、趙良嗣、趙佶的立場，以及所處環境去觀察，聯女真制契丹，絕對是絕妙一招。收復失地也是應盡職責！絕對沒有歷史的錯誤！

但是，他們……尤其是趙佶，卻沒想到，以宋朝的各項條件，早該是超大強國，遠過於盛唐都可以，怎麼百年來會如此疲弱？若如此疲弱也早該滅亡，又怎會不斷繁榮昌盛？肯定有無法解釋的原因。在這原因與其背後的力量，沒摸清楚之前，再怎麼正確與合理的推論，最後的結果，都可能出乎意料！

因為這股力量，誰都不會去想到的，除了讓後人作事後諸葛亮，當時之人怎麼看都是對的……

宋朝這個百鍊鋼鐵建造的巨輪，要被剛造好的小鐵殼船撞翻。面對如此荒謬的情況，大家卻還反認為，這是『理所當然』。整個歷史都要被『鬼遮眼』……

鬼遮眼的還不只此處，此時的女真尚未明著背叛契丹，還是用原始的方式，暗中併吞同族人。

完顏部落，在山中間的平地，建了臨時城池。此時的完顏部落已經逐漸成為女真部族聯盟的酋長，這臨時城池，正是為了溝通分散在個山區的女真部落，所建立的通訊樞紐。

一約三十多歲的男人，他身上帶來了一封信，乘著快馬跑到此處，下了馬跑進部落酋長的住所。

部落酋長年約四十出頭，老沉穩重，身體健朗，兩撇八字鬍，長相不揚，穿著也非常簡陋，看似普通的部族中年人，但內涵智者之慧，正在親手磨刀，並調整他的弓箭。他正是完顏部落的酋長，完顏阿骨打。雖然在兄弟當中，阿骨打排行老二，但兄長柔善無法決斷事務，病逝之後便由阿骨打帶領完顏部落。而跑進來的三十多歲者，正是他的弟弟，完顏吳乞買。

「兄長，有信。」

完顏阿骨打瞄了他一下，看他認真的神情，笑了笑，繼續磨著他的弓身，笑說：「那些酋長，又抱怨我們了？唸吧！」

說罷，用力拉著弓弦，瞄準窗外，仍在調整弓箭準度。

完顏吳乞買說：「不是的！這封信我看不懂，好像是漢人的文字。」

此時完顏阿骨打才變了神情，認真了起來，把弓箭放下。轉面看著完顏吳乞買，然後疑問：「漢人？通常漢族商人，也都是用我們女真人的方式，帶口信來的。傳信的人呢？」

吳乞買把信交給他說：「傳信者不是漢人，是我們部族賣貂皮的商人，去遼國南京經商，說是宋國的汴京官員，傳來一封對大哥你問好的信。」

阿骨打看了看，也許多字看不懂，不過勉強還能讀懂大意，然後說：「那就把他也叫來。」

吳乞買聳了肩說：「他去山上採蔘去了！你也知道，我們部族的商人，不能閒。不然生意不好做，連餬口都難。」

完顏阿骨打再仔細端倪這封信，閱讀似乎有些困難。完顏吳乞買問：「要不要請部族中懂漢文的人來唸？」

阿骨打搖頭，伸手止住，慢慢說：「不！還不知道信件到底是誰送來的，就不要把內容傳出去。要知道，遼國朝廷現在跟我們的關係很緊張。」

吳乞買也擠過來看信，完顏阿骨打笑說：「你參和什麼？你又看不懂。」

吳乞買笑說：「兄長不是勉強還懂幾個漢字嗎？不然唸唸給我聽，到底說些什麼？」

阿骨打繼續端倪，最後看了落款，然後說：「這封信的落款，是一個自稱蔡京的人，是宋國的宰相。書文大意，好像是說，宋國的商人將從海上搭船登陸來，直接跟我們貿易女真的山產，希望商人來到我們這的時候，我阿骨打給他們一些幫助，他們將會致贈禮金。大概是說這些。」

吳乞買笑說：「原來是說這個！若能賺錢，幫助我們招兵買馬，那就給幫助吧！」

完顏阿骨打果然智慧不凡，搖頭說：「沒這麼簡單，倘若是為了商人方便，何必宰相親自寫信？我又不認識他！而且若真的為了買我們的山產，從遼國市場上買，不是方便得多？何必搭船渡海而來？」

吳乞買拍了掌說：「對啊！我只聽說過海很大，但連大海長什麼樣子，都沒見過，買我們的山產不難，何必搭船過海？兄長，說這個宋國宰相寫信給你，有什麼用意？」

阿骨打搖搖頭，看著書信，小聲地說：「不知道，但肯定跟買山產沒有關係。」

吳乞買來回在房間內踱步，阿骨打放下書信，再次拿起弓箭打磨。忽然吳乞買瞪大眼說：「我聽說宋國跟遼國，一百年以前打過仗，是因為什麼燕雲的土地。這一百年來，宋國每年還要給很多金銀、絲綢、帛錦這些高貴，可以當貨幣使用的東西，交給遼國。會不會宋國想要結好我們，一起對付遼國？」

阿骨打停滯了一下，點頭說：「不是沒有這種可能。我們跟契丹人的關係惡劣，有些漢人也知道。」

吳乞買說：「兄長，我們如何回這封信？」

阿骨打再次放下弓箭，搖頭說：「不！暫時不回！」

吳乞買瞪眼問：「這為何？我們才剛把幾個部落組織起來，準備要起事，跟遼國的實力差別還非常大，為何不多一個大國來幫助我們？而且這個大國還非常的有錢。」

阿骨打仍然搖頭，說：「起事是肯定，然而先不要跟漢人們牽扯關係。倘若我們對他們而言，真的有利用價值，他們肯定會再派人送信來！這段時間，我有一個任務要交給你！」

吳乞買看著阿骨打沒聲音，聽他交辦任務。

阿骨打說：「從我們部落的金庫裏面，拿出重金出來，不要吝嗇！去買漢人的書，買愈多愈好，順便再請一個漢人有學問的書生，來我們部落教學！我從小就聽說過，漢人的文化非常悠久，我們要儘量多了解漢人的事情，不然你如何回信？」

吳乞買依其令而行。

過不久，不少漢人商賈，竟然自動帶著金銀財寶，渡海而來，號稱要買女真山產，聽說女真部落要書籍，於是許多書籍也自動渡海而來，不用透過契丹商人互市。

完顏阿骨打便開始研讀漢人書籍，而這些商人實際上是宋朝朝廷組織來探路的，雙方便有最早的相互試探。

鬼局已經厭煩繼續等待，要重新洗牌了。

遼國朝廷，每年都要到女真這裡買獵鷹，但使者都非常貪婪，不只索取錢財馬匹，還要求女真女人陪睡，甚至掠奪女真人的妻子女兒，不聽從者就被誣陷怪罪，女真許多部落被其騷擾怨恨。逐漸聚在完顏阿骨打的旗下。

於是阿骨打，製造兵器修築城牆，有叛亂的跡象。

遼國朝廷已經察覺到，派使者來指責，阿骨打嚴然一個獨立自主的國家，稱只要歸還逃到遼國的仇人，就繼續朝貢，不然也不能束手就擒。明明是遼國領土，竟然語氣如同獨立附庸國姿態來說話！此時，耶律延禧警覺到，女真部族要叛變，於是調動兵馬到寧江州，下詔討伐女真部族。

完顏阿骨打正式率兩千五百人部族士兵，對遼開戰，大舉攻佔寧江州，守軍大敗潰逃。遼國大將蕭嗣先率領契丹、奚兩部族精兵共七千人，集結於出河店。女真軍則臨混同江固守。

「將軍，女真賊人在河對岸築壘固守。」「人數約兩千五百人。」「他們已經怯戰。」

聽到先鋒哨兵刺探出情報，蕭嗣先大膽進軍，騎馬率軍巡迴於江邊，見對岸女真軍躲在寨內不敢出來，哈哈大笑。下命令在江邊紮營，等待夜晚渡江突擊。

可萬萬沒想到，想要夜襲對方的不是只有遼軍。完顏阿骨打趁夜渡混同江，竟然與遼軍渡江軍隊，分梯次相遇，雙方在江兩岸一場激戰，女真軍越戰越勇，大破蕭嗣先所率之兩部族聯軍。

於是趁此大勝，號召散落的女真部落，紛紛聚集，此時部落精兵已達一萬人。遼國內部有人開始流傳說，女真兵不可以滿一萬，滿一萬則天下無敵……

稍微有點智慧學識的學者，都可以分析出，從來沒有一個騎射部落，可以用一萬就天下無敵的，更何況騎射根本就不是什麼新鮮事！然而，若有人在這騎射部落的對應面，玩出一些花招，同時散播這種恐慌的謠言，那這個謠言，才會變成真的……

謠言繼續變真，還要流傳很多年……

會寧，完顏阿骨打住所。

一個原本在遼國當官的漢人，楊朴。此時已經叛契丹投女真。同時帶來，原本叛遼投宋的漢人，馬植，或稱趙良嗣的書信。

此時完顏阿骨打，經過兩年多學習，已經能較為快速地閱讀漢文。

「大宋朝廷，希望我們建國稱號？」

楊朴（黑眼眶）微笑點頭說：「正是。」

【阿骨打出現紫眼眶】

完顏阿骨打（紫眼眶）大惑不解地說：「我聽教我漢文的先生說，自秦以來，中國人就自認為，自己是萬邦之主，其他都是番邦夷狄。需要接受冊封，怎麼會願意，支持我們成相等的國家？」

楊朴（黑眼眶）說：「這大王您就有所不知，自唐朝滅亡以後，中原陷入混亂，夷狄混雜，北方契丹強大，從而有凌駕中國之勢。甚至迫使中原朝廷稱臣入貢。雖大宋朝後來平定分裂，且在百年前澶淵之盟，宋兄遼弟相互通商，然遼國之氣焰仍然凌駕在大宋之上，時而迫使大宋退讓爭議領土，中原百姓也怨恨不滿宋廷之強幹弱枝，無力對外。而今大王軍力已成，大宋朝廷自然不希望大王最終跟遼國和好，是故希望大王立國，與遼始終相敵。」

完顏阿骨打（紫眼眶）微點頭，問：「那你個人以為，我該稱制建國嗎？」

楊朴（黑眼眶）說：「大王以部落之兵，創興軍旅，當變家為國，圖霸天下。今女真之眾，皆歸順大王，應當革故鼎新，去除部落舊俗，建國家，冊帝號，明律法，招賢能。南接宋西接夏，北安遠國之民，建立萬世基業。若不建國稱號，無以維繫部眾之心。大王以為如何？」

完顏阿骨打喃喃自語，的確女真部落還保有太多落後原始特徵，甚至還有抓奴隸，部落酋長人殉之陋俗。去除這些陋俗，學習中原國家才是正道。但一下從部落酋長，變成皇帝，實在是變化太快，而且自知自己雖然有諸多女真部落支持，但跟遼、宋此等有基礎的國家相比，實在條件差太多。

「讓我考慮考慮……」

思索再三，這些漢人說的沒錯，應當朝這個方向發展。

於是開春，宣佈建國稱皇帝，國號大金，改元收國。通令除去女真部落惡習舊俗，一切悉從中原典章制度。並且傳旨宣稱：

「遼以賓鐵為號，取其堅也。賓鐵雖堅，終亦變壞，惟金不變不壞，金之色白，完顏部色尚白。」

同時完顏阿骨打宣佈，改女真名字『阿骨打』為漢名『旻』，以後一律自稱完顏旻，而弟弟完顏吳起買，則改名為『晟』，自稱完顏晟。除了仍保留女真姓完顏之外，也接受楊朴建議，在文書上並用漢姓王為姓，故也可稱完顏阿骨打為王旻。兒子們也都改漢名，文書上以漢字為基礎，建立典章與法令制度。但為了保護自己女真語言文化，著手制定女真文字，保留女真名與漢名同行。同時冊封，依附且聯姻的女真部落酋長，改為貝勒，去除舊俗。

耶律延禧聽聞完顏旻建國稱帝，大為忿怒，宣佈動員遼國全部精銳部隊，御駕親征。共集結了騎兵二十萬人，步兵七十萬，大舉逼近。並且寫書斥完顏旻的舊名『阿骨打』，命令其歸降。完顏旻此時尚無把握，回信氣勢比較低，說只要歸還叛徒阿蘇，把黃龍府遷到他處，就可以談判議和。耶律延禧一聽更是火冒三丈，下令直接進兵。

金兵堅守達虜葛城，完顏旻帶著左右登城望去，發現其中隊伍混亂，人數雖多，不足以恐懼。但女真部隊卻非常害怕，遼兵排山倒海之勢。

完顏旻派自身完顏部族士兵為前鋒，舉刀大呼，開城門率軍反撲出戰，女真兵紛紛跟在其後呼嘯衝殺。遼軍見狀也擊鼓衝鋒，很快便刀兵相斫，弓箭短距離互射。殺聲震天，在混戰當中，遼軍當中的漢人部隊，紛紛潰逃，終於導致遼軍內部謠言四起，全軍潰退，形成大敗局面。

耶律延禧不得不跟著撤退，而後軍士稍稍回攏，再次寫信斥完顏旻的舊名『阿骨打』，命令其歸降。此時完顏旻氣勢已經不怕，也同樣回信斥耶律延禧小名『阿果』，命令其歸降。

遼軍全軍再戰，又被擊敗，許多部隊不戰自潰，尤其不少漢人部隊平常怨恨受到契丹官僚歧視，更是臨陣倒戈，投奔女真軍。耶律延禧大驚失色，不敢相信原本聲勢浩大的七十萬大軍，被一萬女真兵打得落花流水。

完顏旻連戰皆勝，宋朝的使節就來通使，但完顏旻認為宋朝皇帝竟然下詔書給自己，非常不悅，於先把宋使打發回去，要求要正式的國書來才能互通。

而童貫當時是受密旨圖略聯女真滅遼之事，因而派趙良嗣帶著御筆前往，對外宣稱是買馬，實際上與完顏旻商量夾攻遼國之事。同時談論到燕雲十六州故事，以及相約滅遼後歸還的問題。

遼國此時的野心家，也趁機叛亂，遼軍不得不分兵彌平這些莫名其妙產生的叛亂，從而難以再次集中大規模兵力消滅金兵。金兵趁著遼國內亂，大舉攻佔瀋州與遼陽。

汴京。

宋朝皇帝趙佶派了畫師陳堯臣，陪同使節團，到遼國出使，回國後繪畫遼國皇帝耶律延禧的畫像。他正在端倪其相貌。

陳堯臣（白眼眶）早已經聽聞，朝廷有意要接納趙良嗣的建議，大玩聯金滅遼，於是接手繼續催化。

趙佶問：「你善於丹青，必然也會相貌之學。以你所見，遼主相貌如何？」

陳堯臣（白眼眶）說：「這遼主望之不似人君，臣謹畫其相貌外表而已。倘若從其言行一同觀之，亡國之象也。自唐末至五代開始，契丹為中國之患已經多年，漢民不願再久忍。陛下宜速進兵，收復山河，兼弱攻昧，在此時矣。臣回國途中，再次詳細繪畫了山川圖示，道路分佈，城池物產，一並獻給陛下。」

於是拿出了多幅地圖，繪製非常精細。

趙佶見了拼命點頭，輕聲說：「從各種方向分析，攻遼其勢應當會成。但我大宋軍久不習戰，朕雖計議已定，仍需要再多方思索才是。」

繼陳堯臣之後，童貫加碼。

童貫原本意圖收復河西，抵擋西夏人不斷地侵蝕國土，便派軍與西夏交兵，但派出去的將領都怯戰。童貫強逼他們出動，都大敗而歸。童貫知道此時趙佶正意興勃勃要攻遼，倘若發現連西夏都打不贏，談何遼國？於是謊報為戰勝。私下繼續派兵與西夏交戰，終於擊潰西夏兵的攻擊。西夏人知道宋軍的戰力不怎樣，但自己也傷亡不輕，實在抵擋不住，宋軍源源不絕來戰，不得不派人求和，同意歸還侵占的國土。

原本童貫還擔心宋軍戰力太弱，領土打不回來，不知道後續如何解釋先前謊報戰勝，沒想到西夏終於兵潰，被打怕了，主動歸還了領土，於是以正式的文書公告上報戰勝。

趙佶見了西夏歸還土地以求和，大喜，立刻批准，遂有了底氣。

童貫與趙佶其實都沒有錯誤，對此事也是思慮有年，已經多方探知情況。只是整個局勢的走向，其實不歸他們管。

金兵接著進攻遼上京臨潢府。

完顏旻（紫眼眶）對來使的趙良嗣（紫眼眶）說：「先別急著討論國是，先看我女真兵的作戰力量。」於是親自指揮大軍進攻，不及一日，就攻破了臨潢府。

原本完顏旻以為，宋朝人對遼國這麼多年無可奈何，他率軍一天就打掉遼國上京，這宋人趙良嗣，應該會非常震驚女真部隊的戰力，說話態度應該變得非常謹慎。沒想到，這趙良嗣並不意外，非常地高興，似乎認為這是理所當然。還在慶功宴上面喝酒吃肉，高舉酒杯對完顏旻高呼萬歲，比女真人還開懷。甚至跟女真將領嘻笑敬酒，稱一切皆如他所料。

完顏旻內心因此犯了嘀咕，在慶功宴上完顏旻表面上並沒有注意宋使趙良嗣，而多與各女真部落首領吃喝聊天。實際上不時把目光瞄在趙良嗣身上。

怎麼看這趙良嗣都不對勁，但到底哪裡不對勁，始終說不出個所以然，於是對於宋使的要求，內心有了許多保留，不肯輕易答應。

在上京，金宋雙方開始談判，趙良嗣才開始面色嚴肅。

完顏旻（紫眼眶）命令金方翻譯的人，告訴趙良嗣（紫眼眶）：「契丹無道，其領土應該都歸女真所有。本來不應該歸還尺寸給貴國，但因為考慮到與貴國方交歡，而且燕京附近都是漢地，所以可以歸還給貴國。」

完顏旻（紫眼眶）仔細端倪他的表情，認為此時，趙良嗣應該露出笑容，猜測這領土問題，就是宋使真正目的。又沒想到，他只微微點頭，對此事並不上心，只命令宋方翻譯的書記官員，記錄下來。

趙良嗣（紫眼眶）也告訴宋方翻譯者兼書記官說：「今日的約定，最重要的一點，就是宋金兩國盟約後，雙方都不可以跟遼國和談，直到滅遼為止，不知道陛下對於此事，可否答應？」

完顏旻（紫眼眶）見多識廣，對這忽然的要求，更有些語帶保留，告訴翻譯者說：「這件事情，我不能保證。但我可以提出一個承諾，我方若要與契丹和談，也一定在把燕京交給貴國之後。」

他故意要凸顯燕京土地，看宋使是否真的主要目的就是燕京？還是一定要遼國滅亡？沒想到他又搞不懂了。

趙良嗣（紫眼眶）命令翻譯者回答：「若燕京歸宋之後，貴國真與契丹和談，我方也不會與契丹和談，立場是最重要的。」

完顏旻（紫眼眶）從當中聽出了一個門竅，自己始終以土地實惠作為談判焦點，而這宋使是以立場為焦點。這些漢人到底在想什麼？

於是壓住翻譯者，指示不要記錄，直接用漢語汴梁官話問趙良嗣：「假設我方和談，而貴國不肯和，不怕最後變成，遼金聯合進攻貴國？」

趙良嗣（紫眼眶）呵呵一笑說：「陛下的漢語外臣聽得懂，但我方並不擔心這件事情，因為這種事情是不可能發生的。總之雙方的立場都清楚了，可以討論歲幣了嗎？」

完顏旻點頭。

於是雙方爭執數字，剛開始同意三十萬。最後達成，將原本給契丹的所有歲幣，如數交給金方。因為澶淵之盟後，宋朝經濟力量愈來愈強，與遼國的歲幣有增加，如今全部給金。如此可以讓金國有錢，可以招兵買馬，增加戰力。

完顏旻（紫眼眶）又說：「九月我們將大舉進攻遼西京，希望貴國能發兵相助。」於是攤開地圖。

「我女真軍，將通過平地、松林，直趨古北口，進攻西京。希望貴國能夠，從雄州趨白溝夾攻，如果不履約，則貴國額外要求的其他州之土地，不可得。」原本以為土地最敏感，趙良嗣會有所爭論，但他笑臉滿面答應。

於是他準備回國。但後來金兵遇到大暑，派人追趙良嗣回來，再次面談，要求再更改國書，相約明年再進攻西京。而此時再試探他，對於西京的態度，最後應該歸誰？

沒想到趙良嗣（紫眼眶）冷冷說：「西京可有可無，任憑陛下處置。」完顏旻發愣，天底下怎麼會有這麼顢頇的朝廷與使節？這完全不像，一個比金國，文化高、創造力強的國家。

完顏旻（紫眼眶）遂打算用西京去試探，故意做出退讓，冷冷笑說：「西京不過就是契丹阿果的西境邊陲而已，我並不需要用到。事後也可以歸貴國所有！」

趙良嗣（紫眼眶）此時才有笑容，似乎有所得說：「那外臣就先謝過陛下了。」

完顏旻見了，才感覺到趙良嗣有點正常。但等趙良嗣一走，才醒神。既然趙良嗣開心地接受，西京給宋，為何沒有要求落款立字據於國書中？只拿他一個承諾就信？

完顏旻心思：看來宋朝人真的非常顢頇可欺，難怪會被遼欺壓這麼多年。但不對啊？漢人的文化與歷史，一直是女真祖先都羨慕稱讚的，難道祖先都沒看清楚，漢人其實很蠢？自己這麼仔細觀察漢人的一切，到底是對還是錯？

之後完顏旻把這個疑惑告訴完顏晟。

完顏晟哈哈大笑，說：「我們的祖先真的是看錯漢人，被他們造出來的東西嚇唬了。漢人原來是這麼顢頇愚蠢，不是要收復土地嗎？到了關鍵時刻就這麼糊塗亂搞，連那一塊土地該歸誰，都搞不清楚，胡攪一陣也來談判。兄長千萬不要歸還什麼燕雲十六州，他們連遼人都打不贏，談判也這樣亂七八糟。看來我們將來若滅遼之後，可以圖宋矣。」

【完顏晟出現棕眼眶】

完顏旻內心嘀咕不止，但無法反駁完顏晟。

趙佶收到談判結果後，為了慎重起見，招開朝議。諸多大臣認為，收回燕京即可，但趙良嗣極言，完顏旻曾答應西京願意給宋，只是場面不方便記錄。趙佶於是認為，金人對西京以南的諸州也不會在意，遂主張都收回。

為了談判確定，不能都信任趙良嗣。於是改派了一個馬政，再回一個正式的國書給完顏旻，要求所有五代之後被契丹侵佔的土地，都要歸還，不是只有燕京。歲幣則同樣給予，契丹請和也都不能答應。

完顏旻（紫眼眶）同樣透過翻譯文書，對馬政說：「我不記得有許西京給宋的言論，而且平州、灤州、營州不歸燕京所管，不能歸宋。」

西京與平州、灤州、營州，都是戰略要地，倘若收不回，宋使應該會據理力爭。沒料到馬政唯諾地說：「是是是，陛下之言，我當回報，勸吾皇重新考慮。」

金國大臣私下議論後，哈哈大笑。

於是帳內朝議。

完顏晟等諸大臣，都主張不要交還土地。

完顏旻（紫眼眶）受了感染，也說：「是啊！朕也訝異，宋國如此顢頇不堪。將來若盡滅契丹，以宋為鄰，可以大兵壓境，圖略南方更富庶之地。」

完顏宗翰，女真本名粘罕，不以為然，站出來說：「宋四面都有敵人，若無兵力，如何立國？不可以輕視。」

完顏旻微微點頭，這又勾起他的疑惑嘀咕。

過不久，金兵攻破遼西京大同府。

宋朝原本準備要進攻西京的部隊，被童貫調走，派去平定江南的方臘之亂，從而宋朝在滅遼戰役的最關鍵階段，都沒有派兵相助，全由金兵去打，落了完全的被動。

完顏旻騎馬整隊進入遼西京。

此時大多居民都已經逃離，而一個漢人書生，在一旁堆夯土牆，好像是在修葺居家牆壁，邊堆邊笑，彷彿在著迷什麼似地。

一名貝勒上前盤問，漢人書生似乎不理不睬，苦笑了一下繼續修葺。這名貝勒大怒，拿起馬鞭揮過去，漢人書生臉被打一道流血倒地，還在苦笑。正在這貝勒拿出刀，要把他架起來。

完顏旻（紫眼眶）看了用女真語大喝：「住手！」同時下馬走來。

貝勒趕緊收刀入鞘，緩緩退後。完顏旻指揮左右繼續帶兵行進，自己一人走來。

完顏旻（紫眼眶）說：「人家修自己的牆，又沒有侵犯我們，你這麼兇惡何故？」

這貝勒謹慎低聲下氣說：「他一直笑，不理會我的盤問。」

完顏旻（紫眼眶）說：「他不理會就不理會，又不影響我們行軍！更何況從他的服裝看就知道，他是漢人，你希望他懂女真話嗎？滾回去，帶你的兵繼續行進！」

貝勒點頭稱命，趕緊歸隊。

完顏旻（紫眼眶）拉起了這個書生，用漢語汴梁官話問：「閣下沒有大礙吧？」

書生摸了摸臉，笑說：「你也看見了，就面子上掛不住，但休息一兩天就恢復了，沒有其他任何損失。不知道怎麼稱呼你？」

完顏旻（紫眼眶）命令左右，拿出膏藥，幫書生貼上。

完顏旻（紫眼眶）以漢人禮儀行揖說：「這膏藥是我們女真人常用的，很有效。我是金國皇帝，完顏旻。女真名，完顏阿骨打。為剛才我的手下無禮，向你道歉。」

書生行揖下跪說：「原來是金國皇帝陛下。失敬。」

完顏旻（紫眼眶）扶起他，問：「不必多禮，我大軍進城，城內漢人與契丹人，都逃跑離開，怎麼你還在這裡修牆？」

書生說：「該做的事情，還是要做的。誰都要修城牆，將來也許陛下的子孫，也要像我這樣修。」

完顏旻（紫眼眶）問：「這話怎麼說？」

書生反問：「我們漢人很喜歡修牆，陛下聽說過萬里長城嗎？」

完顏旻（紫眼眶）愣了一下，然後再反問：「我來西京時，穿過了一道雄偉壯麗，長長的夯土城牆，雖然年久破損，但還依稀能見到當初建立時的雄壯。你說的萬里長城，是指我見過的那個？」

書生點頭說：「就是此牆。陛下可知道它的來歷與用途？」

完顏旻（紫眼眶）說：「用途知道，但是來歷不知道。」

書生笑了笑說：「那我就不打擾陛下了，我可否繼續修我家的牆？」

完顏旻（紫眼眶）說：「你家的牆，我派人幫你修，以補償剛才我的人，打了你臉上一鞭。我希望你跟我說說，那個什麼長城的來歷。」

書生行揖說：「那就感謝陛下，是否到寒舍相談？」

完顏旻（紫眼眶）說：「不！你會不會騎馬？」

書生搖頭說：「只讀書，不擅馬背功夫。」

完顏旻（紫眼睚）說：「那我找一輛馬車，還給你一個車夫。你跟我一起到長城的上面，我們兩個一邊看著長城，你一邊說他的來歷與用途！」

書生於是遵命：「謹遵命令。某知道長城一處，還保存較為完好，若陛下相信某，可跟著某一起去。陛下若考慮安全，帶著護衛一同前往也可。」

完顏旻（紫眼睚）笑說：「那就立刻走！」

於是兩人一同到長城腳下。

這道長城北魏與隋的時期都曾修繕，所以保存較為完好。但畢竟過了很多年，風化了一小部份。金兵護衛都在長城下，此時已經下午，完顏旻獨自跟著書生爬上了城牆上。

書生笑著說：「陛下肯跟我在這一同獨處，某感到榮幸之至，那這裡真的是適合說話的地方了。」

完顏旻（紫眼睚）說：「你說吧！這道城牆是誰命令建造的？它又經過了什麼事情？」

書生說：「萬里長城，起源非常早。在春秋戰國時期，就有人陸續蓋城牆防禦外敵。但到了秦始皇滅六國，統一華夏之後，突發奇想，把秦、趙、燕三個國家，北方的城牆都連在一起，綿延成一道萬里長城。如陛下眼前所見，一眼望去沒有邊境。沿著城牆可以從頭走到尾，這恐怕也要數年的時間。」

完顏旻（紫眼脏）問：「我們女真部落蓋一座山城，材料沒這麼堅固，但就要花很多財貨，而你們蓋這樣長的城牆，耗費很大吧？」

書生說：「不止耗費巨大，而且還會喪失人命。建造好之後，還要派人駐守，又是很巨大的消耗。」

完顏旻（紫眼脏）問：「當時蓋這座城牆，是為了防範誰？」

書生說：「這要細細說來，三天也說不盡。但某不敢花陛下太多時間，就簡單說說吧。戰國時期大約距離現在，一千兩百多年以前囉。當時北方有非常強大的騎射部族，叫作匈奴。所以當時諸夏各國，都建距離有限的長城防範。但效果不彰。到了秦始皇帝滅六國，統一華夏各國後。北方的匈奴也同時在擴張，與中原如同影子一般，也同時出現統一之勢，匈奴最東統馭到今天陛下的女真之地，最西統馭到今天西域各國。所以秦始皇才會建這麼一道長城防範。之後漢朝，也曾經延長這道城牆，一直從陛下知道的遼東，蓋到西域去。」

書生正要繼續說，完顏旻（紫眼脏）打斷道：「等等！你說的匈奴，最後有成功打進長城嗎？」

答道：「有。漢朝強大的時候，他們曾分裂成南匈奴與北匈奴兩部份。北匈奴遭到打擊之後，往西遁逃，從此沒有消息。而南匈奴在漢末群雄混戰時，進入長城佔領黃河河彎肥沃要地。在晉朝內亂時，大舉南下抓了晉朝兩個皇帝。建國號稱漢。」

完顏旻（紫眼眶）苦笑了一下說：「他們明明是漢的敵人，最後竟然自稱漢？那可真奇了。那之後呢？」

答道：「緊接著匈奴之後，翻過長城進來的，還有羯、鮮卑、氐、羌。最後都各自建國，相互混戰，拓跋鮮卑族消滅各族佔領中原，與江南的漢人政權，形成南北朝之後，被隋朝統一。」

書生指著長城遠處說：「北朝鮮卑人統治時期，萬里長城除了重修之外還增建。隋朝的時候，也曾重修與增建。但唐朝之後就沒人再次重修，至今就是陛下見到的這種情況。」

完顏旻（紫眼眶）說：「書生等等，你說南北朝到隋朝都有再重修，你也說北朝他們就是長城之外的部族所建立！他們又是為了防範誰？為何要重修？」

書生說：「南北朝北魏鮮卑人，進了長城消滅其他胡人之後，反而要修長城，因為北方草原鮮卑人拋棄之地，從更北方來了新敵人柔然民族，搶佔了大草原，並繁衍種族壯大。鮮卑人就是為了防範他們。而柔然過不久被西北方向來的突厥打敗，突厥非常強大，成了第二個匈奴。隋朝修補並建立長城，為的則是防範突厥。」

完顏旻（紫眼眶）問：「同樣的問題，突厥也有南下佔領中原嗎？」

書生苦笑說：「突厥倒沒有成功南下，但不是因為長城的原因，而是唐朝融合先前的各民族之後非常強盛，主動北上打敗了他們。西突厥西逃，東突厥被消滅。

但隋朝這座長城，最後完全沒有達到防範外族的功用，反而回紇、吐蕃、沙陀、黨項、奚等等十幾個民族，紛紛趁唐朝衰亂時，闖入長城。或劫掠或佔領或建國。」

完顏旻（紫眼眶）問：「聽說在今天宋國建立之前，契丹人吞併不少民族，也曾經興兵南下佔領中原？」

書生點頭說：「是啊！那是一百六十多年前囉！遼朝兼併移居過來的各民族變得強盛，遼太宗耶律德光曾經南下佔領中原，但最後不知道為何，放棄肥沃的中原，想要北逃而上，死在殺胡林沒有回來。原因眾說紛紜。因為遼人之後也陷入內亂，記載也不詳盡。所以萬里長城也沒有防範遼人的作用。」

完顏旻（紫眼眶）哈哈大笑，手指著遠方說：「哈哈哈，這麼說來，你們漢人建的萬里長城，總的來說，根本防範不住北方的鐵騎南下，反而引來，愈來愈多遠方的民族闖入，花費如此巨大，甚至犧牲很多人命，最後竟然造出這個沒有用的廢物！」

說到這，完顏旻忽然瞪大眼發愣，低沉了下來。

書生行揖說：「陛下說的沒錯，確實沒有用，萬里長城從來沒有發揮過，大家宣稱的功能。但某預測，後人還會有繼續修補建造的。陛下似乎想到了什麼？」

完顏旻（紫眼眶）往前走了幾步，摸了摸損毀的夯土雕樓，長嘘一口氣，若有所思。然後問：「你認為，既然沒有真實用途，為何後人還會去建造？」

書生說：「因為人需要安全感。」

完顏旻（紫眼眶）皺眉頭說：「不不不，我不是問你漢人為何還要建造長城！而是為何還能繼續建造？」

書生笑說：「已經回答陛下，就是為了安全感。」

完顏旻（紫眼眶）搖頭說：「不不不，我意思是說……這些……那些……以往進入長城的民族與國家，就是滅了你們漢人國家，佔領了你們漢人的土地，這些民族還有他們的國家，最後都到哪裡去了？漢人怎麼還能回來這裡繼續修建這個廢物？」

書生聽了發愣了一下，低沉著聲音說：「原來陛下是這個意思，那些民族已經都找不到蹤影，史書上說，與漢人相交，多所漢化，放棄了自己民族的認知，他們的國家當然就滅亡了，我們都稱之為朝代。就如剛才告訴陛下，匈奴國號自稱漢了，而匈奴的故地，又由更北方的鮮卑蠻族逐漸遞補過來，逼迫他們。剛才也說過，鮮卑之後又是柔然反過來逼迫他們。所以也許我的祖先，有漢人，也有匈奴人，也有鮮卑人也有其他民族。但最後你們還是稱我為漢人，我也自認為漢人。陛下也可以反過來說，他們都消失，歸了中國，被漢人所併，不再存在。」

完顏旻（紫眼眶）目瞪口呆，發愣了一會兒。之後頻頻點頭，繼續摸著長城的城垛，喃喃低聲自語：「也許這也不是壞事，也許也不是壞事，但是我女真族……」

書生說：「陛下真的見識智慧，超過一般常人。在下只是提了幾句歷史，一般人根本思考不到這種深度，但陛下卻已經把關鍵問題提出，無怪乎遼朝擁兵百萬，也不是陛下對手，在下佩服，佩服。」

完顏旻（紫眼眶）說：「不，最早勸秦始皇連結出這座長城的人，那才是把關鍵問題掌握在手上的人，我完顏旻差得遠。我會不會也成為這座長城的歷史一部分，而不自知？」

書生笑說：「請陛下原諒某，說一句不規矩的話。倘若女真族真的如歷史上其他民族那般，陛下也看出了問題所在，並告誡自己族人。這些族人也不會相信的，因為眼前短暫的利益總是能蒙蔽長遠的智慧思索，這是人性，無論任何時代或任何族群，都是一樣的。」

完顏旻（紫眼眶）望著遠方，瞪大眼長嘆一口氣，微微點頭，頗顯老態。

「原來如此，也好，也好。雖然我很不喜歡這樣……」

兩人繼續往前走，金兵護衛在長城底下跟隨著。

完顏旻（紫眼眶）坐在長城邊上許久，對著南方說：「書生，真是感謝，讓我這個東邊山區來的野人，知道這麼多。還不知道怎麼稱呼？」

書生笑說：「祖先姓王，一直都住在這長城附近。陛下稱我為王生即可。」

完顏旻（紫眼眶）說：「你願不願意跟我回大金？給你一個官職。」

王生笑說：「某只是一介草民，不習慣官宦生活，所以請求陛下，就讓某住在原來的地方。但倘若陛下有任何的疑問，可以派人跟我通信，某一定竭誠回信告知陛下所有的疑問。若某對陛下得好，某可以接受一些小禮物，但不想爭奪大家都企圖的朝廷大利益。」

完顏旻（紫眼眶）笑說：「好，就依你所願！這才是高明之人！你這樣就算是我的真朋友，我有疑問你解答，你有事我一定幫忙。你再陪我走一段長城，再一同回西京去，這種雄偉壯麗的感覺，實在無法形容。當年許多進了長城的民族當中，肯定也有不少人，體驗過這種相同的感覺。」

兩人邊走邊聊，指指點點，彷彿多年未見的老友，不斷談著萬里長城的點點滴滴，直到傍晚才回去。完顏旻隱隱約約看出，萬里長城塑造著一個潛規則，一切都不單純。但金國既然已經興起，也只得繼續順著規則走，進兵攻遼。

接著，金兵大舉攻陷遼中京，遼國皇帝耶律延禧於是逃往雲中夾山，命令不通。耶律淳在燕京私自繼位，向金國求和被拒絕。於是右派使到汴梁求宋朝，希望免除歲幣，重新結好。也同時請西夏出兵救援。西夏朝廷的反應比較正常，大臣們都主張不可鄰強敵，於是援軍救遼，但被金兵打得落花流水，傷亡慘重。

遼國因而四分五裂，耶律淳擅自繼位被耶律延禧遣書責難，不得不自殺，由蕭妃稱制主掌燕京朝政。遼內部人心惶惶，有人私下降金，有人暗通降宋。

宋朝廷議這時候，蔡京、童貫等人才力勸趙佶出兵，主張攻遼。但議論紛紛，似乎出兵與不出兵都有道理。以至於朝野都知道了此事。

朝散郎宋昭上書，疾言：「遼不可攻，金不可鄰，異時金必敗盟，為中國之患。乞誅主戰者王黻、童貫、趙良嗣等。」

此時都已經暗盤佈局完成，跳出來這隻孤鳥搗亂，一定要趕快除掉，否則也會鬼變。於是王黻將宋昭準備就任之官職除名，編管廣南，轟出汴京。

為了防止再有孤鳥搗亂，事情必須要做絕，眾人趕緊說動趙佶同意，由童貫、蔡攸出軍大舉進攻遼國！

此時跳出來一個遼國內部的易鬼，是遼國漢人郭藥師（綠眼眶），聽聞高鳳暗通降宋，於是率領八千擅戰的常勝漢軍，全部放下武器降宋，童貫大喜，請旨授他為恩州觀察使，歸劉延慶指揮。

遼國蕭妃知道漢軍動搖，與宋朝廷暗通，大為恐懼，派蕭容與韓昉，對宋奉表稱臣，乞求念前好。

童貫、蔡攸倒也見了使節。

韓昉直言童貫、蔡攸說：「女真蠶食諸國，若大遼不存，將來必為宋患。脣亡齒寒之理，乃漢人皆知，此不可不慮。」

言之在理，一般有理智的人，都會聽得進去，至少暫停進兵，將使節送往汴京。

好在派出來執行這件事情的鬼，童貫、蔡攸是堅定不移的痞鬼，能做非常之事，對遼主戰到底。立刻將來使轟出去。

韓昉在帳外大呼：「遼宋結好百年，誓書具在，汝能欺國，獨能欺天乎？」童貫堅持不理不睬，趕回使節，繼續進兵。

以劉延慶為前鋒大軍十萬進逼雄州，郭藥師率本部兵馬同行，渡過白溝前進，郭藥師原本以為宋軍兵馬有火藥武器，應該分工詳細紀律嚴整，結果竟然是一團混亂。

郭藥師（綠眼眶）勸諫劉延慶說：「今大軍拔隊而行，不設備，首尾不能相應，若敵人伏擊則將潰敗。」

劉延慶自認為勝利在望，不以為然，哈哈笑說：「這大遼氣數已盡，我不認為他們還有這個實力。」

郭藥師頗為一愣。

遼國派蕭幹領兵一萬來戰，劉延慶軍隊一戰便敗，於是閉壘不出。郭藥師（綠眼眶）此時大為吃驚，這宋軍衰弱得也太離譜，論武器論士兵待遇，遠遠比其他軍隊好，結果表現成如此可笑，彷彿兒戲。

趕緊建議：「蕭幹部隊不到一萬人，今全力與我軍交戰，燕山地區必然空虛，交給我五千精兵，倍道偷襲至燕京城下，必然攻破之。」劉延慶此時同意。

於是派大將高世宣、楊可世與郭藥師率軍六千人出發，劉延慶兒子劉光世率另一支部隊後援。渡過盧溝，加快行軍，常勝軍五千騎兵奪迎春門進城，郭藥師繼之，列陣於憫忠寺，派人命令蕭妃投降。

蕭妃見了，密報蕭幹回軍，於是也率三千精兵回燕京城，兩軍在城內展開巷戰，劉光世失約沒有來救援，郭藥師與楊可世戰敗逃走，高世宣戰死。

蕭幹另一支部隊直擊劉延慶本軍，夜晚忽然舉起諸多火把，宋軍以為到處都是遼軍，竟然主動燒營退走，士卒相互推擠踐踏，傷亡慘重，所有軍事物資都丟失，退保雄州。

宋軍失敗已經傳到金人的耳中，皆暗自竊喜。趙良嗣再度出使，與金國談劃地之事。完顏旻在場仔細觀察趙良嗣，而令完顏宗望與富吉與他談判。

完顏宗望透過翻譯，一開頭就批評宋軍，出兵失期，攻遼沒有盡力，然後說：「今都由我大金獨力滅遼，所以不能再討論原來的約定，只能在戰後交給宋方燕京所轄六州與漢民。還有可給宋方平州、灤州，本朝兵馬要從此二州借路北上。營州不能歸還。」

趙良嗣（紫眼眶）說：「原來有約定，石晉割讓的燕雲十六州中，除周世宗收復的兩州已經在我方手上，其他十四州都要歸還，還有北漢劉仁恭割讓給契丹的平州、營州、灤州三州，總計十七州都要歸還。如今貴國變卦，信義安在？而且我國若得燕京，必定派兵把守，貴國人馬要北返，為何一定要過此處？」

富吉聽了翻譯回答，笑說：「貴國只知道阻擋我們北返，為何不說你們的軍隊又戰敗呢？不然你們靠自己的力量收復失地，何必跟我們糾纏？」

趙良嗣語塞。

當然要跟你們糾纏！不然契丹這麼多年不肯南下，中國漢兒怎麼能一同吞食契丹與女真？

除了完顏旻內心對宋廷頗有忌憚，其他女真人看不出當中的機關，於是丟出國書，要趙良嗣（紫眼眶）確認。他一看，然後說：「剛才貴方說，燕京倘若是大金攻破，也當歸還燕京所轄六州，還有二十四縣漢地與漢民，但這國書上面沒有寫清楚啊！」

富吉輕視地說：「一言足矣，何需如此喋喋不休？若一定要書寫取信，我方將派使節到貴國，等我方攻陷燕京，再派人到燕京來取信。」趙良嗣只能默然。

完顏旻（紫眼眶）此時命令眾人退下，離開會議室，自己單獨對趙良嗣開口說話：「我的漢語還算流利吧？」

趙良嗣（紫眼眶）行揖說：「陛下漢語非常流利，尤其這汴梁京話，竟然也這麼順。」

完顏旻（紫眼眶）說：「我聽說閣下在我起兵之前，就叛離遼國，請大宋皇帝聯合我們共同夾擊遼國。聽聞大宋兵多將廣，繼承中國悠久歷史，為何我們都已經打到這裡，你們卻毫無進展呢？」

趙良嗣（紫眼眶）長嘆一口氣，似乎有難言之隱。

完顏旻（紫眼眶）瞪大眼問：「無法回答？還是另有隱情？」

趙良嗣（紫眼眶）說：「兩者皆有。」

完顏旻（紫眼眶）說：「閣下有先見之明，而今遼國已將滅亡，印證了你先前對大宋皇帝所述。能否看準我們與大宋，將來會走向什麼樣的關係？」

趙良嗣與完顏旻四目相交，趙良嗣（紫眼眶）稍微愣了一下，行揖說：「回陛下，我只是肉骨凡胎，無法真實預測將來走勢。但依我的觀察，這大宋朝廷的表現，太過離奇。彷彿一隻巨虎，認為自己是隻貓，還真的去當了那隻貓。但我認為，這種情況對大金也未必是好事，當年的大遼也認為中國可欺，但最後遼太宗耶律德光的下場，以及如今大遼的國運，可窺見一斑。」

完顏旻（紫眼眶）深吸一口氣說：「有我完顏旻在，必不會讓我們兩國交戰。但是，大金國雖然是由我所創，卻不是只有我一個人，群臣眾將的意見，我也得尊重。我跟閣下一樣是肉骨凡胎，我身後的事情，也不能保證會往何處發展。但願宋金之盟，可立長久。」

趙良嗣行揖稱謝。

於是金國派李靖、王度喇、薩虜模三人到汴京，王黻與之談判。薩虜模堅持：「除燕京六州與漢民，其他色目人、契丹人、女真人、奚族人都當歸金。而平州、營州、灤州當由金有，立界與歲幣等在燕京討論。」

王黼與趙良嗣一聽，這金人條件又更苛刻了。

王黼（灰眼眶）說：「西京與平州、灤州當如前約。否則這就太沒有信義可言了！」

薩虜模說：「前約就不提，就論現在可不可以？」

王黼（灰眼眶）說：「大國的要求，本朝都一概同意，本朝的要求，大國怎麼都不能降心依從？」

李靖說：「平灤等三州，敝國要當關隘，所以不能立刻答應。不如先討論燕京六州與歲幣。三州問題，可以平燕京之後再討論，不然我們徒然往返，沒有結果可言。」

王黼只能同意。

金國眾臣，此時大為輕視宋廷，有了南下之心。

※※※※※　中軸線訊息　※※※※※

承前

令 N↓0 ， 異=Σ異一 +Σ異二+Σ異三 ／／ 宣和海上之盟

∴本甲=異二1，本乙=異二2

令昊= 本甲 +本乙+本丙+本丁

Σ異一 ↑↓Σ異二　Σ異一 ↓0 ／／ 遼金對立

異=Σ異二+Σ異三 ／／ 做加法目的是爲了滅法

∴代↑↓昊　∴ 昊+異↑↓代

但母= 1／ 異 （+本） +代　異≠Σ 異三　代=代 ／／ 紹興議和宋金對抗，金人未滅夏犯大忌

※※※※※　※※※※※　※※※※※

第二十章　拮抗走局　金兵南下
漏斗塔的計時

金兵大舉進攻燕京，遼國臣民紛紛投降，蕭妃與蕭幹出古北口逃往天德，遼國五京全部歸金所有。

此時趙良嗣又被朝廷，強迫去找金主完顏旻糾纏，請求履行最早的協議。

完顏旻（紫眼眶）非常不高興，回答說：「我們兩國相約攻遼已有數年，閣下往返來我處，不下十次，最後的結果，貴國拒不出師，直到我軍將大獲全勝，才匆匆出師燕京，又遭遼人擊敗。你們大宋做任何事情都不先來告知，攻打遼人實際上都只是口頭說說，敷衍演戲。純粹是觀察我們的戰果，索要土地。今天到底還想要如何？」

趙良嗣（紫眼眶）說：「夾攻是最早的約定，在聖州軍前別議時，陛下特許無論夾攻與否，燕京都歸本朝。而今月二日，本朝已經在永清擊走蕭幹，追至燕京，雖非夾攻，也在意思上履約了。」

完顏旻（紫眼眶）說：「你們漢人真會狡辯，夾攻之事就不提了，中國大將獨仗劉延慶，結果十五萬之眾面對即將崩潰的遼師，竟然一戰就潰，堂堂大國富有天下，若有誠意，豈是這種表現？這不是演戲敷衍又是什麼？若要平灤三州，可以，但燕京就不能給！涿州也是我國土地，你們也可以退出去！」

趙良嗣（紫眼眶）說：「我知道陛下為難，如今在下說再多理由也是多餘。只希望陛下看在，您起兵之前，我們大宋就已經與女真部族相當友好，並且供應大量支援，請陛下多加斟酌兩國將來的關係。」

提到這兩國將來關係。

完顏旻（紫眼眶）此時想到在萬里長城上，跟王生的一席話，眼前局勢肯定不是他能理解，嘆口氣緩緩回答說：「好吧，你先回別館休息，等我想想再說！」

趙良嗣（紫眼眶）只好退下。

薩虜模告訴趙良嗣，皇帝已經忿怒，不要再糾纏。

此時投降於金國的所有遼臣，都建議完顏旻不要歸還任何土地給宋，反而應該攻宋掠奪。

這又讓完顏旻反覆想到在長城上，聽王生所言，直覺這宋不可以攻。在反覆思索之後，完顏旻還是偏向於與宋繼續保持友誼，打算歸還土地給宋。於是派使者到汴京，表示同意歸還燕京等六州，只有灤平等三州不能同意。

此時汴京朝廷大喜，加授郭藥師官爵，賞賜以府邸與姬妾，王公大臣輪流設宴款待，趙佶也親自授宴，郭藥師（綠眼眶）磕頭謝恩。趙佶命他繼續守備金人同意歸還的燕京六州。

而實際上，六州當中的涿州與易州，是宋軍壓境所歸降的，金人並沒有獲得，實質上只歸還四州土地。完顏旻故意再以此戲弄來索地的趙良嗣，當趙良嗣回報王黻，他滿口答應，勸皇帝趙佶先答應下來。於是約定已成。

完顏旻再以歸還六州，從而要求更多的財貨歲幣，宋朝朝廷全部答應！於是簽立互不招降納叛的盟約之誓。

然後宋方朝廷，立刻派使節把金銀財寶，送往金國。金國上下人等見到那麼多歲幣財富，一陣騷動，被搖晃在前的誘惑，垂涎不已。

當童貫、蔡攸大軍進入燕京，裏面的財貨與人口都被金兵捲走，所得都是空城而已。本來童貫打算將空出來的田宅土地，賞賜給包括郭藥師在內的常勝軍，但當郭藥師回到燕京，看到這座空城，忽然感覺，這必然潛在將來的禍端！

郭藥師軍營。

一個信使，跑來這遞交一份密信給郭藥師，上頭的署名是張玨。這張玨為以前遼國的漢官，叛遼投金。看到遼國投降金人的群臣與百姓，被金人強迫放棄土地田宅遷徙北上，苦不勘言，怨聲載道，非常不滿。而降宋的官員都得到豐厚的賞賜，乃至像郭藥師這般有房第與姬妾，令他羡慕不已。於是改變意圖，想要叛金投宋。這就直接衝擊宋金盟約中，不能接納叛亂的內容。

郭藥師（綠眼眶）密見信使，看完信之後說：「告訴張玨，不要衝動，這會影響到大局。」

信使說：「張大人似乎主意已定，歸還田宅給燕京居民的事情，希望郭帥能夠讓常勝軍配合。」

郭藥師（綠眼眶）苦臉說：「宋廷賞賜甚厚，歸還田宅都沒有問題，童貫那邊我也會去說清楚，其他宋軍官兵也會配合。但是張玨若叛金降宋，那就很快會使兩國生隙，燕京就又要面臨戰火。」

信使說：「可張大人投奔宋廷的意志無法動搖，所屬部眾也多燕京人士，痛恨被金人強遷北上，這似乎無可改變。」

郭藥師（綠眼眶）來回踱步，非常苦惱，過了片刻，然後說：「你這樣回去告訴張玨，他若堅持要叛金可以，但不能投宋。天祚帝不是還在逃難嗎？他可以宣稱投遼！」

信使說：「是的，我就這樣回覆張大人。感謝郭帥指點，但張大人最終願不願意聽從，這誰也不能保證。」

郭藥師（綠眼眶）苦臉說：「真會被你們害慘，希望能混過這一關！」

接著趕緊將此事告知童貫，原本弄不清楚狀況的童貫，此時頗有理智，竟然表示願意配合，把燕京所屬州城，所有田產加上封條，若財產舊主能回來，願意一一歸還。

汴梁。

金使節楊璞跟著趙良嗣，再次到此出使，金使沿途趾高氣揚，原本是漢人，卻仗女真人的勢，說話多有不遜。而趙良嗣原本就是燕京附近人士，也聽聞了燕京人非常憤怒，許多原本降金的漢人將領，又將投宋，深知這宋金盟約很難維持。

接著，金國女真本族的使節，也來汴京出使。趙良嗣因為懂女真語，所以陪同一些官員迎接。高官們得到皇帝授意，要讓女真使節知道，大宋之強大與遼國不同，使其不敢有非分之想。

宋廷高官們便帶女真使節，參觀汴京繁華的商業街、煙花柳巷美麗的雕樓與歌妓、國庫中堆滿的金銀綢緞、各種庭園建築與育樂設施。宣稱要表示大宋朝廷的富裕強盛，使金人不敢有妄想！

趙良嗣陪同這些高官，走了這一圈，大為吃驚，他不知道該怎麼解釋眼前這個現象！

只能說，實在太離譜，想要拿刀一個個砍掉這些高官的頭。

所有陪同金使的高官都滿面笑容，惟獨趙良嗣笑不出來，怕事情最後鬧到，他自己也變成慘局，遂自己找了一個酒樓喝悶酒。

【趙良嗣此時出現灰眼眶】

曾經同為使者出使金國的馬擴，見到他也在此，便來招呼。

馬擴問：「兩國盟約已成，趙大人也官拜延康殿學士。為何還在此悶悶不樂？」

趙良嗣（灰眼眶）拿著酒杯說：「哼，你說的盟約還有什麼學士，也不知道還能持續多久？」

馬擴笑說：「這話從何而來？您十年之前，收復燕雲的大計，辯才無礙，駁倒諸多有學問的大臣，當時可是轟動了整個京師。而今雖說沒有盡收失土，但好歹也拿回了燕京六州土地，朝廷也大致接受，難不成金人會背盟？」

趙良嗣（灰眼眶）點頭說：「肯定會背盟，而且速度會很快！快得讓你難以相信！」

馬擴笑不出來了，轉而低聲問：「這從何判斷？」

趙良嗣（灰眼眶）不樂，搖搖頭說：「從人生經驗來判斷！從我過人的敏銳觀察來判斷！」

說罷哼了一聲，頗有不屑。

馬擴知道他有些不耐煩，於是掏出腰包擺在桌上，呼喚酒樓伙計來此，直接豪氣地說：「伙兒過來！來本店最上好的陳年老酒！外加兩盤上等羊肉爐，菜色要最美的！包括先前這位朝廷大人的酒錢，全部我付！」

伙計應聲而動。

馬擴瞪大眼說：「看趙兄心情不太好，今天全部我請客，趙兄這樣是否滿意？」

趙良嗣（灰眼眶）冷笑說：「何故如此大方？」

馬擴說：「我是在幫你。萬一女真背盟，閣下極可能受到牽連，我們早一些預作打算，該說的說，該警告的警告，你的責任不就都卸掉了嗎？」

趙良嗣端著酒杯，微微點頭，然後兩人相互敬了一杯。

然後趙良嗣（灰眼眶）說：「你知道船艙的老鼠嗎？」

馬擴低沉著臉問：「如何？」

趙良嗣（灰眼眶）說：「我聽航海的船夫說過，船艙的老鼠很機靈，假設船將要沉，老鼠會預先知道，四處驚慌奔跑。有經驗的船夫若要防範沉船，檢查船艙的漏洞，或是預感風浪將會大作，還得看老鼠的反應。」

馬擴瞪眼點頭，仔細聆聽。

趙良嗣（灰眼眶）放下酒杯，有些醉意，趁著醉意直言內心，手指點著桌面，接著說：「老實說，我馬植改名之前，在遼國的風評不好，常被有些君子，背後罵我是鼠輩。但我這鼠輩就是有這種本事，會最早知道，誰的船快要沉了。而這些滿朝大臣中所謂的君子能人，全是庸碌尿遁之流！讓我想要砍掉他們腦袋！」

馬擴笑說：「別說自己是鼠輩，在我看來趙大人也是一號風流人物，可載於史冊的。」

此時酒樓伙計送餐來了，然後退出包間。

馬擴拿起筷子說：「別客氣，儘管吃。」

兩人吃了幾口，又相互乾杯喝酒。

趙良嗣（灰眼眶）放下了心防，漸漸坦然說話：「先前女真人尚未起兵時，我觀察遼國內部上下的荒唐，以及漢族官員離心，女真人蠢蠢欲動，多有掩飾，天祚帝昏昧而沒有警覺，就感覺這遼國恐怕支撐不了多久。才提前奔來大宋，建議聯女真滅契丹。」

馬擴點頭說：「這我知道。」

趙良嗣（灰眼眶）再動筷子吃了一口，說：「而今這種感覺又來了，你說我這個有明顯案底的人，走到哪裡都被認出來，接下來要投奔誰比較好？金國願意收我嗎？肯定很難！」

馬擴說：「這，趙大人您可是異姓被冊封為國姓。這等尊榮，在唐朝很浮濫，一文不值，但是在本朝很難得，可是一般人想要卻得不到者。怎麼會說要投奔他國？

您還是回答我剛才的疑問，認為朝廷與女真的盟約，能持續多久？」

趙良嗣（灰眼眶）拿起酒杯，兩人又相互敬了一酒，然後伸出三根手指說：「我看只可保三年爾。」

馬擴審慎地看著包間窗外，汴梁城內傍晚燈籠開始滿街高掛，夜生活似乎才要開始。倒吸一口氣說：「要是女真背盟，那真的就不好辦了。」

馬擴又問：「可你剛來汴京時，曾在大殿陳述的道理，是讓後來汴京全城之人都朗朗上口。當中趙兄你曾說過，當年遼太祖要遼東各部臣服，就花了四十年。你不也說大宋根基深厚，文盛國富，人心歸附，而金國初立，人心不穩，只要他們敢有賊人野心，屆時策動遼民與漢民歸附，就可以擊敗女真？這滿朝大臣都因此啞口無言啊！」

趙良嗣（灰眼眶）苦著臉，拿起筷子繼續吃菜，然後說：「當初我真的是這麼說過，而且這個判斷，怎麼看都是合理的。但我來此這些年，仔細觀察大宋上下，剛開始也確實如我判斷無誤，所以我很努力在聯金滅遼這條道上走。可奇怪的是，明明我大宋條件與根基這麼興盛，甚至神機營中火砲槍銃都有，這些東西可能女真人連見都沒見過！」

用力一拍桌接著說：「可莫名其妙！」

這一拍桌震撼了馬擴，也讓遠在其他地方用餐的客人，都聽見，往這望了一眼。

接著說：「軍隊戰力竟然如此衰弱，連快滅亡的遼人都打不贏。大臣們平時對內治國，都還能道理分明，可面對夷狄就全成了草包庸夫，給強虜看笑話。你說這大宋朝像不像是鬼纏身啊？這些官那些兵！到底是真的官兵，還是花錢臨時雇用來的戲子伶人？只是演戲的兵？」

馬擴微微點頭，舉杯示意。

再相互敬了一杯，夾菜來吃，又接著說：「你我都是本家姓馬的，我就全盤告訴你。這更讓我意外的是，原本我獻聯女真滅契丹，以為這條道，我至少可以混個三十年，甚至在大宋吃到我老死為止。結果從我來汴京到現在，才十一年不到。這若大的遼國，百萬雄師，就被女真部落打得兵消瓦解，五京全失。更荒唐的是，遼國各族兵將，歸降金人也就罷了，竟然把仇恨之心都放在我大宋朝廷！要知道滅遼戰爭，幾乎都是金人在打，我等也只是為國家利益所圖，怨恨大宋作甚？」

他有些酒醉，臉都紅了，在喝了一口熱湯，長喘一口氣，食指一直敲著桌緣，接著說：「這契丹太祖耶律阿保璣，當年漠北雄師，百戰立國，攻打一堆落後部族，也沒有這麼鬼順鬼利的。這女真族本來是在山上的一堆文盲野人，起兵十年就打成這麼若大勢力！你說這小孩要長大成熟嘛，也得個二十或者三十年吧？怎麼一個山中落後部族，就算戰力再強，對陣一個制度兼備，擁有百萬雄兵的大國，才十年就將其併吞，各地乖乖繳稅，然後跟大宋接壤了！你說這到底是不是，老天爺送女真人成長藥，故意跟我開這種要命的大玩笑啊？」

「聯金滅遼順利當然好！但是順利到我們大宋群臣都成了呆子，這到底是怎麼一回事？」

說到這已經面露滑稽，瞪眼看馬擴。

馬擴一掌拍桌，恍然大悟說：「對啊！這真的是鬼怪了！若沒有你趙大人一說，我還真以為這是理所當然！」

趙良嗣（灰眼眶）端著酒杯喝了一口，用力放下之後，瞪著火爐說：「鬼怪的事還有呢！我在這當中往返出使，知道宋金盟約逐漸成型的過程。我們大宋這十一年來，聯金滅遼都是掛在嘴上居多。原本大宋立朝一百多年來內政還算清明，沒有多少內憂，可偏偏在這關鍵時段，鬧什麼方臘、宋江之亂，花石綱也不是沒付錢啊！大夥兒怎麼忽然就一同怨聲載道？好像有一隻手在拉著朝廷，防範朝廷真的出兵北上。另外有一隻手，努力替女真輸血打氣，給錢給方略，還不斷鼓勵他們更快成長。」

馬擴頻頻點頭聆聽。

趙良嗣（灰眼眶）又一巴掌拍桌，面紅耳赤顯露不滿地大聲說：「最誇張的事情還是在前天！」

接著說：「我與耿南仲這些高官，一起接待金國使節。他們大聲兇惡地對我說，陛下要震懾金國，讓其知道大宋與遼國不同，讓他們不敢有南下的妄想。可是他們竟然帶金國使節去汴梁商街，去看國庫裡充實的金銀綢緞，去看雕樓畫棟，還去煙花柳巷，看濃妝豔抹的歌妓！」

「氣得我跟他們大吵一架！」

又接著拿起酒杯用力地頓在桌上，更不滿地講：「你說我大宋軍隊就算再不能打，要震懾金國使節，也可以帶他們去看兵營演習，去看火藥武器爆破，去看千軍萬馬大聲呼喊，尤其是火藥術，他們從來沒見過，瞬間電打雷劈，焦爛一片，肯定必能嚇得他們屁滾尿流，十年內不敢越雷池一步！這些就算再不能，去看看靜態閱兵也可以啊！結果你們這些混帳高官，露出財富、樓房、美女，給山裡來的強盜看，這到底叫震懾呢？還是引誘啊？這些高官是不是全部才該斬首示眾啊！」

「給女真人這樣看到也就罷了，竟然還好好招待那個號稱郭子儀的後代郭藥師。他在我看根本就是個賊人！給錢給房給女人，哈哈，這種賊人不會感謝的！他深知遼國內部無論契丹還是漢人，都在怨恨我大宋朝。一旦金人背盟，你才看看這些人會站在什麼立場！」

「我大宋朝廷上下，等女真人一接壤，就不斷示弱，不斷給錢，不斷出醜，不斷炫燿財富給盜賊看，好像在很努力暗示女真人，恭喜你們有今天，你們滅遼之後，下一個可以來打我嗎？」

喝了一口酒又說：「你說這些朝廷高官，到底是瘋了？還是傻了？還是鬼上身？

還是他們本來就是一群豬？科舉理學的大臣，真的會笨到連山中土匪都不如嗎？我咬死也不相信啊！但事實卻又血淋淋發生在眼前啊！」說到此又持酒杯，頓桌一聲。

【馬擴此時出現灰眼眶】

馬擴（灰眼眶）聽了下巴掉下一寸，呆滯合不攏嘴。從未聽過這麼匪夷所思的事情，但沒經過趙良嗣這麼一說，還以為這些事情都是理所當然的。

馬擴（灰眼眶）拼命點頭說：「對啊！真正有智謀取得頭功的，真正改變整個局勢發展的，其實是趙大人您，但朝廷只給你虛名榮耀，卻給那些有刀有槍有兵的人，都是實惠。給智謀者以虛銜，給強人以財富，朝廷的判斷完全是趨炎附勢，巴結強梁。這確實當中的潛台詞，就是你說的那句話。下一個可以來打我嗎？」

趙良嗣（灰眼眶）持筷子繼續吃羊肉配菜，接著說：「還有呢！原本我在定盟約之時，以為金人這次收兵北返，得消化消化一下，就像我們吃飯後也得休息休息再勞動。他們吞併遼國的大片土地，還得回去建個法令制度，丈量所統治的土地，穩定人心，至少也得忙個十年不再南下。可燕地的降金的漢族遼官，與降宋漢將，兩邊配合遷徙燕民北上的事件，鬧出一場對立戲碼。金國皇帝完顏旻我也很熟悉，他不想要對大宋開戰，但底下的人都想攻宋，當時我觀望他的健康氣色，已經日薄西山。你這時候又一起鬧出這戲碼。對已經詭異的宋金大局，拼命火上加油，你說這十年的估計，不得降成三年嗎？」

馬擴（灰眼眶）說：「您說的太有理了！倘若金兵真的南下，我大宋能抵擋得了嗎？不然再一個澶淵之盟也不是不可啊！」

趙良嗣（灰眼眶）搖頭說：「我猜肯定抵擋不住，這有句俗話說，不怕鬼上門，就怕鬼惦記著。當年契丹人的所作所為，都是漢人幫襯著，才能有此囂張。但契丹畏首畏尾，多有顧忌，上門得了一點土地與錢財，就不思遠略，不願意繼續南下。但金人這樣猛衝猛打，三兩下打掉遼國，且以我出使觀察金國貴族上下，都豺狼虎豹之徒，只會惦記著我大宋國土財富，不知道什麼是畏懼，外加一群漢兒努力幫襯著，一群豬頭官員，相互撩撥著，你說能擋得住這種一面倒的趨勢嗎？」

馬擴（灰眼眶）說：「這真的是碰見鬼！那我們接下來該怎麼辦？」

趙良嗣（灰眼眶）說：「你們就看著辦啦！實在不行，捲包袱先南逃，反正還有江南嶺南可以去！但我這個因聯金滅遼出名的人，可能就是眾矢之的，跑哪裡去都會被認出來。說逃去西夏那個窮鄉僻壤，我不甘心，就還得再想想囉！」

兩人繼續談論這些詭異事情，但詭異的事情就繼續發生。

張玨在平州，接受了不願北遷，來此挑撥的燕民意見，於是出兵抓住那些替金兵北遷燕民的前遼官，準備叛金投宋。在行事之前，找來一個在前遼國擔任過翰林學士的聰明智者，名叫李石的漢人，來詢問。

張玨（紅眼眶）問：「底下的官署們都強烈建議，劫殺趨趕燕民北上的投金官員，以地投宋，倘若金人加兵，我們內有營州、平州的部隊，外有宋人援助，無所畏懼。閣下以為如何？」

李石（紅眼眶）一聽，開心地強烈贊同說：「大人這麼做就對了！」

張玨（紅眼眶）又問：「可宋與金有不納叛的盟約，你認為宋廷能接納我們嗎？」

李石（紅眼眶）笑說：「大人可先宣稱迎天祚帝，明著投遼，暗中投宋。然後堅守城池，形成藩鎮之勢，宋廷必定接納。金人方立國，根基不穩，我們又有燕地漢民支持，金人能對我等如何？」

張玨（紅眼眶）哈哈笑說：「就是此理！金人才方滅遼，立足未穩，只能對著遼國殘餘勢力無可奈何。先生這招暗渡陳倉，果然高。」

這招根本不是暗渡陳倉，而是掩耳盜鈴。把金人當作笨蛋，但事實他們並不笨。於是派兵抓住投降金人的前遼官，大罵他們不忠於遼，令士兵將其全部殺掉。然後放被趨趕的燕京民眾回家，宣佈田宅土地都安排好歸還，一律遵從先前的法令制度，燕京民眾大喜，高呼張玨萬歲。

此時完顏旻率軍回上京，感覺身體已經有病，途中聽聞此消息，只先派小股部隊南下鎮壓，本隊繼續返回上京。女真貴族上下一片忿怒，認為這跟宋廷有關係，要南下興師問罪。

「這根本就是宋廷勾搭前遼的漢人！」「這是背盟違約！」「沒錯！」「我們應當立刻發兵征討！」

完顏旻原本以為，自己死後，繼承皇位者，才會與宋對立，沒想到來的這麼快……自己才收兵都還沒回到上京，那邊漢人們就鬧了起來！當然要鬧，不然你回去真的去認真治理土地，穩固根基，那要等到何年何月你才會南下？

已經等了不少年，現在可不要等下去。

讓他又想到萬里長城上面的感慨。於是召集所有人到跟前，命令眾人仔細聽。

完顏旻（紫眼眶）拖著病體，堅忍地說：「你們都聽好了，我等大軍才一北上，一群漢兒就開始鬧起來。漢人有很多地方值得我們學習，相信這個共識，爾等都有。但朕敢肯定，漢人還有很多地方，是我們不知道，甚至是想學也學不來的。你們都說要攻宋，但朕以為海上之盟不可以忘記，回上京之後，休兵養息，至少十年不要南下。即便攻宋，也不可以滅亡他們，即便佔領他們的土地，也不要貪圖錢財享樂，更不要遷都過去，而遺忘女真興起的根本之處。」

眾人點頭遵命。

完顏旻掃視了所有親族眾臣，發現從他親弟弟完顏晟以下，對此都不以為然，感覺得出他們口是心非。於是他躺了下來，搖頭喃喃嘆氣說：「朕知道你們當中很多人，並不贊同朕的見解，等朕死後你們一定會南下攻宋。但人死之後，自己都管不了，還能管誰？爾等子弟兒孫自己多醒神⋯隨便爾等啦⋯都出去吧⋯」

眾人點頭退出帳外。

過不久，完顏旻去世，是為金太祖。由弟弟完顏晟繼位。而宋朝朝廷也收到張玨要來歸降的消息，招開廷議。

趙佶說：「張玨要以平州來降，各位以為如何？」

王黼（灰眼眶）強烈贊成說：「平州地方險要，張玨文武全才，必定可以抵擋金人，必須快些招納，不要讓他投降了天祚帝或與蕭幹殘軍配合。否則我大宋若落了後手，則處處被動。」

其餘大臣也都紛紛點頭。

趙良嗣（灰眼眶）的直覺又來了，心思：壞了！沒料到來的真快！

趕緊站出來說：「臣啟陛下，國家方與金新盟，如此則必失其歡，倘若兩國生隙，以致構兵，怕後悔不及。這些燕地之人只圖自己利益，串謀生事，不顧國家安危，臣堅決反對接受張玨的歸降。」

王黼（灰眼眶）站出來大喝說：「住口趙良嗣！你自己不也是燕地之人嗎？最早你提出聯金滅遼時，說朝廷可以盡收燕雲故地，外加北漢所割，共十七州。你往返通使金國，交涉多次不力，以至於金人失信，而今實際上只拿回了燕京六州，真正險要之地沒有收回。而今平州強兵要來投降，豈能不接納？」

趙良嗣非常不快，收不回所有失地，是你等宋廷先前把聯金滅遼只掛在嘴上，失約於金人，到最後才出兵夾攻，還打了大敗仗，除了投降的兩州，能再多拿回四州之地，已經不錯了。而今竟然責怪我失職？

趙良嗣（灰眼眶）說：「你才該住口！聯金滅遼之策根本沒問題，問題都出在你等大臣身上。遼金交戰十年，你等不理會遼金形勢，在最重要時刻，文嬉武戲，按兵不動，做了後手，才導致今天處處被動。更荒謬的是，等到金人滅遼之後，不展示火藥炮銃，卻將大宋淫誇奢華炫耀給對方看。這不是對強盜們露錢財女色是什麼？而金人內部意見不一，尚未南下，你們又要招降納叛，背盟生事，遲早引得金兵南下。到底是誰才該住口？」

趙良嗣此時也是一語道破真相，雖然罵的是大臣，但實際上卻戳中皇帝趙佶的短處。

還不等其他大臣落井下石，被暗示淫誇奢華的趙佶，就立刻說：「趙良嗣！你的神算真的是失靈了，現在大家是替你當初所承諾，在努力收拾啊！難道你是在批評朕嗎？」

趙良嗣（灰眼眶）內心大喊：不好！真的完了！

趙佶說：「趙良嗣退下，這次廷議你就不要參加了，廷議後朕有旨意給你！」

趙良嗣應命而退。心思：昏君啊！真的是昏君啊！我怎麼會碰到這種昏君？

廷議後下詔，削減趙良嗣官階五階，禁足觀察，不准離開汴京。趙良嗣一肚子窩火，但此時已經無可奈何，才後悔當初怎麼會獻計給這群豬一般的君臣？喃喃自語說：「昏君可以啊，要我死就死，金人南下你也活不順遂！大家走著瞧！屆時看誰狼狽樣更慘？」

金兵兩千騎兵來打張玨，張玨率軍八千在營州城外列陣，此時英勇異常，聲威雄壯，金兵不敢交鋒，只繞在州門外，立了一個大牌告示『今冬復來』，然後撤軍。

張玨立刻將此消息，改為大破金兵，傳書告知宋廷上下，引誘宋廷與金人開戰。而此時金兵尚未動靜，遼國殘軍蕭幹卻集中兵馬，趁此時大舉南下，連戰連勝，京師震動。

童貫於是發書文責備鎮守北方的各官員，王安中、詹度與郭藥師。面對遼人，宋軍將帥就立刻恢復正常。王安中原本是個庸才，忽然神智大開，找到戰機，於是命郭藥師出擊，大破蕭幹軍，趁勝追擊過盧龍嶺，奚與渤海殘部紛紛投降，奪得遼太宗耶律德光當年的尊號寶檢與契丹金印，最後還誅殺了蕭幹，將戰利品與人頭傳河間府。

兩次大獲全勝的消息，讓宋朝廷上下，對於燕地投降來的漢軍，充滿了信心，便下詔書賞賜。張玨（紅眼眶）大喜，率官吏要在郊外迎接朝廷。

結果樂極生悲，當地一個居民擔任金兵刺探，趁機報知城外埋伏等候的金兵，金兵趁城防不備，以一千騎兵攻入。城中大亂，張玨逃往京師途中，投奔郭藥師，改名換姓藏在當中。

以為強悍的北方漢軍，一碰金兵，馬上就變回如此可笑。

金國派使者到汴京，要求交出張玨，剛開始趙佶指示不可以答應，所以官員一致拒絕。後來金使威脅恐嚇，於是只好在死囚牢中找一個相貌類似張玨的人，斬下頭顱給之。這金使也是個漢人，也不知道為何，會如此認真刁鑽，一眼看出這不是張玨，認為這大宋背盟，威脅要大軍南下。

趙佶恐懼，只有命令王安中去郭藥師軍中，把張玨勒死，以頭顱函送金使。燕地軍民因而非常憤慨。

【趙佶此時出現灰眼眶】

郭藥師（綠眼眶）冷笑著對王安中說：「今天金人要張玨頭顱，你們就交出去。明天要是金人要我郭某人頭，你們交不交呢？」

原本神智大開的王安中，此時又回去當草包，拼命苦笑，但內心大為恐懼，怕燕地軍民報復。回到汴梁苦求自己解職，改任一個閒官散職，躲藏起來，隱居不出。

趙佶（灰眼眶）看底下這些人，紛紛搏命演出，鬧出個這種情況，慢慢摸出個道理，就是金兵很快就會南下。趕緊招來蔡京問計。

蔡京（灰眼眶）說：「陛下所憂甚是，然我大宋根基深厚，金人以武力暴起不過十年，人心不附，倘若招納前遼人舊部，在金國內部生事，必能抑制金人南下之企圖。」

趙佶（灰眼眶）問：「你這不就是之前趙良嗣的故計？但如何能招納？」

蔡京（灰眼眶）說：「遼天祚仍在夾山，而汴京有一番僧自天祚之處來，可遣之前往夾山通信。以優渥待遇引誘天祚南下，我等能以遼國故主招納遼國大批舊臣反正，如此便能遏制金人暴起囂張之氣焰。」

趙佶感覺言之成理，這跟最早趙良嗣所說的相互契合，於是派這個番僧到夾山，傳信給遼天祚帝，說願意以皇弟之禮來招待他，給女樂三百人，房間一千間。遼天祚帝收到此信，沒想到山窮水盡之際還能有這樣的享受，大為欣喜，準備南下。趙佶派童貫北上，對外假稱依約交割太行山附近土地給金人，實際上要迎接天祚帝。

然而天祚帝耶律延禧，也接到了西夏人的召喚，忽然醒神，對宋反悔，認為宋廷先前聯金滅遼違背盟約沒有信義，並不可靠，於是西行西夏而不南下。

這些溝通消息，竟然又被一些漢人探知，將其轉告給金人。於是金人加派人馬先去追耶律延禧。同時寫信給童貫說：「海上之盟時，相約雙方不得接受遼主投降，得而必殺之。而中國竟然違約招納，將其藏匿不出，我大金必定先擒之。」

童貫此時咬死抵賴，堅決表示沒有，反而激怒了金使。

直到金人派兵截住西行的耶律延禧，將其抓回。

遼國這回真滅亡，親族部將耶律大石，跨沙漠北逃到北海大湖南岸，遼國最北邊的城池，召集最後的契丹族人。又聽聞金人要派兵追擊到此，於是放棄這沙漠北邊的綠洲城池，率殘餘族人大舉西逃西域，去建立西遼國。

此時完顏晟繼位才兩年，聽聞這些消息，已經不打算去追西逃的遼國殘族。反而按不住要大舉南下攻宋之心，但金國上層，因為完顏旻死前堅決反對攻宋，因此對舉兵南下都尚有猶豫。

正猶豫間，在燕京漢人組成的義勝軍，原本叛遼投宋，現在忽然宣佈叛宋投金，上書給完顏晟，說明中國之虛實，並宣稱他們可以裡應外合，請大金國皇帝不要猶豫，立刻南下滅宋。完顏晟遂決定興兵南下。

金國大軍動員時，金使薩里穆爾到了太原見童貫，指責張珏事件，語氣非常傲慢。而原本敢於冒險的童貫，忽然變得怯懦，在談判桌上軟弱地說：「如此大事，何不早些告訴我？」

【童貫此時變成灰眼眶】

薩里穆爾冷笑說：「大軍已經開拔，還需要說什麼？」

童貫的參謀馬擴（灰眼眶），想起先前與趙良嗣的對話，拍桌對說：「兵乃凶器，天道厭之，貴國滅契丹也藉了本朝之力，今一旦渝盟，舉兵相向，豈不知中國乃積累之國，若稍稍整頓邊防，你們可敵嗎？」

薩里穆爾哈哈一笑說：「若我們的國家以中國為可忌憚之國，就不會舉兵南下矣，倘若童大王肯割讓河東、河北，以大河為界，存活宋朝宗社，乃至誠報中國也。」

童貫（灰眼眶）變得非常恐懼，其實他恐懼的不是金人，而是他的聯金滅遼之策破功，將在朝廷被清算舊帳。而金使卻以為是宋方恐懼金國。而馬擴說的沒錯，中國乃積累之國，但積累的可不是財富與表相上的國力而已。

金使回去後，童貫立刻招開參謀集團會議，打算要放棄太原回汴京，請求朝廷增派支援，參謀宇文虛中，與太原知府張孝純極力反對。

宇文虛中說：「金人渝盟，大王當會各路將領竭力一戰。若大王離去，人心動搖，是放棄河東要地給金人。河東若失，河北就不保，太原地形險要，人人習戰，金人未必能克。」

童貫（灰眼眶）說：「貫受聖命來此宣撫，非守土。你們必欲留下我，置帥臣於何地？」

於是離席，堅持逃回汴京。藉此推卸責任，並且事先要探朝廷的風向，看自己能否轉職到其他地方去。

而原本在燕地引以為重的郭藥師，擁兵自重，故意不肯更換契丹時期的服裝，當地官員無法制約，朝中開始懷疑他的動向，封其為太尉，命令他回汴京任職，郭藥師藉故不來。

童貫見狀大好，可以藉機擺脫河東的責任，上書說明自己只是宣撫的功用，請求派他去燕京宣撫郭藥師。郭藥師故意巴結童貫，調動閱兵，童貫大喜，回朝堅持郭藥師能夠抵擋金兵。

完顏宗望女真本名完顏斡離不，完顏阿骨打的二兒子，此時前鋒部隊已經抵達。郭藥師、張令徽、劉舜臣率四萬五千人迎戰，但都被擊敗。完顏宗望繼續進軍，郭藥師見金兵玩真的，於是率軍叛宋投金，協助完顏宗望抓捕宋廷官吏，並同意當金兵的南下嚮導。

連帶效應，燕雲之漢人軍隊，因為宋朝廷給的錢米，調度不當，沒有如數撥發，紛紛叛宋投金。朔州守將率軍與金兵作戰，還在前方激戰方酣，城池就被漢兒們打開，改換旗幟投降金兵，以致宋軍潰敗。代州守將本來早有防範，從汴京借調了一些火藥武器，堅決守城，漢兒們抓住守將，改換旗幟投降。忻州守將見苗頭不對，自己開門迎接完顏宗望。

完顏宗望大喜，紛紛授官，宣佈金兵不入城。他沒想到，漢人們會這麼歡迎他的女真大軍。

五代十國時期興起的職業『漢兒』，終於成熟了，逐漸往『漢奸』的新鬼型發展。讓異族即便多所顧慮，也會被各種方式，引導入鬼局需要的方向上走。漢奸特種部隊，全面出擊，發揮主導局面的關鍵作用。

金兵南下，各地投降的消息，紛紛傳到汴京。金人使節到汴京勸降，令宋廷割地稱臣。

出使金國的給事中李鄴（灰眼眶）被金人趕回來，全身顫抖地在朝廷上，趙佶君臣召開廷議，追問金軍強弱情況。沒想到這小小給事中演技極佳，發揮了千軍萬馬都難發揮的作用。

李鄴（灰眼眶）哭喪地說：「女真兵個個神勇無比，綻放光芒，人如虎、馬如龍、上山如猿、入水如獺、其勢如泰山、中國如累卵啊！陛下，我們不是對手，要快點和談啊！」

說到激動處，雙腿雙手同時顫抖，臉上五官擠在一處，頭還左右晃動。

李綱聽了勃然大怒，大喝說：「住口！聽你在鬼扯！你這是為敵宣傳打擊士氣，我李綱就不信，女真人就是什麼天兵天將！」

李鄴（灰眼眶）說：「這全是真的，不信你自己上前線去看！」

李綱大罵說：「我是一定會去的！甚至我還會跟金人作戰到底！但是你在這裡胡言亂語，什麼人如虎、馬如龍、上山如猿、入水如獺、其勢如泰山、中國如累卵！呸！鬼扯！女真人不過就是會騎馬射箭，最多加上鐵鍊變成連環馬，這些一千年前就有的東西，算是什麼新鮮事情嗎？」

【此時李綱出現黃眼眶】

李鄴（灰眼眶）說：「契丹遼國，這個強敵困擾五代與我大宋一百多年，但女真人十年就滅了他們！你說我講的難道不是事實？」

李綱（黃眼眶）大罵說：「要不是你等奸臣自私自利，漢兒們變身投靠，何需要靠金人來滅遼？以我中國之眾，一人吐一口水也能淹死遼人！」

接著滿朝哄然，你一言我一語。尤其太學生們議論紛紛，認為朝廷從聯金滅遼以來，從內政到外交一連串錯誤，蔡京與童貫平常專做旁門左道，貪瀆斂財，內激民變，外招強虜。皇帝沒有聽納忠言，以致朝廷將面臨此災。

趙佶非常恐懼，於是讓宇文虛中草詔，下詔罪己，承認一切錯誤皆由皇帝本人所致。然後再令裁撤所有奢侈的用度，節省開銷，將原本因各種理由徵收的土地，全部撥還給佃民。裁撤類似采石所、行幸局、教樂所、大晟府這種供應皇族娛樂的機構。同時又宣佈，今後接納一切忠誠激烈的諫言，令各地方派勤王部隊往汴京集結，招募民間奇才。

於此同時，又宣佈讓位給太子趙桓，派使節去跟金人求和。然後又宣佈，自己要南下到江南巡幸，趙桓尊稱其為道君太上皇帝。明明如趙良嗣或是馬植所言，宋朝完全不必怕金兵，卻連皇帝也加入出醜鬧劇，鬼遮眼的效應，是可以傳染的。

汴京城某角落工坊。

說所有人都如此跳跟，也不盡然。此時有兩人，應朝廷招募民間奇才的方案，正在討論火藥術的延伸用法。

梁紹東，正在端倪『水鐘鑄法』這本書，他的友人趙銘前來探訪。趙銘是遠房宗室，趙匡胤的子孫，已經沒有爵位，但在宗室仍然有記名，給一個大學士的虛銜，也能見到皇帝。

趙銘問：「梁兄，我幾天前求的火銃火砲術，您研究出來了沒有？」

梁紹東(白眼瞧)，拉下書本說：「趙大人怎麼這麼急？我還在研究這本書呢！」

趙銘一看書名《水鐘鑄法》，跳腳說：「水鐘鑄法？這書是談，本朝的蘇頌，製作水運儀象台？我要你研究火，你反而去研究水。」

梁紹東（白眼瞧）說：「趙大人，你先別這麼急！這本水鐘鑄法，看上去談的是蘇頌的水運儀象台，但實際上討論的是，裡面擒縱裝置，所運行的規則。作者是，本朝英宗時期，蘇頌的朋友，蔣文象。這本書已經絕版，大家都不印了，現在在我這。而我這本，背後有作者蔣文象親自簽名，肯定不是偽書。足以印證我們眼前看到的那個水運儀象台，真實的內部擒縱法則。這本書真讓我愛不釋手。」

趙銘跺腳說：「你還沒回答我，幾天前我讓你研究火，你為何在研究水？」

梁紹東（白眼眶）站起來，把書放下，哈哈大笑說：「哈哈，趙兄！水與火，本來就是一家！背後的擒縱法則根本就是相通的！我今天徹底了解《水鐘鑄法》，也就了解怎樣把火藥術改制成火銃火砲術！擒縱規則就在當中的引火線與器型機關的配合，從水的擒縱，變成火的擒縱。只要掌握火的擒縱之力，就可以把弓弩彈丸這些東西，以非常大的威力殺出。」

趙銘點頭瞪眼說：「好啊好啊！你理論摸通了，但是東西呢？」

梁紹東（白眼眶）走到桌旁，桌上有一個大木箱子，打開之後說：「東西在這！昨天巧匠已經依照我的設計圖，製作出一管青銅火砲，一管青銅火銃。一大一小，一雄一雌，你拿去校場試驗一下。」

趙銘手摸著這兩管武器，愣笑說：「原來你早就造好了，怎麼不來告知我？現在朝廷急徵民間奇才對抗金兵，你還在看這什麼文書？」

梁紹東（白眼眶）笑說：「我才不管他金兵不金兵，我現在正想要把我從這本書，所得到的心得，用我自己的語言，刻石立碑，藏諸名山。未來肯定有人會從我的銘文，傳承這個心得。」

趙銘說：「先別管石碑，你跟我去校場，檢驗你造的東西。」

梁紹東（白眼眶）說：「我記得趙大人你付的錢，只到把東西造出來能用就好。使用方法我寫在上面，你自己看。」

木箱背後貼著紙條，上面細說火砲火銃使用方式。

趙銘說：「我沒心思去看，況且萬一使用錯誤，火藥炸死自己怎麼辦？」

梁紹東（白眼眶）說：「青銅做的，柔韌有餘，材料能忍得住，放心吧。這我都計算好了。」

趙銘說：「我不管，你現在就跟我去校場，東西成功之後，你刻石立碑藏諸名山的錢，我來出！但假設失敗，我還得追繳先前給你的錢喔。」

梁紹東（白眼眶）拉下臉，眼睛瞇成一條線說：「原來還要追繳喔，原來這樣喔！」

趙銘說：「當然。」於是招喚門外的兩個壯丁，一起把箱子台上牛車，拉到了校場。

梁紹東，於是展示了火砲與火銃的使用方式，射出去的砲彈，超過了校場範圍，把一土牆給炸破了。另外又試驗砲彈從灌沙，變成內部也有長引線的火藥，控制好引線，打出去之後第二次爆炸。

校場不斷有轟然巨響，汴京校場周圍的人，紛紛來圍觀，全部驚呼不已。比現有的火藥武器強大許多。於是獻給朝廷，大量仿製。出現了火砲群。

趙銘，於是替梁紹東，刻石立碑他的心得，花重金命人運往泰山豎立。是為紹東銘石。

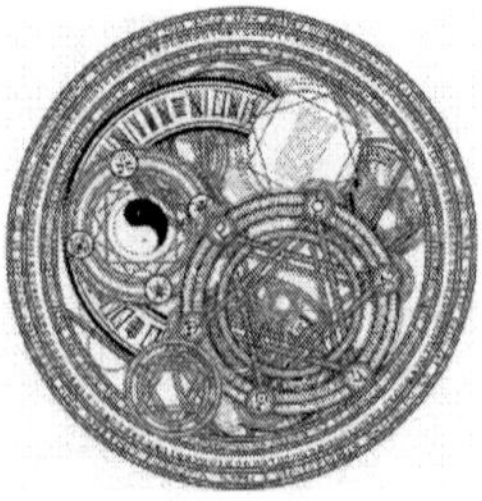

要一個文明傳承長久，關鍵在於最平凡人的思維必也傳承。

脈絡子：真的到了陰陽古怪之主，說的讓逸品『適當』彰顯的時代。但傳承還是最重要的。

殘影鍊：立辛／陰陽家↓仇盂／陰陽至易↓高人／ 陰陽真學↓殘影鍊：王睦／太極劍↓楊鑑／三鬪仙器型圖／太初與太罡劍↓曹通、元子攸／太元劍↓祖世光、楊蘭芷／三元自然簡式 ↓陳益民、黑藍雲月／ 機關要術↓陳永／傳書 ↓永嘉公主、陳胤 ／ 天元陰陽書↓蘇頌、蔣文象／水鐘鑄法↓梁紹東 ／ 紹東銘石

此時汴京才整頓了兩萬人騎兵，要北上增援，結果軍士兩手抓鞍不放，整隊前進搖搖晃晃，引起一陣笑話。而官員們更是議論紛紛，認為汴京危險。

太學生陳東等人上書，乞求誅殺蔡京、童貫、王黼等六賊。一哭二鬧三上吊的事情，開始在汴梁鬧了起來。童貫真正恐懼的事情，其實就是這種自己人，而非金兵。於是趙桓下詔，貶蔡京與童貫出京，所有名聲不好的官吏全部貶出，最後童貫在途中被賜死。死後還被梟首示眾。童貫雖然貪婪，但替宋朝收復疆土的目標並沒有錯誤，落得如此下場，可謂冤枉。

完顏宗望從河北來，完顏宗翰由太原進攻，繞過少數堅守的城池，一路南下沒有阻擋。前鋒完顏宗弼，女真本名完顏兀朮，為完顏旻的四兒子，英勇擅戰，率軍逼近黃河。內侍梁方平領軍在河北，一見到敵騎兵，就倉促崩潰，四處逃散。南岸守軍看到金人旗幟，立刻燒斷纜橋，爭取自己逃跑時間，全軍最後自動解散逃跑，黃河南岸沒有守軍一人。那一天，整個黃河沿線無戰事……

西洋名著西線無戰事，最經典一句，那一天，西線無戰事。然而這情境中國人老早就上演過。

女真軍士見了面面相覷，跟遼作戰十年，雖然遼軍也有逃跑的事情，但至少還要先接戰之後，發現打不過了，才會潰逃。從未見過有這種事情，可以完全不打仗，不抵抗，就四處叫囂然後逃跑，軍民不見一人，如同小兒玩捉迷藏，完顏宗弼也是越看越奇。

於是用小船，慢慢渡河，到了南岸一陣混亂，女真兵甚至內部出現騷亂，有人甚至想要北逃，但很快就被控制下來，所幸完全沒有宋軍來攻擊。完顏宗弼哈哈大笑說：「中國可謂無人能打仗，只要派兩千人埋伏，我方就會大敗，無法渡河。」

忽然探馬來報：「報四太子，船舟太小，我大軍馬匹尚在北岸，無法渡河。」

完顏宗弼大驚失色，說：「要是沒有馬匹，我女真軍就難以在這大河以南馳騁作戰！想辦法都載過來。」

「兩萬多匹馬，靠這些小船過河，這恐怕要花上一個月的時間。」

完顏宗弼大喊道：「不好！別說這一個月宋軍是否會來進攻，光是糧食就會餓死我軍！我太輕敵了！」

正當無計可施時，郭藥師（綠眼眶）來報：「報告四太子，以前我曾來汴京觀察過，前方牟駝崗是宋軍養馬之處，宋軍已經都逃跑，可以派人去看，是否有宋軍馬匹可用？」

完顏宗弼搖頭不相信，說：「宋軍再弱，要逃跑豈會不騎馬？不然也會如同燒橋一樣，把馬匹都散放走。」

忽然金兵刺探來報：「抓到一個宋兵！」帶到跟前，拼命跪地求饒，說了一些話。完顏宗弼漢語不熟悉，反問郭藥師當翻譯。郭藥師說：「他說不要殺他，他可以給我們一個軍事消息。」

完顏宗弼問：「好，叫他說出來，說得好就可以不殺。」

郭藥師（綠眼眶）聽了那人之言，微笑著翻譯說：「稟四太子，他說牟駝崗有兩萬多匹馬，都拴在馬廄裏面。宋軍的騎兵都跑光了，沒有人去管，我們可以用他們的馬匹。」

完顏宗弼聽了大愣，問：「先前我在河北，見到宋軍步兵遇敵就腿軟，要逃跑還四肢無力！宋軍騎兵既然要逃跑，怎麼不用馬？用馬逃跑比較快，也不會四肢無力啊！你敢說謊我就斬了你！」

那人透過翻譯之後說：「大王勿怒！我沒有說謊，這是因為宋軍的騎兵，都不會騎馬，只能用自己的雙腿逃跑比較快。大王自己去看了便知啊！」

完顏宗弼與所屬部將面面相覷，先是發呆一陣，而後紛紛仰天瘋狂哈哈大笑說：「中國也未免太奇，步兵四肢無力，不會跑步也就罷了，竟然連騎兵都不會騎馬，想逃都只能靠跑步！連馬都替我們準備好了，真不知道中國是如何立國的？還號稱古國文明，能活到今天不知道靠得是什麼？好！立刻取馬，一舉打進汴京！」

能活到今天不知道靠得是什麼？靠得是什麼？說出真相那真嚇人，就是靠問出這句話的你們這種人啊！

於是女真騎兵突擊力量很快復振，一下就到了汴京城外。新皇帝趙桓下詔親征，要仿真宗的故事。但也如同真宗一樣要趁機逃跑，李綱此時也跳出來扮演寇準的角色，力阻南逃。但這李綱不是寇準這種大奸臣，反而是個大忠臣，雖然最後造成的結果，都違反本身的預期。但他是真準備拿起武器，來上演一場正常的抵抗大戲。

李綱（黃眼眶）在汴京城招募兩千死士，各有專精，此時除了刀兵器械，還準備了火藥砲銃。

女真兵進來的太快，河北河南的漢兒們，上演的戲太假了，比捉迷藏還假！在一片寂靜聲中，汴京城內隱隱約約隱藏可怕的殺機。

女真兵最前鋒先攻擊宣澤門，以火船順河流而進，忽然被長鉤抓住，宋軍士兵用蔡京家的花石，砸掉船隻，在水中斬獲一百多人。女真部隊再以騎兵圍繞城牆，以為上面沒有弓箭手，於是逼近刺探。

忽然城牆上火藥包一陣丟下，女真兵沒見過這種東西，以為丟了土包下來，紛紛哈哈大笑。因為他們先前見識過四肢無力無法跑步的步兵，也見過不會騎馬的騎兵，而今又出現丟土包，沒力氣丟石頭守城的守城部隊。

就當這些笑聲還在迴盪之時，忽然一陣爆炸地崩也同迴盪，數百騎兵當場被炸得人仰馬翻，死了兩百多人與馬匹。

梁紹東協鑄的大批火銃火砲，也忽然豎立在城牆上，一下百銃百砲齊發，又有幾百女真兵被當場轟得慘死。女真兵都是從東北山區來的，打遼國的時候沒見過這種鬼東西，雹打雷劈一下全部焦爛著火，有的士兵當場被嚇傻，有的爬在地上吃驚慘叫，有的拍馬潰逃，在場所有金兵驚呼不已。汴京城內集中四萬部隊，緊急登城操練，分佈於廣大的城牆，火銃火砲與投擲炸藥，爆破聲四起，女真兵見狀全部驚恐萬分，紛紛後撤。

宋軍於是取名叫做『霹靂砲』。

完顏宗弼聽了這種武器，壓根不信。等左右把一些被炸成重傷的士兵都抬上來一看，傷口完全不是刀傷箭傷，有些斷了一肢手，有些身上還有碎石彈入肌膚以至於焦爛的慘況。頓時大疑，於是又找來郭藥師詢問。

「這到底是什麼武器？」

郭藥師（綠眼眶）呆愣了一下，然後緩緩說：「這叫作火藥，我們漢人時常用它來做鞭炮，只是在節日時，娛樂慶典，增加喜慶之用。先前聽說有人，企圖將火藥研究成為各種武器。我在汴京時，有看過一種，才一瞬間就能打倒數人，無論手上有什麼甲盾都難以抵擋。聲音驚動天地！至於眼前這種，我也沒見過。」

完顏宗弼此時瞪著郭藥師（綠眼眶）說：「你們先前說宋軍戰力如同小兒，在此之前我信以為真。」然後用馬鞭指著士兵被炸傷傷口說：「而今看來，恐怕沒有這麼簡單。你最好多把一些情報告訴我們，免得讓我們懷疑你的忠誠度！」

郭藥師（綠眼眶）汗顏，頻頻點頭稱是。

此時完顏宗望的主力，也過了河，聽了完顏宗弼的轉告，也大為吃驚。一同去看了士兵們的傷口，心中開始嘀咕。

完顏宗弼說：「兄長，我們是否不要急著打汴京？漢人恐怕跟契丹人不一樣。中國看似雖弱，似乎有奇特之人在其中，我們得多探虛實才是。」

完顏宗望盯著軍營中，被火藥術炸死以及火砲打死的士兵傷口，臉冒冷汗，低聲說：「是啊！倘若他們真的善用這種叫作火藥的武器，今天要跪在地上納土稱臣的是我們了。」

完顏宗弼說：「他們的弱點是，宋廷皇帝昏庸，群臣軟弱，相互黨爭。不如我們派使者去厲聲恐嚇，逼他們割地、賠款、稱臣。然後我們再爭取時間研究，這種叫作火藥的武器。」

完顏宗望拿出手巾，擦了臉上的冷汗，點頭小聲地說：「就這麼辦，一定要避實擊虛……」

於是派金國漢官吳孝民，到入城來談判，提出以黃河為界，同時要賠款銀加帛歲幣三百萬。

皇帝趙桓知道大臣之間心結甚多，一起議事會變成口舌之爭，於是輪流招來親信大臣，一一單獨議事。

李綱（黃眼眶）說：「敵人氣焰太銳，我軍大兵未集，可以暫且談判，但和談只能是策略。萬萬不可派李棁去談判，他對外軟弱無力，只會誤了國事。敵人貪婪，又有燕地狡猾漢兒替其出謀劃策，要是朝廷恐懼一切答應，他們必然認定中國無人，要求會越來越大。」

然後下跪說：「臣已經準備好大量的火藥武器，讓女真賊人們見識，什麼是鋪天蓋地的大火焚身。請陛下內心一力主戰，臣以一死報國恩！」

趙桓只微微點頭。

李綱退出之後。李棁（灰眼眶）與鄭望之（灰眼眶）再與趙桓商量，兩人一力主和。趙桓於是同意兩人出使，只答應歲幣三百萬，但不割地。另外押送上等官酒與黃金一萬兩，送往金營求和。

完顏宗望坐在大營，先令吳孝民收了求和見面禮，然後再命令燕地漢兒王訥，傳話給李棁：「爾國都城被攻破在即，所以收兵不攻擊，是為了存活你等趙氏宗社，議和必須犒賞我軍將士金銀絹采以千萬計，馬駝驢騾各以萬計，尊我大金皇帝為伯父，燕雲之人在宋者，都必須北還，割讓太原、中山、河間三鎮之地，並以親王宰相為人質。」

李梲（灰眼眶）真的軟弱，一句話都不敢吭。

到了夜晚，兩人暫留宿金營，完顏宗望見宋使果然軟弱可欺，於是又派人來傳話，割地之事要修改，需要以黃河為界。而鄭望之只表示，大宋皇帝只同意增加歲幣到三百萬，黃河為界則不許。

完顏宗望聽聞之後大怒，招開軍事會議。完顏宗弼回報，已經將攻城器具準備完成，且除了女真部隊，伐遼時收編的漢、契丹、奚等各族部隊，都已經渡黃河會合。

完顏宗望見手下兵力大增，於是大喜，便不再畏懼火藥武器，遂指示全軍進攻汴京。

趙桓命令李綱登城督戰。弓箭矢石撲天蓋地，金兵以盾牌陣掩護，並且也在城門下列出弓箭陣，往城上發箭射擊。攻城部隊在掩護中，衝殺向前，渡過護城河，搭上雲梯往上進攻。

整個城牆周圍聚滿金兵。

忽然又爆炸聲大作，投下火藥，炸得進攻部隊傷亡慘重，炸毀了許多攻城武器，所有攻城士兵被嚇得抗命潰逃，正當督戰隊伍拿刀砍殺逃跑士兵，以逼迫攻城。

而守城部隊又忽然亮出床弩及座砲，遠距離射擊後續部隊，整個督戰隊也被拋射的火藥武器擊中，這些督戰金兵，索性也紛紛潰退。守城部隊又投擲燃燒石油罐，架在城牆上的雲梯車紛紛起火燃燒。金兵從未見過，如此黑膠能著火之物，大為驚恐，眾軍驚呼，全面敗退。

另一支金兵重新組織攻城，攻擊陳橋門、封丘門、衛州門，金兵又用箭陣掩護攻城。宋軍盾牌陣上被刺滿了箭枝，於是搬出火箭床弩反擊，由遠而近，城門下一陣爆炸火海，靠近的金軍兵卒非死即傷，接著守軍又搬出霹靂砲，為世界上最早的火藥大砲，一聲巨響可以把大石頭拋出數十丈外，砸死甚多金兵。金軍兵將又被這種火藥武器嚇得喪膽，再次全面敗退。

所有金軍士兵士氣低落，拒絕攻城，認為汴梁城太邪門，有雷神妖怪住在其中。

皇帝趙桓聽聞之後，大為欣喜，搬出皇宮庫房的各種金銀名酒，賞賜將士，宋軍士氣大振。

完顏宗望，見集結十五萬大軍同時攻城，竟然瞬間被炸得慘敗，全軍都對火藥武器印象深刻，真的開始四肢發軟，知道對宋廷來硬的暫時不行，於是找來宋使鄭望之提出和談條件。要求黃金五百萬兩、銀五千萬兩、牛馬各萬匹、綢緞百萬匹、割太原、中山、河間三鎮，以宰相與親王為人質。

條件開到，趙桓與大臣們再次議論。同樣是李綱堅決反對，但大多數大臣都主張同意。

趙桓軟弱，害怕火藥武器的勝利只是一時的，為求長久苟安，於是同意搜刮錢財滿足金軍，以交歡要求金軍退兵。然而國庫已經沒這麼多錢，於是搜刮汴京城內民間的金銀，包括妓院酒樓，得黃金二十萬銀四百萬，並以康王趙構為人質，張邦昌與高世則等人，一同前往金營求和。

李綱（黃眼眶）見大臣們主張接受條件議和，立刻到趙桓面前力爭：「割地如此險要，賠款如此巨大，大臣們想要一切答應，不過就是想要解脫這一時的禍患，然後轉職外地，把後續責任丟給別人。將來敵人再次南下，誰來承擔？受禍者還不就是萬千子民與陛下嗎？陛下萬萬不可求和！」

趙桓自認聰明，認為當年真宗皇帝被迫依從寇準之計，純屬僥倖，差點就如同李從珂上薛文育的套，石重貴入景延廣的局一樣，內心暗中認定主戰者都是要出賣我的。

而今金人勢力更猛，一心求和才是穩妥。

於是說：「你只管守城即可，和戰大計朕自有分寸。」

李綱被迫退出。

主戰或許可能真是要出賣你，但主和者又何嘗不是要出賣你？和與戰在此時，只是個混淆你，讓你被鬼遮掩的一群假議題。整個隱形的劇本，才是問題根源。

實際上，趙桓已經是武大郎吃砒霜，吃不吃都是死。主戰會有人搗亂，主和則也有人不斷引誘敵人胃口大開，再次勒索，直到把你本人也吞下去。只是主戰到底，死得壯烈，主和磕頭，死得窩囊。兩者差別在此而已。若企圖主戰與主和，同時進行的兩手策略，則兩邊的鬼都會一起跳出來亂舞，互相拆台，死得更快。然而趙桓最後的選擇是，決定要兩手策略……

就在派趙構與張邦昌等人去金營為人質之際，各地勤王之師已經逐漸來到汴京，與金軍大戰於順天門之外，金軍已經被火藥武器嚇得士氣低落，見到宋方援軍到達，一戰便敗退。

宋軍頭一次主動攻擊，以寡擊眾，大破敵軍。

從而金軍不敢隨便派出游騎，全軍後退築壘防禦。京城外圍秩序逐漸恢復，种師道、姚平仲率軍進城，趙桓有了一些底氣。

於是主戰的聲音開始強大。

但是看似忠誠激烈的李綱與太學生陳東，先前不斷要求嚴懲王黼、高俅、蔡京、童貫等人。大致趙桓也有答應，但忽然又發現這些主戰者，自己也陷入黨爭。自命君子，報復小人，從而趙桓內心對這些人開始失望，保持距離。

最重要的是，那些與他們不和者，也都投入主和行列。兩邊群鬼開始相互劃分立場，交叉亂舞，互相拆台的戲碼暗中開始……

在廷議中，姚平仲主張去劫營，李棁與李邦彥反對。

李邦彥（灰眼眶）說：「朝廷已經許諾議和，康王也已經出發。倘若朝廷吝嗇土地與金錢，重新構兵，恐怕金人將來就不願意和談，朝廷災難無止境矣。」

李綱（黃眼眶）大喝道：「汝等宰執，平常身受國恩。大難來臨只顧苟且求和！金人貪婪殘暴，條件愈開愈嚴苛。倘若一一允諾，使其食髓知味，咄咄逼人，終將亡國滅種！」

李梲（灰眼眶）說：「李右丞所言太過了吧？金人強暴，北方藩籬無一處可擋，以致兵臨城下，京城震動。今天若不議和賠款一一允諾，最終導致汴京玉石俱焚，這豈是忠君愛國？後唐時的薛文育，後晉時的景延廣，不也都如李右丞一般，盛氣磅薄，結果如何？胡強漢弱已是定勢，議和只能是唯一途徑。」

李綱（黃眼眶）怒目說：「滾你的胡強漢弱！我大宋朝豈能跟後唐與後晉相比？而今眾將效命，士卒奮躍，倘若不願一戰，將士失望，胡虜得逞。以養士強兵之財，送交胡虜以資敵國，割讓祖宗之地，以壯敵國國力，爾等到底是何居心？莫非爾等欲效郭藥師，成叛國之賊乎？」

兩邊又要吵鬧起來，趙桓喝止。

姚平仲（黃眼眶）激動地站出來說：「陛下，臣願率軍劫營！不成功便成仁！」

皇帝趙桓反覆思量後，感覺目前主戰者有理，便說：「好吧，去劫營吧！不主動打一仗，金人只會得寸進尺。」

退朝後，李梲與李邦彥回宅，密商眼前局勢。

李邦彥（橙眼眶）說：「李綱這種人若得志，我等下場最後不會比先前的蔡相、童相好多少。閣下與我有相同見解，不知道有沒有什麼辦法？」

李梲（灰眼眶）喃喃說：「那能如何？陛下已經同意出戰了。」

李邦彥（橙眼眶）笑說：「出戰？也未必獲勝啊！」

從他笑臉看出，他想搞鬼，小聲說：「您想要他們失敗？」

李邦彥（橙眼眶）說：「有方法，但是沒有管道。」

李梲（灰眼眶）也笑說：「管道我有。有一個人叫作鄧珪，是金國的漢人，貪婪財物，跟完顏宗望二太子很熟悉，我在出使中，跟他交上了朋友。倘若有什麼消息，透過他可以直通金國二太子。」

李邦彥（橙眼眶）微笑說：「那就口頭轉告他，說今晚會有劫營。」

李梲（灰眼眶）露出了奸佞之色，冷冷說：「是啊！請一個人，口頭轉告，反正也沒留下什麼證據，能知道是誰說的嗎？」

金營。

完顏宗望與完顏宗弼兩人，正在主帳中研究，汴京城中的『漢兒』繪製的城區佈防圖。

宗望喃喃道：「這汴京城區佈防圖，也未免太工整詳細了，每一個房屋都細細地繪製出來，能有此等巧手，實在不免讓人猜疑，這到底是不是圈套？」

宗弼說：「起初我也認為是圈套，但從攻宋到現在，每一次到關鍵時刻，都會有漢人主動協助。這些人相互之間，不可能有任何聯絡，也各自隸屬不同，甚至有些只是平民百姓或落魄書生。他們提出來的方法，大部份都很有效果。所以這張圖，繪製如此詳盡，極可能是真實的，不會是圈套。這對於我們攻入汴京後，迅速組織分隊，佔領要地，很有幫助。」

宗望冷冷笑說：「漢人真是可笑啊。讓我尤其感覺可笑的是那個郭藥師，遼天祚對他們也不薄，結果叛遼降宋。也許就說你們也是漢人吧，遼也將滅亡了，那麼降宋可以理解。但宋國還有很大的領土，忽然又降我們金，帶領我們南下攻宋。這個人是個白眼狼……恐怕將來也不免背叛我們。得找個機會解掉他的兵權。」

宗弼笑說：「這些頻頻倒戈的不忠誠的人，確實該解掉他兵權。但是兄長，漢人單獨來支援我們的，或是他們當中的大臣投降，我們一定得厚待。」

宗望問：「這是為何？」

宗弼說：「他們只是個人的行為，沒有軍隊，對我們沒有威脅，反而很多人的智慧，值得我們學習，有助於我們統治漢地。就拿眼前的這張地圖來說吧，就算我們女真人當中最有學問的，恐怕也沒辦法繪製得這麼精巧。更何況我們若失去他們，戰爭可能會變得很艱難。」

宗望非常認同地說：「所言甚是。」

忽然帳外來報：「鄧珪求見。」

鄧珪（橙眼眶）進來，把宋軍即將劫營的消息，告訴兩人。

兩人大驚失色，鄧珪（橙眼眶）說：「兩位太子不需擔心，此地附近多有險要之處，只要將部隊分散埋伏，只留少量部隊引誘，待敵軍一至，同時四面反擊。宋軍必然大潰。」

宗望點頭，依計而行。

姚平仲率領兩萬騎兵，趁夜靠近金營，忽然一聲號角，宋軍全軍突擊，前方少量金兵潰逃。正以為得手之時，姚平仲才發現金兵怎麼如此少，可能有埋伏，急令撤退。但部隊尚未收攏，金兵後面的營寨都全副武裝反擊，同時伏兵四起，宋軍陷入混亂，只能各自為戰。最終大敗潰走，傷亡慘重而回。

李邦彥見狀大好，趁機力主和談，說軍隊死傷慘重，要求貶李綱。此時改為主和派佔了上風。

漢兒們立刻又把這個好消息，傳給城外金營中。

完顏宗望聽聞主戰者被貶，立刻大舉進逼，企圖一舉將汴京城拿下。李邦彥嚴禁城牆上軍士開砲，結果一個霹靂砲手見金兵靠近，發了一砲，金兵聽到砲聲紛紛嚇得抗命後退。竟然李邦彥（橙眼眶）下令將砲手斬首示眾。士卒們非常憤怒，但暫時無可奈何。

完顏宗望見城中只發一砲，接著就不再有聲音，又見到李邦彥丟出開砲的士兵人頭，宣告宋軍不會開火，請求金兵後退和談。

完顏宗望見了大喜，哈哈笑道：「他們的賣國賊已經上城，還和談個鳥，全軍攻城拿下他們！」

當然不願意真的後退和談，反而下令全軍再次攻城。直到雲梯車搭上，宋軍不得不在無命令狀況下反擊，金兵再次被火藥武器打得落花流水，一陣巨響與火海，被迫全軍退縮回去。

完顏宗望非常苦惱，看到火藥武器屢屢把金兵打得落花流水，遂主動決定和談，先行撤退。因為金兵忽然攻城，此時又換成主戰佔上風。

情況再次大逆轉，眾人把金兵害怕火藥巨砲，李邦彥（橙眼眶）賣國求榮，誅殺士兵造成差點城陷的情況告知趙桓，趙桓又被迫赦免李綱。

太學生陳東率軍民請願，赦免李綱不夠，要求罷免李邦彥，稱他配合金兵攻城，竟然梟首自己的抵抗士兵，以致金兵再次攻城，有通敵賣國之嫌。

請願者愈聚愈多，不少軍民都來皇城外集合，而剛好碰到李邦彥退朝。

「奸臣！」「賣國漢賊！」「無恥之徒！」「打死他！」「打死他！」

一窩蜂追打李邦彥（橙眼眶），將他衣服撕扯，拳腳相加，他掙扎脫出，趕快拔腿就跑，逃離皇城。忽然派吳敏傳旨說：「准陳東等人所奏，罷李邦彥，恢復李綱職務。」

眾人要求：「誰知道真假？我們要求見李右丞與种宣撫才能退。」

吳敏說：「李綱用兵失利，才不得已罷之，等金兵稍退，會使其復職。」

太學生們高呼：「不行！我們一致要求立刻復職」猛敲登聞鼓，以致於鼓破，喧鬧傳滿皇城。

開封府尹王時雍來此說：「爾等裹脅天子可乎？」

一太學生喊：「我等以忠義裹脅天子，而你等以奸佞裹脅天子，誰的罪過大？」眾太學生一陣鼓噪，率軍民又要上前毆打他。

王時雍趕緊逃走。吳敏也趕緊逃回皇城躲起來。

趙桓嚇得手足無措，派人宣佈：「早已經有下旨，宣李綱與种師道晉見。」內侍朱拱之宣李綱動作遲緩，有意拖延，被眾人毆打至死，鬧事士兵甚至殺了隨行內侍數十人。李綱與种師道趕緊奔來安撫群眾，進城叩見皇帝趙桓，請求降旨論罪。

趙桓對此變相的逼宮，心懷芥蒂，他只想到唐末五代的亂兵，就是如此聚眾邀上，但此時必須將就主戰派。

就在主戰似乎已佔上風，然而金營派使節來，送回康王趙構與張邦昌。認為康王趙構難以馴服，要求換另外一個親王當人質。趙桓大喜，立刻同意議和，改派肅王趙樞為人質。

完顏宗望扣住了趙樞，且得了不少歲幣禮物之後，遂與眾將領商議，眾將領都認為宋軍火藥武器太過厲害，在沒有找到剋制之法之前，不宜攻城。而且眾軍士兵已經被電打雷劈的火藥武器，嚇到無力作戰，要先回國休養練兵，恢復士氣，才可以再次興兵南下。

完顏宗望於是下令全軍撤退回國，汴京終於解圍。

种師道立刻主張，趁金兵渡黃河，派他率主力劫殺，殲滅女真軍主要的力量，趙桓不許。

此時因為主戰太學生鬧逼宮，激怒皇帝，造成大逆轉，忽然變成主和佔上風。一戰一和，整個決策變成了相互拮抗，宋廷的反應能力就因此愈來愈弱，最後變成，和也難和，戰也難戰。等到戰力磨損，主戰者都放棄，最終變成和的時候，就是更難堪的羞辱狀況會出現……

种師道（黃眼眶）退朝後，氣憤不滿，如同主和的李棁與李邦彥密會一樣，他也與李綱也同樣密謀。

种師道（黃眼眶）苦臉說：「右丞大人，倘若這次真的放金兵順利北返，待其回去整頓軍伍，朝廷內部奸臣又與之暗通，使金人弄清楚我等內部虛實，與河北漢兒們破解火藥武器之後，必再次南下。又將成為我中國之患。」

李綱（黃眼眶）也嘆氣苦臉說：「可陛下已經被一群賣國的奸臣鼓動，拒絕這項行動，為之奈何？」

种師道（黃眼眶）皺眉說：「是有一個方法，但不知道右丞大人能否支持？」

李綱（黃眼眶）嚴肅地說：「有何方法快說。」

种師道（黃眼眶）說：「我弟弟种師中，率領我朝最精銳的西軍三萬，已經到了汴京城外勤王。請李右丞建議陛下，仿當年澶淵之盟，護送遼軍北上的案例，護送金軍北返。在護送當中，我下密令，等其半渡，全面截殺，力求將金兵主力消滅大半，將賊人殺之殆盡，以絕後患。只是怕事後，李右丞會承擔到責任。」

李綱（黃眼眶）點頭說：「為國盡忠，保護萬千子民，不計後果，若不這麼做，將來中原必定生靈塗炭。前方軍士尚且冒生死風險，李某的責任又算什麼？就這麼辦！」

於是取得趙桓同意，宣佈如澶淵之盟前例，派軍護送金兵離開國境。

這場大戲，主和主戰雙方，彷彿是相互都有所感應，知道對方將會有什麼動作，主和派也在密談。此時加入了新的幾隻鬼跳入主和的大戲。

李邦彥在得到趙桓同意李綱，要派人護送金兵時，非常擔心護送金兵的宋軍會『照顧不週』，以至於金兵在渡河的時候，會有意外狀況。但因為自己已經被罷免，主戰的太學生眾多眼睛，死死盯住他在朝廷的動向，所以不方便出面，於是寫信給這三個密友，要他們想辦法保護金兵，不要受到傷害。

吳敏、唐恪、耿南仲，三人密會，在得到李邦彥書信告知後，三人決定跳入搗亂，讓金兵能安全北上。

吳敏（灰眼眶）說：「李相的擔憂不是沒有道理，這种師中是种師道的弟弟，西軍又是最精銳部隊。萬一在大金軍過河一半，忽然截擊，那豈不是干戈再起，無法和談？」

唐恪（橙眼眶）說：「是啊！這種勝利反而是傷害，絕對不能如此襲擊金兵。但他們要是真有此謀，我們怎麼阻擋？」

耿南仲（綠眼眶）說：「我等趕快先去請旨，讓陛下直接派皇城軍士，持黃旗在黃河沿岸劃出警戒線，並持武器警戒，任何官兵敢有超越此線者斬，讓金兵得以安全渡河。以防範他們有這一招。另外，再請旨嚴令西軍將士不可過河北上，否則同樣當斬。」

吳敏拍案叫好，立刻去請旨。趙桓已經深陷兩手策略的混亂，既然金兵要北渡，能不惹事情最好。於是立刻准奏實施。

得到這消息之後，李綱又緊急找來种師道礎商。

李綱（黃眼眶）怒道：「這些奸臣竟然來了這一招，皇城部隊已經持黃旗全軍出動，看來渡河截擊之事已經無法辦到。」

种師道（黃眼眶）憤恨地說：「可恨奸臣，護送劫掠的盜賊滿載而歸。看來真只能放金兵北上，來年京城又將遭禍矣。」

李綱（黃眼眶）說：「這也未必，趁我現在還能調動汴京外城的部隊，我將直接下令追擊。在河北伺機截殺他們也是一樣。等到在河北截住金兵，屆時請种帥請纓支援，過河北上。殲滅金兵於歸途之中。」

种師道大聲說好。

汴京城牆守軍，果然大批出動，繞道北上。吳敏、唐恪、耿南仲，三人得到消息，急著跳腳，趕緊上奏趙桓，快馬派欽差大臣持聖旨，招回北上截殺之軍。

种師道與李綱聽到截殺金兵的軍隊被招回，也急著跳腳，再次請求趙桓下詔改旨追擊，他們願以死報國。當李綱終於得到同意，快馬加鞭，把改旨追擊的消息傳到河北，將士已經被這樣往返糾纏，進進退退，弄得士氣低落，戰意喪失，紛紛歸途，無法再組織起來。

种師道在朝廷急忙再奏，建議在黃河南岸建立大寨，集結眾多部隊，建立子城，相互支援，以防止金兵再次南下。

吳敏、唐恪、耿南仲三人組聯手出擊，強力反對，認為國家現在財政才受損失，要是金兵不再南下，這些錢就白花了。而且金兵一走就築城，必定引起金人懷疑，阻礙和談。趙桓於是同意主和派意見。

种師道年老，見朝廷被賣國奸臣操弄的悲哀狀況，憂慮氣憤成病。李綱則外調為宣撫使，架空起來。主和派大獲全勝，準備將宋朝趙家皇帝一舉賣掉。

既然戲碼已經到了這一齣，最早的演員就沒有利用價值了，宋朝皇帝與主戰派們的怒氣，還正愁找不到人發洩，於是想到了最早開啟這場大戲的演員。

汴京城，趙良嗣宅。

聽到金兵退去，朝廷一團混亂的消息，趙良嗣帶著一妻一妾一兒一女，打了包袱，準備南下。一個宦官帶著官兵闖了進來。

「趙大人，您想去哪裡啊？」宦官斜著眼，陰陽怪氣地這麼說著。

趙良嗣（灰眼眶）看到情況不對，心思不妙，行揖笑著說：「在下已經報假，去淮南考察。」

宦官冷冷地說：「原來想要南下啊！現在時局不好，需不需要人護送啊？」

趙良嗣（灰眼眶）作揖說：「不敢勞煩大駕。」

宦官冷笑著拿出聖旨，陰陽怪氣地說：「這可由不得你啊！來，有旨意！」

趙良嗣與妻妾子女一同下跪。

宦官說：「上喻：查趙良嗣於政和二年，勾串童貫，獻聯金滅遼之策，構隙鄰邦，致金邦強虜興起，入寇中國，朝廷為之動盪，萬民為之流離，其罪當誅。但念及此員曾任學士，太祖不殺一士之祖訓不可違逆，故流放彬州任職，圈禁看管，不得離境。欽此。」

趙良嗣頓坐於地，如同死刑。因為他知道，這宋朝表面上不殺一士，但被流放的罪臣，若皇帝有心，就會被看管的人狠狠整死，甚至逼迫自殺，死後也可以被梟首示眾。

宦官陰陽怪氣說：「走吧！趙大人，車駕都替你們全家準備好了。去郴州路上，會有人好生照料，不會有人欺負的。」

趙良嗣與其妻妾謝恩。

心思：我冤啊……冤啊……真是千古奇冤啊……

到了郴州，過不久也真的被逼迫自盡，死後被梟首。妻妾子女，被遷居萬安軍荒野之地。

真的是冤枉，替你宋廷出謀劃策，收復失土，還南北奔波，很多問題事先也提出過警告。但你宋朝君臣自己文嬉武戲，招來一大堆不相干的人自作聰明，一起來上竄下跳玩聯金滅遼，乃至荒腔走板，才致聯金滅遼的大戲，最終引來金兵南下。有了怨氣，竟然反過頭怪罪最早的出謀者。

趙良嗣之冤，真可謂千古奇冤！連筆者都感到太冤枉。

但角色清場，又是不得不做的，只是手法太狠了一些。清理角色，不是只有發生在宋方。

金營。

完顏宗望招來郭藥師手下的重要部將十數人，都是賊寇出身，週邊金兵侍衛全副武裝。十數人一進來便感殺氣騰騰。

宗望用燕地的漢語問：「當年遼天祚對你們如何？」

紛紛答道：「對我們不錯。」

又問：「宋國皇帝對你們又如何？」

紛紛答道：「對我們更好。」

宗望說：「既然都很好，你們也背叛。我沒有對你們更好，你們將來必然叛逆。」揮鞭指揮週邊金兵說：「動手！」

金兵一陣刀砍齊下，十幾人全部喪命。

郭藥師（綠眼眶）一趕來，看到這情境，嚇得腿軟。

完顏宗望用燕地的漢語說：「非常感謝郭帥這次南下帶路，但之後這條路，我們自己會走。閣下的功勞我們不會忘記，我調查過，他們都是賊寇出身，你跟這些人不一樣。我們任命你當燕京留守，委以重任，你可會好好任職？」

郭藥師（綠眼眶）抖著說：「必效死命，把燕京留守的職務做好。」

宗望說：「這句話你對宋國皇帝應該也說過吧？這次的留守我會加派女真官員，與你一同辦事。你所屬的七千常勝軍，在我看來形同盜賊，不能讓他們都聚在一起，不然會時常臨陣叛變。我準備已經將他們分散編制，分派在金國各邊境，由其他人重新訓練，成為真正的精兵，以增強我軍戰力，而他們所屬田宅，本來就不是他們的，都歸還給燕地之民，你沒意見吧？」

郭藥師（綠眼眶）全身顫抖，應命說：「藥師之後必定重新做人，替大金國效力。那些士兵，也會認真做事，替大金國效忠。」

宗望點頭大聲說：「很好，我相信你。你會成為好官，你的這些士兵也會成為好士兵！」

於是常勝軍被拆開重編，分散了出去，成為金國邊境的守備部隊，金國沒有了隱患。正是打蛇打七寸，止除掉十幾人，就把一個麻煩的集團打散，可謂高明。

汴京。

金兵退去，原來逃到淮南的太上皇趙佶，本來不想要回汴京。但是地方流言，說他要在江南另立朝廷，主持全國大局，引起群臣開始暗中分派系。不得已，只好擺駕回京，再次宣佈不再插手政務。

前遼國降臣蕭仲恭，熟識漢文與各地漢語，與漢人沒有什麼差別，金國派了他來此出使，交換議和國書。趙桓親自接見。

蕭仲恭（黑眼眶）內心非常厭惡宋廷皇帝，當初竟然玩聯金滅遼，於是緊抓住這次出使，想要讓金兵再次南下，讓你宋廷也吃一吃亡國慘禍的滋味。

「前遼臣蕭仲恭，叩見大宋皇帝陛下。」金使不說自己是金國使臣，而說自己是前遼臣，這有點暗示。

趙桓（灰眼眶）笑說：「貴使的中國之語，說得真好。」

蕭仲恭（黑眼眶）也微笑說：「當年宋遼兩國百年盟好，漢人往返頻繁，在下雖然為前遼國后族奚人，但祖上也有漢人血統，所以中國各地之語都略有所懂，汴京官話更如契丹語一般熟練。」

趙桓（灰眼眶）低聲說：「說到這事情，真感抱歉，先前與金國海上之盟，並非朕的舉措，太上皇則是受到小人妖言迷惑，對此也非常懊悔。那個獻聯金滅遼之策的妖人馬植，以及推薦此人的童貫，都已經伏法，被梟首示眾。請貴使降心聽從太上皇與朕的歉意。」

蕭仲恭（黑眼眶）發現快把事情撩撥起來了，繼續趁勝追擊。不談金使的職責之事，而說：「過去之事無法挽回，我們能做的是，將來的彌補而已。思及故國，外臣時常夜不能眠……」

忽然哽咽難言，最後痛哭失聲，看上去不似偽裝。趙桓與身邊大臣，乃至主和派的宋廷大臣，都不禁感動。

蕭仲恭（黑眼眶）擦乾淚說：「耶律大石率遼族殘兵西遁，而耶律餘睹也任遼故軍的監軍。畢竟女真族人數不足，我等時時希望復興大遼，只嘆尚未有時機。陛下當居安思危，時時刻刻警惕女真野心，切勿重蹈大遼覆轍。」說到此又哭了出來。

趙桓（灰眼眶）嘆氣說：「要是大遼真能復興就好了，我等也不至於受金虜凌逼。」

吳敏（灰眼眶）是主和者，此時竟然也感動落淚，請求發言。然後問：「蕭先生，你說他們兩人，真的希望復興大遼？」

蕭仲恭（黑眼眶）哽咽說：「我等皆遼國貴戚皇室遺族，豈能有假？」

吳敏（灰眼眶）遂奏：「陛下，臣建議以密信結交，使蕭仲恭交此二人，致歉先前海上盟約之事。使其二人成為我等內應，聯手對付金虜，使大遼復國，重結兄弟之盟。」

趙桓（灰眼眶）微笑說：「准奏！希望大遼能夠復興，重結兄弟盟邦。朕也能以此，補道君上皇之失，息天下臣民之怨。」

蕭仲恭（黑眼眶）當場喜極而泣，下跪哭道：「外臣叩謝陛下聖恩！」心思：趙氏小兒，上當矣。

於是製作蠟丸密信兩封，一封交給蕭仲恭帶回去給耶律餘睹，另外一封派密使團西行通關，尋找耶律大石行蹤。大意是說，道君太上皇帝非常後悔接納聯金滅遼之策，而今主謀者都已經貶死，上皇每每念及大遼復興，與宋重修舊好，共抗金人。若能答應聯合，大宋將提供一切軍需物資，相約同時派兵夾擊金人！

異民族政權看上聯　捧你送你給你來佔中國等待多久活多久

漢民族政權看下聯　拿我吃我用我去建朝代目標何時死何時

時晷官：依據陰陽古怪之主，中軸線規劃出來的命令，異族入主，那是有時間行情的。

漏斗塔：這一回有主要的計時對象。西夏黨項就可以當作從項。

時晷官：遊戲規則，就是金邦女真該遵守，陰陽古怪之主已經把他們拉進來，現在該盯著他們遵守本局遊戲規則。計時結果，告訴陰陽古怪之主。

漏斗塔：呵呵呵，是是是，計時開始！

第二十一章　靖康鬧劇　搜山檢海

超個體此局，戰是假戰，和是假和。如此，只要對方會自作聰明，不斷使計，那都會正中下懷。

話說蕭仲恭帶回蠟丸密信，交給了完顏宗望，並告知有另外一封密信，要送往耶律大石之處，希望趕快截下來當作證據。

宗望哈哈笑說：「中國的漢兒皇帝想些什麼，果然不出所料。此次任務你有大功，希望什麼賞賜儘管說。」

蕭仲恭（黑眼眶）說：「南朝君臣沒有信義，能替二太子辦事，是蕭某的榮幸，不敢要任何賞賜。」

宗望笑說：「不用客氣，等收拾了那些中國漢兒，孤將會重重恩賞於你。」蕭仲恭謝恩。

蕭仲恭（黑眼眶）說：「先前二太子曾問，南朝火藥武器的厲害，這是他們的長處，臣對如此厲害的武器，還真無對策，請二太子見諒。但南朝漢兒們也有弱點，在此順便提供給二太子參考，可以讓他們空有火藥武器，也只能成為二太子殿下的俘虜。」

宗望笑著伸手示意說：「快快說來。」

蕭仲恭（黑眼眶）說：「南朝皇帝為保權力，時常讓臣下分黨互爭而視之不見。我大金軍若南下，南朝群臣必然分為主和與主戰兩者，相互攻訐拆台。若大金軍遇到強烈抵抗，則可以不斷派使者與其議和，擾亂南朝君臣。南朝皇帝若答應了議和，則大金可藉故改變條件而不允，或遣還使者而不答。則南朝群臣必自亂，猶豫於和戰之間，大金用兵則有隙可趁，即便他們火藥武器再厲害，也不過是，將來資我大金軍力更加強盛之物而已。」

完顏宗望聽了哈哈大笑說：「好！簡單明確又符合實情！果然是聰明妙計，孤王將以此告知，所有大金領軍統帥，得此作戰心法，必能攻破汴京，生擒中國皇帝。」

完顏宗望信心十足，喜上眉梢。

於是聯絡完顏宗翰，在河東截住了，企圖送蠟丸信到西遼的宋使。接著以此為口實，金兵再次兩路大軍南下。

真是大巧若拙，既然戰是假戰，和是假和，拮抗之局已經達成。這個和談就不能持續下去，否則又會出現澶淵之盟那種陰錯陽差。所以除了蠟丸信，宋軍同時在河北與河東，對金兵先手主動攻勢，展開抗金作戰，絕不妥協。但是這個『抗戰』

必須是『抗假戰』。所以朝廷奸臣團開始作怪，不斷提醒趙桓，分散兵權，不要授李綱統帥之權。

宋朝朝廷也並非不會主動反擊，在河北集結大批的軍隊，準備反攻進入敵境。但是李綱雖在河北統兵，卻只有宣撫之權，所統轄部隊只有一萬多人，其他將領表面聽他節度，實際上都擁有皇帝頒發的御筆授權書信，並不聽命。李綱多次上奏，不可以分散進兵，否則將會被各個擊破，如今國難當頭，應該要改變一下國體，否則雖然杜絕了武將擁兵自重，卻會讓外敵有機可趁，情況將會更麻煩。況且這些將領都是庸碌之才，請求撤換，但都沒有得到回覆。

於是劉韐先從遼州進兵，金兵全力反擊，劉韐兵敗潰逃。解潛以威勝軍在關南大戰金兵，也大敗潰逃。張思正領各路人馬共十七萬大軍，夜襲在文水，與洛索統帥的金兵，激烈地戰鬥。剛開始憑藉數量優勢，打了小勝，之後又被金兵打個反擊，大敗潰逃。折可求率領數萬人，在子夏山與金兵交戰，滿山遍野廝殺一片，剛開始士氣旺盛，但聽聞其他各路慘敗，統帥於是下令撤退，士兵們以為大敗恐慌退走，被金兵趁機反攻打得潰散。

一下子數路兵馬全潰，河北與河東百姓聽聞官軍慘敗，紛紛南逃過黃河，許多州縣成了空城，毫無抵抗力可言。

如此，真正能打仗的李綱，只有一支河北孤軍，除了唱空城計，沒有任何辦法去抵抗金兵南下。河東也只剩太原城的王禀與王孝純。

雖然整個局勢要「抗假戰」，但是不能太假，否則又將重演耶律德光當年入中原又逃跑的故事。所以孤臣孽子的戲開始上演，務使把整個局做得逼真。

完顏宗翰先率軍包圍太原，屢次勸降不從，於是金兵拿出漢人們教授的攻城方法，進攻太原。但守軍接連擊破金兵進攻。直到城池糧食耗盡，能吃的都吃光了，最後出現人相食慘劇，金兵遂攻破城池。抓住王孝純，王孝純無法反抗，只好接受招降。王禀則率殘兵作最後巷戰，突圍而出，被追兵追至汾水，投河自盡。

磁州的宗澤全面招募兵勇，要固守城池，與李綱呼應。种師中支援河東失敗，种師道率軍與完顏宗望大軍激戰於井徑，最後也大敗。真定府兵馬都今轄劉翊，也上演了孤臣孽子，拼死巷戰，敗後自盡。接著各州府不少守將都成了忠勇烈士，紛紛拼死巷戰，最後自殺。

忽然之間，河北州府跟第一次金兵南下完全不同，不再有『漢兒』跳出來投金，反而是『孤臣孽子』含淚拼死作戰。金兵南下變得愈來愈困難，不得不從後方補充更多的兵員，血戰前進。

同時間，西夏聽聞宋金交兵，於是跳出來當小鬼國，趁火打劫，也出兵入寇西陲。而宋軍地方軍隊也忽然變性，不再逃跑，同樣以寡擊眾死戰到底，懷德軍知軍事劉銓，通判杜翊世，被西夏軍俘不屈，破口大罵，全家都壯烈成仁。

再這樣打下去，可能金兵會吃不消，此時朝廷奸臣團再次出來『拮抗』，強烈主張停戰議和。以吳敏、唐恪、耿南仲三人組，不斷主張議和，請旨讓河南部隊就地待命，使得河北軍得不到增援。並請求同意割讓金人要求的三鎮，答應金人一切要求，以達成議和。

超個體要的頑鬼此時出現。

先前在主戰派當中，有人與主和派互通款曲的假主戰者，變成主和派的內應。假愛國，真叛國。時常臨陣撤退，以致於戰場上不斷出現孤軍，讓主戰派最後失敗。

而在主和派當中，同樣也有假貨，從後搗亂。御史中丞何㮚（紅眼眶），先前一直在搖擺當中，似乎偏向於主和，還偶而會拋出賣國求和言論，陳述道理都非常中聽，一直被奸臣團視為同號，認為他是主和派可以拉攏的對象。但當主和派搓弄皇帝趙桓，終於同意割讓三鎮，出賣國土，喪權辱國去對金和談，正當詔書準備下達時。

御史中丞何㮚（紅眼眶）忽然宣佈不奉詔，說這是叛國行為，要留中不發。

他宣稱自己仍堅定主和，但三鎮事關國本，不能貿然行事，應當讓河南援軍出發。奸臣團立刻施壓，堅持朝廷已經定論，不得異論，何㮚為了防止被主和派懷疑自己黨爭是內應，才勉強同意。

但是退出之後，私下告訴發詔書的唐恪，說割讓之請是為和談不得已，但負責守備者，仍然要用盡方法，守土有責，不能讓金兵兵不血刃就獲得祖宗土地，底下臣民絕對不會奉此詔書。

原來他是假漢兒，真忠臣，要不惜一切方法，讓金人慘敗。

第一輪談判才結束，從而金兵沒辦法靠和談，直接獲得土地，是用武力強行攻破三鎮。第二輪使節又來汴京交出和談條件。

金使王汭來到汴梁大殿，兩邊代表對座談判，趙桓坐於上座親自臨聽，群臣在旁列位，雖然這是『陛對』出使，但王汭態度仍非常不遜，甚至敢口出惡言。

「我大金軍兵分兩路，長驅直入，先前提出的三鎮已經被攻破，不需要南朝割讓。今天來談的，是以黃河為界的條件。」

宋朝群臣在旁議論紛紛。

耿南仲（綠眼眶）說：「大國先前提出的三鎮，雖然已經被攻破，但是先前我朝並未同意割讓，而今談判後同意割三鎮，代表我朝和談誠意。兵戎相見，生靈塗炭，天道厭之。大國應該考慮接受我朝意見。」

王汭哈哈笑說：「既然不想生靈塗炭，那就趕快接受割地請和，三鎮就不用談了，現在只有黃河以北全部割讓，才能和談！」

耿南仲（綠眼眶）說：「這也未免變得太快，若真要討論黃河以北，那請大國先停止進兵，黃河以北才能討論。」

王汭大聲笑說：「哈哈哈，南朝真的是奸臣輔佐闇君！瞪大你們眼睛看看現實，若不馬上同意割黃河以北，我大金同樣也能拿下，屆時黃河以北你們守不住，和談也得不到。大軍再次包圍汴京，和談條件就又會變了！到時候就是以長江為界了，哈哈哈！」

宋朝君臣一陣恐慌，雖然被當場汙辱，仍然不敢出言以對。最後在主和奸臣團努力下，終於宣佈同意割讓黃河以北，唐恪於是再次草擬好詔書，蓋上御璽將要行文。

號稱主和的何㮚（紅眼眶），大為驚駭，大聲呼說：「這些都是皇祖皇宗開創之地！豈可輕易割給蠻夷？先前已經不奉割讓三鎮詔書，而今要我等遵從劃河為界，何也？必須留中不發！全國子民全力抗金作戰！」

然後上書堅持，能和談能賠款，但絕對不能割地！若要割地，請全力一戰，寧戰敗失地，也不能和談割地！戰敗失地往後還能奪回，和談失地，萬劫不復，乞改旨下詔，動員全國軍民，迎戰金虜！語氣非常激烈。

朝廷主和奸臣團赫然發現，自己黨派先前在主戰派中安插了內應，使抵抗戰爭斷斷續續難以上演，結果自己主和的同夥中，竟然也有主戰派安插的內應，在割土和談關鍵時刻出來主戰搗亂，用各種朝廷的規定，拖延和談，讓和談也斷斷續續難以運作。最後讓朝廷被迫強力開戰，還讓主戰派拼命上演『孤臣孽子』的抵抗大戲。

真是你有內應我有間諜，內部的戰鬥激烈程度，絕對不亞於外部。奸臣們非常忿怒。於是彈劾何㮚阻擾和談，無端將詔書留中不發，將會讓金兵南下渡河。

趙桓為了能順利和談，只好貶何㮚為開封府尹。但仍保留資政殿大學士之銜。雖然被貶官，但仍然在汴京上任，那就可以繼續扮演好自己的角色，把議和的進程攪亂，讓戰爭能繼續堅持打下去。但他們的討論，似乎都是在做反力，以抵銷火藥演變成火炮術的能力。

開封府尹衙門。

兵部尚書孫傅（粉紅眼眶）來此與他商議。

孫傅（粉紅眼眶）說：「何大人您怎麼如此沮喪？」

何㮚（紅眼眶）說：「金兵南下，朝廷同意劃黃河為界，我等仁人志士，豈能不沮喪？」

孫傅（粉紅眼眶）笑說：「孫某任兵部尚書，這個職責比何大人還重。但孫某卻不用這麼擔心。」

何㮚（紅眼眶）問：「難不成孫大人已經有禦敵之策？」

孫傅（粉紅眼眶）得意地點頭笑說：「這是當然，用兵在奇，以奇方能制勝。雖然朝廷規矩，孫某沒有兵權，但可得軍機調度之宜。孫某在前些時候，讀有修神道士之感世詩，有郭京、楊適、劉無忌能拯萬民致太平之語。於是從民間探訪，得到其中一員奇士，名曰郭京。他果然不是凡人，能有六甲法，灑豆成兵，平定盜賊。若朝廷能重用此人，使其組織奇兵遁甲，必能大破金虜，橫掃陰山。」

何㮚（紅眼眶）也是知識份子，自然不會全信這種怪力亂神之事，但此時抑鬱不得志，正愁沒有機會再去朝廷鬧事，表現自我。便在憂鬱之中強使自己相信。問：「孫大人為何不將此事報知陛下？」

孫傅（粉紅眼眶）笑說：「此事乃國家機密，不能驟然公開。但孫某一直未得陛下信任，不方便貿然上奏，正需像何大人這般受信任之大臣共同拉抬，請朝廷賜六甲法所需花費，才能將奇兵練成。」

何㮚（紅眼眶）點頭說：「既然有此奇人，何某立刻與孫大人一同將他推荐於朝廷，蕩平金虜！」

於是郭京在何㮚大力推荐下，進入朝廷大臣們的議事堂。郭京（粉紅眼眶）揮動麈拂，談笑自如，對大臣們說：「當年太上老君西行時，曾於天山授課，密傳六甲法。貧道有幸，在天山修行時，拜老君第五十六代傳人為師，得此密法。能以奇術將羸弱市民，練成奇兵遁甲，大破金虜，生擒金賊帥二人，掃蕩無餘。」

大臣們都是飽學之士，議論紛紛，大多數人都斥之以鼻。

「自古從未聞有以此法成功者，這簡直是荒唐。」「從沒聽說老子西行，有在天山授課啊！」「倘若真有什麼六甲法，古人早就已經用這法術無敵於天下，何需要排兵佈陣？」「這簡直是雷同於怪力亂神也！士大夫豈能信之？否則枉讀聖賢書矣！」

何㮚（紅眼眶）得意地哈哈笑說：「各位大人，倘若不信這郭道士的六甲法，你們可有奇招打敗金兵嗎？今上蒼賜一奇人保衛我大宋，應當任用其事，派其出戰橫掃金兵。與其把財貨送給金人，磕頭求和，徒增金人貪念，何不把財貨資助奇人，以擊金兵？」

一個李姓學士跳出來說：「若要以奇術制敵，火藥之術是真實可信，先前金兵圍城，不就是以火藥術擊退？今天拿出這種匪夷所思之物，能信嗎？道士行業，信口雌黃，胡言亂語，詐財騙色，什麼時候真的拿出過可信之物？如此導致喪師，有辱朝廷！」

還沒等何㮚說話，孫傅（粉紅眼眶）立刻辯護：「火藥之術孫某知也，但使用的方法太過複雜且累贅，若碰到雨雪天，遇水受潮，又無法使用。神機營雖有大功，但憑藉火藥之術，也不能橫掃金兵！不然豈會又有今日之患？」然後瞪眼繼續說：「李學士你說道士行業，信口雌黃，沒有拿出過可信之物！可據史書上所說，火藥之術正是道士研究出來的！你自己不也說，火藥之術是真實可信的嗎？」

「這……」李姓學士為之語塞。

陳姓學士說：「火藥之術，確實是道士在煉丹時所創，但火藥之術有經過實戰檢驗，能確定有效。你說這六甲法可有乎？不過信口開河之術。」

李姓學士一聽同僚幫腔，立刻也喝：「沒錯！這六甲法根本沒有實戰檢驗！」

孫傅（粉紅眼眶）說：「火藥術經過實戰檢驗，六甲法亦可。倘若朝廷能撥款協助郭京，各位大人可自去校場分辨，這六甲法是否可靠！」

陳姓學士問：「那這六甲法，到底需要什麼？」

孫傅看了郭京，郭京（粉紅眼眶）揮動塵拂說：「貧道需要招募七千七百七十七人，生辰八字能與六甲法契合者，屆時施法運術，這些人就能各有所長，或為飛天、或為遁地、或為金剛不壞、或為神拳無敵。屆時組織起來，在城牆上大家同心協力練功，必能大破金虜。」

大臣們又是議論紛紛。

孫傅（粉紅眼眶）說：「各位大人！軍情緊急，金兵很快就要渡黃河了，何不先授郭京以校官，資助財帛三萬，使其招募奇兵。在校場檢驗之？各位親眼所見，就不會懷疑了。」

許多言官紛紛點頭說：「好吧！就先姑且一試，總勝過把錢財都送給金虜，使其壯大後又來打我們。」

主和派大臣才要反駁，但遭到更多人壓制，甚至集團噴口水，迫使主和奸賊閉嘴。堅決要嘗試不同的抗敵之法。主和派的鬼話，遇到更可怕的鬼話出現，也只好紛紛退下，暫時放棄賣國念頭。

何㮚（紅眼眶）摸著鬍子呵呵笑說：「對了！以贈金兵之款，改資奇術制敵，才是正道啊。求和割土是萬萬不可取。」

因為皇帝昏庸懦弱，主戰派無法用精忠報國，去壓制賣國和談。只好改用怪力亂神，去壓制住賣國求和了！主戰派的內應，以毒攻毒，終於在內鬥中大獲全勝，全面壓制賣國求和。至少讓汴京城一定要全面開打。

無間道的黨爭內戰交鋒，到達了極致。

退出朝議，孫傅的手下將領，在孫傅耳邊說：「自古真的未聞能有此術成功者，不如姑且給他一百軍士練練看，派往北邊前線參加作戰，有點功勞再進任。不然委之太過，必為國家蒙羞。」

孫傅（粉紅眼眶）聽了非常生氣說：「道詩上有說，郭京是應時而生，敵人的瑣碎事情無所不知，好險今天你是對我說這種話，倘若把這事情告訴他人，就要治你沮師之罪！」

將領只好閉口不言。

其實何㮚說的真的沒錯，納款給敵人求和，只會更增加敵人貪欲，改資奇術制敵，才是正道。但可惜用錯路，倘若是緊急生產大量火藥術，製造霹靂砲群，槍銃火箭，就會稍稍有效。

但這六甲法，還真的是有其用途而生的……郭京確實也如孫傅所言，是應時而生……

校場外貼出告示『招募六甲神兵擊破金虜待遇一人一金』，消息立刻傳開，來了許多民間市井無賴，或江湖武林人物，或浮浪無事者。

郭京不問有什麼專長技藝，只問生辰八字是否合乎六甲。但為了給官員們信心，還是得讓他們練一練刀槍棍棒，組織小隊負責人等等。

郭京這種戲法，很快就有人模仿，而且比他傳神。

「又有告示啦！」「又有告示啦！」

「還有什麼告示？」「宣澤門廣場，武林大俠劉孝竭，得老君真傳秘笈，元斗神兵術，也要練神兵破金虜，酬勞一人一金。」

「走！我們去看看。」

只見一俠客（紅眼眶），站在台上，左右都有持刀劍站立的保鏢，這俠客拿起木製擴聲筒，大聲對群眾說：「在下劉孝竭，拜見各位好漢！武林義士共赴國難，自古如此。在下有幸，得老君真傳秘笈，民間富豪資助，練得元斗神兵術，需壯士三千三百三十三人，故在此招募武林好漢，施法練兵。一人一金為酬勞，精忠報國共赴國難。他日大破金虜，生擒金帥二人，掃蕩無餘。朝廷必定另有重賞！」

他的方法還比郭京稍微靠譜，要的是有武術的好漢。

眾人一陣鼓掌叫好，就在廣場，一堆武林奇俠紛紛搬出道具，跳出來展現功夫。

「看我涿州力士，大力金剛掌，袁斗煥來也！」一手撐起石頭，一掌下去把石頭打碎。「看我北斗神兵，小浪子李三，北斗柔破斬！」一手抓把沙包抓破。「看我北斗神拳真正傳人，健四郎，北斗無象轉生！」一拳下去把一塊岩石擊碎。「看我南斗聖拳真傳人，薩奧瑟，天翔十字鳳！」兩隻手刀砍下去，木頭樁被擊成三段。「看我南斗將星，斷水流陳風，南十字神腿！」一腳踢去，木樁斷裂。「看我天闕大將，王得光，神槌無敵！」一鎚把石頭擊破。

旁觀看熱鬧的百姓們紛紛鼓掌。

但稍微有點見識的書生，紛紛搖頭。「完了！汴京真的完了！我們快點逃到江南去……」

主和派發現這種狀況，拼命對皇帝趙桓進言，說在這樣鬧下去會無法退金兵，請求一定要和談。雖然趙桓經不住糾纏，最後同意議和，但對完顏宗望來說，割黃河為界只是用來麻痹宋廷，不是要真的議和，而是要徹底吞滅宋廷。

果然在主和派大臣怕議和破裂，不斷指示各路援軍不得妄動，許多勤王軍各自回去，汴京竟然就被自己人孤立。

整個局勢的真實核心景象，是皇帝趙桓，被自己的臣民團團包圍……

說主和派大臣全為賣國賊，其實也太過，他們本質只是怯懦，並不是要賣國。之所以不斷下令讓各地勤王軍回去。遠因是河北河東宋軍節節敗退，四處潰散，只是不斷上演『孤臣孽子』死守陣亡的戲碼，怕最後汴京也成了『孤臣孽子』的歷史舞台。近因是為主戰派一陣胡鬧，六甲兵、武林群俠都搬出來。極可能最後想和談也沒辦法了！

但對鬼局而言，就是要這樣，和是假和，戰也是假戰。相互拮抗，才會讓大局走得順。

於是金兵很快就再渡黃河，竟然沒有勤王軍在附近護駕，金兵再次可以不打一仗，就順利渡過黃河，快速進逼汴京。

主戰派把主和派大臣驅走各地勤王軍的消息上報，氣得趙桓將主和派紛紛貶出京城，主和派大臣被汴京臣民大罵內奸，追打出京！部分主和派大臣走到地方，就被當地官民暗殺，甚至直接一刀結果其性命。賣國賊可沒如他們想像中那麼好當。此時主戰派又奪回整個朝廷的優勢。但是被遣走的勤王軍，也厭倦了朝廷反反覆覆，無法再次動員回來勤王。

全汴京城只剩下七萬城防軍，分數路把守城牆，金軍已經截斷汴京往外地的各道路。宋軍只能不斷派人趁夜晚偷偷突圍，送『蠟丸信』，前往各地調派援軍，大多被金兵巡邏隊截獲。外地援軍來汴京的，竟只有南道都總管張叔夜，帶領兩個兒子，及一萬五千人，與金兵激烈作戰，打出一條路，趕到汴京城下。

進了城，趙桓大喜，升其為延康殿學士，並招來其他學士一同商議，問計何出。

其實，張叔夜進汴京城，本身就是一大失策。在城外不遠處選擇險要地形佈防，還可以與汴京互為支援，讓金軍有所顧忌，不敢全力攻城，且能不斷擔任訊息轉遞的中間兵站，以聖旨招各地援軍來支援，一旦進城，就一同被包圍切斷，又只能上演『孤臣孽子』的戲了。

張叔夜，只是個忠鬼，不能挽回局面。不過他還有一絲的理智。

張叔夜（黃眼眶）說：「汴京目前只是座孤城，在危局中，各地將領沒有看到天子本人，都心懷忌憚，自顧保全，不會盡全力來救。唯有突圍離京，才能號召全國勤王。」

唐恪說：「所言甚是，唐朝自天寶後，屢屢有失而能復興，是因為天子在外，可以號召四方。現在只有太子守京師，陛下出京前往西洛，連據秦雍之地，領天下兵馬親征，以圖復興。」

趙桓點頭說：「目前只有這麼辦。」

何㮚（紅眼眶）則說：「不可啊！陛下，我大宋朝蘇軾大學士曾有文章理論，說周朝最大的失計，就是棄鎬京而東遷。而今守城軍至少還有七萬，再加上張帥一萬多人，足以抵擋金兵。若天子外逃，天下百姓將會議論紛紛，道君太上皇眼前檻尬處境，不也正是如此造成嗎？」

眾人一陣沉默，無言以對。

趙桓站起來，足頓地說：「是啊！而今朕只能以死來守社稷。」

張叔夜（黃眼眶）說：「話雖如此，但敵人太銳，陛下還是學唐明皇避安祿山之舉，前往襄陽或許妥當。」

趙桓搖頭不語。

整個道理來說，何㮚還是沒有錯。

金兵於是開始攻城，但火藥砲術再次發揮威力，把金軍的攻城器具擊破，金兵紛紛後退，暫時都不能得手。完顏宗望發現宋軍火砲發揮威力，害怕金兵不敵，於是再次拿出故計，派人宣稱要議和。但此時趙桓已經不再上當，親披鎧甲，率群臣在城門上替士兵送飯。士兵們紛紛感動落淚，死戰到底。

完顏宗望發現誘和計策竟然失效，惱羞成怒，再次集結部隊進攻東面。

先前聯金滅遼時，連快崩潰的遼軍都打不贏的庸帥劉延慶，此時把守東面城牆守城有法，在城外佈滿乾草，城樓上佈滿九牛砲。金兵若夜襲也能以草聲為警報，弓箭矢石齊下。白天攻城，則砲火、炸藥、火箭齊出，乾草也能助燃。金兵攻城雲梯車都因此被毀，傷亡慘重，再次紛紛倒退回去。劉延慶因此被封護國大將軍。

於是只好繞南面，用攻城車掩護，運土填護城河。與守軍再次交戰，仍然敗退。

於是金兵在城門外，壘起土丘高台，架起箭樓，同時運來在外地俘獲的宋軍投石機。以箭雨投石，居高臨下往城內射擊，宋軍士兵只有不斷修補城牆，並回以箭雨，火砲，壓制金兵。被火砲轟擊，金兵的攻城土丘基礎脆弱，支撐不住，崩塌多處，傷亡慘重。城牆上宋軍雖也頗多傷亡，但金兵暫時無法得勝。

完顏宗望見了，異常不安，害怕女真兵無敵的神話，就要被火砲給轟破。

但不久，汴京城上空，忽然降下大雨雪來，甚至開始有風，點火非常困難，火藥武器難以使用，幾乎癱瘓。完顏宗望知道火藥武器遇到雨雪就喪失威力，大喜過望，於是指揮金兵趁勢再用投石機與各類攻城器具，衝殺攻城。

宋軍只能用強弩迎戰，射殺敵軍，並派部隊以繩索垂城而下，反衝殺過去，焚毀敵軍攻城器具，但金軍趁火藥武器無法使用時，反出動鐵騎兵殺來，宋軍紛紛潰退，傷亡慘重。

趙桓知道，大雨雪對火藥武器產生了壓制，不斷設壇祈求上天放晴，但似乎沒有效果。

完顏宗翰知道火藥武器厲害，不想再受太多傷亡，於是再次重施故計，讓宋廷內部群臣相互拆台，派使者來又說要議和。引發宋室君臣又一陣亂議，當宋朝朝廷派了親王當議和使者過去，又被完顏宗翰不發一語遣還。以此在弱化宋廷君臣的抵抗意志，瓦解宋軍主戰官兵的士氣。

大風雪連夜不止，火藥武器已經完全失效。金使又來催促和談，連皇城衛士都皆知，這是金人的技倆，氣得拔起刀兵直接殺掉金使，人頭丟出城外，大罵金狗。金兵於是大規模攻城，宋軍只有刀槍弓箭迎戰。

何㮚（紅眼眶）奔跑到郭京軍營召喚六甲兵，而劉孝竭的武林群俠也在此處。何㮚（紅眼眶）指著他說：「城門危急，郭道士，你們快點出動六甲兵。」郭京（粉紅眼眶）故做鎮定說：「先前你就再三催促我，我說過，非到危急，我師不出。」

劉孝竭（紅眼眶）也說：「是啊！還沒危急就動用我們，太輕率了。」

何㮚（紅眼眶）有些火大了，怒目說：「守軍已經傷亡過半，金軍又要攻城，還不危急嗎？倘若再拖延，本官就立刻以坐欺朝廷之罪，把你們都抓起來！」

郭京鼠輩的原形畢露，劉孝竭也迫不得已，各自率領六甲兵與武林群俠出動。

郭京有官銜，所以在城牆上指揮六甲兵，說城牆上士兵不能偷看，必須全部下去。守城門士兵下去之後失去防範，然後又開城門出擊，劉孝竭率武林群俠在後也出城門外迎戰。

金軍見狀大好，立刻分四隊，武裝衝殺向前，六甲兵首先大敗，傷亡慘重，紛紛逃回。劉孝竭還沒衝上去就被一箭射死，武林群俠各顯神通，拳腳刀鎚一擁而前，但被訓練有素的金兵殺得全滅，無論力士、神拳、聖拳、大鎚、神腿都全部陣亡。

郭京（粉紅眼眶）在城牆上喝道：「敵勢兇猛，我必須親自作法。」下了城牆，跟著退回的部眾向南逃命而去。郭京一直逃難到襄陽，還想招搖撞騙，被地方官員逮捕，以欺騙朝廷之罪，斬首示眾。

於是金兵攻破城牆，劉延慶與姚仲友，各自死於亂兵之中。原來……六甲法的用途，是用來以防萬一，防止火藥武器發揮威力，讓金兵恐懼攻城，從而協助金兵大膽作最後一擊的……

趙桓得知消息，大聲哭道：「後悔不用种師道之言，在上次截擊金虜，以致如此。朕悔之不及！」眾臣紛紛下跪一同哭泣。

於是立刻宣佈要和談。

何㮚知道大事不好，親自率民眾準備巷戰。發揮頑鬼最後的力氣！但和談的拮抗又生效，金人再次派使節說要撤軍和談，詔令停止巷戰，何㮚只能放棄。何㮚最後被群臣痛罵下，被強迫任命為和談使者，被迫往返穿梭和談。

最後金人擄掠趙佶、趙桓及所有親王后妃、公主、大臣、宦官、宮女、共近兩萬人，另外金銀財寶及有價值的圖書文物北上，金人同時強逼大臣張邦昌為帝，改國號為楚，定都金陵。哭聲振動汴京。何㮚、張叔夜與秦檜等諸多大臣也被抓，舉家北上。

鬼局終於快達到目的了，但這只是重演契丹人抓石重貴北上之事，不能保證女真人不會跟契丹人一樣，最後又重回故事起點，絕不能只讓他們劫掠財貨與女人就離開。鬼局可不許舊事重演，一定要讓女真人，一步一步跨進來，全族夾帶著契丹等族人都一起跨進來，解決鬼局所需。

所以拮抗在汴京之外的其他地方，仍然有效！

而此時康王趙構在外地募兵，部將宗澤不斷要求快速進兵，集結了大批部隊前行。但耿南仲與汪伯彥得到汴京消息，說金人準備議和，不應當逼之太過，應當移師東平等候消息。宗澤堅持進兵，趙構對於和戰兩派的爭論，兩從之。於是命宗澤率軍先行，他與其餘人退往東平。

孤臣孽子，又要上演。

此時宗澤十分急切，令全軍急行軍。

「快！不得休息！一定要早日到汴京！」「宗帥，將士們一天沒吃飯，也沒休息。」「全部邊走邊吃，就算睡覺也得行軍！有尿就尿在褲襠，有屎等明天一大早再拉！」

宗澤急切地如此下令。全軍將士知道這次是玩真的，雖然疲憊不堪，但全都蘊釀著殺氣。忽然與金兵分遣部隊遭遇，不由分說立刻開戰廝殺。宋軍連連獲勝，渡過黃河北上。金兵後續部隊派鐵騎兵夜襲，但撲了一個空，大驚而退。宗澤所部已經休整完畢，反過來襲擊，又大破金兵。

宗澤不斷召喚週邊友軍來聚集，但竟然無人響應。只能一支孤軍全力向汴京進發。中途聽聞，太上皇與皇帝都被抓走，於是過河追擊。但到了河北只剩孤軍，週邊也無人響應，甚至糧草都不願意供應。宗澤發現，大家有一種隱性的態度：皇帝被抓就被抓了，再換過就好，不得不放棄，只能哭著仰天長嘆。

的確，皇帝被抓或被殺，再換一個就好。被金國命令冊立的張邦昌，等金兵走了之後，立刻宣佈取消僭號，迎康王趙構當皇帝。

地方官民知道兩個皇帝被抓走，等於第二次永嘉之禍，都非常憤怒主和派人士，所以在汴京的主和奸臣團都在被貶之後，先被當地子民群起唾棄追打，有些直接就被地方官民暗殺。

需要另外一撥人來繼續擔當此任務，於是趙構身邊，自動重組了奸臣團。由黃潛善與汪伯彥主持，不斷刺激趙構的苟且畏敵之心，強烈主張派使節到金國繼續議和，宣佈繼續承認靖康年間的『議和誓書』，要與金人與黃河為界。

當初趙桓身邊主和奸臣，在被貶後，已經被地方官民殺掉，而今在新皇帝趙構身邊又自動跳出了一堆主和奸臣，誇張的賣國言論有過之而無不及。賣國賊人，竟然也如同愛國義士一樣，有不怕死的。

李綱、宗澤等愛國義士聽了這些賣國言論，大為驚駭。這完全違背由古至今以來的道理。路人皆知，金人使用議和當手段，弱化宋廷的抵抗力，而且金人首先背盟，破壞議和直接攻破汴京，這種議和文件又豈能生效？但黃潛善與汪伯彥宣稱，以大宋律，前任皇帝的詔書既然已經發出，那就有效，宣佈割黃河議和。不斷命令各地宋軍駐防黃河以南，以致黃河以北的孤臣孽子，沒有任何支援。

李綱首先上書十議，大致是批判金人用議和滅了遼，又以此為計迷惑中國。汴京被破，二聖被遷，此都乃議和造成。然後建議了十條激烈的言論，要求殺張邦昌，並將黃潛善與汪伯彥等議和大臣論罪。

主戰的言詞過於激烈，以致胡亂違反不殺大臣的祖訓，趙構對此非常反感。但不能馬上批駁，於是隱匿過於激烈的奏書。而陳東等人不斷支持李綱言論，請斬主張議者。這讓趙構內心有了疑惑，這些主戰者真的是為了國家嗎？但在公開的詔書中，仍然褒獎他們的主張，只是內心未必認同。

主戰派既然動了殺心，主和派也不能多讓。

正當趙構懷疑主戰者時，主和者立刻反擊，策動各種彈劾，反擊主戰派的攻擊，將趙構招來的陳東、歐陽澈等士人，羅織罪名，要求皇帝同意下詔，斬殺於市。主和派首先就違反了不殺士人與諫言者的慣例。兩者不斷激烈拮抗而不和，乃至都要殺掉對方而後快，以致於趙構本身都陷於迷惘與不安全感之中。

最後李綱被貶無所作為，宗澤氣憤憂鬱而死。主和派在生死相搏之中，反向一擊，暫時又大勝。

金國見到宋廷內部又亂，便藉口宋人廢除大楚為由，大軍南下。這次為了實質地控制中原，以分兵佔領要地為主要目標，各地尚未由金國控制的城池，堅守不屈，許多地方金兵一時難以攻克。

果然拮抗迷惑趙構的效果，逐漸產生，趙構已經隱約地看出，這和戰兩派大臣，跟他父親與兄長在位時，走的把戲一模一樣。這樣走下去，他自己也很快就會被金兵抓走。

於是趙構打定主意：逃！

這逃的主旨是：只要金兵來，他才不管爾等群臣要和或要戰，你們自己看著辦，他就不顧一切跑。

當發現各地臣民，不少地區投降金兵，也不少地區出現反官軍的群盜。於是趙構也想通了，也不管百姓將來如何，直接下令決黃河堤壩，造成氾濫，然後南逃。這一掘壩，已經確定，宋朝不會再回中原地區統治。

可趙構就這樣逃走甩鍋，激起了不少人的不滿。

到了杭州，苗傅與劉正彥，藉口樞密使王淵與身邊宦官作威作福，發動兵變。殺了趙構身邊宦官與王淵，逼其退位，讓給趙構兩歲的獨生子趙旉。最後雖然招來韓世忠與張浚，帶領援兵，殺了苗傅與劉正彥等人，平息了叛變。但趙構獨生子趙旉，因此次兵變，驚嚇生病而死。尤其兵變時，兩人對他說，『陛下得位來路不正，無德無能，只知逃跑不知對敵，愧對宗廟黎民，將來淵聖皇帝從北方回來，將如何自處？』從此皇帝趙構內心留下陰影，也逐漸由人變鬼，加入鬼局指定的方向之中，讓宋廷的走勢，只能成為誘餌。

【趙構此時出現粉藍眼眶】

和是假和，戰是假戰，逃也只能是假逃⋯⋯

於是完顏宗弼集中女真、漢、契丹各族所組成的大軍，決定一路追擊，從黃河流域追到淮河，聽到趙構早已經躲在江南站穩腳步，再一路南下逼近鎮江，路途中鮮少有軍隊組織抵抗。宋軍江防部隊幾乎潰散，金軍便拆民屋為木筏，紛紛渡江，總共渡了三天，全軍順利在江南集合。

劉光世等諸將領，日夜置酒高會，聽說金兵渡河，不敢有所作為，各地守城官兵大多投降，只有少數城池抵擋金兵進攻。

建康。

江淮宣撫使杜充，聽聞金兵過江，攻破不少城池。將部隊列在長江南岸，自己緊閉城池不肯出來。此時一個不同凡響的大人物，統制官岳飛，急著奔到杜充住所。

「杜帥，官兵們請求出戰啊！」岳飛（黃眼眶）含著眼淚請求出擊。

杜充本來也不是懦弱到這種地步的人，自己也不知道為何，受官場上下氣氛影響，就是很難提起勁，甚至有投降的念頭。

搖頭說：「金兵勢大，業已渡江，為了建康百姓的安危，本帥的決定不能輕率。」

岳飛（黃眼眶）激動地含淚說：「國家養兵千日，用在一時，而今中原各地迅速淪陷，倘若江南不保，建康又豈能獨存？」

杜充說：「我軍只有六萬，若貿然出師不利，整個江防都江崩潰。若如此，當今聖上在南，還能前往何處？」

岳飛（黃眼眶）說：「下官已經說了，不出兵，若周圍州縣都被金虜攻破，建康又豈能獨存？汴京就是這麼失陷的！杜帥，請您誓師出發，抵抗金虜。坐困愁城只能自尋死路耳！」

杜充喃喃自語，完全沒有武將的氣概，彷彿著了什麼鬼纏身。岳飛再三涕泣請求，杜充才說：「好吧！我派都統制官陳淬，率領你們各統制官所屬的部隊增援，迎擊金虜。」

岳飛（黃眼眶）感激涕臨說：「謝杜帥。」

出了門，岳飛才大感訝異，外敵入侵，武將率兵迎擊，是理所當然。甚至應該是你拿出軍法命令我出擊才對。怎麼三番兩次請求出兵，你好不容易同意，我還得謝你？於是岳飛也不得不喃喃自語：「金兵真有這麼難打嗎？怎麼大家都畏金如虎？」

於是陳淬率軍三萬，與完顏宗弼交戰於馬家渡。本來勢均力敵，雙方勝負相當。而要增援的西軍將領，忽然率軍先逃，陳淬失去原有該得的增援，勇氣頓失，於是下令全軍後撤，依托蔣山佈防，讓完顏宗弼率軍繞道而去，繼續攻破其他州縣。岳飛在這軍中，更是感覺怪異，這種作戰簡直像是兒戲。

完顏宗弼宣佈要『搜山檢海抓趙構』。

金兵繼續南下攻略，皇太后與皇后聽聞，先行南下逃離，護衛軍在途中竟然崩潰解散，大多成為盜賊，許多皇宮財寶與宮女都被劫掠。

皇帝趙構到了越州，聽到金兵已經渡江，原本以為無處可去，要率軍禦敵，但週邊大臣認為太過危險，一致阻攔。於是準備巨船，渡海逃離。成了中國第一個明文記載，搭船出海的皇帝。當年一世雄主漢武帝劉轍，想要親自下海找神仙，被群臣阻攔，失去成為搭船出海的第一個皇帝。一世儒主宋高宗趙構，有幸奪得此記錄。

完顏宗弼大舉逼近建康，杜充潰逃。此時宣佈金國士兵不燒殺搶掠，以贏得江南民心。沿江都制置使陳邦光，與戶部尚書李梲，派人請求投降，完顏宗弼於是率軍進城。

接著繼續南下，大舉進逼臨安府，前鋒小隊已經與守軍接戰。原本守軍尚不知道敵人是金人，以為是北方竄來，淪為盜賊四處搶略的官軍。

「是賊人！殺啊！」臨安守軍的統制官陳某高喊著。

手下官兵拿起武器，打開城門一擁而上，與他們認為的賊人交戰，一陣刀兵砍斫，最後全殲賊兵。

「將軍，我們贏了！賊人人頭在這裡！」

「很好！拿來我看看！」

底下的官兵們把人頭都帶上來。

陳統制看了這些人頭之後發愣，大喊：「這人頭不對啊！」

小校尉說：「將軍，這些就是您說的賊人，哪裡不對？」

陳統制說：「你們看這髮辮，不是漢人啊！另外一個人頭也剃了髮啊！」

官兵們都瞪大眼，面面相覷，一個校尉：「您是說，這些人不是逃竄搶劫的賊軍，而是金兵？」

陳統制面色蒼白，好像見了鬼一樣，頻頻點頭。

「不好啊！金兵來啦！快逃啊！」忽然部隊中一個校尉這樣高喊。

所有官兵一哄而散，陳統制根本不阻攔，也丟掉人頭，往城外逃跑。主將跑了，其他各營官兵聽了這消息，也紛紛逃跑，最後全軍崩潰。宋軍官兵，竟然被死人的髮型嚇得崩潰。又是創造了軍事史上一大奇蹟與怪事。

於是完顏宗弼順利攻佔臨安府，進入杭州。聽聞趙構從海上逃往定海縣，於是派軍繼續追。就在這當中，江南各地也盜賊群起，與宋軍作對，想要來增援的宋軍，都因此被牽制住，難以聚集大規模的軍隊迎戰金兵。

金軍前鋒與明州張俊的守軍交戰，初戰金軍前鋒敗退，只能不斷向完顏宗弼的本軍求援。而張俊明明戰勝，竟然也被金兵的髮型嚇跑，宣布主動放棄明州，收兵前往台州。明州只剩下老弱殘兵，於是明州也被金軍攻佔。接著繼續南下追擊趙構，攻破定海，準備搭船渡海，去追擊趙構的御船隊，但金軍不會操作船隻，被宋軍大船水師擊破。

金軍此時將兵都已經倦怠，南下太過深入，還要搭船渡海打海戰。後續的部隊都還在中原各地平盜賊，沒有渡江，缺少增援，都一致想要北返。於是宣佈搜山檢海完畢，請求班師。完顏宗弼見士氣低落，面對茫茫大海也心生畏懼，只好同意將領們的要求，招回分散各地的金軍，宣布所向崩潰，宋軍無人能敵，然後率軍北返而去。

但沒想到，他南下進攻十分順利，那怕遇到挫折，守軍也會因為各種原因，或撤退或奔逃。但若要收兵要北上，沿途的抵抗卻逐漸激烈，忽然變得非常有組織，不斷阻擋金兵北上。氣得完顏宗弼修改先前不准擾民的原則，只要阻擋退路的城池，一被攻破，就搶掠燒殺，一個不留。一路到了鎮江，遇到了第一支讓他害怕的軍隊。

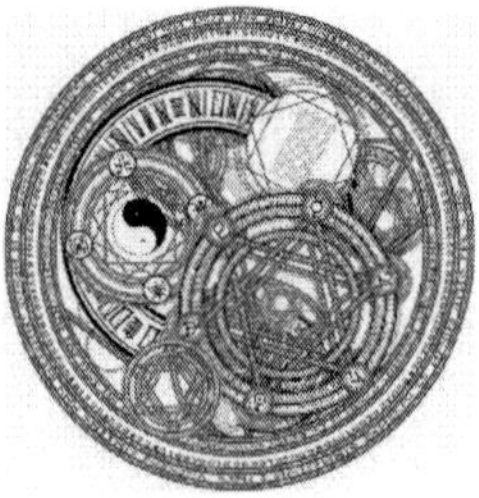

要一個文明傳承長久，關鍵在於最平凡人的思維必也傳承。

脈絡子：不會吧！這種工作要我們來做？關鍵脈絡之子，壓在底下就算了，哪有幫助外力的？我不想幹啊！

殘影錸：陰陽古怪之主的指示，還是拿出某一些脈絡要點，交給經緯臣去處理。

煉足靴：這也是無可奈何，我們這一局會處理後面的工作。

脈絡子：看來也是無可奈何，實在討厭，以後盡量不要，真的很討厭！請不要被彰顯，否則本局的脈絡會一連串受傷。

殘影錸：我會監督保護的。

煉足靴：請放心，完成陰陽古怪之主的指示即可。

當異族入侵，或異族較為強勢時，被統治的華夏漢人，或被影響的華夏漢人，該不該？或該怎樣跟異族合作？這實在是很敏感的問題，但必須催出一個局才運作，才能保障中國文明的中軸大局不壞。否則陰陽古怪直屬的長城局就會出大問題。

煉足靴：拿回來了，這關鍵之子，定在保護關鍵局面。

經緯臣：啟動啦！關鍵子立場翻轉！

煉足靴：完成之後，接受關鍵子翻轉立場者，在異族內部的立場，也將翻轉。

經緯臣：這個遊戲越來越有趣，時晷官那一局計時開始，我們得盡量安排穩妥一些。

＝＝＝＝＝＝＝＝＝＝＝＝＝＝＝＝＝＝＝＝＝

鎮江府焦山寺。

大將韓世忠的帥帳，召集了部將，緊急商議戰術。韓世忠身旁站著一個女武將，身穿銀色盔甲，大紅披風於後，面容秀麗動人，腰繫一長一短兩配劍。這女子可是真正歷史上的女中豪傑，女子中的大人物，正是韓世忠的妻子，梁紅玉（黃眼眶）。她披著戰甲配劍，參與謀劃。她身後還有護駕的六名武藝高強的女兵，同樣持兵戈在她周圍護衛。

梁紅玉（黃眼眶）本來是被賣入軍營中的妓女，受盡糟蹋，韓世忠本來也只是個普通恩客，但識得她是女中豪傑，於是不介意其娼妓出身，娶以為妻。她果然不是普通女子，作戰智計橫出，至少所知的軍中將領無人能及，一同參與阻擊金兵的計劃。

正在部將都為金兵開始造船而煩惱時，梁紅玉（黃眼眶）插話指著地圖說：「這有何難？既然敵將要造船渡江北上，必定會觀察地形，龍王廟是地勢的高點，如果在此埋伏精兵，一定能抓到敵將。同時阻擾敵人對地形的了解，如同讓敵方失去目光，不敢越雷池一步，從而拖延他們北上的時間。等待我們援軍逐漸集結，就可以將其一網打盡。至於金虜兵多，在江面上我們則布置大船，金虜不善於水戰，必定被我們的大船逐個擊破，我們可以少敵眾。屆時金人只能困在南岸進退不得，耗損其糧食與士氣，徹底打垮金虜的機會就在其中。」

這一句直接在混亂的局面中點擊要害，連有經驗的將領皆自嘆不如。部將蘇德說：「對啊！怎麼沒想到呢？剛才我們還在研究該用什麼陣型，什麼船隊排列。夫人卻一眼看中死穴，如此一來，這比再厲害的陣型都管用！夫人真是高見！」

其餘部將都紛紛點頭，對梁紅玉行軍禮表示敬佩。

韓世忠聽了之後也很驚訝，因此非常得意，即便是烈女名媛，熟讀詩書的貴族美人，也無法跟自己從娼寮出身的妻子相比，點頭說：「就這麼辦！蘇德，由你在龍王廟佈置埋伏，一定要抓到敵將。」

確實，這樣有慧眼的女子，讓有真知灼見的男人，絕不會論其出身過往。

蘇德領命而去。

完顏宗弼果然也看上了龍王廟，但距離自己軍營遠，而距離宋軍距離近，不敢有太大動靜。於是率四個護衛隨行，要去龍王廟觀察地形。忽然伏兵四起，完顏宗弼久經戰陣，知道情況不對，趕緊逃走。身邊護衛被擒獲兩人，經過審訊，才知道剛才差點抓到了敵帥完顏宗弼，眾將領皆扼腕。

金營。

完顏宗弼退回來後，心有餘悸，怒目對部將用女真語說：「你們過了江，分兵他處，就只會搶多金銀女子，無視於我的軍令！以至於今天被困於此，你們說是不是該處以軍法？」

眾將領低頭不敢作聲。

完顏宗弼把馬鞭丟在軍議桌上，怒目看著一將領罵：「富勒渾，你不是搶了最多金銀財寶嗎？還要我就批准賞給你，你說現在該怎麼辦？」

富勒渾低頭不敢言。

又轉面對另外一個部將罵：「巴里巴，你搶了兩個女子，要我賞給你作小妾，你說該怎麼辦？」

巴里巴又不敢說話。

完顏宗弼怒目說：「再不說話就斬。」

巴里巴嚇到，立刻開口說：「這一路走來，宋軍將領大多不忠於他們的皇帝，不是貪財、就是怕死，所以我們可以派使節去交涉，只要讓道給我們到江北，我們可以把所搶掠的東西跟人，都全部還給他們。」

眾將領紛紛點頭。

完顏宗弼愣了一下後笑說：「這個時候，你們就捨得丟下所搶的東西跟人了？」

眾將低頭不敢回答。

完顏宗弼走到一旁地圖掛軸前，看了許久，然後才說：「要是這份地圖能夠繪製詳細，孤王就不怕跟他們打一場！何至於要現在這樣低聲下氣求敵人讓路？」

富勒渾說：「末將願率隊摸清地形，務求繪製精確，將功贖罪。」

完顏宗弼問：「你手下有人會繪製地圖？」

富勒渾笑說：「稟四太子，末將擒獲不少漢人，當中就有一個會繪製詳細地圖者。只要眼睛掃過一遍地形，立刻草書概要，甚至他還能推斷山形後方，眼睛看不到的地形，大約起落多少。而後再用工筆詳細標的重繪，往往精確無遺啊。」

完顏宗弼大喜，然後說：「快帶他去繪圖！」

富勒渾應命而退。於是他率女真兵二十人，契丹與漢兵二十人，帶著一個漢人書生，此生其貌不揚，手持一支硬毛筆，旁邊跟著兩個書僮，一個供墨，一個供紙。都化妝成商旅搭船，跑到上游乘船而下。

只見這書生，一會兒看左邊的山形，一會兒看右邊的山形，口中唸唸有詞，毛筆急下，有文有符：「東向西第一段十尺：左高三十遞減，標山行，料山後陡坡，右高二十遞增，標山落，料山背斜五角，寬三十，標水流。第二段二十三尺，左高三十遞減，標山落，料山背斜十角，右高十八尺遞減，標山禿，寬五十，標相流，中河有淺灘，離左十五⋯⋯」

竟然把整個立體景象，編制成自己熟識的密碼，快速轉譯了起來！

忽然江中來一巡邏小船，用當地漢語問：「你們是誰？在那邊幹嘛？」原來是韓世忠手下的官兵。邊問還邊靠上了船。

富勒渾趕緊指示將掩飾的商品擺在船前，書生用官話喊道：「我們是巴蜀商船，去金陵做生意的。」

小船上的軍官帶著十名士兵跳上船，同樣用官話說：「不准前進，我們要登船檢查。」

富勒渾想要有所動作，指示金兵持武器相殺，被書生腳踩了一下制止。書生上前行揖說：「我們都是商人，請官大爺放我們前行。」

軍官看了眾人一眼，問：「你們都巴蜀人嗎？我看怎麼像北人？」

書生笑說：「而今南人北相者多矣。巴蜀也來了不少，要不要我們說些巴蜀話？」

軍官問：「我懶得跟你們說話。你手上拿著什麼？」

書生送上前來說：「我寫詩呢。我身旁的伙計，都喜歡看我寫詩，贊頌江上風光。」

軍官拿來之後，看了一眼笑說：「我們不識字！前面不遠處打仗，你們不要過去。」

書生顯得為難，看了一眼富勒渾，讓他拿出了金銀，送到軍官面前，笑說：「官大爺，我們養家活口，得送貨到鎮江府。聽說官軍韓大帥，也等著我們的貨呢。」

軍官拿了金銀，手上掂了掂，發現還很沉，咬了一口測試硬度，果然是真金，笑說：「運什麼貨呢？怎麼只有一艘船？」

書生說：「給官軍的醫葯，治療打仗刀傷的。相信官大爺也是軍人，不會刁難我們吧？」

身旁書僮也拿了金銀，分送給底下的士兵，當然成份要稍微少了一點。並且其他偽裝者，也打開甲板上的箱子，仔細看了一下，裏面確實都是醫葯。

軍官握著金銀，笑說：「好，既然是給我軍送醫藥的，那過去吧！建議你們掛我軍旗幟，走北水道，就不會碰到南岸的金兵。」說罷回巡邏船離去，丟上來一支旗。

書生等率人行揖。過後真的掛上旗幟，沿北水道繼續繪圖，最後繞小道回金兵大營。重新用工筆繪製不到一天，整個精確的地形圖就出現了，呈到完顏宗弼面前。

完顏宗弼大喜，自己要登高觀察地形差點被抓，而現在竟然有人不用登高就把地形圖畫好送到面前來。雖然還無法突破眼前困境，但他有預感，若真要突破困境，還得靠隱藏在民間的某些漢人幫忙才行。於是依照地圖，分配任務，搭乘搶奪的宋軍船隻出戰。

長江中。

「金兵來襲！金兵來襲！」韓世忠軍隊號角吹起。

兩軍在江中激戰，首先弓箭互射，然後船碰船，第一波刀兵肉搏戰展開，殺聲震天。完顏宗弼親自執帥旗指揮，韓世忠也在江上主艦應戰。金兵因了解了地形，兵力集中較快，韓世忠主力變得相當被動。

韓世忠大喝：「快指揮放信號箭！呼喚右軍前來支援！」

在刀兵碰撞，殺聲震天的情況下，使用衝天炮射出信號彈，由於有火藥衝天推力，以至於滿天炸響。

「報！元帥！支援船隊迷失方向，沒有到達指定位置！」

韓世忠跺腳說：「糟了！」

梁紅玉（黃眼眶）說：「夫君，讓我登上山，擊鼓號令，所有舟船聽我調動！」

韓世忠說：「萬萬小心啊！」

梁紅玉（黃眼眶）拿起了帥旗，六名女兵們扛起戰鼓，另外率領二十名女兵執兵戈護衛。以小船迅速上岸，快奔上山頂。梁紅玉開始擊鼓，廣闊江面的戰船，聽到了戰鼓聲都注意到了這裡，梁紅玉看到了雙方船隻分佈，便以指示女兵以帥旗，打出旗語傳遞訊息。

以青龍青色旗為東，白虎白色旗為西，朱雀紅色旗為南，玄武黑色旗為北。倘若兩旗並舉，就為兩方向的中間方向。兩旗並舉而當中一旗偏高，則為中間方向往偏高方向傾斜。

如此，韓世忠各舟船兵馬因為有了山上的天眼，方向反應迅速得當，便趕來增援，但金兵船隻數量也不少，剛開始勢均力敵，忽然幾艘宋軍大船架出霹靂砲，轟隆巨響。金兵船隻被當場炸毀數艘，打得一場混亂，紛紛害怕而潰退。然而女兵們已經把金軍船隻動向看得一清二楚，指示宋軍按照方向追擊。

「東北東方向！火砲手！」

轟！嘩塌！轟！嘩塌！

「西北西方向！火砲手！」

轟！嘩塌！轟！嘩塌！

宋軍火砲齊發，都依照正確方向，打中金軍船隻群的中央，一砲就能掀翻數艘船。

「撤退！撤退！」

金軍吹響了指示撤軍的號角，所有金軍船隻紛紛往南潰逃，完顏宗弼雖然氣得發慌，但不得不躲回南岸壘寨當中。

聽聞完顏宗弼被困江南，左監軍完顏昌，派貝勒托雲，進駐淮東。遙相聲援，但兵力太弱，不敢靠近。韓世忠派出一千精銳部隊，監視外圍金兵可能的動向，決心要把完顏宗弼困死在江南。

金營。

「怎麼辦！熟悉了地形還是不夠啊！完顏昌在江北也沒辦法幫上忙！到底怎麼辦？」完顏宗弼大喝。

眾將領又是低頭不語。

宗弼望著巴里巴，指著他說：「由你負責！把所有虜來的名馬、子女、還有所有擄掠的東西，都集中起來。讓使者盤點之後，前往韓世忠軍營！只要讓路給我們回去，都西都還給他們！」

眾將領心中不悅，但不敢違抗，畢竟真的是走不了，只能交還擄掠的人與貨。巴里巴應命而退，先派人到韓世忠軍營表示意圖。

韓世忠在軍營外，帶著衛隊，見了金使。

巴里巴說：「所擄掠的子女財貨都在這裡，全部交還貴軍，請貴軍放一條路讓我們北上，這是我轉達我方四太子殿下的意思。」

韓世忠在軍營外笑說：「看來貴軍是真的無路可走了。」轉面問一旁的梁紅玉說：「夫人，是否可以答應他們？」

梁紅玉（黃眼眶）說：「這些本來就是我大宋的人與物，還給我們是應該的！

那被他們殺死的人，這筆帳又該怎麼算？除了這些，應當留下完顏宗弼金兀朮的人頭！」

韓世忠對巴里巴大喝：「聽到我夫人說的沒有？回去告訴金兀朮！」

巴里巴嚇得逃回告知。

被擄掠的女子都被梁紅玉編入女兵營，財物全部充入軍資，賞賜給將士。

完顏宗弼氣得暴跳如雷，於是再次大舉出船迎戰，但又再次被擊退，金兵紛紛再次帶著傷退回南岸，甚至哭成一片。面對再次大敗，完顏宗弼計無所出，非常恐懼，於是再次派使節，詢問能放金軍北上的妥善條件。

金使巴里巴這次非常誠懇，表示請提出不殺人的妥善條件。只要開出條件，之後金軍絕對不會再南下江南。

韓世忠當然再次詢問夫人的意思

梁紅玉（黃眼眶）說：「不難，派人告知金主。交還我朝兩個被俘虜的皇帝，交還所有領土與被擄掠的官民。就放貴軍北上，不死一人，得以兩全。」

完顏宗弼聽了氣沮，知道這是不可能的。【完顏宗弼出現灰眼眶】

再次招開會議。

富勒渾說：「連擄掠的東西與女子全數交還都不肯讓路，看來宋軍不想放我們回去。如今只有硬拼到底。」

完顏宗弼（灰眼眶）說：「現在如何拼？兩次大敗！軍士們士氣低落，傷亡已經不小，要拿出個具體辦法，不是只是嘴上說拼！」

眾將領低頭，不敢多言。

完顏宗弼（灰眼眶）忽然想到，繪製地圖的那個漢人書生。於是說：「那個畫地圖的書生呢？叫他來！」

富勒渾趕緊退出，把漢人書生帶來。

「吳某拜見四太子殿下。」

完顏宗弼（灰眼眶）微笑，非常客氣，把他拉到身邊來說：「不必拘禮。閣下的地圖幫助我軍甚多，請上座。」

書生趕緊退後行揖說：「四太子都站立沒有坐，這裡哪裡有在下的座位？」

完顏宗弼（灰眼眶）微笑說：「先生真的是多禮。我們女真人粗野，也就不拐彎抹角，孤王也就直說了。我等現在困在這裡多時，宋軍憑藉水師強大，讓我們一直無法北返。倘若先生能替我們拿出一個辦法，能渡江北上，孤王當重重酬謝先生。」

書生行揖說：「在下只是個繪製地圖的，對於行軍打仗並不內行。不過吳某的一個表兄姓李，人就住在鎮江府，他擅長於水利工程與行舟的原理，倘若派出快馬使節，請到他來一起幫忙，可以給殿下意見。」

完顏宗弼（灰眼眶）點頭，轉面對富勒渾說：「你也懂漢語，帶著書生去找他表哥，無論他說什麼，態度都要非常謙虛。無論提出什麼條件都要答應！」

富勒渾點頭應命。

過了半天，快馬載著一個中年男人來，就是李某（橙眼眶）。其貌不揚，說話也吞吞吐吐，滿口江南土音。由他表弟，書生吳某來當翻譯，轉述整個戰局情況。

這李某（橙眼眶）說：「韓世忠竟然能用八千水師，阻擋四太子殿下十萬之眾這麼久，代表這不是軍事佈陣的問題。殿下碰到的情況，是龍困潛灘之局。他們站在高處，善於水上運動，運用的是以高制低，以快制慢，以堅制脆的原理！殿下要是想脫困，就只能運用以多制少，以勢制力，以猛制堅。如此則能打破現在的僵局。」

完顏宗弼（灰眼眶）問：「如何落實你說的道理？」

李某（橙眼眶）指著他表弟繪製的地圖，然後說：「在冶城西南處，可以鑿一個渠，建立臨時的水壩。趁著江水漲潮在最高水位的時候，放下水閘門，與江面連通，所有舟船都在這裡等候。等到江水退潮的時候，放開水閘門，運用水力全部衝出，則殿下的水師就在韓世忠的上游了。運用這股水力，至少可以衝出對方的水師圍困，往下游集結，就有登上北岸的機會了。」

完顏宗弼（灰眼眶）於是點頭說：「就依照先生的意思去辦！」

於是動員所有人，鑿了一個大渠，放水進來等漲潮，李某則在當中指點各種工程的細節困難處，一一排除。最後全軍登船，一放水閘門，都衝出去，船上水手趁著水力拼命划槳，排山倒海之勢奔來。宋軍對如此快速兇猛，不得不紛紛後撤。

韓世忠在岸上見了大驚失色，趕緊登上大船，指揮全軍出動，在後面拼命追擊，但是宋軍措手不及，場面一團混亂。

梁紅玉（黃眼眶）見狀，快速在大船上建立高台觀察哨，並派出小船將女兵分組分配到各船，互通旗語，整個宋軍船隊通訊頓時快速，重新整隊拉帆追蹤，宋軍大船不斷發砲阻擋金軍靠近北岸，與金軍殿後的船隊交戰，一場混戰之後，再次大破金兵。

完顏宗弼船隊雖然到了下游，但仍然無法渡江北上，退到了建康附近再次固守金營。

「又功虧一簣了！這個方法是有些效果，但還是差那麼一些，兩位先生，可還有妙計可以幫助孤王渡江啊？」完顏宗弼（灰眼眶）苦臉對兩個漢人這麼說。

李某（橙眼眶）與吳某相談之後，吳某說：「我與我表哥都是技術人員，對於打仗的技巧不是很理解，但是這建康附近的人，自古就是善於行舟，也與南方有海船通商，倘若殿下以重賞貼告示，必定有人來揭榜，獻上擊破韓世忠海舟之策。」

完顏宗弼從之。

於是張貼榜文，誰能獻策大金軍隊破海船北上，賞金一萬。

福州人王某（黑眼眶），揭下了榜文，來到了金營。此人兩撇八字鬍，其貌不揚，但卻也有幾分斯文，唇厚而肥，嘴型大，滿口福州口音，外表不會被人重視，但完顏宗弼非常尊重。王某一進帳來，行禮之後就是頻頻點頭，但沒有多少笑容

完顏宗弼覺得這個人很古怪，但似乎又自信滿滿，況且現在自己非常窘境，不得不低聲下氣找方法。

「先生真的能幫我全軍北上？」

李某（橙眼眶）翻譯之後。

王某（黑眼眶）仍舊頻頻點頭，緩緩說：「海船之事我知之甚多。鄙人落魄僑居建康，沒有金錢生活下去，需要一些錢吶。不知道榜文上說賞一萬金，這是不是真的吶？」

完顏宗弼（灰眼眶）以漢禮行揖說：「先生若真能幫我等北上，孤王一定重賞一萬金。即便先生的策略沒有生效，雖沒有賞金，也不會怪罪先生。否則之後，就沒有人願意幫孤王了。」

然後指著另外兩人，繼續謙虛地說：「不信你問這兩位，李先生與吳先生，先前幫孤王繪製地圖與建議水利工程，雖然都沒有成功讓孤王過江，但孤王仍然帶在身邊，過了江北上之後，要拿賞金離開，或是跟孤王回金國當差任職，替我大金國效力，都可以自由選擇。」

李某（橙眼眶）翻譯之後，王某（黑眼眶）頻頻點頭說：「這個交易合理！那

請殿下差人拿筆記，我把破敵的策略只說一次，只要妥善落實，一定一次生效破敵。」

於是命李某記錄。

王某（黑眼眶）說：「韓世忠的女人梁紅玉，雖然是個軍營娼寮的賣身妓女出身，但是作戰的見識與勇略，果然不凡，不愧是萬中難有一的女中豪傑吶！但是她提供給韓世忠的戰策，還是太嫩，不夠老辣狠絕吶！若是用我的策略，四太子殿下現在就不是受困，而是已經全軍覆沒了吶！」

面不改色狠狠地接著說：「就讓我來教教她，到底什麼才是真正的作戰吶！」

接著說：「韓世忠以海船運動於江上，乘風使蓬運用自如，往來如飛，不可以隨之起舞吶！否則殿下的船隻無法抵擋吶。殿下可以下令全軍，將泥土墊在所有船隻底下，以平板鋪設上去，讓船隻穩定防浪。之後用划槳的方式航行吶。」說到此頻頻點頭，眼神露出兇光。

接著說：「若有風，就不要出去。無風之時，全軍出動，對方海船無風，則船行將慢。而此地近海，江面上有風無風變化甚快，對方看到殿下趁無風出舟，則必定張帆等風，以砲石轟江面企圖波瀾以抵擋殿下的船隊。殿下則要在事先準備大批的油火弓箭，以火箭射擊對方的風帆，火烘日曝，則必定大火焚起，大破海師。若大戰之中忽然風起則更好，火勢將加大，對方船隻必定混亂。殿下就能破敵，渡江北上。韓世忠夫妻，恐怕要抱著一團躲在遠處，不敢出戰了吶！」

完顏宗弼（灰眼眶）聽了哈哈大笑，拍案叫好說：「果然這才是作戰！在下立刻聽先生之言！」

王某（黑眼眶）說：「在下拿了一萬金，就要回家鄉經商，不跟四太子殿下北返，所以在下的姓名千萬不要透露出去。這原因您知道的吶！」

完顏宗弼（灰眼眶）頻頻點頭說：「您是高人！高人的姓名當然不能透露！」於是湊齊一萬金賞之，並金兵全軍依此計出動，果然韓世忠水軍猛發火砲，江面層層波瀾，但金兵船隻因載土覆板，已經相當穩定，變忽然集體用油火弓箭射擊船帆，一時所有大船都著火。人馬亂呼，一團混亂，救火不及，著火跳入江中者甚多。

金兵趁勢發動攻擊，韓世忠軍隊在亂中被動迎戰，江面上一片廝殺，但金兵人多，韓世忠軍隊從而大敗登陸。梁紅玉命令各船女兵，乘快船退到瓜洲會合，同時韓世忠也集合其餘將領殘兵。清點人數，都已經傷亡過半，許多團練使與重要部將都已陣亡，夫妻一陣痛哭之後，只好退軍築壘自保。

完顏宗弼於是率軍北返。

韓世忠站在壘上遠望北返之金軍大隊，含淚說：「奈何天祐金虜！奈何啊！」

後來聽聞，原來完顏宗弼本來已經無計可施，只是某個隱姓埋名的漢人書生相助才能獲勝，更是扼腕。但也無從追究，到底是誰在幫忙金兵？

其實天不祐之，是有鬼相助，碰巧對方身邊的鬼，比你身邊的鬼，更有法力而已。而且這是必要的，主要是讓你們阻擋他，但萬一真的被消滅，金國實力就大大折損，局面就不好控制。

果然完顏宗弼北返後，金國內部已經開始恐懼宋人真正潛力，出現了要扶植原宋朝降臣劉豫為齊國皇帝的呼聲。於是開始出現中國史上，頭一次的『傀儡政權』的事件。

既然跑了，拮抗就要繼續加強！除了陝西各州，對金國叛附無常，迫使金兵大舉南下糾纏之外。

趁完顏宗弼北撤，主動收復建康的岳飛，經過張俊推荐，從而逐漸受到重用。而最早主戰的李綱，此時也受到褒獎任職。約此同時，先前在汴京被俘虜，一同北上的大臣秦檜，與其妻子，在北方主張議和，同時賄賂金人，求得南歸機會，順利逃了回來。自稱是殺了看守逃回的，並帶來了被俘的二帝與太后的消息。趙構聽聞有母親的消息，立刻接見，痛哭流涕，便安排新的職位給秦檜。

岳飛在平定江南內亂戰爭中，開始嶄露頭角時，秦檜（粉藍眼眶）也在復職後上了第一道奏書『南人歸南，北人歸北』，請專務議和。

秦檜一聲求和賣國的專業言論，震憾了朝野，也震憾到了逐漸由人變鬼的皇帝趙構的內心。

拮抗又開始了，不過女真人就是半調子，這時候必須加強火力，主戰的力道此時比較強，秦檜被大家批判為賣國，最後遭到剝奪官職，暫時休養，退居幕後。而主戰派逐漸由岳飛擔任中流砥柱。議和只好改為暗中進行，金人意圖把劉豫統治的偽齊，當作衝突的緩沖區。

紹興四年。

岳飛在平內亂過程中，稍稍壯大，但資歷仍然不能跟韓世忠與張俊相比，但他的戰意，卻遠遠高於其他宋軍。率領三萬人，大舉進攻一年前被偽齊攻佔的襄陽，最終順利收復。並在當地改革軍制，強化防禦能力。劉豫的偽政權，被金國貴族質疑其能力。

劉豫（橙眼眶）遂拿出反攻策略，拋棄襄陽地區不管，大舉進攻淮西，並請求金兵支援。對外宣稱，要一舉攻破杭州，滅掉宋室江山。

被金兵嚇到也就罷了，此時的宋朝朝廷，竟然還會被漢兒組成的傀儡政權嚇到。果然南宋朝廷震恐，除了宰相趙鼎主張交戰失敗再逃未晚，其他官員都主張，走為上策。劉光世見敵人首先要打自己的管轄之地，知道情況不對，上書得到同意，撤回江南建康防守，韓世忠則率軍退守鎮江府，重新運用他擅長的水師防衛。張俊更是害怕，上書主張自動放棄淮南州府，劃長江而治，拒絕渡江北上增援。趙鼎非常氣憤，主張嚴懲張俊，但不了了之……

整個朝廷除了宰相趙鼎與皇帝趙構，全部暗中做了，要戰敗潰逃，宋朝滅亡的打算……

岳飛率領本軍，加速往淮南行軍。徐慶騎馬逆向而來。

「廬州的仇悆如何了？」岳飛在馬上，追問著部將徐慶。

徐慶勒馬說：「據探馬報，仇悆拒絕執行劉光世的撤退命令，率領兩千自行招募的民兵守城，還痛罵了劉光世派來催促撤退的使者。」

岳飛（黃眼眶）振奮地喊說：「好！仇悆才是男人！」

另外一員部將牛皋說：「我真的搞不懂，朝廷三大元帥，張俊、韓世忠、劉光世。手下兵將不少於我們，竟然全部當縮頭烏龜，整個朝廷都只想著要逃！」

岳飛（黃眼眶）制止說：「牛統領，不可妄言汙辱！劉元帥是我的老上司！尤其韓元帥曾死戰金兀朮，韓夫人擊鼓振奮軍士，乃百年難得的女中豪傑！張元帥更是對我有提拔之恩，是我岳飛的恩人，更不可以汙辱！」

牛皋面紅耳赤，自我解嘲說：「好啦！好啦！就當末將胡說八道，呵呵。」眾將領繼續騎馬行軍前進。

徐慶也在馬上大聲接口說：「末將反而認為牛統領說的沒錯，現在整個朝廷都畏敵如虎。他們聽說金邦四太子，再次興兵南下支援偽齊，除了趙相公堅持一戰，其餘大臣都勸聖上再次渡海遠幸。金人也是人，又不是鬼神，真有這麼難對付嗎？

敵人都還沒過江，在臨安就嚇得準備打包離開，從古至今還沒見過，這種一直只想逃跑的朝廷。還是大江南北這樣一直跑啊！翻翻歷史，真的從未見過啊！」

徐慶說的沒錯，岳飛無法反駁，只淡淡地說：「為將者，盡自己本份便是，不得妄議朝廷之事。」

不過岳飛心中開始納悶，圍繞著一個問題：金兵真的有這麼難打嗎？

大軍繼續加快行軍前進，快速往廬州逼近。

「張憲！」

「末將在！」張憲策馬來應。

「我們沒有時間可以軍議，本使命你立刻帶隊增援廬州，由你擔任誘敵的任務，牛皋與徐慶合兵作為後援，擔任救援的主力。兩隊相拒十里的間距。兵貴神速，你們見到敵人就猛打猛衝，不要管什麼陣勢。多抓一刻時間，就多一分勝機。只要仇悆還頂得住，我們就有勝機。倘若他敗了，我們就算再強也不能持久。」

岳飛果然善用兵，不需要詳細軍議，就抓到了勝利要件。他的部將們都已經感覺到，雖然岳飛官階目前還只是制置使，比不上三大帥，但論到用兵，是宋軍將領中首屈一指者。

「得令！」

三人各自率隊進攻。

廬州城。仇悆兩千民兵正在死守，偽齊軍統帥劉麟親自督戰，金兵則在遠處觀望。刀兵碰撞聲，廝殺吶喊聲不絕於耳，兩軍在城牆上已經展開廝殺……

「鄂州岳大帥的兵馬來援啦！」仇悆命令所屬士兵，全部拼命喊著。士氣大振，以一敵十，奮力搏殺，偽齊軍又從城牆上被擊退。

岳飛軍真的來援，張憲誘敵成功將偽齊軍分散，徐慶與牛皋騎兵全力衝殺。完顏宗弼也久經沙場，也率軍來援，與偽齊軍合兵一處，一同反擊。仇悆兵力太弱，雖然只能在城牆上看著城外廝殺，但命令所有士兵搖旗吶喊。

殺！鏗將！鏗將！

就在廝殺得難分勝負，人叫馬廝之時，岳飛步兵本軍趕到，全部投入戰場。偽齊軍好幾隊潰散，只剩金兵死死頂著。一直打到黃昏，金兵不支，向北且戰且退，相持一段距離，立寨防守。岳飛下令全軍不得進城，在城外立寨與之對峙。岳飛果然善於用兵，倘若想進廬州城池休息，全軍就容易懈怠，而且在戰略上就會被金兵與偽齊軍聯合包圍。

金營。

完顏宗弼（灰眼眶）與完顏昌看著地圖發愁。

「沒想到，真碰到一個善戰的。不但不會想退進城池，還竟然距離我們這麼近扎寨！即便休息也輪番對我們高喊叫囂！」完顏宗弼拍案怒目這麼說。

完顏昌說：「這個叫作岳飛的人，打掉劉齊襄陽的就是他！果然不是汎汎之輩。」

外頭鼓噪吶喊聲音，不絕於耳，是岳飛的軍隊故意在晚上，製造噪音，讓金兵與偽齊軍精神緊繃疲憊。雖然他們也試圖吶喊唱歌反擊，但岳飛軍的噪音，還外帶著鞭炮鑼鼓，讓他們無法整齊意志，士氣遂提不起勁回擊。

完顏昌遮住耳朵，慢慢說：「聽說聖上病重，繼承人的位置有了爭議，我們在這久留也無用，不如讓劉麟的齊軍殿後，我們先全軍撤退，之後整頓精兵再來滅宋。」

完顏宗弼（灰眼眶）說：「只好如此了！今晚就走！」

金兵全軍撤退，偽齊軍一見金兵退走，全部跟著潰退。岳飛軍隊大獲全勝。

趙構在臨安聽聞，大喜。整個朝廷警報解除，下詔升岳飛為兩鎮節度使，又加荊湖南路荊湖北路襄陽府路制置使，升「神武后軍」都統制，賜錢十萬貫，帛五千匹。同時派岳飛回師，打洞庭湖的巨盜楊么。然而此時，派了張浚當監軍，開始注意岳飛的一舉一動。

洞庭湖楊么的水軍，有腳踏的大型輪船，協同快板小船一同作戰。兵力六萬，加上家眷十萬，實力非常強大。宋軍過去打了很多年都打不下來。岳飛大軍一到，除了招納一些楊么叛將，不做任何軍事行動。許多楊么部眾，相互猜疑，便開始投降。獻上擊破楊么的策略。

楊么出動輪船迎擊，被預先佈置的雜草阻礙，最終被擊破，楊么被俘斬首，其餘部眾陸續投降。壯丁加入岳飛部隊，其餘編入其他地區屯墾。於是岳飛軍實力大增，在鼎州大閱兵，宣誓準備北上討伐偽齊與金兵……

第二十二章　立場　奇冤眞相　第二武聖

話說岳飛淮西大捷，又滅洞庭湖楊么，接著誓師鼎州，聲威大震，便與其他三大帥平起平坐，共列為四大帥之一。主戰派宰相張浚前往鎮江府，招來四將：韓世忠、張俊、劉光世、岳飛齊聚於此商議軍事。

金國弄了一個偽齊，自己只佔河北，如當年契丹人一樣一腳進來一腳在外，半推半就，沒有誠意。所以和戰拮抗，此時對主戰者有利。

宋廷任命韓世忠為京東、淮東路宣撫處置使，岳飛為荊湖北路、京西南路宣撫副使，並且移鎮為武勝、定國軍節度使。此次都督行府軍事會議決定由韓世忠自承州、楚州出兵攻京東東路的淮陽軍，由岳飛自鄂州出發到襄陽府然後北伐，由張俊自建康府出發到泗州，由劉光世由太平州出發到廬州，由楊沂中的殿前司軍作為其舊上司張俊一軍的後援。

較為善戰的韓世忠和岳飛主攻。而張俊和劉光世主守。整個戰略目標，就是光復中原，但是真正主動進攻的只有韓世忠軍與岳飛軍。

韓世忠首先發動攻勢，在淮陽軍宿遷縣，發動攻擊。

眾將領面對自身兵力較弱，卻要發動攻擊，都面有憂色。韓世忠也拿不出辦法，只能請示自己的夫人梁紅玉。

梁紅玉（黃眼眶）說：「以寡擊眾，必須先行謀略。偽齊漢兒已經知道我們的底細，倘若硬攻必定失敗。當先四處故佈疑陣，點燃烽火，作出假的進軍方向，讓他們困惑。並且四處佈置暗哨，埋伏主力於險要之處，觀察他們的反應變化。只要他們戰陣因此露出混亂，暗哨就立刻指示全軍出擊，必定能破敵。我手下的女兵，平常就善於暗哨埋伏，就讓她們導引這項戰策。」

眾將領知道，韓世忠的軍師就是梁紅玉，所以無人表示反對。

韓世忠大喜，於是依計而行。

女兵隊先故佈疑陣，四處點燃烽火，偽齊軍果然被這些疑陣困惑，調度混亂。然後梁紅玉的女兵隊伍，用火藥沖天號砲，指示了攻擊方向。埋伏的韓世忠軍沿著女兵的觀察指揮，騎兵快速發動衝鋒，步兵在後跟著掩殺過去，幾場激戰，大破偽齊軍。

偽齊軍狼狽退回城中。

韓世忠先派人勸降，但守城者拒絕。只好推出攻城器具，發動攻城戰，但韓世忠兵力不足，從而打不下來，只好改為長期圍困。

但六天後，偽齊援兵忽然趕到，竟然也學起梁紅玉的招術，四處點燃烽火故佈疑陣。這回連梁紅玉都無法分辨敵兵將從何處來援。只能派出大量步兵，四處搜尋敵人可能的暗哨。但因此自身的主力的佈署也被敵人摸清。

偽齊軍援軍也是號砲指示，發動衝鋒，反將一軍。韓世忠兵少不敵，且戰且退，最後全軍兵敗撤走。所幸將士死戰，韓世忠夫妻得以全身而退。

撤退道路上，韓世忠與梁紅玉並馬同行，身後跟著除了梁紅玉所屬女兵，還有韓世忠所屬主力兩千多人的精兵。但作戰失敗，所有人都垂頭喪氣，士氣低落。

梁紅玉（黃眼眶）流淚說：「夫君，我的作戰方式已經被敵人摸透，這次失敗我罪責難逃。」

韓世忠說：「夫人何出此言？男人在戰場上失利，是自己無能，豈能怪罪女子？當初黃天蕩之戰，夫人已經表現得很好。此戰之初，夫人的策略也稱妥當。奈何我們手下兵馬寡弱，說號稱四大帥之一，但朝廷並不給予太多支援。自己招募兵勇，則又有諸多限制。」

梁紅玉（黃眼眶）手握緊馬鞍，仍然不能自解，堅持說：「倘若我能早點預測，敵人會堅守不降，且有後續援軍，模仿我們先期的作戰方式。早點提醒夫君，制定圍點打援作戰，就不會有此敗。況且此戰都是偽齊漢兒，還沒有遭遇女真金兵，就已經失敗，遑論光復中原。」

韓世忠說：「千萬不要把光復中原放在自己身上。夫人雖然是女中英豪，但這不是光靠我們就能成事者。如今北伐各軍大多消極，我們的總兵力也不到一萬，只剩下岳飛軍一枝獨秀，希望他那邊有出色的勝仗。」

梁紅玉（黃眼眶）抹乾眼淚，仰天長歎說：「如今朝廷各將軍，除了夫君之外，竟然只剩下岳飛可稱男兒。大宋的男人竟然都怯懦至此，還不如婦孺。平常的理學名士，如今還有臉在我們這些女人面前談什麼三從四德嗎？」

在場韓世忠等男人，也都嘆息不止，甚至面紅耳赤。

確實，梁紅玉的嘆息是對的。甚至中國歷史上，不是只有大宋男人是這樣。但真相卻又不是梁紅玉所想的那樣不堪，而是另有深層的原因。

話鋒回頭，整個北伐之戰成了鬧劇，只剩下被孤立的岳飛軍可以用了。

但岳飛可不打算讓北伐成為鬧劇。在知道其餘三帥都沒有進展狀況後，便以春季剛剛投降的原偽齊虢州欒川縣知縣李通為嚮導，進行第二次北伐。先鋒左軍統制牛皋迅速攻下自己故鄉汝州魯山縣，活捉守將薛亨。薛亨在十一月時，由岳家軍參議官李若虛押送至臨安府，趙構命他在岳家軍中戴罪立功。牛皋又繼續攻下潁昌府大部，並在蔡州附近進行佯攻。岳飛率主力則往西北方向進攻。

王貴等人攻佔虢州州治盧氏縣，繳獲糧食十五萬石。岳家軍旋即攻佔了虢略縣、朱陽縣和欒川縣。王貴繼續西向攻克了商州全境。

岳家軍繼續攻取偽齊順州。偽齊順州安撫司都統制孫某與後軍統制滿在，在長水縣的業陽迎戰岳家軍悍將楊再興，被一戰擊潰。孫某等五百餘人被陣斬，滿在等一百多人被生擒。但此時岳飛軍在陝西附近的山區作戰，後勤供應線過長造成糧草不足。岳飛只得得勝之後班師，留王貴等戍守收復之地。

商州全境和虢州的部分地區，從此為宋廷所控制，逐漸將商州建設為軍事要塞，和下一次進攻的後勤基地。金國朝廷得到消息，非常憤怒，認為偽齊雖然召集了不少漢人協助，但根本沒有實力與宋廷作戰。於是遂有撤除偽齊的想法。

劉豫聽聞非常緊張，急忙召集部眾，集結三十萬人號稱七十萬大軍，進攻劉光世駐守的淮南西路。儘管宋廷右相張浚反對，但左相趙鼎調動岳家軍去江州、池州支援。岳飛走到江州，劉豫已被劉光世擊退，岳飛又得退回鄂州。但劉豫馬上轉攻長江中游的岳家軍，岳家軍留在商州、虢州、鄧州、唐州的部隊均和偽齊軍和少量金軍交戰。

王貴以少擊眾，以一萬人馬在離唐州何家寨不遠的大標木，大破偽齊劉豫的弟弟劉復率領的十萬偽齊主力，劉復逃跑，僅以身免。岳飛剛從江州返回鄂州不久，就親自出兵北伐偽齊。在虢州，岳家軍統制寇成，在擊敗偽齊軍後，將五百名俘虜全部殺掉，違抗了岳飛的不殺偽軍俘虜的軍令。寇成非但沒有授功，反而被岳飛彈効。

消息傳出，偽齊部眾紛紛與岳飛通信，表示若岳飛北上就立刻投降，取得諒解。

在鄧州，張憲以一萬兵力擊敗了偽齊西京留守司統制郭德、魏汝弼、施富、任安中等人，俘虜郭德、施富等一千人，俘獲戰馬五百餘匹，魏汝弼等逃回西京洛陽。在唐州，牛皋、王剛等人以步兵八千於方城縣擊敗偽齊軍，斬馬汝翼，並俘虜一千人，俘獲戰馬三百多匹，其餘偽齊軍紛紛依照約定，放下武器投降。

此時岳飛軍兵力分散，但相互連絡調度有方，所以仍然節節獲勝。

岳飛到達唐州前線時，王貴一軍已經追擊偽齊進入蔡州，岳飛決定帶上十天的糧草跟進。到了蔡州城下，卻發現城防堅固，而且偽齊李成、李序、商元、孔彥舟、王彥先、賈潭等部在附近埋伏，準備合擊岳家軍。岳飛於是決定退軍。李成一軍再次窮追不舍，但被王貴、董先先後大敗。岳家軍俘虜了偽齊幾十員將領，幾千名兵士，並俘獲戰馬三千匹。這些偽齊兵將紛紛投降，加入岳飛軍。

朝廷此時決議暫時不要北進，通令岳飛撤退。岳飛再次凱旋班師，與趙構在內殿引對。岳飛對於朝廷軟弱，北伐消極，非常不滿，言語之間透漏出自己與眾人格格不入之調。

岳飛（黃眼眶）上奏說：「國不可無儲君，請正建國公皇子之位。」

趙構（粉藍眼眶）內心頗有不悅，但他此時仍然欣賞岳飛之能，所以直言說：

「卿雖忠，但握雄兵在外，此事不是卿當干預者。」

岳飛頗有不悅。

接著說：「陛下，臣赤膽忠心，絕無二志。朝廷對於北伐之論，往往陷入和戰兩端。陛下應當堅持主戰，決不能和談妥協。當年金人就是用一個和字，讓我朝陷入兩端，最終得志的。只要陛下堅持主戰，臣必定能協同各大帥，光復中原，迎接二聖回朝。之所以建議正建國公皇太子之位，也是為了陛下在二聖回朝之後，陛下還是正統居大位的皇帝，無人可以質疑。請陛下體會臣的忠心，一切是為了大宋，也為了陛下。」

趙構（粉藍眼眶）說：「朕知道你的忠心。但朕說了，此事卿不當過論。」

岳飛只好行禮退出，意頗不快。

退出後，趙構（粉藍眼眶）招參謀官薛弼說：「剛才岳飛與朕引對有所不悅，甚至有語出不遜之嫌，你之後有機會幫朕開導他一下。畢竟，他軍伍出身，不知道朝廷政治的敏感性。」

薛弼遵命，但仍然大力陳述岳飛忠誠。趙構內心非常不快，但還沒有猜忌岳飛，等看他接受開導之後的反應。

岳飛在接受薛弼指責教訓之後，自知對皇帝無禮，於是痛哭流涕，上書致歉自書己罪，請求皇帝下旨懲罰自己失言，文中還提到自己事後深感失言，涕泣請求嚴厲處分。

趙構見了，心結打開，下詔嘉勉。

此時趙構對岳飛更感信任，認為他確實不同於苗劉二人，可以大膽授予兵權。

就在宋軍連續獲勝時，忽然守淮西的將領酈瓊，率領手下四萬人殺主官叛亂，渡淮河北上，叛宋投齊。原本只是江南與淮南的民變盜匪投齊，而今蔓延到官軍也做這種事情。趙構非常驚駭，只能調派部隊補這個防線漏洞。岳飛則主張全力北伐，但趙構暫時沒有同意。不斷派使者去勸告酈瓊的部眾，才有一部份回歸。

同時劉豫不斷地上疏請求金國出兵一同南下攻宋。

右副元帥，瀋王完顏宗弼認為，沒有必要留下偽齊，以至於宋廷不斷地北伐挑釁，還不斷地要金國出兵。於是得到金國皇帝同意，藉口南下攻宋，大軍抵達汴京。

正當劉豫（橙眼眶）以為外邦軍隊來援，非常高興來迎接之時，金兵忽然把他們都圍住，於是宣讀金國皇帝詔書，大意：「建爾一邦，已茲八年，不圖進取，不思安民，挖盜封陵，驚擾邊疆，尚勤吾戍，安用國為？」

於是廢劉豫為蜀王，將其囚禁，北遷至臨潢府。所有徵及的宮女，除劉豫所留親近數人之外，其餘都釋放，任其嫁人。宦官除看守汴京宮禁者之外，其餘全部遣散。所有法令全部廢除，徵集的軍糧分配於當地農戶。

汴京民眾歡呼雀躍，紛紛追打偽齊官吏，向完顏宗弼告狀。有告他們盜墓毀陵者，有告他們強占民女者，有告他們貪汙索賄者，有告他們強佔田宅者。完顏宗弼為了收買人心，於是一一求證嚴懲，將女子送回本家，財物與田宅送回原主，並直接從金國朝廷派人來接替這些偽齊官吏原先的官職。

女真人的本體，總算跨進來一步，於是宋廷拮抗又開始搖擺，主和派反擊了。秦檜遂認為偽齊已廢，停止北伐，對金提出議和。

仔細看查秦檜此議，與中原子民一搭一唱。

此時宋徽宗已死，金國交還宋徽宗靈柩，並討論是否將偽齊土地重新劃分。大家都以為岳飛北伐打仗才會遭遇奸臣掣肘，但實際上在拮抗搖擺，和戰兩端不定的宋廷大局下，秦檜要主和，他遭受的困難與暗箭，並不亞於岳飛。

首先他努力地排擠主戰的趙鼎與張浚，先是不斷受挫，被兩人聯手打壓。後來使用了挑撥離間，好不容易讓兩人不和，從而使趙構冷落他們。

趙鼎（黃眼眶）激動地對趙構說：「必有以孝悌來劫持陛下的奸臣，秦檜是也。任命他為相，天下子民當如何？」

趙構（粉藍眼眶）只冷冷回答說：「這些都已經不干卿事，可以休矣。」於是公布任命秦檜為右僕射、同中書門下平章事兼樞密使，回到皇宮。

吏部侍郎晏敦（紅眼眶），見皇帝回宮，群臣準備散去之時，面帶憂愁地站出來，對群臣蹦跳大喊說：「奸人為相了！奸人為相了！奸人為相了！」

引來群臣一陣騷動。秦檜當場面色尷尬，不知道如何回應。

晏敦打了頭砲，開鑼上演一齣忠奸對立的大戲。

秦檜（粉綠眼眶）迅速派人到金國議和。金國則派烏陵思謀等來議和，與王倫（橙眼眶）同到。烏陵思謀是金國老臣，就是宣和年時，首先與宋通好海上的人。於是秦檜決定讓吏部侍郎魏石工，為其館伴。

魏石工推辭說：「過去我任御史，曾說和議不對，現在不能專門陪金使議和。」秦檜問魏石工為什麼不主張和議，魏石工詳細講了敵情。秦檜（粉藍眼眶）說：「公以智慧料敵，我則以真誠待敵。」魏石工說：「只怕敵人不以真誠待相公啊。」秦檜只好改命別人為館伴。但他知道，身邊也開始有軟釘子，接下來肯定還會有硬釘子出現。

等烏陵思謀等人朝見趙構後。趙構（粉藍眼眶）愀然對秦檜說：「先帝的梓宮歸還的日子，即使等二三年也行。只是太后年事已高，朕早晚思念，想早相見，故此不怕屈己，希望和議速成。」

秦檜（粉綠眼眶）說：「屈己議和，這是人主之孝；見主卑屈，心懷不平，這是人臣之忠。」

趙構（粉藍眼眶）說：「即使這樣，有備無患，就是和議能成，邊備也不能鬆弛。至於屈己，也不能使我大宋朝受盡羞辱。有戰方能有和。」

秦檜低頭稱是，但內心知道這相當困難。於是招募伙伴，但多數人都知道，主張議和就會被百姓唾罵是賣國奸賊，紛紛拒絕秦檜的號招。只有王倫等少數同意議和。

趙鼎於是盡最後努力，請求皇帝趙構重新考慮和戰之事。

秦檜（紛綠眼眶）怕趙構變卦，在散朝之後，獨自留下與趙構相談，堅持說：「臣僚畏首畏尾，多持和戰兩端，不值與之決斷大事。若陛下決心講和，請專與臣商議，不要讓群臣干預。」

趙構（紛藍眼眶）冷冷說：「議和朕只託付卿一人來辦。但邊防戰事，就不當是卿所干預。」

秦檜（紛藍眼眶）說：「臣不敢干預戰事，然和戰不定將是大患，持兩端也怕不妥，望陛下再考慮三天，容臣再奏。」過了三天，洋洋灑灑上表講述理由，主旨是天下如今飽受戰亂，請先顧全大局迎奉先帝梓宮與太后聖駕。如此總算趙構半推半就同意暫時專務議和。

於是拿出文字請趙構決定和議，並不許群臣干預。趙鼎非常忿怒，力請辭職，於是准他以少傅身份，出京為知紹興府。

趙鼎罷相後，秦檜獨自掌權，決意議和。

還以為議和已經沒有政敵干預時，沒想到朝中賢士群起而攻之，秦檜被圍攻，激烈反擊。因議論不合者，相繼被排擠出去。

但主戰者發動前仆後繼的群攻，其激烈程度絕對不亞於前線作戰。

中書舍人呂本中、禮部侍郎張九成都不附會和議，大力批判這是賣國，在臨安城滿大街哭號奔走，大罵朝廷有奸臣賣國，一時之間臨安城騷然。秦檜於是請旨，把他們貶為閒職，張九成（綠眼眶）轉閒職前，走近秦檜身邊，指著秦檜鼻子大罵說：「未有枉己而能正人者！」

秦檜對他十分不滿，但無可奈何。

殿中侍御史張戒上疏請留趙鼎，又陳十三件事，論和議之大謬，與秦檜相抵觸。

王庶（紅眼眶）則直接發動人身攻擊，從淮西到朝廷，始終說和議不行，七次上疏猛轟。人到了臨安朝廷之後，直接當廷在秦檜耳邊大聲罵說：「你忘記在東京想保存趙氏時，是怎麼被金人抓去的嗎？我等都很好奇，你由忠臣變奸臣，由愛國變賣國，這種心路歷程，到底是如何轉變的？請你告訴我！這到底是如何轉變的？我們也很想學你當奸臣啊！」

秦檜大恚，當廷也滿面羞慚，無言以對，因此特別恨王庶，次日立刻上疏彈劾王庶缺失，請旨將其貶官趕出朝廷。

趙構批准。

主戰派見到前鋒梯次張九成、王庶、張戒、呂本中等人，做為前鋒交兵，已經慘敗，立刻組織後續力量補上。準備改變方式，作出突擊肉搏，短兵相接的策略。

樞密院編修官胡銓（綠眼眶），在上朝之前與秦檜一搭一唱，並肩前行。秦檜正想要拉攏別人壯大主和派，自然笑容滿面。況且這段時間胡銓早就已經跟秦檜暗通款曲，互相稱讚對方，以至於秦檜想要將他引為同黨摯友，去替換掉聲名狼藉的王倫。

「秦相對陛下的忠誠無可質疑，如今局面板蕩，還得秦相您主持大局以安社稷。」

「不敢不敢，沒有你等支持，我秦某也只是宦海孤舟。」……

兩人如此互捧，聊到愉快時還呵呵大笑，秦檜（粉藍眼眶）趁機切入主題說：「請陛下屈己跪受金人詔書，也是為了求孝道。專務議和則是為了天下蒼生，秦某還想請您今日朝上替我等立場多加支持美言。」

胡銓（綠眼眶）笑說：「沒有問題，下官今天正準備當第一個啟奏者。」

秦檜大喜，與他牽手一同入殿，等趙構臨朝聽政。主戰派官員在後面還議論紛紛，質疑這胡銓是否已經變節。

眾官員萬歲喊畢，胡銓果然第一個出列上奏，秦檜暗喜，準備給主戰者一記先聲奪人，他自己則在對方反擊之後，抓對方弱點作為後續主和聲音。

胡銓（綠眼眶）啟奏：「臣胡銓奏，金虜蠻橫，入侵中原，兩宮被遷，臣民悲憤。以至於太學學子，都將本朝靖康之難，與晉朝永嘉之禍相比。竟把本朝兩宮比作晉懷、閔二帝。」

秦檜聽此，以為他接下來要攻擊主戰的太學生，還在思考如何接他的話語。

接著奏：「太學學子所言非虛，與晉朝永嘉之禍相比，我朝所處局勢更為凶險，國土日蹙，盜賊為亂，局面板蕩，皆有過之而無不及。此乃朝廷有奸臣作祟，臣請陛下鋤奸，聖斷太祖不殺士之祖訓，以杜奸臣誤國之路。」

趙構（粉藍眼眶）問：「你所說奸臣是誰？」

胡銓（綠眼眶）指著秦檜與其後的王倫說：「有人要陛下行屈己之禮，對金虜下跪求封，即便永嘉之禍後東晉朝廷，王敦、桓溫等亂臣，也沒有對其主，提出如此荒謬絕倫的禽獸言論。令士人震動，子民驚悚。」接著一腳下跪舉笏行禮說：「請斬奸臣秦檜與王倫，以謝天下！」

此語一出，士人尚未震動，秦檜震動，子民尚未驚悚，王倫驚悚。原本他們以為只有自己這邊主和派，才會笑裡藏刀，虛誘掩殺，安排內應，突擊肉搏。沒想到主戰派能力不遑多讓，先下手為強，直接往死裡拚命了。

王倫（橙眼眶）跳出來大罵：「你在血口噴人！你才是大奸臣！」

主戰派群臣也立馬跳出來對罵，朝堂立刻亂作一團。趙構命司儀喝令大家安靜，沒想到一上朝馬上要開撕，宣布立刻退朝。

秦檜一怒之下，立刻出列，彈劾胡銓怠忽職守。

趙構不回應，宣布先休息散朝，下午再論。

最後趙構決定偏向主和，下旨把胡銓罷職貶官，押送出朝，貶到昭州當官。

秦檜發現開始要短兵相接，生死相搏了，於是也準備狠招迎戰。陳剛中（紅眼眶）發現針對秦檜的第一波短兵相接失利，立刻從側翼反擊，因用公開書信，製造輿論，致賀胡銓，遠離奸佞。

同時由他親自帶領太學生十餘人與百姓數百人，在秦檜府邸外叫囂，甚至塗鴉批鬥，高喊打倒奸臣，弄得秦檜全府僕役不知道如何應對，只能請知府派衙役對陣。一時之間，秦檜府邸外鬧成一團。

此舉激怒秦檜，將陳剛中以行為不端，送到吏部處理，於是吏部將陳剛中派到贛州做安遠知縣。贛州有十二縣，安遠縣臨嶺南，地惡瘴深，諺語說：「龍南、安遠，一去不轉。」說來這當官，容易病死在這裡。陳剛中最後的確是病死在安遠。

不久朝廷以胡銓貶蠻荒之事，告誡中外。不許搗亂議和。

校書郎許忻（紅眼眶）、樞密院編修官趙雍（紅眼眶），發現陳剛中的側面進攻也失敗，改採遠距離跳躍，迅猛搏殺，直撲要害，共同上疏皇帝趙構，大罵秦檜奸賊有勾結金虜賣國嫌疑，根本就是金虜的奸細。如此直擊要害，趙構招秦檜與兩人對質，在偏殿上吵了起來。僵持不下。

許忻（紅眼眶）忍不住火氣，對趙構啟奏說：「臣在奏疏上所言非虛，秦檜這是要大宋朝走向滅亡之路，當初東晉流落江南，就是因為沒有團結北伐，才會最終在江南滅亡，秦檜對夷狄稱臣，將使大宋比東晉不如！」

秦檜（粉綠眼眶）反駁：「你這是引喻失當！我大宋怎麼會比東晉不如？」

趙雍（紅眼眶）指著秦檜說：「若是聽你的建議，大宋就會比東晉不如！請問東晉與宋齊梁陳南朝之主，有沒有對北方胡虜朝廷稱臣？有沒有接受北方胡虜冊封？」

秦檜愕然。

許忻（紅眼眶）大喝說：「秦檜！你先前在金人營中，到底是怎麼逃回來的？是不是金人故意把你放回來，策應他們的？不然為何每當我大宋軍隊戰勝，你就要跳出來議和？你到底是不是金人培養的奸細？」

秦檜（粉綠眼眶）也大喝：「你血口噴人！」

許忻（紅眼眶）大喝說：「你本手無縛雞之力，乃一科舉書生，怎麼能殺掉女真衛兵，還帶著家眷一起南渡？你有這種能力，為何不救出一個被虜的皇家公主，來替你證明？如此可知，你是金人放回來的！」

秦檜（粉綠眼眶）喝道：「你這根本是誅心之論！」

許忻（紅眼眶）睜眉怒目，秦檜（粉藍眼眶）咬牙切齒。

趙雍（紅眼眶）也跳出來，大喝：「你要至尊陛下接受金虜冊封詔書，不是賣國奸賊是什麼？說你是奸細你竟還一肚子氣！」

趙構（粉藍眼眶）制止眾人說：「朕只說一次！議論當前政事，不要做人身攻擊。」

許忻與趙雍低頭稱是，才停止攻訐。

秦檜（粉綠眼眶）啟奏說「臣總是議論正事，而他們總是作人身攻擊，金人此次議和同意歸還東京故都。若聽主戰者見解，則師勞兵疲，也未必收復。此二人言論表面忠肝義膽，實則禍國殃民。是非曲直，誰忠誰奸，陛下聖斷。」

趙構（粉藍眼眶）揮手說：「散了吧，聽了一早上吵架，朕累了。事後會有決斷。」

於是離開。

趙構非常敏感於自己的趙宋朝，是否真的變成了過往的東晉？那兩人的議論刺到趙構尊嚴。於是聽從秦檜，將許忻與趙雍兩人貶官出京。

秦檜與主戰派的群賢車輪戰，真是殺得昏天暗地，打得難分難解。秦檜一人堅持死戰到底，將這一大波進攻全部擊退！主戰派繼續吹動號角，動員有生力量，主力第一批倒下去，第二批衝殺上來，再倒下去，第三批再衝！

今日的早朝，氣勢不一樣。有一幫十多位臣工，列隊整齊，手持一牌位，上面寫著『華夏歷代皇帝之神靈』。跨近朝堂的步伐，似乎事先排練過，一鼓一步，一鑼一跨。神情嚴肅，面目猙獰。一直跨進大殿還是如此態勢。

司勛員外郎朱松、館職胡王呈、張擴、凌景夏、常明、范如圭等十五人共組忠臣團，帶著這完全不同的氣勢，嚴肅上疏。聯名在早朝呈上。趙構看了他們這種陣勢，內心窩火但又無可奈何，不想當場御覽，指示他們自己唸出來。

朱松（黃眼眶）看著奏疏，大聲說：「金人用一『和』字，在我朝得志十二年！覆我王室，弛我邊備，奪我國土，凌我女子，佔我財富，竭我國力，緩我不共戴天之仇，使我中國謳吟，思漢赤子絕望，以詔諭江南為名，要求陛下行跪拜之禮。自公卿大夫至六軍百姓，無不扼腕憤怒，豈任陛下對仇敵稱臣？天下將有仗大義，問秦檜罪惡之人。望陛下圖之。」

其餘群臣也紛紛點頭。

凌景夏（紅眼眶）站出來說：「金人已經看準，我朝廷持和戰兩端，所以每當軍事失利，就會拿議和來作緩兵之計。而之所以得逞，就是朝廷內部有奸細與之唱和。陛下，靖康之恥，兩宮被遷，宗親后妃女子都遭金兵胡虜凌辱，如此慘事天下百姓都稱蒙羞，稱此乃中國第二次永嘉之禍，而秦檜如今還要我皇帝對此仇敵稱臣叩拜。請問朗朗青史，千年之後，萬代子孫，如何看待今時今日？恐怕永嘉之禍，也沒有我朝受辱之甚！秦檜你不要岔開話題，就此你作何解？」

趙構（粉藍眼眶）聽了當場猶豫，點頭說：「對，這個秦相你要解釋！」

見到趙構可能反水，秦檜（粉綠眼眶）急忙辯解稱：「和戰之端自靖康之後即有始末，非獨我秦檜今日才有，陛下對此也無可奈何。而今金人強勢，又願意不戰歸還黃河以南領土，包括故都汴京。若再啟戰端，對迎奉先帝靈柩與太后乃至收復失土，都大大不利。」

朱松（黃眼眶）怒目說：「我們講的是對金人稱臣，煌煌史冊，該如何交代？你竟然還是岔開話題！」

秦檜（粉綠眼眶）反瞪眼說：「我沒有岔開！不戰而能收復舊京，迎回太后聖駕，東晉朝廷有這種機會嗎？等收復失土之後，屆時要和要戰還可以再論，唐高祖與唐太宗當年不也曾經被迫假意稱臣於突厥？只要後來能雪恥，如此怎麼會史冊蒙羞？」

趙構頻頻點頭。眾臣一時無法反駁。

扛著收復失土，迎回太后與梓宮，趙構轉質疑主戰派言論，主戰派一時拿不出反駁力道，於是趙構贊同秦檜意見。

主戰派發現攻擊秦檜沒有什麼用，問題出在皇帝趙構身上，於是策動直接對皇帝本人發動攻勢。要堅決試探，主和的來源到底在何處？

過幾天，權吏部尚書張燾、吏部侍郎晏敦復、魏石工、戶部侍郎李彌遜、梁汝嘉、給事中樓火召、中書舍人蘇符、工部侍郎蕭振、起居舍人薛徽言同班入奏，同聲極力講屈己之禮不對，如此寧戰不和。新任禮部侍郎尹火享，高聲朗誦自己的奏疏，然後呈上，譴責秦檜。

朗誦的全文最關鍵處說：「古往奸邪，唯聞有禍亂朝綱，篡權自立者，未聞有逼令至尊對夷狄下跪求封者。五代時石敬瑭對契丹叩首，求當兒皇帝已經令人驚悚，但其乃叛亂奪位，欲求夷狄冊立而為。而今我大宋皇帝繼承祖業，乃中國所立，秦檜竟要陛下以九五之尊，對外邦磕頭稱臣，古來未聞有對夷狄稱臣叩首之帝，一旦陛下屈己下跪，將在青史遺臭萬年，令後代笑罵，當斬秦檜等以謝天下。」

趙構一時無法回應上疏。

又是要殺他以謝天下，秦檜大怒，在趙構面前彈劾尹火享造謠誣告，破壞和談。趙構只有下詔，稱尹火享將事情無限上綱，起無謂之惡念，無端違背祖訓，將其罷官為民。

衝鋒陷陣之後，雖然倒下了一大片主戰士大夫，但終於要將軍抽車，直撲皇帝。因為大家鬧成一團，奉禮郎馮時行（綠眼眶）被皇帝單獨召對，他說和議決不可信，甚至激動地大聲對皇帝趙構說：「秦檜以孝悌劫持陛下求和，這是奸臣所為，禍國殃民，人神共憤。陛下看看歷史吧！然當年漢高祖父親被項羽所擒，項羽以其逼和漢高祖，高祖大喊『分我一杯羹』！與項羽死戰到底！最終建立大漢朝，為中國歷史代表！天子當為天下子民，不當為私人親情！請陛下停止議和，以漢高祖為榜樣，如此對金人高喊，即便拿所有血親性命作為威脅，也當犧牲一切，流血涕泣，為蒼生請命，與金人周旋到底！」

趙構（粉藍眼眶）大喊說：「朕不忍心聽。」就顰蹙而起，要離開。

馮時行（綠眼眶）急了，大喊：「陛下！萬民讓您有后妃宮院，財富聲色，難道這些都是白給的嗎？豈可在關鍵時局，拋棄萬民而為青史罵名？煌煌史冊改朝換代，這些說得還不夠清楚嗎？」

趙構身邊宦官與宮女，都被聲音震動，心驚膽跳，趙構雙手遮住耳朵離開。

馮時行（綠眼眶）拼出全力，哭著蹦跳甩手高喊：「漢高祖啊！漢武帝啊！唐太宗啊！武則天啊！顯靈告知啊！我大宋皇帝此時應當如何啊？」

趙構尤其聽到他哭喊武則天，擺明說他趙構比女人都不如，內心竄火。

秦檜聽聞馮時行如此在皇帝面前叫囂之後，趁機上疏，稱馮時行在聖駕面前，引史失當，乖張狂放，無禮至極，應當貶官蠻荒，永不能入京。

於是趙構下詔貶馮時行知萬州，永不得入京。

面對主戰派如此前仆後繼，秦檜已經快支撐不住，除了王倫他還需幫手，總算又找到一個。中書舍人勾龍如淵（橙眼眶）對秦檜說：「邪說紛起，為何不擇台官擊破他們，而秦相公則能專心議和，不必親自與他們糾纏。」秦檜就奏請勾龍如淵為御史中丞。

主和派重整隊伍。和戰兩派準備下一輪交鋒。

且壓下宋廷內部互相黨爭。

金使張通古、蕭哲以詔諭江南為名，秦檜怕人們把罪責歸咎於己，與蕭哲等商量，修改金人冊封的詔諭內容。改江南為宋，改詔諭為國信。

京城內的主戰派大臣皆連失敗，於是招邊將來支援。

京、淮宣撫處置使韓世忠四次上疏力諫，有「金以待劉豫之法待宋」之言，並說若金國開戰，願率兵抵禦，但沒被准奏。

聽聞議和已經在進行，韓世忠更加憤怒，又上疏說：「金以詔諭為名，暗中卻隱含要陛下歸順之義，在這主辱臣死之時，臣願效力死戰以決勝敗；若不能克敵，委曲順從也不晚。」也沒准奏。

岳飛也接二連三支援朝中主戰者，堅決反對議和，但上疏不被理會。各地地方官也接連上疏，秦檜堅持替趙構彈壓。

金使經過平江，守臣不去拜迎，請求辭職。蕭哲等到淮安，說先歸還河南地，並冊立趙構為南朝皇帝，其餘事慢慢商議。聽到金國真的同意先前商議，交還河南，秦檜大喜，此時上奏趙構，請求皇帝同意行「屈己之禮」，跪受金人冊封詔書。

沒想到趙構（粉藍眼眶）聽了火冒三丈，倒打一耙，大怒說：「朕承太祖、太宗基業，豈可跪受金人冊封？秦相議和是否太過？難道先前諸位大臣彈劾秦相之言，真有其事？你到底是不是奸臣？」

見到趙構變臉，秦檜恐慌，怕到最後變成自己被貶官到死，於是想辦法轉彎處理。主戰派忠臣被貶官，地方的百姓都會好好侍奉。主和派奸臣若被貶官，到了地方被人謀害都不會有人申冤，往往都是忽然被人發現死在床上，默默被人收屍，前面汴京主和派人士的下場，都可以證明。秦檜可是深知這當中的奧妙者，所以身為主和派代表人，那是死咬硬扯也得堅持支撐到底。

恰好三衙統帥楊沂中、解潛、韓世良相繼見秦檜說：「面對議和，軍民洶洶，如何是好？」秦檜則開始考慮，勸金人放棄讓趙構行「屈己之禮」。

於是勾龍如淵、李誼多次會面，商議接受國書之事，勾龍如淵建議把金人的國書，先放在宮中，不行臣禮而定此事。給事中樓火召也舉「天下居喪，三年不言」之事告訴秦檜。於是秦檜修書請求金人同意，改讓秦檜以宰相的身份跪受國書。金國朝廷勉強接受，讓秦檜來代替趙構，跪受國書。

而此時金國內部竟然也受到拮抗感染。左副元帥完顏昌，東京留守完顏宗雋入朝，堅持割讓河南與宋廷議和。完顏宗幹與完顏宗憲力爭而不能得。太師領三省事完顏宗磐，支持議和，其餘宗親群臣無法爭，只好附議。完顏宗弼等人在外領兵聽聞，堅決反對，但最後也被壓制。

議和還是成行……

於是金人歸還河南與陝西之地，達成議和。命王倫前往金國討論土地歸還的落實事宜，此時宋徽宗已死，金國也交還其靈柩歸宋。兩邊一場內鬥，終於暫時達成議和，河南、陝西之地陸續歸還宋廷。

但這種議和，當然不能持久……

宋紹興十年，金天眷三年。

議和不過一年多，不願意議和的完顏宗弼就發動政變，殺了左副元帥完顏昌與太師領三省事完顏宗磐。上疏要求主戰，金國皇帝只能同意。

於是召集女真與漢軍，在祈州元帥府閱兵，宣布要舉全國兵力，南下滅宋。

分四路南下，聶兒貝勒領軍攻山東，右副元帥完顏杲領軍打陝右，驃騎將軍李成領漢軍直攻河南，完顏宗弼領軍十萬人，直撲汴京。結果河南個州府紛紛投降，陝西諸州府先前降金者，也紛紛望風投降，只有少數堅守待援。

東京汴梁，南京應天府，西京洛陽等重鎮很快被佔領。但接下來金兵就不順利，進攻四川的金兵，被吳璘擊退，暫時撤回陝西。

金人這麼快就撕毀和約，興兵南下，讓秦檜顏面無光。

臨安朝廷。

「秦相公，你先前力主議和，而今和議墨跡未乾，金人便主動撕毀，興兵南下，這怎麼說？」「秦相公可別推卸責任！」「從靖康以來，就是一個和字害死朝廷！」

「到底是戰是和，秦相這回得給一個說法了吧？」「先前反對議和而被貶者，應該通通平反，秦相你說對嗎？」「說議和可以收回失地，結果一年多，馬上又被金人奪去，如此議和不是金虜的緩兵之計是什麼？」

主戰者雖然已經被打為少數，但緊抓此機遇，展開絕地大反攻，對秦檜一陣猛批，贊成議和的大臣也無言以對，秦檜則臉紅耳赤，難以回答，乾脆就站在朝上一言不發。趙構見廷議一團混亂，終於忍不住，命令司儀喝令眾臣安靜。

趙構（粉藍眼眶）站起來宣佈說：「先前議和，不戰而收河南與關中之地，是朝廷為安中原百姓之心，並非決策失誤，不得怪罪任何人。而今金虜朝廷政變，撕毀和約，曲在彼不在我，朝廷自然有以待之，諸位愛卿勿得以此相互攻擊。靖康以來，正是因臣僚不和，方使金虜得志，兩宮蒙難。」

群臣低頭行禮：「臣等謹遵聖意。」

於是下詔公告全國，稱金人首先背盟棄約，朝廷不得不興兵迎戰。

金三萬大軍兵臨順昌府。

順昌守將劉錡，率軍埋伏於城外，忽然發動突擊，將其擊退。俘虜女真與漢兒甚多，完顏宗弼於是率十萬大軍攻擊此處。劉錡先在城外派出游擊部隊，不斷在潁水中下毒，警告宋軍官兵與附近居民，不得喝潁水的河水。金軍從而也因此缺水，難以長久圍困。

劉錡不滿兩萬，拼死抵禦。金兵攻打東門，打不下來，劉錡開門迎戰大破攻城部隊。完顏宗弼派出親兵三千人為鐵甲連環馬，號為『鐵浮屠』，另外有鐵騎兵在左右翼護衛，號為『拐子馬』。

劉錡派出重裝步兵，憑藉絆馬索與刀斧，拼死力戰。士卒人人死戰，金兵大敗，紛紛撤走。順昌城解圍。完顏宗弼非常生氣，鞭打漢將韓常以下數名將領。於是先行撤回汴京，調動後續主力。

得到前線消息，秦檜立刻上奏，請皇帝下詔劉錡班師，嚴禁進軍。劉錡得了詔令，於是不動。

韓世忠也率軍進兵淮陽軍地界，擊破城外金兵，將其團團圍住。

陝西關中方面也互有勝負，陷入激烈地交戰當中……

在此僵持之時，兵力最強的岳飛主力北征……

岳飛軍統制張憲和姚政，率前軍與游奕軍攻下蔡州，岳飛委派馬羽鎮守蔡州。統制牛皋的左軍在京西路打敗金軍，攻克魯山等縣，威脅汝州。岳家軍統領孫顯在蔡州和淮寧府之間破裴滿千夫長所部。

在離潁昌府四十宋里的地方，前軍統制張憲指揮傅選等將擊潰金國漢人萬夫長韓常所部。張憲追擊並在第二天奪取潁昌府城。韓常逃回開封后被完顏宗弼親自鞭笞。張憲留董先的踏白軍和姚政的游奕軍守潁昌府城，自己會同牛皋、徐慶等軍，東進淮寧府。二十四日中午，在淮寧府城外十五宋里，擊敗金騎三千多人。又追擊到城外幾宋里的地方擊破金方翟將軍的列陣，佔淮寧府城。金將王太保等人被俘。

韓常企圖奪回潁昌府城，和女真邪也貝勒率六千餘騎，回攻踏白軍和游奕軍，結果被擊敗。至此，保衛開封府的三個金軍戰略要點，幾天之內就被岳家軍拔除了兩個。

王貴所部擊敗金軍萬夫長漫獨化率領的五千餘騎，攻克鄭州。備將劉政，又在開封府中牟縣，夜襲漫獨化的營寨，消滅了這股金軍，奪得三百五十多匹戰馬。在離河南府城六十宋里外紮營的中軍副統制郝晸，率軍擊敗了金河南知府李成所部漢兒軍。第二天攻佔了西京。

岳家軍所屬各路部隊，攻勢連連獲勝。

完顏宗弼聽到這一連串失敗，非常生氣，於是集中兵力，準備趁岳飛分散兵力的情況下，打擊岳飛本部的主力。在探知岳飛本人在郾城指揮各地部隊進兵後，全軍出動直撲郾城，導致一場主力之間的大決戰。

郾城岳飛指揮總部。

探馬報告岳飛：完顏宗弼領龍虎大王完顏突合速、蓋天大王完顏宗賢、昭武大將軍韓常等將，其前鋒精銳馬軍一萬五千多騎，神速出現在距郾城只有二十多里的路上，後續總兵力約有十餘萬人，鐵浮屠與拐子馬已經在後列出現。

岳飛（黃眼眶）命令岳雲率領背嵬軍和游奕軍的騎兵隊八千人，出城迎擊，並說：「必勝而後返，如不用命，吾先斬汝！」

岳雲說：「必勝！」於是拿著令旗而退，帶領八千騎兵先行出城。人人殺氣騰騰，精神亢奮，要使出全力一戰。

岳飛（黃眼眶）再召集部將與士兵，站在在帥台上說：「此戰為北伐最關鍵一戰！面對的是金兵主力，倘若這一戰勝利，金兵將人人膽寒。自靖康以來，金兵以鐵浮屠與拐子馬，踐踏中原十餘年，中原百姓慘遭橫禍，兩宮被虜，山河淪喪。我等復仇最關鍵之役，就在此戰！人人當全力死戰！」

底下兵將一陣呼喊。

完顏宗弼趕到了郾城外平原，見到岳雲騎兵已經出現，揮動令旗，命令前鋒騎兵先行衝鋒。

一時萬馬奔騰，殺聲震天。岳雲率軍反衝殺，雙方兵戈相交，騎馬橫衝直撞，戰場一片交錯混戰。

殺！鏗鏘！鏗鏘！殺！鏗鏘！鏗鏘！

岳雲反覆殺進殺出，更換數馬，仍然衝殺不退，士卒人人瘋狂拼殺，喋血奮戰。金軍前鋒騎兵傷亡慘重，紛紛潰退，但也不斷地整裝再衝鋒。

此時岳飛率本軍出現，親率四十精銳親兵鐵騎突出陣前。都訓練霍堅怕有閃失，上前勸阻：「相公為國重臣，安危所系，奈何輕敵！」岳飛（黃眼眶）回答：「非爾所知！」躍馬沖出以箭射金軍陣地。

岳飛軍將士看到統帥親自出馬，頓時全力死戰，呼嘯衝殺。完顏宗弼下令將重鎧連環馬『鐵浮屠』出戰，從馬匹到騎士都是鎧甲重裝，不怕箭射和小型兵器砍殺，每三匹馬用皮索相連，堵牆而進，專門在關鍵時刻，通過集團沖鋒擊潰敵軍。

眾將領一陣恐慌，請求重新列陣迎戰。

岳飛指揮喊道：「哪裡活動哪裡就是弱點，鐵浮屠有何可懼？本帥打仗從來都不擺陣勢！麻札刀隊出動！」

忽然岳飛軍鼓聲一起，喝！喝！喝！岳飛軍重裝步兵持盾牌與麻扎刀出現列陣，迎著『鐵浮屠』衝來的方向，全軍撲上去迎戰。以長柄麻札刀專剁重鎧『鐵浮屠』無法以重鎧包裹的馬腿，只要一匹馬被砍掉一腿倒地，『鐵浮屠』的全部三匹馬就都無法奔馳。

但是馬上的重裝騎士，仍然持武器血戰，兩翼『拐子馬』快速迂迴於岳飛軍兩側，反向衝鋒，一場廝殺金軍似乎要扳回勝機。忽然岳飛軍牛皋持大斧隊，衝殺而來，反抄『拐子馬』側翼，一路擊破『拐子馬』，直奔『鐵浮屠』大隊。

刀兵相斫聲，廝殺吶喊聲，響遍整個平原。

從下午殺到天黑，金兵大敗，全軍崩潰，屍橫遍野。

楊再興單騎衝入金軍本隊，企圖活捉完顏宗弼，輪刀拍馬衝來大喝：「金兀朮休走！金兀朮哪裡逃？」

完顏宗弼的親兵拼死阻擋楊再興，陣亡了二十多人，終於護衛主帥逃走。完顏宗弼金兀朮（灰眼眶），逃走時大哭說：「海上起兵以來，皆以此馬獲勝，今已矣⋯」

次日白天。

完顏宗弼帶著殘軍北遁，十多萬部隊都已經打散，難以聯絡其他將領。來到兩座丘陵前，忽然滿山遍野出現部隊，服裝都是穿著當地漢民自組民團的制服。完顏宗弼等殘軍驚慌失措，要是這些部隊是支援宋軍者，自己就將成為階下囚。

完顏宗弼（灰眼眶）痛哭喊道：「女真將士們，本帥將死在你們之前！」

為首的一個將領，用漢語大喊說：「四太子殿下勿慌！我們是來增援的！」

完顏宗弼（灰眼眶）一時聽不懂來者的語言，旁邊的漢軍校尉說：「他們是來增援的！是我們的人！」

完顏宗弼（灰眼眶）用女真語喊：「你們是燕代簽軍嗎？我怎麼不知道編制？是誰命令你們來的？」

漢軍校尉翻譯之後，民團漢將說：「是韓常將軍收編我們的！這裡有腰牌與信件為證！我是陳三郎，後面是河南各地的民團，共有六萬人，請四太子殿下閱兵！」於是派人送上腰牌與信件。

完顏宗弼（灰眼眶）見了，喜極而泣說：「韓常…你這個癡漢兒…我鞭打你兩次，沒想到臨危還是靠你才能活命啊！」

於是收編部隊，退到北邊小鎮，重整旗鼓。並且聯絡各地分散的女真軍集合，竟然重新獲得十萬之眾。再次準備發動反攻！

原來，真的有灑豆成兵的『六甲兵』。只是靖康年間在汴京時，郭京玩的是假貨，是來敗掉宋軍在汴京的抵抗。而此時卻是來真的，要來搶救金兀朮……

臨安，丞相府。

這裡不是指揮軍隊的地方，但軍事地圖與兵棋，比前線的軍事指揮所還要多。

秦檜（粉藍眼眶）收到郾城之戰的結果後，看著地圖喃喃自語：「金兵主力被擊潰，不可能再抵擋得住後續進攻。情勢就要亂了…亂了…」

然後來回踱步，數刻時間。

彷彿忽然想到一件事，走到門外大喊：「備轎！去皇城！」

午後，皇宮前殿。

「臣秦檜叩見陛下。」

趙構（粉藍眼眶）心情輕快，微笑說：「平身。」

他主動說：「郾城之戰的結果，卿也收到了吧？」

秦檜（粉綠眼眶）站著恭敬地說：「是，臣也收到了。陛下對於郾城大捷，必定龍心大悅。」

趙構（粉藍眼眶）笑說：「當然，受了金人這麼多年的欺凌，今日終於出了這一口惡氣。相信金人以後再也不敢囂張。」

秦檜（粉綠眼眶）皺眉頭，面露憂慮之色說：「可臣對此非常憂慮，若不對局勢再做控制，恐怕事情會一發不可收拾。臣請陛下收斂喜悅，慎重以對。」

這一句話，刺激了早已由人變鬼的趙構。

【詭曲：九化意之趙構悉】

他果然立刻收回誠摯的笑容，轉而嘴角一邊朝上詭笑，眼神銳利地大喝說：「秦檜！」

秦檜（粉綠眼眶）聽了彎躬低頭。

趙構（粉藍眼眶）接著說：「朕知道你想說什麼！無非就是說岳飛功高震主，或淵聖皇帝回朝之事！對吧？」

忽然拍桌而起，嚴厲地接著說：「這些事情不需要你來擔心！你真的是每當朝廷獲勝，你就要跳出來亂！你到底是何居心？」

趙構（粉藍眼眶）板起面孔，秦檜（粉綠眼眶）趕緊下跪，辯解說：「不，臣不是這個意思。」

但趙構（粉藍眼眶）不放過話題，笑容變得更詭異，眼皮青筋跳動，手指著他說：「倘若金人要放淵聖皇帝回朝，對朕其實毫無威脅。因為失去中原，被金人擄走的是淵聖，而收復中原打敗金人的則是朕，臣民只會繼續擁護朕！古往今來的歷史，哪一個不是如此現實？而且我趙家內部的事情，似乎不用你秦家的人來擔心。真正讓我趙家妻女受辱，父兄遭殘，是這些可恨的金虜，難道你想置這些於不顧，專務挑起朕對其他人的猜疑之心嗎？」

繼而斜眼瞄著他說：「至於說岳飛的功高震主，這更不用你來操這個心。本朝文臣統制武將，軍事制度嚴謹，自有一套方式，防範武將摹仿太祖。岳飛他再怎麼厲害，只要朕一道旨意，就可以把他手下的將領都換一撥人，甚至把他的兵權奪得乾乾淨淨，這你秦檜身居宰輔，必然知道。不必你來離間，朕與岳飛之間的關係。」

秦檜（粉綠眼眶）下跪接著說：「陛下容稟。只有奸邪小人，才會拿這種事情來干擾陛下聖心，臣絕非奸邪小人，所擔憂的絕不是這些事。」

趙構（粉藍眼眶）疑惑地繼續斜眼看說：「喔？那你到底擔憂什麼？」

秦檜（粉綠眼眶）說：「陛下應當知道，南北朝時期也有一個宋。其開國君主劉裕，對內削平叛亂，對外擊敗胡虜收復失地。從而南朝的臣民心悅誠服吧？」

中國朝代名稱重複，也真有好處，無論是要偏左還是偏右，只要立論正確，都會讓後面那個同名朝代的君主，心有戚戚焉。

趙構（粉藍眼眶）坐回御座，輕挑地說：「是啊！還說你不是奸邪小人！你的意思，還是認為岳飛會學劉裕這樣篡位？還是要說朕的大宋像東晉一樣？朕可以告訴你，如今既非東晉也非南朝！」

秦檜（粉綠眼眶）搖頭說：「不，臣還沒把話說完！請陛下耐心聽臣說完，再行聖斷！岳飛雖然有武將氣焰，但對陛下之忠誠，無人可以離間。而陛下剛才也訓教，我朝自有一套防範方式，岳飛也絕不可能學劉裕，去做改朝換代之事。臣要說的是，劉裕當初，本也想一舉收復中原，為何會放棄而退？為何一退之後胡人又佔關中？最後為何他當了皇帝，只能在江南流淚，遙望中原嘆息？又為何他只能放棄終身英雄之志，而無法試圖再舉？又為何劉裕北伐退後，拓拔鮮卑快速地統一中原？臣先前對此也頗為不解，讀了司馬文正公的資治通鑑之後，雖然沒有說明原因，但臣反而舉一反三，領悟了一些眾人都不知道之處。」

趙構（粉藍眼眶）臉色轉而嚴肅，坐了下來，輕聲說：「你起來回話。」

秦檜（粉綠眼眶）起身站立。

接著說：「當年南北朝的宋開國主劉裕，並非愚蠢之人，怎麼可能一心貪念皇帝寶座，而拋棄收復中原，這個能名垂千古，震動史冊的功勳？誰都知道，相比偏安一隅的虛名皇帝，北收中原成驚世駭俗之實功，才是更讓英雄豪傑所垂涎欲圖者！這並非劉裕不夠實力，也非他無此心意，而是他隱約發現，局勢不容許他這麼做！

否則他將功敗身死！今日我朝所面對之局，也如當年劉宋一樣！」

趙構（粉藍眼眶）冷冷說：「我趙宋如同劉宋？說清楚，不然朕聽不懂！」

秦檜（粉綠眼眶）說：「陛下聖躬，親歷靖康以來之事。知道我大宋之所以屢敗於金人，皆由朝廷內外不斷搖擺於和戰兩端不定，直至兩宮蒙塵，皇族受辱，中原淪陷，陛下甚至渡海躲避金人兵鋒。這並非淵聖皇帝與陛下不願主戰，也絕非中國之人不如女真之人，而是每一次搖擺於和戰兩端的選擇，都由當時局勢所迫。」

停一下喘口氣後，無奈地接著說：「陛下試想，女真人不過就是普通遊獵部族，兵力有限，豈可能十年滅遼之後，不到三年，又能大舉攻佔中原？女真人對中原百姓毫無治績與功德，又為何能立一偽齊，糾結中原之眾，與朝廷纏鬥八年之久？又為何廢掉偽齊，中原百姓絲毫沒有騷動，順利使中原大地聽命異族金國朝廷治下？又為何金國忽然歸還半個中原後，立刻內部鬧起政爭，再次背盟，再奪中原？而中原百姓既不紛紛南渡歸附，也不群起反抗，反而迅速降敵者甚多？」

停一下接著說：「陛下難道沒發現，金人內部也是一群人在攛弄，從而與我大宋一樣搖擺於和戰兩端嗎？」

大殿內只剩趙構與秦檜二人，說到此，四目相對，寂靜片刻。

趙構（粉藍眼眶）已經聽出了端倪，似乎顯得恐懼，低聲問：「你認為原因是什麼？」

雖然聲音很低，但這卻是趙構自己內心也疑惑不解的事。

秦檜（粉綠眼眶）苦臉大聲說：「最根本原因就是，中原人心已變！」

停了一會兒，看趙構臉色。

此語如同驚雷，但一擲千鈞，比千千萬萬複雜的理由還要根本！

趙構內心如同被一記巨大悶棍打中，一時反應不過來，四肢癱軟，面目呆滯。

趙構（粉藍眼眶）強冷著臉，說得非常緩慢，似有所悟言道：「接著說。」

秦檜（粉綠眼眶）含淚下跪說：「從燕代至中原，多數漢人都在幫金人的忙，以致天下局面傾斜！每每聽到中原有父老代表南渡來稱，希望迎王師北上光復中原，希望我大宋不要重演東晉的覆轍，但實際上他們的行為卻都不是如此，而是相反！這種行為不是從臣當丞相才開始，甚至也不是陛下繼位之後才開始，早在宣和海上之盟聯金滅遼，就已經發生！這些現實，朝廷群臣，都不願面對，或視而不見，或矢口否認，但卻都是鐵打的事實！甚至臣認為，我大宋群臣跟中原百姓一樣，所做所為都是替金人開拓江山，而不願意承認！面對如此鬼迷一般之臣民，能不和嗎？」

說到此秦檜苦臉中流出眼淚。

兩人都靜了一會兒。

趙構（粉藍眼眶）顯得很平靜，喃喃輕聲，頗有落寞說：「你起身回話吧，還有嗎？接著說。朕認真在聽。」

秦檜（紛綠眼眶）說：「既然人心已變，朝廷就不能再繼續如此搖擺於和戰兩端，而動搖國本。那能否棄和談而堅持主戰？直到消滅金人，避免重演東晉覆轍？」

深呼吸一口接著說：「陛下也知道，自靖康以來戰爭延續多年，當前戰局，無論劉錡還是岳飛，無論平定內部叛亂還是對抗金人，官軍所有的勝仗，都是以寡擊眾。可是問題就在於，怎麼會是我大宋官軍是寡而敵人是眾？中原百姓實質上，投效的都是金兵陣營，替金人穩定後方統治，以至於女真族人數很少，卻可以屢敗屢戰。而朝廷後方，官軍勝利則賊人伺機叛亂，一敗則一瀉千里。倘若朝廷堅持主戰，堅持收回中原，將要動員全江南的百姓，與中原百姓長期纏鬥，相互殘殺，屆時中原能否收回還未可知，但中原人心肯定無法靠戰爭收回！如此中原人心不但收不回，且江南人心也將在戰爭中，逐漸失去。這也是當年南北朝劉裕，所面對的情境。所以當年他即便百戰百勝，一面對外一面對內，全部以寡擊眾，所向崩潰，無人能敵，也不得不兩次退出中原，回江南平息接二連三的持續動亂，最終不得不篡位，表態自己只是圖略皇帝位，以穩定即將再次動亂的半壁江山。晚年只能遙望北方中原，垂淚於石頭城，放棄比皇帝寶座更偉大的豐功偉業。如今岳飛百戰百勝，但受天下人怨恨者將是陛下，將來局面會如何變化，陛下也知！」

說到這，秦檜有些激動，涕泣滿面。

趙構默然。君臣兩人靜默許久。

「為什麼？」趙構（粉藍眼眶）首先非常低聲開口。

秦檜（粉綠眼眶）站著抬頭望了一眼，似乎不知趙構此問何意。

「朕問為什麼？」

秦檜（粉綠眼眶）低頭說：「臣不知陛下此問何意。」

趙構（粉藍眼眶）問：「如你所說，天下人心竟然是偏向女真人。女真人根本無功德治績於中原百姓！而我大宋百年來，雖無開疆拓土之武功，尚有勤政護民之文治，甚至逐步劃一全民地位，民生技術達到前所未有之富庶，百姓擁有前所未有之尊嚴。為何在此動亂當頭，中原百姓寧願心向女真異族，使天下傾斜，卻不願正視同為華夏漢族的大宋朝？這到底為什麼？」

說到此趙構忽然流下眼淚，彷彿是被君主拋棄的臣子。

秦檜（粉綠眼眶）也痛哭失聲說：「恐怕我大宋有文治富庶近一百餘年，卻無開疆拓土之功，不圖收復漢唐之境，就是中原人心潛移變化的根本問題所在！以臣對歷史的薄見，似乎有一種力量，見我大宋無法如漢唐一般雄起，便驅動著千萬臣民，重演晉末五胡到南北朝之間的歷史。但這力量到底為何？最終結局又是怎樣，臣肉骨凡胎，無法判斷。更不知道為何會是這樣。只能將自己的發現，告知陛下。過往一百多年沒有收土復疆的過失，生在今時之人無法挽回！如今只能看眼下，望陛下聖斷，立刻停止北伐，招回岳飛，專務議和。如此我大宋朝，還尚可能保有半壁江山。不然恐怕連這半壁江山，也將被這些鬼迷般的天下子民，剝奪乾淨！」

繼續哭泣但語帶高亢說：「除非陛下不在乎大宋朝，願意犧牲大宋朝而成全他人，但如此情勢，這個他人只能是來者，不會是現在。」

說罷再次下跪磕頭痛哭失聲。

趙構（粉藍眼眶）喃喃低聲說：「難道中原永遠都收不回了？我趙家在千秋史冊留下的羞辱，永遠得忍著？受著？」

秦檜（粉綠眼眶）說：「當前天下人心傾斜，至少五十年內不可能，也許陛下的後代子孫可以嘗試。陛下要能謀後世，不能只圖眼前。」

趙構（粉藍眼眶）眼睛看著桌案上的書，然後說：「朕知道了，謀後世不圖眼前，你退下，明天招開廷議，朕會有決斷。」

【詭曲結束】

秦檜行禮後，退出皇宮。

趙構（粉藍眼眶）自言自語說：「謀後世不能圖眼前？也不知這個後世是哪一世了。」

出了皇宮他露出些微的笑容，他知道自己說到了重點，說到了事實，說到了天下人都不願意承認，但又是天下人一起製造的事實。

※※※※※※※※※※※※※※※※※※※

陰陽一體，古怪相連。

陰古：不得不調整腳步，不然全局大亂。讓經緯臣處理一下。

陽怪：難過啊！但不得不為！

※※※※※※※※※※※※※※※※※※※

經緯臣：陰陽古怪之主在催囉。
煉足靴：依據先前的五條遊戲規則，秦檜這個搓鳥，沒有違反規則。但第四條，皇帝趙構的立場問題要矯正，必須從處理岳飛的態度來證明。
經緯臣：他的立場站回來了。
煉足靴：那就看他的處理方式，來判決。

郾城之戰前，只是漢兒們努力支援完顏宗弼。郾城之戰後，中原百姓都私下奔相走告，急著在搶救平常大罵的『金兀朮』。

完顏宗弼得到增援後，先組織了一千多人的騎兵，進攻郾城縣北的五里店。張憲率背嵬軍、游奕軍、前軍等主力進入完顏宗弼殘軍所在的臨潁縣，再次尋求和其決戰。

將官楊再興和王蘭、高林、羅彥、姚侑、李德等三百騎前哨，在抵達臨潁縣南的小商河時，與完顏宗弼的主力近十萬人猝然相遇。楊再興不畏敵人眾多，率三百騎瘋狂衝殺。前鋒一千女真騎兵大敗，傷亡慘重。最後被殺將校的包括萬夫長忒母撒八、千夫長、百夫長、五十夫長等百餘人。

完顏宗弼（灰眼眶）在一旁觀戰，急著說：「敵人不過三百，沒想到竟然殺得女真勇士大敗，我們女真勇士到底怎麼了？」

陳三郎（紅眼眶）說：「四太子殿下！女真將士已經累了，需要休息。這種小賊的場面請交給我！」

完顏宗弼（灰眼眶）說：「拜託了！」

於是鳴金收兵，女真騎兵紛紛潰逃。

陳三郎（紅眼眶）則帶隊衝殺，大喊：「第一隊弓箭手！」

嘩！綁著紅絲帶的弓箭隊列陣。「放！」

一下箭如飛蝗，楊再興身上每中一箭，就隨手撂斷箭桿，鐵箭頭留在肉中繼續衝殺。第一隊弓箭隊被殺得四散逃亡。

陳三郎（紅眼眶）指揮大喊：「第二隊騎射！」綁著黃絲帶的騎射隊伍如同鬼魅般，忽然衝出，左右交叉射擊，箭如雨下。而楊再興本人繼續奮力殺敵，最終敵軍被射死，三百名哨騎也全數陣亡。

而金軍則付出更大的代價，陣亡高達兩千餘人。

一邊鬼魅一邊瘋狂，完顏宗弼內心開始害怕，完全改變他先前對漢人的看法。

小商河之戰後，完顏宗弼因為懼怕背嵬軍的這種驚人的戰力，暫時不與岳家軍主力決戰，留下八千金兵守臨潁縣，自己帶領殘余主力轉攻潁昌府。張憲軍攻佔臨潁縣，八千金兵自知不敵，或往潁昌府方向，或往開封府尉氏縣方向逃走。

張憲軍找到楊再興的遺體，並且將楊再興之遺體運送回岳家軍於主營，而楊再興遺體回到軍營後，沿途送往主營的路上，所有見到的士兵都痛哭不已，而楊在興遺體送到主營以後，岳飛在痛哭聲中，親手將楊再興身上的箭一枝一枝的拔出，最終楊再興的遺體送去火化，火化以後竟燒出鐵箭頭二升有餘。

完顏宗弼的剩餘全部主力攻潁昌府城，其中有六個萬夫長，號稱騎兵三萬多騎、步兵十萬名，綿延十多宋里。大多都是漢人所組成的部隊，以鑼鼓喧天，推著攻城車來壯金兵聲勢。

潁昌府岳家軍統帥王貴自己和姚政、岳雲等率八百名背嵬軍和一部分中軍、游奕軍出城決戰，令統制董先率踏白軍，副統制胡清率選鋒軍守城。

二十二歲的岳雲率領八百名背嵬軍，和金軍主力左、右拐子馬苦戰幾十回合，前後十多次出入敵陣，身受百餘處創傷。大多出城決戰的岳家軍，殺得是「人為血人，馬為血馬」，王貴見到金軍竟然人數還如此眾多，怎麼打都打不完，甚至有些氣餒怯戰，想要逃走，被岳雲勸回。只好繼續以寡擊眾，往返衝殺，金兵人馬紛紛倒退。

到了正午，守城的董先和胡清分別親率五千精兵出城增援。完顏宗弼指揮陳三郎的隊伍投入戰鬥。城外殺聲震天，旌旗交錯，打得難解難分。陳三郎（紅眼眶）對完顏宗弼說：「四太子殿下！此處岳飛軍是精銳，我們已經不是對手，請四太子殿下先撤，我們來殿後！」

完顏宗弼（灰眼眶）長嘆一聲說：「真的如你們漢兒所言，撼山易，撼岳家軍難。」於是率全軍潰敗逃走。

陳三郎死死擋住岳家軍的追擊，同樣傷亡慘眾，全軍潰敗。岳家軍雖然大獲全勝，但知道人數遠遠不如金兵，只好先行回城休養整編。

岳飛得到穎昌大勝的消息，傳令分散在各地的岳家軍全軍集中，準備攻城器具，進攻汴京！原來先前分散兵力，就是故意讓人數眾多的金兵，摸不清楚動向，然後突然集中打來，如此用兵，千古一奇。完顏宗弼一時不知道如何應對，自知女真部隊已經被打到士氣洩盡，不敢再派女真士兵出戰，只能把漢軍全部派出去，以女真將領督戰。

最後在朱仙鎮兩軍再次遭遇。

張憲與岳雲帶重騎兵衝殺，以盾牌與裝甲抵擋飛蝗般地箭矢。最後連續衝垮金軍弓箭陣。

後續步兵狂奔向前，雙方短兵相接，從朱仙鎮外打到鎮內，從白天打到黑夜。

金兵的漢人部隊糾纏死戰而不退，雙方兵刃交斫，廝殺吶喊，一直打到了第二天白晝，準備再次反撲岳飛軍。岳飛親自投入親兵部隊反向衝鋒，對其迎頭痛擊，雙方喋血搏殺，再戰到中午，金兵終於支撐不住死傷而全線崩潰，四散逃亡。

岳飛（黃眼眶）此時已經看出端倪，親自持長槍騎馬攔住一隊要逃跑的金兵，大喝：「你們都是漢人！全部蹲下！」

此隊士兵全嚇得蹲低。岳飛身邊數名騎兵也跟上來，不斷縱馬繞行，圍住這群士兵。

岳飛（黃眼眶）用河南漢語方言問：「你們都是漢人，為何要幫助金兵阻擋官軍？」

士兵們哭喊說：「岳爺爺饒命啊！我們不知道，我們是跟著鄉里的人一起來的！是他們說要幫助金人，搶救大兵金兀朮！我們真的不知道啊！我們再也不敢幫金人啦！」

岳飛（黃眼眶）說：「本帥不殺俘虜，但也沒糧食養你們，放下武器，你們走吧！絕對別再幫助金人了！」這些士兵們趕緊拋掉手上武器，抱頭逃走！

原來說『撼山易撼岳家軍難』的是漢兒，喊岳飛『岳爺爺的』也是漢兒，跟岳家軍對抗的金兵主力，還是漢兒。可以合理反推，先前在遼國內部散播『女真兵不可滿一萬，滿一萬則天下無敵』這種鬼話，最後還把這種鬼話變成真實的，也必定是漢兒了。可恥的漢兒，但得看勾結的對象屬誰？若為中國的旁支民族，同屬大局，雖然可恥亦可使用。對付旁支，漢兒反而是武器。

完顏宗弼發現漢人部隊也潰散，只好在鎮外以女真部隊，建立最後一道數千人防線，結果又被五百岳飛騎兵，殺得大敗潰逃。岳家軍所向崩潰，金兵只能不斷潰逃，於是全軍在朱仙鎮高舉武器，歡聲雷動，大家都準備一股作氣，衝入汴京。汴京城。

此時岳飛軍已經佔領朱仙鎮，收到後續運來的糧草與攻城器具，距離汴京已經不遠。而金國部隊經過一連串的慘敗，完顏宗弼已經完全失去信心，不想要再戰，於是先讓軍眷渡河北上，自己再整軍跟隨，準備渡河離開。

金軍列隊離城，只剩最後一個梯隊，一群人在街道旁觀看，議論紛紛。

一中年書生失落地說：「拜託，這是第幾回了？金人又要走了？」

另外一個年輕人說：「我們本來就是大宋子民，重回大宋不是很好？」

中年書生苦臉說：「先前汴京城由宋失陷給金，之後金又封給楚，之後楚又還給宋，宋又再失陷給金，金又封給齊，齊被廢又還給金，金又交還給宋，宋又再失陷給金，如今金又反失敗丟給宋了嗎？再這樣玩來玩去，汴京一團混亂，就要變成廢京了！拜託了，誰來當家都可以，別再玩啦求你們宋金兩方這些王公貴族了！」

這一句話道出真相，在場人紛紛共鳴。

旁邊的一個年輕書生（黑眼眶），面貌不揚，嘴唇翻厚，身材不高，衣著破爛，眼袋黑青明顯。聽了中年人這麼說，呵呵一笑。

他問：「好像隊伍快走光了，哪一個是金邦四太子啊？」

中年書生指著說：「那個騎黃馬的就是啦！」

他問：「你確定是他？」

中年書生苦著臉書：「當然確定！從靖康年到現在，我看著他進進出出汴京城，不知道幾回了。我猜他比我還要感覺悲催。」

確實，來來回回這麼多次又要走，肯定感覺更悲催。

完顏宗弼（灰眼眶）回首嘆氣，喃喃說：「我女真人沒有像契丹的耶律德光一樣打草穀，何必要這樣趕我們離開中原？罷了……」

年輕書生（黑眼眶）推開觀望人群。

「拜託讓一讓…拜託讓一讓…」

他擠出人群，一邊狂奔，一邊高聲對完顏宗弼的隊伍喊。

「四太子殿下留步！四太子殿下請留步！」

幾名金兵護衛趕緊亮刀攔截。完顏宗弼也注意到了他。

年輕書生（黑眼眶）用不流利的女真語，對衛兵說：「我有事情要對四太子殿下說！」

「不許上前！」衛兵非常兇惡。

完顏宗弼（灰眼眶）說：「不用攔他，讓他過來。」

衛兵放行，年輕書生（黑眼眶）趕緊跑來，拉住完顏宗弼的馬轡繩，用不流利的女真語說：「四太子殿下要去哪裡？為何要離開汴京？」

完顏宗弼見這年輕書生，只覺得他非常面熟，但確實不認識這個人。才忽然感覺到這人的氣質，跟先前困在江南時，所碰到的三個幫他的漢人一樣，也跟韓常收編的漢將一樣。都有一種說不上來的感覺。

完顏宗弼（灰眼眶）改用汴梁官話說：「岳飛軍要來了，你們就快回去當大宋子民。我等要渡黃河北上離開，你們漢兒應該高興才是。」

年輕書生（黑眼眶）了，於是也才用汴梁官話回：「四太子殿下何必急著走呢？岳少保且自顧不暇，可能就要死了，哪能用兵逼四太子離開啊？哈哈……」

完顏宗弼（灰眼眶）瞪眼問：「此話怎講？」

年輕書生（黑眼眶）頗有自信，手指著天說：「自古未聞有權臣於內，將領還能立功於外者！不日，岳少保就要退軍了，四太子殿下可以留在這裡，若我說的話沒有應驗，殿下可以嚴懲我之後，再離開不遲。」

完顏宗弼（灰眼眶）直覺這個人不簡單，趕緊下馬，行揖說：「先生所言可還有其他依據？」

年輕書生（黑眼眶）說：「四太子殿下難道沒發現，岳家軍孤軍深入，但友軍悉數都不在他周圍，只能逼他分兵四處略地？這不符合得勝而搶功，這般人之常情啊！是故岳飛雖然百戰百勝無可抵擋，但宋廷上下無論文臣武將，乃至他們的皇帝，都不想幫他的忙，會希望他撤的。四太子殿下且留下來觀看便是。」

完顏宗弼轉身招來傳令兵。

「通知已經出城者，全部在城外駐紮戒備，暫時不要北渡！其餘未出城者，登城守備。」

「得令！」傳令兵跨馬離去。

完顏宗弼（灰眼眶）趕緊拉住這個年輕書生的手說：「請先生到孤王府上相談，孤王需要先生指導。」

兩人遂入汴京完顏宗弼王府，相談甚歡。

朱仙鎮軍營。

岳飛收到了撤軍的詔令，並且也得到消息，張俊、韓世忠、吳玠等人，早在郾城之戰後，都收到撤軍詔令，早已經紛紛撤走。沒想到岳家軍是孤軍奮戰，連續打潰金兵主力，收復失地的。

岳飛（黃眼眶）急忙上奏：「金人銳氣已沮，將棄輜重渡河，豪傑聞風響應，朝廷應全軍北上，時不再來，機不可失！陛下圖之！」

但只收到趙構回復詔令：不准奏，立刻撤軍。

岳飛再次上奏，不斷強調收復中原已在眼前，但仍然都被批回。而且嚴旨命令撤軍。岳飛全軍士氣因而低落。

無奈之中，於是開始撤軍南下，一些父老們攔著岳飛，哭訴請求留下。岳飛（黃眼眶）拿出詔令給大家看，仰天長嘆：「有嚴旨，我不得擅留。」

退軍途中，岳飛（黃眼眶）哭泣：「十年之功，毀於一旦，復有北上中原之日乎？」而金字牌仍接二連三來，催促他撤軍的朝廷使者，仍道路不絕……

岳飛撤軍之後，完顏宗弼因為有了漢兒們幫助，金兵果然很快就重組力量，再次佔領岳飛收復的州府。

秦檜不斷派使去金營，請求議和。

完顏宗弼想到岳飛率軍將自己打得落花流水，四處逃跑，讓中原人士笑話，就非常忿怒。攔截他北返的書生，向他建議同意議和，但需提出條件。

於是完顏宗弼（灰眼眶）告訴使者說：「你們每言議和，但岳飛現在卻還活著。必殺飛，始可和！」

不久，岳飛果然被罷奪軍權，秦檜派人誣陷他下獄。張憲、岳雲被斬棄市，岳飛將被賜死。

韓世忠氣得親自登門，質問秦檜，岳飛何罪？只答『莫須有』。

於是韓世忠氣得上奏皇帝，稱秦檜誤國，誣陷忠良，勾結金邦，罪大惡極，應議死罪。趙構置之不理。

秦檜立刻反擊，彈劾韓世忠，擁兵權勾結岳飛，企圖不軌，請賜韓世忠死罪。秦檜也要把韓世忠誣陷殺害，但趙構同樣壓下去，同樣不受理。

韓世忠終於明白了這個暗示。殺岳飛乃皇帝的旨意，於是自請解除兵權與職務，與梁紅玉及家人遊蕩於西湖賞景，飲宴歌舞，閉門謝客。

臨安大理寺監獄。

岳飛已經被定罪，秦檜來此見他最後一面。兩人隔著獄門，對坐。只是秦檜座前有一書桌，桌上都放滿了關於岳飛的案卷。

「你們都離開。」秦檜（粉綠眼眶）這麼指示著身邊的人，獄卒們離開牢獄，只剩秦檜與岳飛二人。岳飛不發一語，他現在只求速死。兩人先沉默了一陣子。

秦檜（粉綠眼眶）首先打破沉默，淡淡一笑說：「岳少保還不知道自己的罪嗎？韓世忠問我，你到底何罪，秦某答莫須有，實際上就是有的！但這個罪，又是所有人都說不出口的！所以才叫作：莫須，有。」

岳飛（黃眼眶）已經被酷刑拷掠逼問，全身傷痕累累，但絲毫不畏懼，冷冷地說：「我有沒有罪，秦相你最清楚。想要殺我便殺，你的威脅是我而已，何必牽連張憲與我兒岳雲！」

秦檜（粉綠眼眶）繼續淡笑說：「你到現在都還不知道，自己為何要死？還以為是秦某要殺你！可笑啊。」

沉淨片刻。

岳飛（黃眼眶）說：「岳某人不傻，當然知道要殺我的是誰。金兀朮是頭一號要殺我者，金國朝廷自不待言。而昏君自棄中原，他只想保住皇位，不願讓中原姓趙，岳某也無可奈何。可惜我千千萬萬的華夏子民，與中國河山而已。」

秦檜（粉綠眼眶）露出了奸愣之笑，指著岳飛說：「你以為是聖上要殺你？」

岳飛（黃眼眶）說：「難道秦相公，還想要再多坐岳某一個辱君之罪？」

秦檜（粉綠眼眶）頻頻搖頭，嘖嘖說：「已無此必要。因為今晚你就得死了。但可惜你到死前都不知道，誰要殺你？」

岳飛（黃眼眶）稍微露出了疑惑神情，問：「那請秦相公指教，到底是誰要岳某的命？」

秦檜（粉綠眼眶）說：「這一切有著說不清道不明的因果舞台，我們自以為是下棋的人，把別人當作棋子，但實際上背後可能還有下棋的在操控自己，甚至下棋的人自己都不知道自己也是棋子。」接著說：「秦某我只是動手之人，我的背後是聖上沒錯，但聖上的背後是金人，金人的背後又是誰你知道嗎？」

岳飛（黃眼眶）說：「你的意思是，你被聖上策動要殺我，聖上被金人以議和策動殺我，而金人背後的人策動金人殺我？」

秦檜（粉綠眼眶）說：「不完全是這樣，但已經很接近正確答案。應該說金人背後的人，迫使聖上跟我必須聽從金人的要求。即便將來要遭到萬世唾棄，子孫鄙視，我們也得這麼做。」

岳飛（黃眼眶）問：「那你說的金人背後的人到底是誰？」

秦檜（粉綠眼眶）冷冷手指著岳飛說：「就是你可惜的，千千萬萬的華夏子民！」

岳飛（黃眼眶）愣了一下，閉上眼搖頭說：「請恕岳某完全聽不懂，你秦相公到底在說什麼。」

秦檜（粉綠眼眶）頭仰了監獄頂上，長噓一口氣說：「哎呀！這該怎麼跟你說才對呢？」

他忽然想到了，開始翻著桌上的所有卷宗，邊翻邊問：「對了岳少保，你知道審判你的右諫議大夫万俟卨，他祖上來自哪裡嗎？」

岳飛（黃眼眶）微微睜開眼，低聲說：「鮮卑遺種，眼下也剩下沒有幾人，如何？」

秦檜（粉綠眼眶）抽出一卷宗說：「啊！找到了！就是你寫的這首詞，滿江紅！」張開之後接著說：「壯志飢餐胡虜肉，笑談渴飲匈奴血。岳少保真的喝過匈奴血嗎？」

岳飛（黃眼眶）說：「這只不過是寫詞，壯聲勢而已。岳某除了年輕時候酒醉誤事，從軍打仗殺敵之外，向來修身嚴謹，不會亂殺人，更不會喝人血。」

秦檜（粉綠眼眶）笑說：「你岳飛不喝人血這我知道，我的意思是你真的見過匈奴人嗎？」

岳飛（黃眼眶）說：「古代的夷狄，沒見過，借代修辭而已。」

秦檜（粉綠眼眶）把卷宗放在桌上，笑說：「這就對了！你曾經高喊過，還我中原河山。我記得歷史上，匈奴曾經在中原建國，万俟卨的祖先鮮卑人，更是在中原滅了匈奴之後，建立過更強大的國家。請問他現在還能高喊，還我鮮卑河山，朝我鮮卑天闕嗎？」

岳飛（黃眼眶）低聲說：「你秦檜到底想說什麼？」

秦檜（粉綠眼眶）瞪大眼拉開聲音宏亮地說：「這些你知道的夷狄胡虜，最後都消失殆盡。你怎麼知道女真人將來不會如此？你又怎麼知道，千千萬萬的華夏大漢子民，不希望女真人南下？」

岳飛聽了，瞪大眼，一時無法回答。但他此時也想到了，完顏宗弼屢敗屢戰，還能招來源源不絕的兵力，這些根本就不是女真兵。

秦檜（黃眼眶）說：「金人是想要殺你，但打不過你，所以殺不了你，只能以殺你做條件，來同意議和。我秦檜跟你無怨無仇，而且已經當上了丞相，我朝文武分列嚴謹，你只是武將，也不可能搶奪我的官位，我更沒有必要冤殺你，招來惡名，來謀奪我早已經拿到手的榮華富貴！」

接著說：「至於若收復中原讓淵聖皇帝回朝，則失去中原的是淵聖，收復中原的是聖上，淵聖即便回朝，空坐太上皇而已，也不可能威脅到聖上的地位。我朝文臣統制武將，軍事制度嚴謹為歷朝歷代之最，這些你岳飛也都知道。聖上至少有十種方式，防止你黃袍加身，你沒有真的像苗劉二賊一樣造反逼宮，聖上也不可能殺你。更何況你岳飛忠孝仁義，路人皆知，罷奪你官位，解你兵權，免除威脅即可，何必要動殺機，引來奇冤，跪求金人和解，讓天下後人都詬病？」

手指指著桌面接著說：「真想要你死而絕後患者，就是千千萬萬的華夏子民！他們要的是殺一儆百！他們擬定的既有旨意，才是想要抗拒都無法抗拒的！聖上與我秦檜，不過就是被逼動手之人，否則會死的人，就是聖上與我秦檜！大宋朝廷也很快就會被推翻！連江南半壁江山都會沒有！」

秦檜（粉綠眼眶）越說越大聲，顯得理直氣壯，甚至有些激動：「從宣和海上之盟，聯金滅遼開始至今，所有的事情，已經不是三言兩語可以說清道明。你我都親自遭遇了這一段事情！我秦檜更是站在第一線上親眼目睹！」

扭曲著臉接著說：「當年我秦檜在汴京城時，就堅決不信了！女真兵難道人人都是鬼神兵？女真民族的老家難道是什麼地府龍潭？能讓一萬女真兵如鬼神軍一樣天下無敵，十年滅大遼，三年破我大宋中原。我自己親眼所見，他們不過就是普通的遊獵部族，若沒有千千萬萬從下到上的中國漢兒，自動自發地去幫忙，引他們走這條路，這一切怎麼可能做到？」

大聲接著說：「女真人不過重演過去五胡的故事，替下一個隋唐去做鋪陳，你岳飛今天看到万俟卨與漢人無異，又怎麼知道完顏女真將來的子孫，不會變成現在的万俟卨？」

岳飛愕然不知如何回答。

狠狠地指著岳飛說：「你唱的這齣戲太早登場啦！精忠報國，恢復河山，確實是一齣絕妙好戲，也一定要上演。但還不是我們這一代人該唱的戲！你岳飛是來攪局的！讓千千萬萬華夏子民的願望差點落空！豈能不死？」

岳飛（黃眼眶）失落感一陣撲來，喃喃低聲說：「這麼說，岳某真的是該死了？」

秦檜（粉綠眼眶）瞪大眼睛說：「沒錯！同樣都是百戰不怠的大將軍！白起有白起該死的原因，韓信有韓信該死的原因，而你岳飛也有該死的原因，原因不同，但都該死。不過歷史是公平的！你岳飛忠孝仁義無可挑剔，比古代的所有百戰不殆的名將還要英雄，被時人稱最冤枉，從此之後你可以萬古流芳。聖上與我，都得遺臭萬年。但這個髒活，聖上與我都必需做，不然眼前會死的人，就是我們。」

然後站了起來說：「你只剩三個時辰，夜晚會有人來送你，本相會親自看著你上路！」

說罷秦檜起身離去。

岳飛閉上眼睛長嘆一口氣，不禁瞌睡了一下。忽然夢見兩個人在他面前對話，但看不清楚這兩個人的面貌。

第一人揶揄地說：「哇！好厲害！民族英雄喔？百戰百勝也！收復河山啊！」

第二人也揶揄地說：「對啊！打跑金兀朮，大破鐵浮屠，消滅拐子馬，很厲害喔！民族英雄也！」

揶揄完之後。忽然兩人變臉。

犧牲了這麼多人，好不容易才把他們弄進來，你卻把他們打得想逃跑！差點就白費功夫！可惡至極！」「攪局者！」

讓他忽然醒來。監獄還是一盞油燈，只有他一人。岳飛流淚又嘆氣。

恍惚之間，又夢見兩人，但此時兩人面貌清晰，連服裝都看得一清二楚，這夢也未免太清晰。這兩人都是武將，但衣裝不是本朝的。一個身穿黑衣鎧甲，眼睛圓亮，頭尖而銳。另外一個身穿紅衣鎧甲，身材高大，英挺斯文。

他們兩人對話。

黑衣鎧甲者說：「你來啦！我們兩人等了很多年，終於等到你了。」

岳飛（黃眼眶）問：「你們兩人是誰？」

黑衣鎧甲者（藍眼眶）說：「我是白起。」

紅衣鎧甲者（紫眼眶）說：「我是韓信。」

韓信（紫眼眶）說：「我們兩人等了很多年，終於等到你。可不是百戰百勝就能加入我們。還要能力與命運都跟我們一樣，才能加入。」

白起（藍眼眶）說：「我們兩人談兵論道很久囉，看了這麼多後代將軍，百戰百勝的雖然還有其他人。曾經有一個叫做劉裕的人，想要加入我們，但我們發現他最後有當皇帝，如此就被我們一起拒絕。到目前為止，我們認為，就只你有資格與我們兩人對談。仁義你比我還強得多，忠心你比韓信還強得多，而用兵跟我們一樣，而命運比我們更是冤屈！特別來迎接你，加入我們的…你名字叫做什麼？可以再告訴我們嗎？」

岳飛（黃眼眶）苦笑說：「我叫做岳飛，或稱岳鵬舉，不敢比兩位古人老前輩。」

白起（藍眼眶）說：「不要自謙！先談談各自該死的原因吧！我該死的原因，是在百戰百勝之時所做的事情，尤其以坑降卒為最罪惡。」

韓信（紫眼眶）說：「我該死的原因，是百戰百勝之後所做的事情，不願意被罷奪王位，看不清大局走向，心懷怏怏，潛藏野心，言語不遜，不知收斂。你呢？」

白起（藍眼眶）也微笑追問：「對啊，你呢？」

岳飛（黃眼眶）說：「死因就是百戰百勝本身……」

白起（藍眼眶）與韓信（紫眼眶）同時哈哈笑

韓信（紫眼眶）說：「奇了！奇了！快來吧！論本心你勝過我們多矣！但我們要和你拚一拚用兵神謀之法，我們等你一起談兵論道，快點來吧……」

忽然一個人把岳飛喚醒，是獄卒。先前這個人很兇惡，但岳飛被定罪之後，忽然變得很恭敬。這便是人間滋味。

獄卒很恭敬地說：「岳少保，該上路了，秦相公等人，在風波亭等你呢。」

岳飛（黃眼眶）對地上笑著說：「白起，韓信⋯我要來了⋯⋯快了⋯你們別急⋯」然後起身，開心地對獄卒說：「好，走⋯⋯去風波亭⋯⋯」

走出了牢籠，獄卒恭敬地跟在身後，而前面有兩人帶路，不斷回頭，時隱時現，就是他看見的白起與韓信二人，岳飛彷彿看見他們。他們二人笑，岳飛也在笑。

那一天，風波亭中去世了一個百戰百勝的名將。

能與白起、韓信並列的名將！命運相同的名將！而心靈圖像純淨，與關羽相同。

白起與韓信都被當時的人稱冤，但實則都有被殺的理由，岳飛亦然。

白起冤，他自己認為自己該死，天下人認為他該死。韓信冤，他不認為自己該死，但天下人認為他該死。岳飛冤，他認為自己該死，天下人雖認為他該死，但不能說出來，反而必須稱他不該死，甚至事後也永遠認為他不該死。

當時岳飛冤，事後秦檜冤，而在永恆內心來說趙構最冤。岳飛冤在精忠報國而被冤殺。秦檜冤在替天下人做想做之事，而後代岳王廟中鑄鐵下跪，遭後人羞辱唾罵。其人其子孫墳墓被考古挖掘，所有人都不敢對外聲張，怕遭有心人藉口破壞，墓穴會臭。趙構冤在舉族被金人所擄滅，還得自滅良將，忍而事敵，承擔天下人做的決定，卻被後人說貪圖皇位，欲割中原，忘卻仇恨，忍而殺飛。

秦檜與趙構當世榮華富貴，自當承擔一切，雖然冤枉，也是咎由自取，罪惡應當！

只有岳飛心思純白無瑕，與當年的關羽一般，被後人仰望是應當。都是整個華夏民族，對歷史無奈取捨，做出錯誤的事情，而仰望心思純白者。

殺岳飛者，全體華夏民族也！仰望紀念，是為了不得已的決定去贖罪，仍然有是非。中國歷史仍然是公平的。

在此專為，心思純淨潔白的岳飛，修改一歌詞《刀劍如夢　作詞：詹德茂／周華健　作曲：周華健　改詞 筆者》

編號：潛龍勿用

我劍何去何從，愛與恨情難獨鍾。
我刀劃破長空，是與非懂也不懂。

我醉一片矇朧，忠與義是幻是夢。
我醒一場春風，生與死一切成空。
三十功名塵土匆匆，恨不能相逢。
百戰百勝所向崩潰，一切都隨風。
狂笑一聲，長嘆一聲，快活一聲，悲哀一聲。
白韓岳常勝與共。
我哭淚灑心中，悲與歡蒼生捉弄。
我笑我狂我瘋，天與地風起雲湧。
沙場一片矇朧，勝與敗是幻是夢。
我醒一場春風，生與死一切成空。
八千里路雲月匆匆，恨不能相逢。
思念古今，忠奸難辨，一切都隨風。
狂笑一聲 長歎一聲，快活一生 悲哀一生。
白韓岳生死與共。越時空生死與共。

金國復取河南中原之地，擔心士民心懷二意，於是遷徙女真、契丹、奚等三族男女老幼，入中原屯墾與漢人雜居。給予土地、農具與種子，命他們一起耕田務農。從燕代到淮河都有，築壘與村落，零星分佈。漸漸也與漢人通婚交流，難以分別彼此。難分彼此又一次。

心訪使：痛啊！毋庸置疑，建立一個心靈圖像。平衡全局因此失衡之狀態。

罔兩鏡：製作出來，精忠報國，千古銘記。與關羽相同，乃第二武聖。

第二十三章　時晷官職責　選擇錯誤　鬼局掀巨浪

終於讓女真把契丹、奚一同捲進來。秦檜於是與金國簽訂了紹興議和，東以淮河，西以大散關為界，宋對金稱臣，每年歲幣銀加絹五十萬。

新來中原屯墾的三個主要民族，契丹、奚與女真，逐漸與漢民交錯混雜，漸漸難以區分。金熙宗被完顏亮所殺，完顏亮繼位稱帝後，遷都燕京，全面強化中央集權，然後大舉南下要滅宋。宋廷此時秦檜已死，而且他是得到了善終。秦檜死，知道內幕的人少了，趙構心裡也就越發放心。

年老的趙構，派盧允文迎戰，盧允文模仿當年韓世忠的水戰，用火砲船大破金國水軍。

同時金國後面忽然內亂，完顏雍在燕京被擁護登基。完顏亮仍堅持南渡，被底下女真與漢族部將聯合所殺。

議和破局，群臣議論紛紛，開始有人批判已死的秦檜與紹興議和，趙構知道風向又要改變。由於趙構沒有兒子，於是宣佈讓位給養子趙昚，他是太祖趙匡胤的後代。趙構則宣佈退位為太上皇，且強調禪位之後，不再管事。

金世宗完顏雍以南宋不願稱臣為由，派主將僕散忠義進駐汴京、紇石烈志寧鎮守前線，準備奪取淮南地區。而此時宋孝宗趙昚，宣佈恢復岳飛的名譽，肅清秦檜餘黨，並命人彈劾已死的秦檜。

身為太上皇的趙構，對此不提任何意見。

宋孝宗意圖收復失地，派老將張浚率領李顯忠、邵弘淵率軍北伐，史稱隆興北伐。宋軍陸續收復淮北各地，但符離之戰，宋軍被紇石烈志寧擊潰，不得不停止。而後南宋主和派抬頭，於金軍再度南征之際求和，金國也感覺伐宋已經力不從心，兩國於年底簽定合約，雙方平等對待，金國不再強逼南宋稱臣，但金國仍獲得歲幣。金軍過不了長江，宋軍也過不了黃河，雙方仍以淮河為界。

太上皇的趙構此時，才令皇帝趙昚入後宮見面。先談了談一些內政的事務，才逐漸切入北伐之事。

「北伐是不是失敗了呢？」趙構（灰眼眶）這麼問。

趙昚站著說話：「兒臣慚愧，眼前無法收復祖宗江山。兒臣必定勵精求治，以圖將來收復中原。」

趙構（粉藍眼眶）說：「予已將皇位禪讓給你，所有的政務也都已經交給你了，你也知道予對於你所有的政令，從沒表達什麼意見，只在後宮以字畫養老。但予可不可以，在北伐收復中原這件事情，給你一點意見呢？」

趙昚彎躬說：「父上訓示，兒臣恭敬聆聽。」

趙構（粉藍眼眶）說：「你什麼都好，所有政策予都不過問。惟獨這北伐收復中原，予不能贊同。並非予要遮掩過去紹興議和的屈辱，而是這件事情，真的不能這麼做。」

趙昚問：「收復河山一雪靖康之恥，為天下臣民願望，兒臣不希望大宋重演東晉偏安故事？有何不妥，兒臣愚昧，請父上直接訓示。」

趙構（粉藍眼眶）說：「因為這是天意民心。若我們趙家還想要有這半壁江山，就不要去動中原，不然當年予早就可以回到汴京。當年的岳飛真的是可惜啊……更沒想到……秦檜這麼快就開始汙名滿天下……將來若是朝代更迭，予可能也會一樣……」

說到此，趙構語氣無力，停頓了下來。趙昚仍然滿臉疑惑。

趙構（粉藍眼眶）說：「予的話就說到這裡，有些話你得自己去悟，總之謹記，予絕對不干涉你的任何政務，只是北伐中原有意見。兒孫自己看著辦囉。」

趙昚說：「兒臣謹記父上訓示，將施政方針改在內政，休養生息，造福百姓。」

宋過不了黃河，原因早已經知道，為何金過不了長江？

※※※※※※※※※※※※※※

超個體陰陽一體，古怪相連。

陰古：時晷官還在計時喔，這女真搓鳥還在浪費時間。不過以長城局來說，長城外的搓鳥們，要玩的遊戲不一樣，遵守的遊戲規則也不一樣。

陽怪：女真還都對了，三族屯民也對了，但征伐的方向與對象都不對啊！

陰古：宋室做了該做的事情，識相者就不該為難太甚。也不翻翻歷史去看看行情，當年五胡的故事，不是這樣演的！把中原讓渡給你女真，不是不要代價的啊！

陽怪：搞錯對象，格局錯誤的人應該揑死！揑死後要給他們暗示，給一點清楚的指示，讓他們知道怎樣才是對的。不然這種自作聰明的搓鳥窩，依照行情，就該雞飛蛋打！讓時晷官，經緯臣，監督他們的方向正確性！

※※※※※※※※※※※※※※

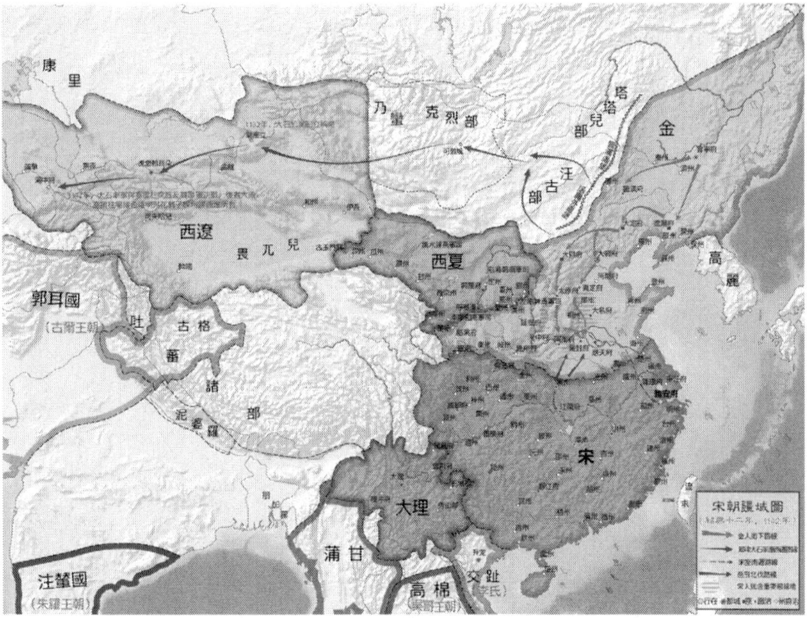
康里
乃蠻
克烈部
塔塔兒部
汪古部
金
西遼
畏兀兒
西夏
高麗
郭耳國
(古爾王朝)
吐蕃
古格
諸
部
泥婆羅
宋
大理
蒲甘
注輦國
(朱羅王朝)
高棉
(吳哥王朝)
交趾
(李氏)
宋朝疆域圖

原來金國搞錯了接下來該進攻的對象。宋高宗如此識時務，怎麼可以當作首要目標追打？那接下來該打的，到底是誰？在鬼局不耐煩的情況下，金國朝廷只剩下最後一次機會選擇！

話說，任得敬原來為宋朝西安州的通判，當年西夏國趁著宋金交兵，攻佔西安州，任得敬投降西夏。之後獻上自己的女兒入西夏皇宮，得到西夏皇帝恩寵。御史中丞芭里祖仁等人，在西夏皇帝李乾順面前，稱讚任得敬才能，於是立其女兒為皇后。最後任得敬逐漸掌握大權。

繼李乾順死之後，李仁孝繼位為西夏皇帝，他雖然不是任得敬女兒的兒子，但仍然尊其為皇太后。繼續讓任得敬掌權。待皇太后病死，任得敬圖窮匕現，割據一方逼迫李仁孝割出一半西夏國土，封他為大楚國王。此時任得敬兵強馬壯，勢力很大，李仁孝無力反制，被迫允諾。

金中都燕京。西夏使者來見。

金世宗完顏雍收到了國書，大為吃驚。先好言招待了西夏使者去驛館休息，然後召集大臣議事。

「夏國國主上了國書，說任得敬才德兼備，功勞頗大，希望分裂一半國土，封他為楚國國主。因為分給他的國土，就在我們大金的西鄰，請求我們大金，承認楚國的存在。你們先議一議，這任得敬是怎麼一回事？」

眾人相互交頭接耳。

尚書令漢人李石（黑眼眶）說：「任得敬原本為宋國漢人，當年夏國趁我們與宋國交兵時，攻佔西安州，任得敬於是投降。女兒有姿色，獻入皇宮，得到夏國前國主的恩寵，立為皇后。又其女除了美貌之外且有德行，所以當今夏國國主雖非其親生，仍尊其為皇太后，任得敬遂繼續因軍功掌握大權。皇太后死，國丈任得敬逐漸不受制約。而今必定是任得敬欲割地自立，夏國國主被其勢力所劫持而已。」

完顏雍問：「大金應該答應他？」

李石（黑眼眶）笑說：「事繫彼國，與我大金不相關，不如就答應下來，讓他成立一個楚。」

但女真大臣反對，尤其完顏宗親認為，這根本就是漢人們篡弄的陰謀，西夏之後任得敬必定會對大金國不恭。

完顏雍偏向完顏宗親大臣們的意見，忽然正色說：「有國之主，豈肯無故分國？此為權臣逼奪，非夏主本意！況夏國稱藩於我大金已久，一旦為賊臣所逼，朕為四海之主，豈能容忍？絕不能答應！回信告訴夏國國主，倘若任得敬不能受制約，大金將出兵協助他討伐！」

眾臣議論紛紛，尤其漢臣頗有意見。

李石（黑眼眶）繼續啟奏說：「夏國分裂出一個楚，如同當初我大金伐宋後，也封一個張邦昌為楚，而並未直接兼併，以致也有後來劉豫之齊國。因而與宋國長年交戰。朝廷之後從善如流，撤銷劉豫之齊國，才擁有中原而成我大金之盛。今日夏國分楚，已顯夏國衰弱無力，乃我大金國兼併夏國，混一寰宇之機。況夏國之土，漢唐舊疆也，當從漢唐之制，無論夏還是楚，皆併其國，令其內附。故臣以為當趁此時應當封賞任得敬，藉機圖夏。」

這已經說得很清楚了。出現這個『楚』，與你們女真人先前弄出的『楚』意義一樣，這可是很明顯的暗示。拋出的這個選項，倘若選錯，就會走不同的命運。

女真大臣們紛紛搖頭反對，漢族大臣都點頭贊成，或不表示意見。

完顏雍對漢人頗為猜疑，此建議頗為反感，怒目說：「李石！你意思是說，我大金一定要規伏於所謂的漢唐舊疆之制嗎？那先伐宋，滅掉爾等只會磕頭的漢人政權如何？」

李石一愣，不知道如何再說下去。

完顏雍正色說：「你等漢兒專務內亂把戲！夏國黨項族與我女真族相互友好，入漢地當各得其所而治，漢唐規制已是過去，朕未必得從，更不會重演五胡拼殺之故事！任得敬獻女是自願，這個漢兒，挑撥女真與黨項兩族矛盾，理應當殺，令夏國國主以國法誅之！我大金國絕不支持這等亂臣！」

李石（黑眼眶）心思：這任得敬對西夏而言就是一隻鬼，他貌美又有德行的女兒被西夏人所奪，他這是在跟西夏人聯本帶利來要債。你等女真君臣不識曲直，看來大金國也是盛世到頭了。

完顏雍態度異常堅決，李石與其他漢臣，全部跟著低頭稱是。於是回復西夏國書，嚴厲批評任得敬亂國，若不能自正，大金國將出兵協助西夏誅伐！西夏國主大喜，準備與金國聯合除掉任得敬。

任得敬聽聞後大驚失色，急忙派使前往南宋，請求一同聯合夾擊金國。但事情外洩，金國逐漸動員部隊前往邊境，西夏國主李仁孝發現金國真的出兵協助，遂先派兵進攻他的駐地，任得敬所屬兵將見四面受敵，外無援軍，遂逐漸潰散，西夏兵主動剿滅其黨，最後將任得敬誅殺。

金夏兩國遂繼續盟好，女真與黨項相互火拼的可能性，逐漸熄滅。女真與黨項，真的要各得其所。各得其所看似美好，但這裡可不是你們可以各得其所的地方！惹怒了隱藏於底層的鬼局！

※※※※※※※※※※※※※※※

超個體陰陽一體，古怪相連。古怪異常地發火！這是高句麗地精之後，第二次窩火了。

陰古：喂喂喂，他真的不上道也！

陽怪：咦？中國是你們可以各得其所的地方嗎？漢唐舊制是你們不想依從，就不依從的嗎？不然犧牲掉這麼多人，讓了那麼多土地，把你們女真搓鳥弄進來做什麼？

陰古：他們看不懂暗示，還把西夏那邊潛伏的鬼使弄死了也……一群不上道的傢伙，讓我等如此費勁！既然他不想滅別人…就安逸下去不要滅了…搓出一道長城…讓他們一起被滅吧…

陽怪：看來是該掀起一股巨浪啦！

※※※※※※※※※※※※※※※

異民族政權看上聯　捧你送你給你來佔中國等待多久活多久

漢民族政權看下聯　拿我吃我用我去建朝代目標何時死何時

時晷官：依據陰陽古怪之主，中軸線規劃出來的指示，異族入主，那是有時間行情的。但這女真族老是在浪費時間，方向搞不正確。竟然連消滅西夏都不知道。難道能讓西夏變成第二個吱吱嗎？計算西夏黨項的時間已經到了，西夏現在是不該存在的！從李繼遷叛變自立到今天一百八十九年。從唐中期他們遠離吐蕃到李繼遷叛變，計算等待的行情，走一百八十九啦！時間到！金國在做什麼？

漏斗塔：但給金國壽命的計時還在繼續，他們還不懂任得敬分國的暗示，這該怎麼辦？

時晷官：陰陽古怪之主去搓巨浪了，西夏是肯定會被收拾，我們繼續計算金國女真的時間，配合陰陽古怪之主的巨浪即可。依據本局最初預設遊戲規則，金國女真搓鳥違反第三條與第七條，放出局中鬼，讓金國徹底崩解。配合那股巨浪，讓金國跟西夏會一起滅亡。

漏斗塔：在這計算一下喔……依照行情，等待多久給多久……先前給遼的計算方式，安史之亂到北宋建立，兩百零五年。所以耶律阿保機稱帝到耶律延禧五京全失，逃亡等死。也是兩百零五年。那麼等待金國，是亶淵之盟到阿骨打滅遼，共一百一十九年。那麼金國從阿骨打稱帝到滅亡，也該是這數字。那依照行情，現在確實該開始搬家了。以免數字誤差太大。

時晷官：害我們計算西夏的行情不對，責任都是女真金國的錯！再檢查一下我們先前的成績。

漏斗塔：先前你說，計算五胡混戰時間算一段，勝利者元魏統治時間算一段。第一段：五胡嘛，是黃巾之亂到永嘉之禍，共等待五胡整體合併，一百二十七年。所以五胡整併，是從永嘉之禍後一年，到拓跋元魏統一北方，也是一百二十七年。我們的工作很精準。第二段：元魏該活多久？由於五胡時期他有先佔中原一塊，無名但有實質，算讓中原分裂，時空對倒計算，所以得讓他也分裂回去補償，到有名而無實為止。等待的話，得從八王之亂開始算，到他自己拓跋統一北方，共一百四十八年，那麼從拓跋佔中原建國到北魏分裂各自被控制，變成有名無實，也是一百四十八年。總的來說，先前本局工作很精準，誤差很小的囉！如此補償回來，陰陽古怪之主的母體，減益平衡。

時晷官：那這次，對這個不上道的金國，攪亂西夏的行情，那也得讓金與西夏，一起不斷被逐步支解來補償。時空對倒的行情計算不可少。那麼西夏的計算方式重整，既然等待一百八十九年，給予時間改為重新預設李元昊稱帝開始算，到巨浪來之前務求一百八十九年內滅亡。補償先前被打壞的行情段，要西夏徹底滅族！

漏斗塔：收到收到，那陰陽古怪之主，掀起的巨浪，就知道該如何執行，務求時間精準！我立刻上報陰陽古怪之主。

═══════

沒錯！中國豈是可以各得其所之處？不然當初怎麼會有那麼多漢人幫你們女真人打江山？當看不懂格局與暗示，鬼局丟出的選項選擇錯誤，就是該承擔後果的時候了。

在拒絕接受任得敬分國之後沒多久，金國參知政事北上巡視邊境時，上疏請求：「修築北邊的『金界壕』，建立沿邊塹堡，以防備蒙古部落侵擾，永保大金國江山。」

金中都燕京朝議。

完顏雍問：「這界壕在太宗時期，有設立過，當時是蒙古部族有時候會越界遊牧侵擾，所以設了界壕用兵以驅趕。不過蒙古部族近年來，都散落大漠，相互之間掠奪，某些部族也臣服於我大金，大部分的漠北也是大金國土，有必要修築這道城牆嗎？」

左丞相赫舍里說：「蒙古部族分散凌亂，目前多數都臣服於我大金，蒙古散民也多有歸化為大金內民者。將界壕重修，沒有任何意義。也不知北巡官員，上奏這種建議做什麼？」

李石（黑眼眶）趕緊站出來說：「臣以為界壕只是個邊界哨所，當先將界壕增修，然後相互以城牆串聯，逐步成型。最終可以使之成為另外一條萬里長城，以顯我大金國強盛之治，使蒙古部族永久不敢越雷池一步。長保大金國江山。」

赫舍里說：「這簡直一派胡言，且不說蒙古部族散亂臣服，互相攻伐，根本沒有侵擾大金！就算真的要來伐，長城真的能阻擋他們嗎？」

李石（黑眼眶）說：「能啊！漢朝重修秦朝長城，匈奴不就沒辦法南下了嗎？唐朝不修隋朝的長城，所以北方蠻族漸漸就入侵了中原，以至於雜胡安祿山造反，最終諸多蠻族侵佔。宋朝建立時，契丹人就佔領燕雲十六州，無法修長城，我大金不就這樣南下入主中原了嗎？這就是明證啊！蒙古人今天雖然沒有力量來侵擾，各自臣服，就當趁此建立長城，以後他們想來侵擾也無可奈何了！不然我大金能龍興於遼北，蒙古難道就不會有人意圖龍興於漠北嗎？」

赫舍里一愣：「這……」

赫舍里不懂『萬里長城的奧義』，被李石說得張口結舌。群臣也紛紛認為，界壕應該開始加強修築，最後使之成為大金的長城。這打中了完顏雍等完顏皇族內心的癥結點，會不會有其他民族學自身女真族先祖一樣？

雙方開始口角。

完顏雍說：「好了！停止別爭了！」眾臣靜默。

「朕以為，都說的有道理。左丞相講的沒錯，靠修補界壕那種地標建物，根本防範不住敵人。而倘若建成秦漢那般，萬里長城的規模，也必定能震懾北方部族。但目前蒙古人分散諸多部落，多數臣服我大金，尚沒有必要立刻耗費民力，去建築長城。但可以先從先前邊堡為基礎，慢慢去增建界壕，考量民力，逐步形成規模，最終建立長城。這樣也就不會重蹈秦朝與隋朝修築長城，耗費民力，乃至滅亡的故事。」

轉面對李石說：「朕讀的漢人歷史沒錯吧？」

李石（黑眼眶）笑而行禮：「陛下聖明。」

於是從金朝大定年開始，從邊堡開始往界壕去形成規模。金朝的萬里長城，真正型態雖然沒有立刻出現，但『長城精神』已經出現，實質規模也逐漸往萬里長城的方向形成。

過不久，完顏雍忽然發現，先前移民過來的契丹、奚、女真人，開始逐漸穿漢服，用漢字，說漢語。完顏雍內心開始有些異動，不斷頒佈詔書，強調使用女真文字與女真服飾。

契丹與奚的後裔自然不會理他，很快就跟漢人混合，尤其沒有過去歷史記憶的奚，首先消失。連帶女真人也開始鬆動。除了原先在東北山區，沒有跟著南下的女真部族，仍然保留原有的語言與生活習慣，但遷移到中原的女真人，就漸漸不再理會朝廷的諸多宣導。

完顏雍的孫子完顏璟，因父親早逝，受封皇太孫。完顏雍去世之後完顏璟繼位。完顏璟特愛漢化，竟然開始迷上宋徽宗趙佶的瘦金體書法，筆跡已然亂真。也愛學宋徽宗槌球遊戲，更如宋徽宗精通音律與風流倜儻。愛上的女人也類似，一個愛李師師，一個愛李師兒。

完顏璟嚴然另外一個趙佶。

於是長城精神再次興起，借女真人之手興起。

此時北方的蒙古部族，開始有了異動。

蒙古各族直屬祖先，與先前所有興起於大漠草原的各民族一樣，本來自更北的遊牧部落。因為金國興起，迫使大多數契丹人進入中原，小部份契丹人西逃，從而漠北草原被放棄之後，蒙古祖先逐漸融合其他遊牧民族，從冰原地帶進來遞補。這個地區的權力真空，逐漸再被充填。又一個匈奴、柔然、突厥、回紇與契丹的模式出現。當然也跟先前的各民族初期一樣，各部落之間都會先相互廝殺搶奪，始終不能團結，以至多數蒙古部族都臣服於金。但自從金界堡到金界壕過渡完成之後，蒙古各族也開始加速整合，形成戰力。

金明昌元年。漠北蒙古草原。

蒙古乞顏部的鐵木真，與扎達蘭部的扎木合，原本相互都稱兄道弟。但後來生隙，變成仇敵。雙方大打出手。各自動員十三個聯盟部落，分成十三翼交戰。一戰結果，鐵木真大敗，逃到斡難河畔，哲列捏狹地。但扎木合雖然獲勝卻太過殘暴，部眾離心，紛紛改投奔鐵木真。

一個懂得蒙古內情的金國商人周昌（棕眼眶），帶著金國皇帝授予的符節，在蒙古商人的導引下，來到乞顏部落鐵木真帳內，商量雙方以草原馬羊，交換中原鐵器的事情。

周昌（棕眼眶）用蒙古語說：「可汗新敗，我大金皇帝陛下願意拿出中原的精良鐵器，與你們交換馬匹與牛羊。如果可汗今年生產豐碩，可以派人到我大金界壕邊上來做交易。我們在此敲定一個地點與交易的數量。」

鐵木真說：「南方的皇帝都是天上人，怎麼會這麼在意我們草原的事情？竟然還知道我打了敗仗，急需鐵器？」

周昌（棕眼眶）笑說：「我大金皇帝陛下，文治武功遠播四方。對於可汗您的部落，自然也多加關照。交易鐵器，一直是大金與蒙古各部可汗之間的商業主軸，尤其失敗一方，我們會給予更多優惠。」

鐵木真見了也冷笑了一下，然後說：「少來這套，你們跟所有大漠的部族都有貿易往來對吧？而失敗的一方就有更多優惠？這是為了讓我們大漠各部，更方便地相互廝殺，對吧？」

周昌（棕眼眶）一愣，搖頭苦笑，雙手同時在一旁搖擺說：「不不不，可汗這話從何說起？可汗這話從何說起？交易只是商業需求而已！只是商業需求而已！」

鐵木真露出兇惡目光喝道：「我不會看不出來，金國皇帝的心思？你們把我們當作野蠻人，相互打打殺殺，少一個是一個，分而治之，對吧？」

周昌（棕眼眶）更加搖動著雙手說：「這……這……可汗這話如何說起？我們沒有惡意啊！今天我來，是為了幫助可汗的部落，讓您有更多鐵器，可以保護自己啊。大漠各族兇悍，難道可汗不需要保護自己的族人了嗎？這純粹是幫助您保護自己族人，不是自相殘殺啊！」

鐵木真怒目指著周昌說：「你們女真人不用裝高貴文化了！別以為穿了漢人的服裝，我就認不出你們！你們先前也是東邊山區的野蠻人，跟我們是一樣的！憑什麼把我們視為野蠻人？你以為我不知道，你們女真人祖先，到底來自哪裡嗎？」

周昌（棕眼眶）看到他兇惡，不敢硬頂，也不想說自己其實是漢人，頻頻點頭說：「是…是…可汗說的是…」

鐵木真不屑地說：「我祖先傳下來你們女真人的故事，你們也是打跑契丹人，搶奪契丹人與漢人的土地。現在穿著漢服，就開始假裝漢人，跑來愚弄我們。你們可以騙過其他部落，但休想欺騙我鐵木真。」激動地握拳頭，怒目說：「我看得清楚你們女真人的原型！」

周昌（棕眼睚）繼續點頭，彎躬說：「是⋯是⋯可汗慧眼獨到，說的是⋯」

周昌內心嗤笑，但外表恭敬嚴肅。

沉靜了片刻。

鐵木真忽然轉變神情，轉變態度而低聲說：「不過現在我確實需要精煉過的鐵器，來製作弓箭與大刀，不然無法對付我的敵人。你們提出的羊馬換鐵器的貿易，我會詳細考慮的，甚至我也會聽從大金國皇帝的命令，只是你們女真人不要妄想拿漢人的東西，來愚弄我們蒙古人。」

周昌（棕眼睚）行揖說：「是是是，我們女真人不會愚弄蒙古人，感謝可汗，感謝可汗。」

停頓了一會兒。兩人四目相交。

鐵木真問：「你還愣什麼？應該帶有金國皇帝開的貿易條件吧？現在說！」

周昌（棕眼睚）笑說：「真瞞騙不過可汗，我大金皇帝陛下發現，蒙古塔塔兒部落首領蔑兀真笑里徒，時常冒犯我大金國。所以皇帝陛下想跟可汗聯手，倘若他們冒犯我大金長城以南，就跟您一起出兵消滅他們。我們也只是要保護住長城以南而已。」

鐵木真冷冷一笑說：「塔塔兒部跟我們乞顏部，確實是有仇的，我父親也速該，就是被他們害死。大金皇帝，還真是找對人了！」

周昌（棕眼眶）說：「如此甚好，那麼今年我們的交易，就沒有問題。希望可汗的部落更加強盛，走出失敗的陰影，我們由衷祝福。」

鐵木真說：「好，南方來的客人，先回帳篷住下，我會派人跟你們商量仔細，關於今年貿易物品的事情。」

周昌（棕眼眶）告退。鐵木真自以為先据後恭得計。

退出去後。

周昌（棕眼眶）露出詭異笑容，眼睛往後一瞄，冷地一笑，回頭繼續走，食指一直轉，自言自語：「女真人裝漢人，漢人也裝女真人，裝裝裝，好笑又不好笑。」

鐵木真在蒙古包內，也詭異地笑，喃喃自語說：「拉一部落打一部落，讓大家都聽你們大金國的命令，這一招誰都會！長城以南？等我強大到統一整個草原之後，你們休想用這招來對付我，到時候長城以南，還會是你們女真人的安樂窩嗎？」

周昌（棕眼眶）在乞顏部交易場所，亮出了所有的商品，大喊：「來啦！我們南方的大金國來跟你們貿易啦！拿出我們最好的東西，大家來看啦！」

乞顏部商人紛紛圍了過來。

但鐵木真還是被唬弄了，塔塔兒部落是有侵犯金界壕以東，但也沒有很嚴重的事態，且很快又臣服了。而王某說以南，對他來講只是胡言亂語指個大概迷糊方向，但是對你鐵木真而言，內心確就成了一個『正確方向』，一定會引出你的強盜之心。

除了鐵木真，其他蒙古部落的首領，也都有類似的商業使者去往返穿梭，看上去都是要他們都服從大金國皇帝命令，實際上都有談到長城以南，去讓他們建立一個『正確方向』。不管蒙古部落誰打誰，將來誰會最後獲得勝利，都能產生同一個結果。

正確方向既然開始建立，也就可以快速地，從『金界壕』往『金長城』的規模來擴建了！於是金長城，很快地正式全面開建！

六年後。

鐵木真果然也不辜負，漢人『陰兵通氣』、『暗軍造勢』所望，得到鐵器貿易後部落壯大。

因塔塔兒部也因鐵器貿易實力大增，靠近長城，果然跟金朝發生對立與衝突，鐵木真果然願意跟金兵聯合，大舉夾攻塔塔兒部，其首領兵敗被殺，鐵木真遂被金朝封為「札兀惕忽里」，即部落官。有了金人冊封當靠山，且以此冊封，能不斷跟中原商人交換物資貿易，戰爭的資源有了源源不絕的補充，鐵木真遂可以擴大勢力，加速戰爭，放膽併吞其他蒙古部族，如同當年完顏阿骨打一樣。

就在同年，即金朝承安元年，金長城正式出現規模！經過六年，調動百萬漢人民伕一起努力，整個過渡擴建，已經完成。

鐵木真率領親衛騎兵，帶領著大批的馬與羊，以「札兀惕忽里」部落官的名義，來金長城邊境，與中原商人約定貿易。

「可汗，這是什麼啊？好長的一道牆。先前來的時候還都是困馬溝，且沒有相互串聯，也沒有延續這麼長。女真人的界壕，什麼時候變成這個樣子？完全認不出來了啊！」鐵木真手下大將博爾朮如此詢問。

鐵木真看了也頗為驚訝，他也不知道該怎麼稱呼這麼長的城牆。另外一員大將木華黎看了呵呵一笑，他似乎知道這是什麼。

鐵木真轉面看他問：「你知道這道牆？」

木華黎說：「以前我常跟一個漢人商販聊天，談過一個叫『萬里長城』的城牆。我猜這女真人，一定是跟漢人學的，現在也派人建這一道城牆。」

鐵木真眼神露出兇光地問：「建這種綿延不絕的城牆做什麼？」

木華黎說：「據漢人說，他們當初是為了防範我們北方的騎兵南下搶奪，所以建了這一道城牆。」

鐵木真疑問：「我們祖先曾經有南下搶奪漢人嗎？我從來沒聽說過啊？」

木華黎此時也陷入了狐疑。

博爾朮說：「可汗，我們蒙古人沒有文字記載，所以我們祖先跟漢人們的關係，也只能看漢人們的書上記錄才知道。」

鐵木真若有所思，他對這事物相當陌生，但既然早就想到，將來有可能跟金人作戰，他就必須要先搞懂，這到底是什麼東西。

商隊來到了邊境驛站。

他指揮著蒙古商人，與中原商人貿易。

「木華黎，這裡有女真人商販也有漢人商販。我想找一個漢人商販，請他介紹一個懂萬里長城故事的漢人，來跟我解說，這個萬里長城的事情。記住！一定要找很有學問的人來！假設找了一個似懂非懂的人，給了錯誤訊息，會嚴重誤導我們的判斷的！」

「是的，交給我去辦。」

邊境貿易連續半個月，來來往往的商人頗多。

過了兩天，木華黎帶兩個人，進到鐵木真在驛站外搭建的蒙古包帳中。一個是商人張鐵，另外一個是書生王是道。

木華黎說：「可汗，驛站中我找來這兩個漢人，他們應該可以回答可汗想知道的問題。」

兩人行揖說：「參見可汗。」

鐵木真站起來用蒙古禮儀，手擺在胸前說：「兩位客人不要多禮，相信木華黎已經跟你們說過，我想知道萬里長城的歷史故事。」

張鐵用蒙古話說：「我叫張鐵，會說蒙古話。而這一位是我朋友的兒子，叫作王是道。他對歷史很熟悉，但不懂蒙古語，所以由我來翻譯。」

鐵木真頻頻行禮，招待兩人入座，由張鐵居中翻譯。

鐵木真問：「最近我們來這裡貿易，看到了大金國建立了一道很長的城牆，一眼望去根本看不到邊際。我聽木華黎說，這是女真人學你們漢人的祖先，建萬里長城。女真人建這城牆，目的是為了防範誰？」

王是道回應說：「聽說是為了防範某些蒙古部族搶奪，但我相信絕對不是為了防範可汗，不然我們不會在這裡聊天。」

鐵木真哈哈一笑說：「這是當然，我是大金國冊封的『札兀惕忽里』，替大金國守護邊疆，消滅不聽從大金國號令的草原部族。當然不會是防範我們，這一定是為了防範塔塔兒部，或是其他部族。」

王是道與張鐵都頻頻點頭。場面稍微有點尷尬。

鐵木真又問：「女真人學你們漢人建牆的事情，就暫時別提。我想問的是，你們漢人當初建所謂的『萬里長城』，目的是為了防範誰？」

王是道說：「北方的長城最早建立於戰國時代，距離現在應該有一千三百年以前囉。後來秦始皇消滅了東方六國，統一全中國，把各國的長城都連在一起，就是後來稱的『萬里長城』。目的是為了防範當初北方草原的匈奴。」

鐵木真聽到這一段，打斷翻譯，追問：「等一等，匈奴是怎麼一回事？他們住在哪裡？」

王是道說：「他們就住在漠北草原，也就是現在可汗與草原各部落，所住的地方啊！」

鐵木真皺了眉頭，然後問：「匈奴與萬里長城的故事，先對我說一下。」

王是道說：「匈奴在戰國時代時，也是分裂成很多個部落。但說也真奇怪，當秦始皇統一中原各國，把各國長城連在一起，變成真正意義上的萬里長城之後。過沒多少年，匈奴各部落也跟著統一了起來，變成強大的匈奴國。當時統一他們的領袖，不稱可汗，而稱單于，他名字叫作冒頓單于！」

鐵木真問：「冒頓單于？從沒聽說過這個名號。你說匈奴到底是怎樣的國家？」

王是道說：「跟可汗你們一樣啊！住著帳篷，騎馬射箭，他們的箭射出去還會響，稱之為鳴鏑。所佔領的領土從東邊到遼東，西邊直到西域。非常勇敢善戰，號稱有四十萬鐵騎兵，讓後來的漢朝皇帝非常害怕，不斷重修秦朝的萬里長城，防範他們。」

鐵木真問：「那我看這冒頓單于，會不會就是我們的祖先？」

王是道搖頭說：「不是，不是。因為草原接下來的故事還很多，可汗您聽我說完之後，就知道，匈奴人雖然生活習慣跟可汗你們一樣，但匈奴人不是你們蒙古人的祖先。」

鐵木真又打斷問：「等等，你剛才說漢，當時中國不是秦來統一嗎？」

王是道笑說：「這是因為中國換了其他姓氏的人當皇帝，所以改了國名，從秦朝變成了漢朝。後來漢朝跟匈奴打了很多年戰爭，有輸有贏。我們中國人，因為漢朝曾經強大，所以也被你們稱為漢人。匈奴則分裂成北匈奴與南匈奴，北匈奴最後失敗西逃，不知所蹤。有一個傳言，說他們到了泰西之地建國，與當地人混合了。南匈奴趁著漢朝衰弱，就不斷南遷進入中國。」

鐵木真喝了一口茶，也示意客人們喝，接著問：「最後南匈奴人有跨過萬里長城，佔領中原？」

王是道點點頭說：「有喔！不過那是漢朝滅亡之後的事情，當時叫作晉朝，同時跨過萬里長城進來的，不是只有匈奴，當時還多了其他地方來的民族，有羯、氐、羌、鮮卑。統稱五胡。為了爭奪佔領中原，互相攻打。」

鐵木真問：「最後誰勝利了？」

答道：「是一個叫作鮮卑的民族。」

鐵木真此時站起來，準備親手替兩人倒了羊奶茶。兩人一同行禮如儀。他一邊倒一邊問：「不要多禮…繼續喝…這些鮮卑人又是住在哪裡？」

王是道喝了羊奶茶，接著說：「也是住在可汗你們所住的大草原啊！他們也統一過整個大草原啊！」

鐵木真聽了似乎非常吃驚，羊奶茶倒歪了。

「小心，小心。」張鐵趕緊抽出隨身巾布，替他擦拭。

鐵木真招來外面的僕從，清理桌面。僕從退出後……

鐵木真疑惑地問：「不對啊！你說匈奴以前，就住我們現在蒙古的大草原，鮮卑人也是同時代的民族，怎麼也統一過整個大草原？」

王是道聽了笑說：「剛才不是說過，北匈奴西逃不知所蹤，南匈奴逐漸南遷進入中原，結果他們原來的大草原到遼東這一帶，就被更北方，來自冰原的鮮卑人給佔領了。匈奴人也就沒辦法再回到草原，為了躲避鮮卑人的侵略，南匈奴舉族都遷進了中原附近，而鮮卑人也分成幾個部族，隨著匈奴人的腳步一起南下中原。等到匈奴人在中原所建立的國家，被其他民族消滅之後，鮮卑人也跟著南下，消滅其他四族許多國家，最後佔領了整個中原。」

鐵木真喃喃自語了一下，追問：「這麼說來，鮮卑人就佔領了整個中原與草原，最後結果呢？」

王是道說：「這又跟萬里長城扯上關係了，鮮卑人最後消滅其他胡人之後，在中原建立了一個叫作魏的國家，史稱北魏。結果他們除了重修秦朝的長城之外，又自己也建立了一條萬里長城。就是北魏長城。」

鐵木真目瞪口呆，忽然拍桌急問：「既然他們擁有了整個大草原，又佔領了中原。重修長城且又再建立萬里長城做什麼？防範誰？」

兩人同時被嚇到。

木華黎在他耳邊說了幾句，鐵木真趕緊露出笑容說：「非常對不起，兩位客人，我說話有時候會衝動，但沒有惡意，只是性情急了一些，弄不清楚事情的經過。請回答剛才的問題。」

兩人也都露出笑容，王是道接著說：「鮮卑人建立萬里長城，是為了防止更北邊跑來佔領草原的新民族，叫作柔然汗國。他們原本是臣服於鮮卑人的小部族，趁著鮮卑人南下佔領中原建立魏，於是大肆繁衍擴張，以武力進入了漠北大草原，鮮卑各族為了自保，紛紛躲離草原。而柔然最後也意圖進入中原。這一回變成鮮卑人跟匈奴人一樣，回不去草原了，為了防止柔然人隨著自己腳步也進入中原，不得不學漢人，再次建立萬里長城，固守中原。」

「說到這柔然，也真好笑，他們當時派使節，走偏僻小路穿過中原，偷偷跑到中國的南朝，也就是現在宋國的地方，自稱自己其實是漢人，都是蘇武牧羊時期跟北原女人的後代，要與南朝一同夾擊，消滅鮮卑人，一同光復中華。北魏鮮卑人，聽說他們跑去找南朝人說的鬼話之後，非常厭惡。在北邊建立許多兵鎮武力，用來守長城，防範柔然人南下。」

鐵木真從這故事聽出了一些端倪，面色變得有些凝重，又問：「最後這柔然呢？」

答道：「被來自於西北遠方的突厥人消滅，聽說柔然殘部西逃而分散消失了。而隋朝的漢人，不得不再一次大修萬里長城，防範這進佔整個大草原的新興勢力，突厥人。」

鐵木真疑問：「等一下！隋朝的漢人重修長城？中原不是已經被鮮卑人佔領？」

答道：「已經同化成為漢人，然後漢人再次統一南北，建立了隋朝。才要對付突厥。」

鐵木真喃喃自語：「祖先說，草原一直是我們蒙古人的，怎麼先前會有這麼多其他民族佔領過？」轉面又問：「突厥有進入中原？」

答道：「他們有這麼想，但隋朝與唐朝的勢力很強，他們失敗了。曾被唐朝消滅而臣服一次，但很快就復國，最後被佔領現在肯特山一代的回紇人打敗消滅。突厥殘部只能往西逃走。回紇人佔領了整個草原。而回紇人最後則趁唐朝衰弱，也大舉進入中原，但因為分裂內戰而被迫臣服於唐朝，一部份逐漸漢化，另外一部份被侵入大草原的黠戛斯民族打敗，也跟著西逃。黠戛斯民族短暫統一大草原之後，又從更東北方，來了一群人佔領大草原，搶奪整個草原牧場，讓黠戛斯回不到草原上。這就是現在還存在一小部份族群的契丹人。」

鐵木真點頭說：「到這我就聽人說過了…他們打敗黠戛斯之後建立遼，又被現在的女真人打敗。一部份去了中原定居，另外一部份也是西逃，也就是現在的西遼，那依你所言，我們祖先說的不是真實的，我們蒙古人應該是在契丹人之後才進到大草原來的，先前臣服於契丹。就像先前大草原上的各民族遷徙一樣。」

木華黎苦笑問：「漢人書生，你說的真是混亂，在萬里長城南北兩邊，打來打去。又沿著萬里長城東西兩邊，跑來跑去。曾經統治大草原的民族還真多。不知道當時我們蒙古人在哪裡啊？」說罷哈哈一笑。

其他人也都跟著笑。

忽然鐵木真嚴肅地問：「對！他問的沒錯！且不說最早的匈奴時代，就說契丹時代吧！當時我們蒙古人的祖先在哪裡？是不是我曾聽聞的，是契丹人的臣屬？」

王是道搖搖頭道：「這就不好回答了。原因是人本來就是跑來跑去，混來混去。我自稱是漢人，可能也只有一部份祖先是真正漢朝時代的中國人，也可能在當時，我有一部份祖先，曾是住在極北冰原上的鮮卑人，也未可知。」

鐵木真問：「就問個大概吧！你可否回答？」

王是道點點頭說：「據書上記載，遼國時期漠北草原有克列、室韋與乃蠻，為契丹的臣屬。而今乃蠻部仍在，克列部也存在，他們屬於突厥殘部與回紇混種。室韋則是偏向漠北更東北方來自冰原的部落，不在草原民族內。是後期從冰原進入草原後，臣服於契丹的，才逐漸改變了生活方式為遊牧。當時被契丹人猜疑是否會侵佔草原，所以被耶律皇族，限制在一定的範圍內專司牧馬，派兵嚴格監視不得離開此範圍。但在遼被金滅亡時。室韋趁機會擺脫控制，掌握一部份的草原控制權，脫離契丹自立，建立了蒙兀國。蒙兀當中一部，就是可汗您的部落乞顏部啊。我想可汗的祖先，很可能在當時是曾住在冰原的室韋部族人。」

鐵木真點頭說：「這倒很可能是：我父親曾被推舉為蒙兀可汗……整個關於漠北與萬里長城的故事，大致都知道了。除了這個女真人的長城之外，有機會還要去看看你們漢人建立的萬里長城。」

王是道說：「現在還存在，只是風化得很嚴重，許多地方坍塌了。不過可汗您從現在的金國長城，就可以推斷我祖先在秦朝時候所建萬里長城的規模。」

會談之後，鐵木真送了兩人各一匹好馬。

這一次貿易很成功，帶著諸多優質鐵器，準備運回乞顏部打造武器與鎧甲。眾人騎馬歸途中，鐵木真一直沉默，若有所思。

木華黎把故事也轉告了博爾朮。

「可汗，從那個故事來推斷，漢人的所謂萬里長城，根本也阻擋不了我們草原騎兵南下！所以我們根本不用畏懼金國的萬里長城，一樣可以打得他們落花流水。」

博爾朮聽了故事之後這麼說。

鐵木真搖搖頭：「這故事沒這麼簡單啊……沒這麼簡單！統一草原的部族非常

之多。至少匈奴、鮮卑、柔然、突厥、回紇、黠戛斯、契丹都曾經統一過這大草原，領土也非常之大。可現在都很難找到他們的後代。或許突厥與契丹的後人，在西邊還有一些，與當地人混種，失去原來的主體性。而這些民族主要的後代，很大一部分都跑去當漢人，漢人真的是讓人感覺很詭異……很詭異……」

木華黎笑說：「等可汗統一了大草原，我們再來商議佔領中原的計劃。我們是長生天的子民，比以前的民族都聰明！永遠會是由我們所統治！」

鐵木真頻頻點頭：「是啊……誰也別想我們蒙古人臣服了！我們比任何民族都更英勇更聰明！我們不一樣！」

是啊……你們確實不一樣，所存在的時間確實不一樣。其他所有民族，也都是曾經自認為『我們不一樣』。但目前暫時還得都一樣，得一樣『在南北兩邊打來打去，沿東西兩邊跑來跑去』。

於是鐵木真回去大造兵器，整頓軍容，聯合克列部的王罕，於闊亦田之戰大破扎木合。同時屠殺了塔塔兒部落。

王罕的兒子桑昆，跟鐵木真反目成仇，塔塔兒人遂從中搓弄，王罕與扎木合聯手打鐵木真。鐵木真軍再次大敗潰走，部族也被屠殺，傷亡慘重，一路被追殺不停，一路北逃到北海東邊逃過一劫。

重整部隊之後，趁著秋天大舉南下反撲，偷襲克列部。王罕與桑昆西逃，被當地人殺死。扎木合投奔乃蠻部。鐵木真率軍追擊，大戰乃蠻部落，乃蠻汗當場被殺死，扎木合被俘虜之後被殺。所有草原各部族，不得不都臣服於蒙古部族。但乃蠻殘部拒絕臣服於鐵木真，舉族南下進入中原投奔金國，請求內附。金國遂收留乃蠻部落，為其作戰力量。

於是鐵木真在斡難河大會所有草原部族，宣佈統一整個漠北草原，延續蒙兀國名，建立大蒙古國，所有人上尊號『成吉思汗』，並製以蒙古文字頒布法典。

話鋒回頭，鐵木真統一漠北這一年的前兩年，臨安……

拮抗到了南宋仍然繼續糾纏。雖然金世宗與金章宗統治時期，南宋偶有北伐戰爭，但大體主和佔上風。如今漠北有變，又準備來一次大翻盤。韓侂胄（紫眼眶）此時，已經身居宰相更加位的平章軍國重事。因為排斥理學，而被學者們認為是奸臣。

但他做了所有理學家，都不敢去做的正義之事，就是上奏皇帝趙擴，下詔宣佈將已經平反的名將岳飛，加諡號為武穆，追封岳飛為鄂王，並削去秦檜的王爵，其諡號改為繆丑！正式定調是非對錯！宣佈準備北伐金國，收復河山！整個昏昏沉沉的南宋朝廷上下，歡欣鼓舞，主戰主和的拮抗糾纏再次大逆轉，又以主戰派大獲主導地位。

愛國詞人辛棄疾與陸游二人，平常抑鬱不得志，此時非常高興，奔相走告，稱讚韓侂冑是南渡以來，最有氣魄的名相。對此懷抱希望，一起寫詩詞鼓勵之。

辛棄疾（黃眼眶）時任浙東安撫使，入見韓侂冑。

「韓相，我派駐北方的線人，南來人告知。金國北邊逐漸興起強大的蠻族，逼使他們大修長城，從而又四處平定動亂。國勢已經衰落，所以金國必亡！北伐一定可以成功！」

韓侂冑（紫眼眶）說：「這些消息，本相也派了眼線，都有探聽。陛下對於北伐，也是有期待的，只是動兵得準備一些時候，防範萬一才好。」

鄭挺說：「吳曦練兵於西蜀，他是忠勇名將吳璘之後，必定不負韓相所托。厲仲方在前線也有回報，淮北流民都希望王師北上賑濟，願意裡應外合。」

鄧友龍說：「是啊！本朝受金人羞辱多年，每次北伐都有奸臣國賊在後搗亂，而今韓相追贈岳飛，貶奪秦檜，大快全國人心，對秦檜追貶口誅筆伐，破壞其墳碑。秦檜的後人現在為官，都低調異常，閉門不見客。是非黑白終於反正，所以必定能眾志成城，北伐成功。」

韓侂冑（紫眼眶）說：「是啊！本相準備上奏陛下，同時自掏腰包，贊助北伐之資，賞賜有功，必能克捷！但朝廷內部主和主戰糾纏不休多年，這才是最大的弊病，萬一在北伐中，偶遇小敗，就會紛紛上奏彈劾本相，阻擾北伐。本相比較擔心的是這個。」

辛棄疾（黃眼眶）激動地說：「而今韓相反正岳飛名譽，秦檜繆丑之名已經為天下子民認可。誰若主和，誰就是秦檜第二！是賣國的奸邪！辛某誓與他不共戴天！國仇家恨，任誰都不能妥協！」

韓侂胄（紫眼眶）頻頻點頭，表示認可。之後在不少場合，都提及準備北伐。許多大臣表示反對，甚至都彈劾他是奸臣，韓侂胄非常生氣，把他們一個個都貶出去。於是真的準備要北伐。

辛棄疾聲望很高，朝廷主和派於是先將他彈劾，來當作反擊，讓他回老家休養。辛棄疾愛國之志無法伸張，抑鬱得病。

辛棄疾在北邊有安插耳目，金國也在南邊有安插耳目。於是上奏皇帝完顏璟，說南宋即將背盟北伐，於是完顏璟急忙招見大臣商議。

此時，金國皇帝完顏璟，後世稱金章宗，已經絲毫沒有祖先完顏旻那般神勇，聽到這消息，表情有些恐懼。他書法與繪畫跟宋徽宗趙佶一樣，槌球喜好跟宋徽宗趙佶一樣，音律專長也跟宋徽宗趙佶一樣，甚至玩的女人名字都要相似，風韻都要相同。

自己祖先抓了別人的祖先，羞辱別人祖先之後弄死別人祖先，結果自己不學自己祖先，學別人被抓的那個祖先，別人子孫要來替這被抓的祖先復仇，自己反而跟自己祖先不一樣，而跟別人祖先一樣，開始恐懼了。

滿朝大臣也議論紛紛，主張先派軍南下，大臣們一致認為，宋軍每次北伐都沒有成功，根本不必害怕，完顏璟才鬆了一口氣。於是南宋軍分兵北上，金軍也分兵南下，一時間雙方交戰互有勝負。完顏璟發現宋軍戰力變強，金兵已經完全沒有優勢，而且宋軍還有後續力量將要投入，非常恐慌。

當異族入侵，或異族較為強勢時，被統治的華夏漢人，或被影響的華夏漢人，該不該？或該怎樣跟異族合作？

經緯臣：合作肯定要，否則怎麼扮豬吃老虎？這個，立場有點尷尬。

煉足靴：說北伐，是應該啦！先前東晉不也是不斷要北伐嗎？但是把金國弄成這樣，不是為了讓北伐成功。實在好尷尬。

經緯臣：看來是要讓一些關鍵分子，變換一下心靈牌局了。但是不好大規模地爐。整頓關鍵人物的立場，是我們的責任。去跟一個關鍵分子玩一玩心靈牌局，讓他換一下立場。使用最簡單的抽牌，讓搓鳥跟環境所有人，對抽心靈手牌。抽到與己方有相同牌，此相同牌就得扔掉。最後誰手上沒牌，就得變換立場。若搓鳥變換立場，我們就達到目標。若我們變換立場，就請讓陰陽古怪之主，發動舊慣性來矯正全局。

煉足靴：就這麼定，漢兒漢父，美女惡女，愛國志士，四大人性詭變，讓他立場豬羊變色。

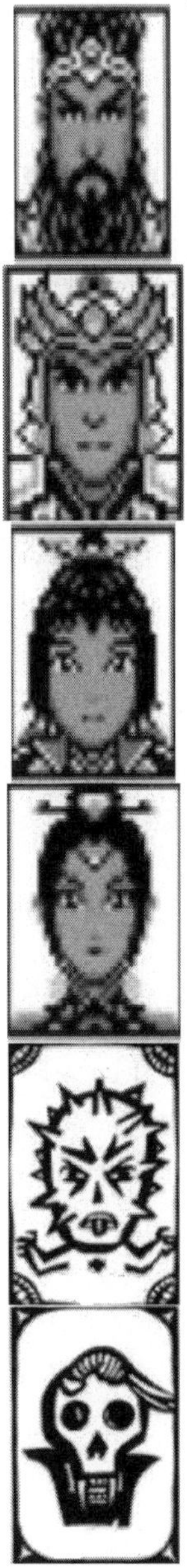

經緯臣：我們手上多六張牌，比心靈對契，那個搓鳥絕對劣勢，他的心靈圖像轉動太呆版，也就是手牌沒辦法快速替換位置，很容易在跟群體交錯時候，被我們

雖算出他手牌的內容。乖乖走我們設好的墨斗線。立場開始轉彎囉。讓他當漢兒！

煉足靴：讓全局尷尬，也只好讓他們都尷尬。

原本宋朝蜀地名將吳璘之孫吳曦，韓侂胄本來看中他是抗金名將的後人，重新授權他鎮蜀地練兵，可以讓蜀地軍民士氣大振。若北伐陷入僵持不下，吳曦所領後備兵力投入，將會一舉扭轉戰局。

吳家原本因為吳玠吳璘兩兄弟，愛國抗金，在川蜀有很高聲望，吳曦則是吳璘之孫子，也有才幹所以川蜀人士對他重新來此掌兵有很高期待。雖然北伐初期陷入僵局，但仍然持續支持。

然而就在這僵持不下，需要川蜀兵持續投入作戰之時，吳曦卻並不是要幫助宋軍北上，反而想要幫助金軍南下。萬萬沒有想到，愛國英雄後代，跑去當了漢兒，不怕被人唾罵，向異族輸誠！

他的心靈圖像確實轉動太呆，很快被周邊人與環境摸出來他的選擇，那麼遠端的群體也能對他造成很大的影響，最後只會走一條讓宋朝朝廷，錯愕的路。

完顏璟原本以為大局不利，聽了這消息，趕緊派人勸誘，準備封他在蜀地當王。詔書說：「宋自佶、桓失守，構竄江表，僭稱位號，偷生吳會。時則乃祖武安公玠，捍禦兩川，洎武順王璘，嗣有大勛，固宜世祚大帥，遂荒西土，長為籓鎮，誓以河山，後裔縱有欒黶之汰，猶當十世宥之。然威略震主者身危，功蓋天下者不賞，自古如此，非止於今。卿家專制蜀漢，積有歲年，猜嫌既萌，進退維谷，代之而不受，召之而不赴，君臣之義，已同路人，譬之破桐之葉，不可以複合，騎虎之勢，不可以中下矣。此事流傳，稔於朕聽，每一思之，未嘗不當饋嘆息，而卿猶偃然自安。且卿自視翼贊之功，孰與岳飛？飛之威名戰功，暴於南北，一旦見忌，遂被慘夷之禍，可不畏哉？故知者順時而動，明者因機而發，與其負高世之勛，見疑於人，惴惴然常懼不得保其首領，曷若順時因機，轉禍為福，建萬世不朽之功哉？今趙擴昏孱，受制強臣，比年以來，頓違誓約，增屯軍馬，招納叛亡。朕以生靈之故，未欲遽行討伐，姑遣有司移文，復因來使宣諭；而乃不顧道理，愈肆憑陵，虔劉我邊陲，攻剽我城邑。是以忠臣扼腕，義士痛心，家與為仇，人百其勇。失道至此，雖欲不亡，得乎？朕已分命虎臣，臨江問罪，長驅並騖，飛渡有期，此正豪傑分功之秋也。卿以英偉之姿，處危疑之地，必能深識天命，洞見事機。若按兵閉境，不為異同，使我師并力巢穴，而無西顧之虞，則全蜀之地，卿所素有，當加封冊，一依皇統冊構故事。更能順流東下，助為掎角，則旌麾所指，盡以相付。天日在上，朕不食言。今送金寶一鈕，至可領也。」

洋洋灑灑瘦金體寫來，開頭從趙佶開始數落，但這個字體這個文筆，又像是趙佶陰魂轉世，幾乎亂真，讓世人無可分辨。

金使穿著宋人服裝，然後還扛著宋徽宗牌位來，當眾交給吳曦，完顏璟書信。吳曦（紅眼眶）見了，竟然痛哭流涕，鬼喊：「這，這是瘦金體啊！這就像我大宋徽宗皇帝的聖旨啊！是徽宗皇帝啊！」

吳曦（紅眼眶）大哭下跪，然後把金主完顏璟信件給眾人傳閱，又哭說：「你們自己看！這瘦金體！是不是像徽宗皇帝的親筆詔書？臣等奉旨啊！」

當場下跪受封，宣佈『叛宋投金』。部將與文僚們當場傻眼，竊竊私語。

「徽宗皇帝，不就是被金人擄走那個先皇？」「將軍如此感動，他見過徽宗皇帝嗎？」「徽宗皇帝不多年之前就晏駕在金國？」「這是很像徽宗皇帝寫的瘦金體，但是這瘦金，是金主的……上頭還直指徽宗皇帝的佶、桓失守。」「這金主寫瘦金……這瘦金……這瘦……這金……」「這金主的瘦金，這金瘦金……金主的瘦金，這金瘦，結論是我等要降金？」「你看得懂嗎？這到底在演哪一齣戲啊？」「我哪知道？戲服台詞亂套了！」

這！這！這！金國皇帝跟宋徽宗風韻完全一樣，又寫宋徽宗的瘦金體招降宋朝愛國名將後代，也不怕瘦金之後，金會瘦。而愛國抗金武將後代，竟然也風韻相同，一起豬羊變色，叛宋投金？

這真的別說當時的人！許多年後的後世之人，也不知這到底是在演哪一齣戲？

到底演哪齣戲？真的……真的……難以分辨……

若不是筆者知道有超個體鬼局，以集體操弄個體的心靈圖像，真的連筆者也不知，該怎麼說這段歷史事件。

部將們紛紛怒斥，吳曦為了這個還殺了好幾個部將與文僚。

臨安方面得到消息，韓侂胄與群臣也目瞪口呆，明明一切計畫萬全，把邪惡都翻盤成正義，怎麼最後原本正義的人，因此翻轉成為邪惡？

整個宋軍北伐變調……變成了金軍南征……抗金愛國名將的後代，竟然叛國跑去投金，所有蜀地軍民驚愕，與南宋各地臣民都被這消息嚇呆，這齣戲已經荒腔走板。

面對這荒謬不利的戰局，主和派於是脅持著理學道德，對韓侂胄大反攻。韓侂胄被迫同意求和，但金國回應是：以韓侂胄人頭來交換和平。

韓侂胄大怒，把所有私產捐出贈軍，準備與金國再戰。他只剩最後一個有愛國名望的可用之人，即辛棄疾，急忙招他出山入朝，主導北伐政事。只是他已經老病纏身，收到詔書，拒絕家人苦命勸阻，仍然堅持上馬車。

從老家鉛山，準備前往臨安路上。

「快…快…韓相現在處境很艱難啊…我必須快點支援他…」辛棄疾（黃眼眶）如此催促馬車夫。

「老爺，您病得如此之重，恐怕很難到達臨安。我們還是回鉛山去吧。」馬車夫含淚這麼說著。

「不能不去……你快點走…我已經打算死在這一回了…」拼命催促馬車夫。

「是…老爺…您坐好啊…」馬車夫也大聲哭泣，繼續驅車上官道。路上顛簸不止，辛棄疾（黃眼眶）用盡力氣拉開車窗，看著遠處山峰，知道自己生命快終結了，不可能看到漢人江山收復矣，崩淚後，用盡力氣，唸了自己曾寫詞中的一句：「……男兒到死心如鐵，看試手，補天裂……」說罷，斷氣去世。

馬車夫停到驛站休息，發現他斷氣了。縱聲大哭，帶著他的屍體返回鉛山。

忠臣老病而死了，但叛逆也活不了多久，而且會死得更慘。吳曦正宣佈要配合金軍沿江東下攻宋之時，被地方官招募死士，突擊他的住處，將他當場砍殺。人頭送往臨安。當地民眾歡欣鼓舞，慶祝殺掉叛國奸佞。所有蜀地部隊紛紛宣布回歸宋廷。吳家在川蜀的名聲，徹底被敗壞，碑文祠堂都被拆毀。不過吳玠子孫仍然受朝廷恩赦，並繼續接手吳璘的牌位祭祀。

不過金軍的反攻仍然繼續，宋軍被吳曦大倒戈這樣一鬧，後續實力斷絕，川蜀部隊雖然回歸，但沒有形成一股作戰力量與準備，最後一股再戰的士氣都沒有，紛紛慘敗。

皇帝趙擴對於北伐這樣變調，完全不如預期所想，非常不滿。群臣也紛紛彈劾韓侂冑是奸臣，揭發他過去的過失。於是授意皇后，去暗示禮部侍郎史彌遠主和，史彌遠便矯詔招韓侂冑入朝。韓侂冑正前往途中，史彌遠派人抓走韓侂冑，在玉津園內槌死。

最後人頭函送金廷。宋金又再次議和。

主戰派除了張浚、盧允文有較好的結局，其餘都是慘烈或失意告終。如此才能讓陰陽和戰，相互達到拮抗平衡。史彌遠宣佈，恢復秦檜的王爵，追贈原有諡號。但他不敢提，韓侂冑追贈岳飛的王爵與諡號該如何處置？等於忠奸兩存之。

當然要忠奸兩存，和與戰都是一場戲，還得繼續做下去，誰都不可以有最後的勝利，以掩護北方的異動能，形成氣候……

就在宋金再次交兵時。

蒙古的成吉思汗率軍攻打第一個蒙古高原外的國家，就是金國放棄兼併的西夏。蒙古軍如狂風暴雨忽然出現，三次都把西夏軍打得落花流水，只能躲在城牆內拼死阻擋，西夏不得不改向蒙古稱臣，送出女兒和親。

完顏璟病死，廟號金章宗，因沒有兒子，遺詔立衛王叔父完顏永濟為皇帝。此時金人把這消息，派使節告知已經統一蒙古草原的鐵木真。告知他金朝新皇帝繼位，應當下拜。鐵木真此時已經打算跟金國開戰，故意怠慢來使，在帳篷外接見。

鐵木真傲慢地問：「大金國新皇帝是誰？」

金使李軍懂得蒙古語，記憶力也很好，於是說：「可汗您在靜州時候見過，就是衛王。」

鐵木真皺眉頭，面露兇光，往地上吐口水說：「呸！我以為中原的皇帝都是天上人，原來是這種庸儒之才，何需要拜？」

在一旁的諸多蒙古將領，一陣呼喊。李某與其侍從都被嚇到了。

金使李軍是漢人，閉眼苦笑了一下。

【李某出現白眼眶】

李軍（白眼眶）上前幾步，指著上天，嚴肅地冒出一句話說：「若可汗自認為有這本領，就來當這個天上人。」

這一說，出乎眾人意料之外。鐵木真也為之發愣一陣，說不出話。

【鐵木眞出現藍眼眶】

鐵木真（藍眼眶）慢慢轉身跨上馬，冷面說：「哼！」

眾蒙古將領也紛紛上馬。

「送客！拔營北上。」鐵木真呼喊著，然後策馬先離去，蒙古部族開始撤掉蒙古包，大舉移動。

金使李軍（白眼眶）看著蒙古部族大舉拔營，氣勢雄壯，知道金朝將有外患了。回國後告知完顏永濟，說明鐵木真的無禮。

完顏永濟拍桌大怒說：「這群野蠻人！下次若來朝貢貿易，就立刻殺掉！」

李軍（白眼眶）說：「陛下息怒。臣以為蒙古勢力不可以小覷，臣親眼見到他們遊牧拔營，滿山滿谷都是兵將，連婦女都可以彎弓騎射作戰，萬萬不可以小覷。」

完顏永濟哈哈大笑不止，說：「騎射？你說騎射如何？這不過就是北方蠻族兩千年的老套！我們大金現在帶甲百萬，也擁有中原各種技術。守城還有霹靂火砲，火銃，各種炸藥武器。這種東西，他們可能見都沒見過！哈哈哈！」

李軍（白眼眶）說：「陛下還是慎重起見，我朝的長城段因財力有限，並沒有全部完工，且走勢並非全盤東西向，蒙古騎兵有可能繞開我朝長城段，向南穿梭進來，而前朝的長城已經頹壞不堪，無固守的價值。先帝先前有加長困馬溝，以界壕段補充，連結我大金長城，為防範工事。臣建議派人多加工長城，並增修東西走向之長城，以補不足。」

完顏永濟不發一語。

李某再問，完顏永濟也只低聲說：「朕知道了，撥款繼續修築長城，並且加大困馬溝，有備無患吧。另外，多向江南的宋人要歲幣，畢竟這些工程都是要錢的。」

此時北方還有一些少數契丹人後裔，聽說了蒙古興起與金國交惡，都有些蠢蠢欲動。這些人認為，報復女真人的機會來了。不過契丹人幾乎漢化殆盡，殘存的人已經非常稀少，並沒有多少作用，於是招募漢人協助。

金國與蒙古相互敵對，此時金國大將通吉思忠與完顏承裕，率六十萬大軍北上，除了要剿滅逐漸靠近金國長城的蒙古人之外，同時還繼續修築長城，並加固界壕段。

鐵木真聽說了金國主力六十萬人北上，也集中所有草原部落的精銳兵力，總共九萬人，全軍南下孤注一擲。

當蒙古騎兵衝來時，金軍前鋒也以騎兵迎擊！一場騎射激戰，剛開始雙方不分勝負，但金軍大多兵力用於防守長城與施工困馬溝，所以作戰的數量上並沒有佔優勢，逐漸無法支撐，前鋒失敗後撤，退守野狐嶺。

蒙古騎兵大舉進攻烏舍堡，該處金軍大多忙於工事，促不及防，臨時迎戰，大敗潰走。金人封為汾陽郡公的漢人軍閥郭寶玉（綠眼眶），自稱是唐朝名將郭子儀的後代，率漢軍倒戈，『叛金投蒙』，替蒙古人為前導，帶路南下。

女真人可能忘了，當年女真軍南下攻宋時，倒戈並帶路的漢人軍閥，也姓郭，叫郭藥師，當時他也同樣自稱是郭子儀的後代。此時，郭子儀的另外一個後代郭寶玉，則重演故事，只是這時候改為幫蒙古打女真。於是蒙古繼續進攻。

完顏承裕接替通吉思忠指揮，率領大軍在野狐嶺，用地形固守。金國同時派使節企圖談判，但這個使節是契丹人後代，學郭寶玉『叛金投蒙』，把金軍的佈置圖，全部交給鐵木真。

看了這個叛變使者送來的軍事圖。

「金兵數量非常之多，依照山陵與長城段佈防，中間是完顏九斤，完顏六斤與完顏三斤在左側，完顏承裕在右側，另外有數支漢人部隊分佈周圍，光是長城一線步軍，總兵力就四十多萬。數量非常龐大啊！」

鐵木真率領眾將，看著地圖，來回踱步。

木華黎說：「大汗，此處地形確實無法用騎射取勝，恐怕得下馬作戰。」

另外一大將哲別說：「騎射是我們的優勢，敵人人數總共四十多萬，數量非常之多，下了馬背去步戰，失去機動能力，我們能取勝嗎？」

鐵木真也顯得猶豫。

郭寶玉（綠眼眶）聽了隨身翻譯告知，笑著說：「大汗不用擔心，如今軍事佈署圖都已經在眼前。而據郭某所知，金兵以防守萬里長城的想法，佈置在這一片山陵立寨。看似銅牆鐵壁，無法穿越，實則過於分散，相互無法支援。倘若我們用最簡單的方法，集中兵力，中央突擊，即便放棄馬匹步戰，也能大獲全勝。中央一處突破，其餘守軍就會紛紛潰逃。」

長子朮赤說：「我贊成他的意見，這種長城式的防範，看似強大，實則不堪一擊。只要打一點，整個戰略佈局就會鬆動，請父汗下令，全軍步戰迎擊。」

鐵木真（藍眼眶）說：「好！召集所有部隊，這一戰全部放棄馬匹，打中央一點！」

於是招集全軍，作戰前精神動員！

蒙古全軍士氣大振，木華黎於是為先鋒，全軍自貛兒嘴通道發起突擊，完顏九斤也率女真族與漢族混合軍，一同步戰迎戰。

號聲響起，殺聲震天，兩軍全面交鋒！

滿山遍野一盤廝殺。其同堂兄長，完顏三斤與完顏六斤，本來率軍來援，卻被打了一個埋伏，已經先行敗退逃走，完顏九斤所屬的戰力較猛，則死戰不退。

殺！鏗鏘！鏗鏘！殺！鏗鏘！鏗鏘！

刀兵相斫，弓箭四射，雙方都在拼死鏖戰，完顏九斤率女真突擊隊，突入蒙古步軍陣中，左劈右砍奮力搏殺，連續殺敗衝過來的好幾波蒙古兵，陣地上躺滿兩邊將士的屍體。

忽然哨兵來報：「將軍！後方小路包抄過來蒙古兵！後方沒有防備啊！」

「他們怎麼會知道我們的軍事佈置？」完顏九斤還正在疑惑之中，蒙古步兵突擊隊已經衝殺過來，沿著山路一片廝殺。

殺！鏗鏘！鏗鏘！殺！鏗鏘！鏗鏘！

忽然飛矢射來，完顏九斤身中數箭，他拔去箭枝，扛起大刀，還是拼死殺敵。

衝殺過來的蒙古兵也刀兵亂砍齊下，一陣刀兵相砍之後，完顏九斤與左右女真勇士，全部力戰陣亡。所屬其漢人部隊見到主將被殺，自行突圍潰退。

金軍大敗，中央被突破，整個防線鬆動，完顏承裕潰走。敗逃過程中集結了數萬殘軍，但尚未喘息就在澮河堡遭遇追擊而至的蒙古軍！

蒙古軍隊迅速包圍了金軍，金軍此時只剩漢人部隊為主力，為求生存拼死鏖戰。「蒙古韃子又來啦！他們不給我們活！我們拼啦！」「殺啦！」「殺啦！」刀兵聲，戰馬嘶鳴聲，兵將吶喊聲，不絕於耳。雙方激戰三天，戰場混亂成一團，未分勝負。

鐵木真見狀不好，沒想到金兵後續還有如此戰力，於是親率精騎三千突擊，隨後數萬蒙古軍後備力量發動總攻，金軍開始有人潰逃，最後全線大敗。完顏承裕隻身逃走，丞相職被撤換。哲別的先鋒軍進逼居庸關，守將完顏福壽見情況不對，全軍棄關南逃。

整個突破金界壕與金長城的防衛系統作戰中，蒙古軍大獲全勝。鐵木真在山陵閱兵，滿山遍野一陣歡呼。

鐵木真（藍眼眶）心思：所謂的萬里長城，真的只是徒有虛名，實則不堪一擊。漢人真的是可笑的一群人啊！

此時他被勝利沖昏頭，暫時拋棄先前對於萬里長城的感想，下令全軍趁勝追擊，率領大隊騎兵，進逼金中都。

金中都，皇宮大殿。

蒙古軍逼近，金朝廷上下震恐，完顏永濟吃驚地說：「花了這麼多財力與人力，建立整個長城與界壕的縱橫防衛線，就這樣全部垮了？」

完顏承裕跪在地上，痛哭流涕說：「臣有罪！但這場大戰，將士們真的盡力，但蒙古軍如神兵降世，戰力強大，無可回天啊！」說罷大哭。

完顏永濟說：「不可能的！蒙古兵才九萬人，朕不信蒙古兵有這種戰力！能一舉擊潰我大金國六十萬大軍？滿一萬就天下無敵的是我女真人！」

旁邊的漢將張晉，是完顏承裕部將，抖著喊說：「啟奏陛下，這是真的啊，蒙古兵各個神勇無比，綻放光芒，人如虎、馬如龍、上山如猿、入水如獺、其勢如泰山、中國如累卵啊！我們不是對手，快議和啊！」

才世隔一百年，又來一個，其勢如泰山，中國如累卵。

此語一出，朝堂炸開鍋一陣喧鬧。群臣們你一言，我一語，有主張南下躲避，有主張退回女真故地，有主張出城死戰，爭論不休。

完顏永濟大喝說：「都別爭了！召集城中五千細軍，朕要校閱部隊親征。你們回去準備一下……跟宗族一起，南下躲避其鋒芒…」

眾臣聽出，他想要逃了，跟當年的宋徽宗一樣。

由漢族為主組成的細軍，聽說要保護女真皇族們南下避難。實在是荒謬至極，紛紛抗議。一個細軍管制鄭強（黑眼眶），跳出來喊：「陛下！蒙古人殘暴好殺，掠奪婦女財貨成性！我等五百細軍決心死戰到底！保衛中都！」

後面他所屬的部眾，一起喊：「死戰到底！保衛中都！」

完顏永濟拼命點頭說：「朕知道你們忠誠，但是六十萬大軍都潰敗，全細軍也只有五千人，你手上也就五百人，怎麼退敵啊？」

鄭強（黑眼眶）自信滿滿地說：「不用擔心！請陛下交給我！五百細軍足矣足矣，保證打得他蒙古韃子滿地找牙！若不成功，陛下再南下躲避不遲！」

完顏永濟還在狐疑：「六十萬大軍且敗，你們五百人怎麼能？」

鄭強（黑眼眶）神色自若微笑地說：「陛下勿疑，臣絕不說大話！看臣打得他們十年內都不敢靠近中都。」

完顏永濟低聲喃喃，暫時打消南遁念頭，便令五百細軍死守城牆。

金中都城，如當年汴京城地一次迎接外敵，給下馬威一樣，隱隱約約隱藏殺機。

一群人排成一條線，雁行有序向前，扛著炸藥包與火炮，跑到城牆上佈置。

歷史眞有此能人鄭強，行爲頗爲經典，爲其配樂

《配樂，中都火炮，塡詞：筆者》

英群～

編號：見龍在田

誰說～　我是普通人～　我能以弱破強敵～　歷史～　何須留英名～　神能超越眾

你看四面都是凶猛的豺狼虎豹，你看八方都是猙獰的魑魅魍魎～
使出神來一筆天火滅張狂驕氣，拿出真正實力一砲震狂妄惡敵～
轟雲猛擊天塌地陷音震九霄外，電光火石驚雷火藥跨時空武器～
扛出秘密武器飛天現超人意志，鬼哭神號無人敢當賊虜心膽碎～
別看～　我其貌不揚～　我能跨越這時代～　歷史～　雖不記得我～　世界卻因此

改變～

你看四面都是凶猛的豺狼虎豹，你看八方都是猙獰的魑魅魍魎～
使出神來一筆天火滅張狂驕氣，拿出真正實力一砲震狂妄惡敵～
轟雲猛擊天塌地陷音震九霄外，電光火石驚雷火藥跨時空武器～
扛出秘密武器飛天現超人意志，鬼哭神號無人敢當賊虜心膽碎～

鄭強（黑眼眶）先命令三十人，喬裝城商賈在中都城外，故意被蒙古前鋒騎兵俘虜。逼問之下，說中都城震恐，人心不定，女真皇族都要南下逃跑。鐵木真聽到消息信以為真，派主力騎兵巡弋於城牆周圍，防止有人逃跑。騎射隊分成兩百人一股，在

周圍巡弋定點後，下令集中大量騎兵與弓箭，不斷朝城中集體射箭示威，企圖加大這種震恐的效果。

分派的隊伍，不斷呼喊假裝攻城。一隊一千多人蒙古騎兵，呼嘯地在騎射箭隊射箭掩護與示威中，不斷嘻笑嘲弄狂呼。城牆上士兵全部躲在城垛後。蒙古士兵一團發笑，用蒙古語：「女真懦夫！滾出來！哈哈哈……」

忽然撲天蓋地，由投石機或手扔，飛來數百紗布包裹，分散在這一隊騎兵周圍。看上去就像沙土包裹。

騎兵隊醒神一看，哈哈大笑。「用沙包對付我們！」「女真人跟漢人一樣，都是懦夫。」「哈哈，真好笑。」……

正在嘲笑之間，忽然四處爆炸，響聲震天，彈射鐵片火藥，炸得蒙古騎兵人仰馬翻，肢體破碎。

「哇……啊……呀……」

有的士兵當場被嚇傻，有的爬在地上摸著斷肢慘叫，有的拍馬潰逃。遠處還有一隊騎兵，也被嚇得不知道該不該前進增援。

同時間，城垛木板窗戶打開，伸出一百根金屬圓筒，砲聲震天，這些砲彈已經比當年宋朝士兵轟金兵，還要再改良，是圓球四處開花彈。把支援的數千箭隊騎兵，也炸得人仰馬翻，有的士兵當場被嚇傻，有的爬在地上摸著斷肢慘叫，有的拍馬潰逃。

整批整批箭隊被炸散，傷亡慘重，乃至崩潰後撤。城上士兵開始呼喊，並且發射沖天炮夾弓箭，射程比強弩更遠，一下箭雨如下，遠處的蒙古騎兵傷亡慘重，也跟著崩潰逃走。

鐵木真聽了這種武器，根本不相信。親眼一看，大量斷腿斷手，滿面焦爛的傷兵抬進大帳，其中一半一看便知已經死亡，身上還有鐵片彈入肌，慘不忍睹，甚至有些士兵已經呆愣嚇尿，鐵木真目瞪口呆。

鐵木真（藍眼瞘）忽然醒神，大喝左右：「叫郭寶玉來！」

郭寶玉（綠眼瞘）與翻譯一起到了之後，鐵木真（藍眼瞘）指著死亡的士兵問：「這到底是什麼武器？」

郭寶玉（綠眼瞘）呆愣了一下，然後緩緩說：「這叫作火藥術，我們漢人時常用它來做鞭炮，原本只是在節日與娛樂慶典時，增加喜慶之用。當年女真人攻宋之時，有人拿之當作防禦武器，也把女真人嚇得一時間不知道如何是好。之後女真人佔領了中原，也學到了這種東西。」

鐵木真（藍眼瞘）低聲用漢語說了幾句：「火藥術……真厲害！要是他們善用這種武器，今天是我們被他們追殺了。」然後醒神瞪眼說：「郭寶玉！你會不會火藥術？」

郭寶玉搖頭說：「這種武器有很多種，製造與使用都相當複雜，我並不會製造這種東西。但我所屬的駐地居民，有人會製作，需要採礦研磨。大汗假設想要掌握火藥術，在下可以幫忙，但不是短時間內就能做出。眼前中都，恐怕是不容易打下來了。」

鐵木真（藍眼眶）一陣失落感湧上，低聲說：「我成吉思汗一定要拿下中都，只是時間早晚而已！等我弄清楚火藥術之後，他們就沒辦法阻擋我！」

忽然探馬來報，說抓到了城外的商販。於是鐵木真帶著翻譯親自審問。

「饒命啊！我只是個商人！」

「城牆內還有多少軍隊？」

「大約二十萬人。」

眾人一陣驚愕，沒料到金兵還有這麼多數量。

鐵木真（藍眼眶）親手拉他，到被火藥炸死的士兵身邊，追問：「你知道火藥術嗎？」

商販拼命點頭。

「城中有多少火藥武器？」

「我只是商販，當然不能細算，但我有偷看過金兵搬運火藥包，滿倉庫到處都是，只要一點火，可以把整座城炸上天啊。聽說他們準備在你們進城之後，點燃所有火藥一起炸上天，同歸於盡啊！」

鐵木真目瞪口呆，大感意外，鬆手放了商販。

於是召集所有部將開會，所有蒙古軍將領對火藥武器也非常恐懼，於是暫時放棄強攻，從金中都外圍撤軍。

中都解嚴。

就在蒙古大軍分批往北退，在這山陵埋伏好的一百細軍，早已在必經險要處不立旌旗，扛出埋伏的火炮，從高處往下猛烈噴火，同時黑火藥包同時拋下，山道中早就預設淺埋了大量的乾草與火油，頓時整個山道一片火海。

鄭強（黑眼眶）再次發威，左手勢握拳，右手勢手刀，仰天狂吼：「明年也拜託！」

身邊隨從，翻筋斗助威！真乃見龍在田！整個背景都是大火爆炸與蒙古軍的驚慌慘叫，宛如一場大戲。

再次把蒙古大軍打得驚慌奔走，當場炸死燒死兩千多人，眾軍驚呼。

「快退！加速往北退！郭寶玉，叫郭寶玉來！叫郭寶玉來！叫郭寶玉來！叫郭寶玉來！」成吉思汗如此驚慌狂喊著。

成吉思汗大軍在恐慌中，退回漠北，途中再次詢問郭寶玉。

「從火藥術的兇猛，看來中原不這麼簡單，倘若我要佔領中原，你可有策略？」

郭寶玉（綠眼眶）說：「中原人數眾多，勢力很大，即便大汗也學到了火藥術與火砲術，也沒辦法那麼快將之吞併。郭某建議大汗，先圖略西北與西南其他國家，以及東北面女真人的故地。收編諸蕃以及東北面遼人舊民。屆時從西北、北邊、東北三個方向，同時進入中原，並自身也夾有火藥與火炮術，必能成功。」

鐵木真頻頻點頭。

這可違背了超個體的歷史腳本。

在郭寶玉獻計中，東北面根本不用蒙古軍去圖略，契丹人遺族耶律留哥聽說女真被蒙古打敗，於是在遼東起兵反抗金朝，並宣布歸附蒙古，被封為遼王。聽到東北面老家生變，完顏永濟大為吃驚，從各地派主力漢軍六十萬，由女真將領率領，進攻耶律留哥的叛軍與前來增援的少數蒙古部隊。結果漢軍大敗，四處分散，這些漢人竟然就在當地解散沒有回來。

金兵實力大損，金中都頓時周圍都陷入無兵的狀態，敵人還沒打來，內部自亂。消息很快就傳到蒙古，鐵木真聽聞後大喜，快速集結蒙古軍再次逼近中都，只是礙於先前被火藥與火炮打得面目全非，所以緩緩穩步推進，不敢立刻靠近中都。但金國朝廷再次陷入內亂，此時完顏永濟才又想起鄭強，急忙升鄭強為大將軍，要他拿火藥術再去打蒙古軍。

聽到要升任漢人當大將軍，女真部將群起反對，紛紛到皇帝面前請求取消任命。尤其胡沙虎（棕眼眶）反對最烈，激烈地說：「漢人怎麼能當大將軍？他們只是被我們大金征服的順民。陛下這麼做，將置千千萬萬女真勇士於何地？」

完顏永濟大怒說：「於何地？給你們六十萬大軍，野狐嶺潰敗，中都被圍。再給六十萬大軍，遼東潰散，蒙古又要捲土重來。但鄭強能以五百細軍，大破蒙古韃子，打得他們落荒而逃，你們說朕要信誰？給你們五百細軍，能贏嗎？」

接著又怒說：「這種情況，朕就算是傻子，也知道該用誰！」

女真將領們一陣語塞，但全部都露出不服之色。

完顏永濟冷冷說：「這場戰，不需要你們了。全部滾回去，整個兵權調度朕之後自有主張。」

女真將領們退出，但是私下已經萌生叛意。

「看來我們若不行動，漢人遲早把持大金國的政權。」「寧願再敗給蒙古，也不能讓被征服的漢人們爬到我們頭上。」「各位的意思，我理解，今天晚上到舍下商談。」

女真部將們經過商談結果，竟然真的要叛變。

右副元帥胡沙虎與這些女真部將，以完顏永濟昏庸禍國為名，起兵叛亂，圍攻皇宮，弒殺完顏永濟，迎立完顏珣為皇帝。當然取消一切對漢人的任命，把鄭強趕出中都，往南流放。胡沙虎接著再請廢已死的皇帝為庶人，詔百官三百餘人議於朝堂。太子少傅奧屯忠孝、侍讀學士蒲察思忠兩人都支持胡沙虎，但戶部尚書武都、拾遺田庭芳等三十人請降已死的永濟為王侯。胡沙虎固執前議，完顏珣不得已，乃降封其為東海郡侯。

過不久，元帥右監軍朮虎高琪率軍反正，宣布替先帝完顏永濟復仇，率兵攻殺胡沙虎，中都在一場內部火拼血洗下，殺了逆臣胡沙虎與他親信黨羽，屍體全部都亂刀剁成數塊，丟到大街給所有人賤踏。完顏珣大喜，重賞朮虎高琪，解除了逆臣逼迫。

但整個中都城已經因內部火拼，離心離德，無法解除強大的外敵。於是遣使向蒙古求和，送上大量黃金、絲綢、馬匹，並將完顏永濟的女兒岐國公主送給鐵木真為妻，還有童男女五百陪嫁。鐵木真害怕逼急了，又有漢人跳出來用火藥術幫女真人開火，蒙古兵也都暗自害怕火藥術再發威，於是再次從中都外圍撤兵。

同時，東北面被蒙古封為遼王的耶律留哥，攻破金東京會寧，金太祖登基的場所，已經淪陷。其他金國東北地區老家，還有幾支沒有入中原的少數女真部族，失去與中都的連繫，各自為政，逐漸與金國中樞脫離關係。竟然就如此，整個金國頓時只剩下一半的疆域。

西夏趁機附和蒙古，與金國在陝西駐軍開戰，互有勝負。各地漢民豪強，紛紛叛變自立，分佈於中都周圍，能控制的地方已經不多。知道西夏人如此險惡無義，此時金國上下後悔，當初沒有兼併西夏，但已經太遲。

才沒有多少年，整個金國的北方包括發源地，全面陷入敗局，金中都開始恐慌，傳言整個女真皇族要遷都河南，一時謠言四起，人心離散。

金中都，南宋使節驛館。

夜晚燈火通明，南宋來此送歲幣的使節，在此討論在金中都所見聞。

「匪夷所思啊！忽然漠北興起蒙古強韃，金國一下大半實力就瓦解掉。這種情況跟當年金國崛起，一下把強大的遼國打得落花流水，沒有兩樣啊！」宋使蔡進這麼說著。他的副使吳國鈞頻頻點頭。

蔡進端起酒杯喝了一口，低聲說：「沒想到風水輪流轉，這回換成金人變成當年的遼人，但這歷史相似程度也未免太高了一些。真讓人疑惑啊！」

吳國鈞說：「一虜起，一虜滅。這是天數常道，當年晉末五胡亂華時，不也是如此嗎？蔡大人有什麼可疑惑？」

蔡進搖頭說：「沒這麼簡單！在蒙古崛起之時，金人帶甲百萬，再怎麼不善戰，也不至崩潰如此！若金國沒有內鬼，在一開始之時，就在暗助蒙古，怎麼會有這種一觸崩潰之勢？」

吳國鈞點頭說：「人心如此快速崩潰，金國真是氣數盡矣！我們是否想辦法跟北方蒙古人連絡？」

忽然蔡進猛搖頭說：「這不必要！」

吳國鈞疑問：「金人乃我世仇，當年靖康之恥，擄我二帝，奪我中原。乃至紹興議和稱臣受辱，如今見金國遭遇大敵，呈衰敗之勢，為何不趁機連絡金國之敵？反正最後是否連和蒙古，也是得回報朝廷做主。」

蔡進仍然搖頭，面露疑惑。

吳國鈞問：「蔡大人，是否想到宣和海上之盟，連金滅遼最後招禍的故事？」

蔡進仍然搖頭，欲言又止。

這回換吳國鈞疑惑了，追問：「先前聯金滅遼最終招禍，朝廷有識之士都引以為鑑。相信這次蒙古崛起，除非金國已經滅亡在即，否則朝廷絕不會貿然與蒙古聯合滅金。甚至可能放棄前仇，幫助金國以為屏障。而刺探北方情報，也是我們這次出使的任務之一，蔡大人還疑慮什麼？」

蔡進說：「我先前以為，當年金國能快速崛起，滅亡遼國，乃至於南下攻占我大宋的中原，這些都是女真兵善戰所致。但如今蒙古也快速崛起，雖然所遭遇的情況有異，但暴起之勢，崛起之徑，卻如此雷同。以少勝多，以野蠻勝文明，以蒙昧勝知識，以粗魯勝法制，乃至於以鄙陋的武器勝過火藥槍銃。而且這個勝利，不是只有戰場上僥倖之勝，而是一勝之後，強大的國度驟然崩壞，呈連環倒閉之態。你不感覺，這完全不合理嗎？」

吳國鈞瞪大眼，愣了半响。然後微微點頭說：「對啊！沒有你這一說我還不知道，這確實古怪啊！如果茹毛飲血能勝文明法制，那大家都放棄文明，奔向野蠻，便得了！」

兩人沉默片刻。

蔡進說：「我尚未思考透，這當中的問題，但這肯定有鬼！」

吳國鈞說：「蔡大人先別想這麼多，想辦法跟蒙古人連繫上，探清楚情報吧。」

這確實不合理，但這幾百年來，都是這種不合理的事情在運轉，身在局中之人很難理解箇中原因。南宋使節團企圖與蒙古聯繫上，但被金國人注意到了，先將他們押解出中都，驅趕回南方。南宋尚無法跟蒙古直接聯絡。

雖阻止了宋使，但中都人心惶惶已經不可收拾。

完顏珣見狀大為不妙，他內心深知，契丹人人數已經不多，叛變也最多依附蒙古，但倘若中原各地漢人叛變，自己就被團團包圍。但女真老家也已經道路中斷，無法回去。於是不顧所有大臣勸阻，宣佈遷都汴京，留下皇太子守中都。

從而更是謠言四起，認為蒙古人又將再次南下。遼東宣撫使蒲鮮萬奴雖然是女真人，但已經無法跟完顏珣聯絡上，也宣佈自立東真國，以保存女真殘族的延續。但這東真國，之後也只是再拖延十餘年，最終被蒙古軍率契丹殘部，消滅打散。

金國整個北方垮台，逃到以前抓宋徽宗與宋欽宗的汴京城。

鐵木真得到消息，大為欣喜，本以為中都堅固且火藥武器充足，基本上在蒙古人掌握火藥術之前，根本不可能攻破。但金國皇帝自己放棄，自我崩解，帶兵舉族南逃。於是以此為藉口，再次率軍入侵。

金國守將穆延盡忠準備南逃，留在中都的先帝妃嬪們，紛紛束裝要跟隨。穆延盡忠詐稱，要先行替妃嬪們先探路，結果帶著自己的愛妾親屬先逃走。蒙古軍趁機進城，殘存守軍力抗陣亡，蒙古軍焚燒宮殿，妃嬪們也被蒙古軍擄掠走。穆延盡忠逃到了汴京，竟然沒有被處罰。蒙古很順利地就攻破金中都。情況如同當年金兵滅遼破北宋一般……

整個黃河以北，陸續失守。當時黃河奪淮而入海，漢民各自擁護地方豪強自守，不再理會金國皇帝的號令，所以山東也很快陷入蒙古的勢力範圍內。

穆延盡忠因為議論近侍局，而被完顏珣誅殺。以至於汴京上下漢人都認為，丟失中都沒有罪，議論皇帝近侍會被殺，從而人心更加渙散。實際上完顏珣是害怕他重演胡沙虎故事，所以先穩住他，最後找機會殺之。但此時，流言一傳，真實情況已經不重要，金國已經因此是一盤散沙。

完顏珣派使求和，鐵木真要求他去掉皇帝號，稱臣入貢，割讓河北山東所有尚未淪陷的城池給蒙古，就可以冊封他當河南王。完顏珣非常惱怒，拒絕回信。

臨安。

聽說金國整個黃河以北都淪陷，連女真老家都已經丟失。整個完顏皇族，逃到宋朝故都汴京，情況十分狼狽。皇帝趙擴也收到許多上疏，各種意見都有。於是招開御前廷議，討論是否要繼續給金國歲幣。

真德秀說：「而今金國被蒙古所破，黃河奪淮入海，以北都不在控制之內，故山東反民多稱臣於蒙古，陝西關中一帶又與西夏交兵。金國轉眼間只剩下河南一地，勉強能夠穩住，躲在我大宋故都汴京苟安，惶惶不可終日。金國為我大宋之仇敵，定都我舊都汴梁更是欺人太甚，應當停止給金國歲幣。」

眾臣紛紛點頭，認為應該停止。

喬行簡說：「不可停止！增給歲幣尚且不及！豈能停止？」

真德秀激動地當廷質問：「女真為我大宋世仇！當年破汴京，虜二帝，佔我江山，逼我稱臣納款！而今天道好還，為蒙古所破！你豈可持此論？」

喬行簡說：「蒙古漸興，其勢力已足以亡女真，這不用懷疑。金國女真雖為我昔日之仇敵，但今日卻是我們的屏障，他們已經無力跨江而來入寇江南！倘若金亡，我大宋必將與蒙古為鄰。這豈不又重演當年金兵破遼，與我大宋為鄰之故事？所以應當給他們歲幣，以資其抵禦蒙古。」

真德秀愣然，知道他說的有理，但這種論調難以接受。群臣議論紛紛，相互爭論攻擊對方。史彌遠是個貪婪草包，面對變局，也提不出任何新意見，一會兒主和，一會兒主戰。整個廷議困在這兩派意見中，拿不出決議。

成吉思汗封木華黎為太師國王，命令他守備金中都，收編中原漢人與契丹殘族，繼續進攻金國，穩定黃河以北各地。

正當鐵木真在草原休養蒙古兵，計劃再次主力南下，過黃河追打金人時，忽然向西前往花剌子模，交涉前次蒙古商人被殺的使節，已經回來。三人當中又一人被殺，另外兩人被燒掉鬍子汙辱。

鐵木真勃然大怒，準備出兵攻打花剌子模，然仍猶豫於該南征還是西伐。聽說契丹故族有一士人，名為耶律楚材，知識淵博，故招他來見面。

此人有長鬍子，身材高大，但穿著漢人服裝，操著漢人語言。鐵木真（藍眼眶）看了大為驚訝，問道：「聽說你是契丹皇族的後代，為何一副漢人裝扮？」

耶律楚材（金眼眶）學過蒙古話，不需翻譯直接回答：「從小都與漢人們生活長大，讀的都是漢人的書，習慣自然而已。況鄙人八代以前先祖耶律倍，就已經漢化很深，善於丹青字畫。希望大汗莫怪。」

「不過你有一身長鬍子，我就叫你長鬍子，吾圖撒合理！哈哈哈……」

「一切聽從大汗方便。」

鐵木真（藍眼眶）正色說：「好，不必廢話這些禮儀了。在你來這途中，本汗已經派人告訴你，想要問的一些問題。蒙古大軍現在，到底向南還是向西，你有答案了嗎？」

耶律楚材點頭（金眼眶）說：「有的，立刻西伐！建議大汗在很長一段時間內，不要再親自南征中原，觀太師國王的動向即可。」

鐵木真（藍眼眶）愕然，陰沉沉說：「西方的花剌子模讓本汗忿怒，然本汗聽漢人說過，人主不可以因忿怒而興師。本汗以為你意見會跟漢人一樣，沒想到竟然會是相反。」

耶律楚材只些微低頭。沉默了一會兒。

鐵木真（藍眼眶）問：「理由呢？」

耶律楚材（金眼眶）說：「以鄙人對漢人歷史的認識，蒙古人目前的國家體制，絕對不是漢人的對手。」

鐵木真（藍眼眶）聽了非常吃驚，大喝道：「長鬍子！你說這什麼？即便逼漢人磕頭的女真人，都不是我蒙古人的對手！漢人這種文弱無能的種族，我們會打不過他們？」

耶律楚材（金眼眶）反問：「大汗聽說過萬里長城嗎？」

這一問，鐵木真鎮靜了下來，暫時撥開一直戰勝的假象，讓他回憶起，先前聽到的『長城故事』。喃喃吟哦一會兒。

耶律楚材（金眼眶）看他吟哦一陣，微笑說：「看來大汗聽說過。這道牆在鄙人看來，很詭異啊！原因我也不知道，但簡單來說一個事實！跟這道牆糾纏過的民族，最後不是滅亡，就是逐漸衰弱四散。只有城牆內的漢人，一直保持著過去的文化與實力。」

鐵木真（藍眼眶）低沉地說：「長鬍子，你想講的事情，本汗以前也聽說過。當時也屢屢想不通。後來才知道，蒙古草原以前的主人，並不是我們蒙古人的祖先。先前的草原先輩們，不是南下變成了漢人，就是四散被其他民族或消滅或被吞併，或肢解成為少數而臣服他族。本汗本來以為，這就是歷史的常態，可當從西邊其他地方來的商人，講述他們那邊的歷史故事，相互比較時，就感覺這不是個常態。還有他們擁有讓我們害怕的火藥術，但最後都會莫名其妙，變成自我崩潰，讓我們很快打敗他們。你們契丹人對漢人比較熟悉，說說他們到底在玩什麼把戲？」

耶律楚材（金眼眶）點頭說：「這當中的原因，我真的不知道。但可以做一個比喻，也許勉強湊合說說。大汗看過獵人佈置陷阱，等待獵物嗎？」

鐵木真（藍眼眶）點頭說：「蒙古獵人在山區捕獵時，常常使用。如何？」

耶律楚材（金眼眶）說：「陷阱佈置剛開始，獵物很容易就會掉進去。但久而久之，獵物都會愈來愈聰明。開始需要用枝葉偽裝，用草皮遮蓋。又久而久之，獵物又會察覺出這當中的問題。最後陷阱變成需要誘餌，勾引獵物的食慾，才會上當。

等到連誘餌都開始漸漸失去效果，獵人才會放棄這個陷阱，改用其他方式再去捕獵。」

鐵木真（藍眼眶）低聲說：「誘餌…誘餌…金國若是誘餌…宋國呢？」

說罷，站起來往返在帳內走動。

「假設那是漢人的陷阱，讓我們跟以往民族一樣，最後遭到肢解，被迫變成漢人。而我蒙古要跳脫陷阱，最終也要永遠吞併漢人，你認為該用什麼方法？」

耶律楚材（金眼眶）說：「以鄙人猜測，這跟人數有關係。倘若大汗能先西征，統治更大的地方，掌握更多的人口，擁有更多的財富與文化。中國之漢人雖多，不及大汗統治的人口多，中國之漢地雖廣，不及大汗統治的地方廣，藉時以絕對的多數與廣大，再來吞併整個中國漢地。並且堤防蒙古人漢化，屆時就有可能達成，永遠吞併的目的。」

鐵木真（藍眼眶）頻頻點頭：「比中國更多人口，以及比中國更廣土地…好，那就蒙古主力全力西征！只讓木華黎帶少數偏師，進攻金國即可！」

耶律楚材說的乍聽有理，但實際上這跟文化同化，沒有任何關係。人口數量也不是根本的原因。根本的原因是，人永遠玩不贏鬼。鐵木真的判斷還是錯了。

※※※※※ 中軸線訊息 ※※※※※

承前

異=Σ異一+Σ異二+Σ異三 // 中國超個體掀巨浪，蒙古崛起

令 昊=本甲+本乙， 本甲=異三1 本丙=異三2 // 強化蒙古動力

Σ異一←→Σ異二 Σ異一←→Σ異三

Σ異一→0 Σ異二→0 異=Σ異三 //蒙古滅西夏滅金

代→0 // 衰變替換開始

異←→代 Σ本1=Σ異1

但群（異）＞5 // 蒙古背後所脅族群數，遠大於先前五胡規模

母=1/異（+本）+代 當代=0 母=1/異（+本）=1 1=1 // 蒙古改爲元朝